Grosse

Praktische Fälle aus dem Sozialrecht

Praktische Fälle aus dem Sozialrecht

Prüfungsfälle und Klausuraufgaben mit Lösungen und Prüfungsschemata sowie weiteren Hinweisen zur gutachtlichen Prüfung und Bearbeitung von Klausurfällen

von

Michael Grosse

KSV Medien

MIX
Papier | Fördert gute Waldnutzung
FSC® C019821
www.fsc.org

Die Herstellung bei KSV Medien erfolgt weitgehend digital
und in dem Bewusstsein, eine möglichst ressourcenschonende
Produktion zu gewährleisten.

Bibliografische Information der Deutschen Nationalbibliothek
Die Deutsche Nationalbibliothek verzeichnet diese Publikation in der Deutschen Nationalbibliografie; detaillierte bibliografische Daten sind im Internet über http://dnb.dnb.de abrufbar.

Konrad-Adenauer-Ring 13 · 65187 Wiesbaden
info@ksv-medien.de · www.ksv-medien.de

Satz: SEUME Publishing Services GmbH, Erfurt
Druck: Druckerei C.H.Beck · Nördlingen

ISBN 978-3-8293-2134-1

Inhalt

Vorwort zur 14. Auflage

In diesem Buch soll anhand von praktischen Fällen und unterschiedlicher Fallvarianten im Sinne einer Fallsammlung exemplarisch aufgezeigt werden, wie Übungs- und Prüfungsfälle aus dem Bereich des Sozialrechts (hier aus dem Bereich der Grundsicherung für Arbeitsuchende nach dem SGB II und der Sozialhilfe nach dem SGB XII) gutachtlich bearbeitet und mit einer angemessenen schriftsprachlichen Formulierung gelöst werden können. Daher ist es nicht erforderlich, dass alle Fallbeispiele auf dem aktuellen Rechtsstand sind.

Die erste Auflage des Lehrbuchs erschien im April 2010. Seit dieser Zeit wurden das Zweite und das Zwölfte Buch Sozialgesetzbuch durch diverse Gesetze inhaltlich geändert (zuletzt durch das am 1.1.2023 in Kraft getretene Bürgergeld-Gesetz). Diese Gesetzesänderungen sowie eine Vielzahl von sozialgerichtlichen Entscheidungen haben eine erneute Überarbeitung, Ergänzung bzw. Aktualisierung des Lehrbuchs erforderlich gemacht.

Die Fallsammlung soll Studierenden bei der Bewältigung des Lehrstoffes, insbesondere aber auch bei der Vorbereitung auf Prüfungen im Rahmen ihres Studiums bzw. ihrer Lehrgänge, helfen und auch Praktikern in den Sozialverwaltungen bei der Lösung von Problemen im Rahmen der Einzelfallbearbeitung im Bereich der Grundsicherung für Arbeitsuchende und der Sozialhilfe als Hilfsmittel dienen. Alle behandelten Fälle befinden sich auf dem Rechtsstand 2025/2026. Damit soll Studierenden und Praktikern die Möglichkeit gegeben werden, die in diesen Fallbeispielen enthaltenen Themenbereiche und Themenschwerpunkte zu vertiefen und die systematische Bearbeitung von Sozialrechtsfällen zu optimieren.

Seit der ersten Auflage wurde das Lehrbuch um sechs weitere Fälle und um praktische Hinweise zur erfolgreichen (gutachtlichen) Bearbeitung von Klausuren im Bereich des Sozialrechts ergänzt.

Bedanken möchte ich mich an dieser Stelle bei meinem Kollegen Dirk Weber von der Hochschule für Polizei und Verwaltung Nordrhein-Westfalen (HSPV NRW – Abteilung Münster/Bielefeld) für die Zurverfügungstellung des Fallbeispiels 6.

Dortmund, im März 2026
Der Verfasser

Vorwort zur 1. Auflage

In diesem Lehrbuch soll anhand von zehn praktischen Fällen exemplarisch aufgezeigt werden, wie Übungsfälle aus dem Sozialrecht gelöst werden können. Ziel bei der Auswahl und Zusammenstellung der Fälle war die Berücksichtigung möglichst vieler Fallvarianten, die auf Studierende in den von ihnen zu erbringenden Leistungsnachweisen zukommen können.

Die Fälle erfassen die Lebensunterhaltsleistungen nach dem SGB II und dem SGB XII und die Hilfen nach dem 5. bis 9. Kapitel des SGB XII. Darüber hinaus sind aber auch die Überleitung von Ansprüchen, die Erstattungsansprüche gegen Sozialleistungsträger, der Kostenersatz durch Erben, die Ansprüche im Zusammenhang mit dem Ersatz und der Erstattung zu Unrecht erbrachter Leistungen sowie das Widerspruchsverfahren berücksichtigt.

Wir hoffen, dass dieses Buch allen Studierenden hilft, die von ihnen während ihres Studiums geforderten Leistungsnachweise erfolgreich zu bearbeiten. Darüber hinaus würden wir uns freuen, wenn auch mit der Rechtsmaterie befasste Mitarbeiterinnen und Mitarbeiter in der sozialen Arbeit Informationen finden, die sie in ihrer praktischen Arbeit nutzbringend verwerten können.

Dortmund, im April 2010
Die Verfasser

Zum Verfasser

Der Verfasser Michael Grosse ist Dozent an der Hochschule für Polizei und öffentliche Verwaltung Nordrhein-Westfalen (HSPV NRW) an den Standorten in Gelsenkirchen und Dortmund. Er lehrt schwerpunktmäßig im Fach Sozialrecht.

Praktischer Fall Nr. 1

Schwerpunkte:
- Grundsicherung im Alter und bei Erwerbsminderung nach dem 4. Kapitel SGB XII,
- anspruchsberechtigter Personenkreis,
- Einsatzgemeinschaft, Zurechnung von Einkommen,
- Zuständigkeiten, Träger der Sozialhilfe

Hilfsmittel:
- Zwölftes Buch Sozialgesetzbuch (SGB XII) mit Verordnungen,
- Landesausführungsgesetz zum Sozialgesetzbuch Zwölftes Buch (SGB XII) – Sozialhilfe – für das Land Nordrhein-Westfalen (AG-SGB XII NRW)

Sachverhalt

In einem gemeinsamen Haushalt in der Stadt C in Nordrhein-Westfalen (Kreis R, Bereich des Landschaftsverbandes Westfalen-Lippe) leben Frank F (82 Jahre alt) und seine Ehefrau Franziska F (81 Jahre alt). Am 14.1.2026 beantragen die Eheleute F durch persönliche Vorsprache beim zuständigen Sachbearbeiter des Sozialamtes der Stadt C Leistungen zur Sicherung des Lebensunterhalts.

Die persönliche und wirtschaftliche Situation der Eheleute F stellt sich im Antragsverfahren wie folgt dar:

Herr F verfügt über Einkommen in Form einer Werksrente des ehemaligen Arbeitgebers in Höhe von monatlich 194,00 € und über eine Altersrente aus der gesetzlichen Rentenversicherung von monatlich 826,00 € (netto). Seine Ehefrau bezieht eine Altersrente aus der gesetzlichen Rentenversicherung in Höhe von monatlich 168,00 € (netto) und eine Grundrente nach dem Bundesversorgungsgesetz (BVG) von monatlich 226,00 €. Sie ist im Besitz eines Ausweises nach § 152 Abs. 5 SGB IX (sog. „Schwerbehindertenausweis“) mit dem Merkzeichen „G“.

Verwertbares Vermögen ist neben dem angemessenen Hausrat nicht vorhanden.

Für die von den Eheleuten F bewohnte 58 qm große Mietwohnung entstehen Kosten der Unterkunft (Grundmiete inklusive der umlagefähigen Nebenkosten) in Höhe von 440,00 € und zusätzlich Heizkosten von 80,00 € monatlich. Die Heizkosten enthalten auch Anteile für die Warmwasserversorgung.

Aufgabe

Prüfen Sie gutachtlich, ob und ggf. in welcher Höhe Leistungen der Sozialhilfe nach dem SGB XII in Betracht kommen und welche Stelle für die Entscheidung über eine Hilfeleistung zuständig ist.

Bearbeitungshinweise

1. Auf Ansprüche nach dem Wohngeldgesetz (WoGG) ist nicht einzugehen.
2. Die Kosten für Unterkunft und Heizung sind als angemessen zu betrachten.
3. Der Träger der Sozialhilfe hat von der Möglichkeit nach § 35 Abs. 4 und Abs. 5 Satz 2 SGB XII, die Leistungen für Unterkunft und Heizung für seinen Bereich zu pauschalieren, keinen Gebrauch gemacht.
4. Gehen Sie davon aus, dass der Kreis R in seiner Satzung von den gesetzlich vorgesehenen Übertragungsmöglichkeiten gegenüber den kreisangehörigen Städten und Gemeinden Gebrauch gemacht hat.
5. Gehen Sie davon aus, dass es sich bei der Werksrente um eine betriebliche Altersversorgung im Sinne des Betriebsrentengesetzes handelt.
6. Anlage zu § 28 SGB XII:

Regelbedarfsstufen nach der Anlage zu § 28 SGB XII in Euro

gültig ab	Regelbedarfsstufe 1	Regelbedarfsstufe 2	Regelbedarfsstufe 3	Regelbedarfsstufe 4	Regelbedarfsstufe 5	Regelbedarfsstufe 6
1.1.2026	563,00	506,00	451,00	471,00	390,00	357,00

Regelbedarfsstufe 1:
Für jede erwachsene Person, die in einer Wohnung nach § 42a Abs. 2 Satz 2 SGB XII lebt und für die nicht die Regelbedarfsstufe 2 gilt.

Regelbedarfsstufe 2:
Für jede erwachsene Person, die in einer Wohnung nach § 42a Abs. 2 Satz 2 SGB XII mit einem Ehegatten oder Lebenspartner oder in eheähnlicher oder lebenspartnerschaftsähnlicher Gemeinschaft mit einem Partner zusammenlebt.

Regelbedarfsstufe 3:
Für jede erwachsene Person, deren notwendiger Lebensunterhalt sich nach § 27b SGB XII bestimmt.

Regelbedarfsstufe 4:
Für eine Jugendliche oder einen Jugendlichen vom Beginn des 15. bis zur Vollendung des 18. Lebensjahres.

Regelbedarfsstufe 5:
Für ein Kind vom Beginn des siebten bis zur Vollendung des 14. Lebensjahres.

Regelbedarfsstufe 6:
Für ein Kind bis zur Vollendung des sechsten Lebensjahres.

Lösung

1. Vorprüfung/Abgrenzung zum SGB II

Aufgrund der im Sachverhalt beschriebenen Situation der Eheleute F kommen Sozialleistungen zur Sicherung des Lebensunterhalts in Betracht. Derartige Leistungen sind insbesondere im SGB II (u. a. Bürgergeld für erwerbsfähige und nichterwerbsfähige

Leistungsberechtigte) und im SGB XII (Hilfe zum Lebensunterhalt, Grundsicherung im Alter und bei Erwerbsminderung) vorgesehen.

Leistungen der Grundsicherung für Arbeitsuchende in Form von Bürgergeld nach dem SGB II kommen vorliegend nicht in Betracht, da weder Herr F noch seine Ehefrau zum anspruchsberechtigten Personenkreis für den Bezug von Bürgergeld nach §§ 7 Abs. 1 Satz 1, 7b, 19 Abs. 1 Satz 1 SGB II gehören (erwerbsfähige Leistungsberechtigte). Da beide Personen bereits die Altersgrenze (vgl. § 7a SGB II) erreicht haben[1] und damit die Altersvoraussetzungen nach § 7 Abs. 1 Satz 1 Nr. 1 SGB II nicht erfüllen, sind sie nicht als erwerbsfähige Leistungsberechtigte i. S. des § 7 Abs. 1 Satz 1 SGB II anzusehen.

Insoweit ist die Bildung einer Bedarfsgemeinschaft im Sinne von § 7 Abs. 3 SGB II, die zwingend mindestens eine erwerbsfähige leistungsberechtigte Person voraussetzt, nicht möglich, so dass auch ein Anspruch auf Bürgergeld für nichterwerbsfähige Leistungsberechtigte nach §§ 7 Abs. 2, 19 Abs. 1 Satz 2 SGB II nicht in Betracht kommen kann. Im Übrigen erhalten beide Ehepartner eine Altersrente aus der gesetzlichen Rentenversicherung, deren Bezug die Leistungen zur Sicherung des Lebensunterhalts nach dem SGB II ausschließt (vgl. § 7 Abs. 4 Satz 1 SGB II).

Zu prüfen ist, ob Leistungen zum Lebensunterhalt im Rahmen der Sozialhilfe nach dem SGB XII erbracht werden können.

2. Materielle Prüfung

2.1 Hilfeart/Gesamtfall- und Untersuchungsgrundsatz

Gemäß § 8 SGB XII umfasst die Sozialhilfe die dort genannten Hilfearten. Dabei hat der Sozialhilfeträger gemäß § 18 Abs. 1 SGB XII und § 20 SGB X (Gesamtfall- und Untersuchungsgrundsatz) alle in Betracht kommenden Hilfen von Amts wegen zu prüfen.

Für die Eheleute F kommen Leistungen zum Lebensunterhalt im Rahmen der Sozialhilfe in Form der **Grundsicherung im Alter und bei Erwerbsminderung** nach § 8 Nr. 2 i. V. m. dem 4. Kapitel SGB XII oder der **Hilfe zum Lebensunterhalt** nach dem § 8 Nr. 1 i. V. m. dem 3. Kapitel SGB XII in Betracht. Dabei ist zu berücksichtigen, dass die Leistungen der Grundsicherung im Alter und bei Erwerbsminderung nach dem 4. Kapitel SGB XII gemäß § 19 Abs. 2 Satz 2 SGB XII **vorrangig** vor der Hilfe zum Lebensunterhalt nach dem 3. Kapitel SGB XII und **antragsabhängig** sind (vgl. § 44 Abs. 1 Satz 1 SGB XII).

Aufgrund der besonderen Ausgestaltung der Grundsicherung nach dem 4. Kapitel SGB XII als antragsabhängige Leistung wird insoweit der sogenannte „Gesamtfallgrundsatz“ aus § 18 Abs. 1 SGB XII durchbrochen. Neben einem möglichen Bedarf auf ergänzende Leistungen zum Lebensunterhalt sind weitere Hilfen bzw. sozialhilferechtliche Bedarfe vorliegend nicht erkennbar.

1 Die Altersgrenze nach § 7a SGB II wird spätestens mit dem vollendeten 67. Lebensjahr erreicht.

2.2 Nachrang der Sozialhilfe

Gemäß § 2 Abs. 1 SGB XII erhält Sozialhilfe nicht, wer sich vor allem durch Einsatz seiner Arbeitskraft, seines Einkommens und seines Vermögens selbst helfen kann oder wer die erforderliche Leistung von anderen, insbesondere von Angehörigen oder von Trägern anderer Sozialleistungen, erhält. Die Vorschrift gilt für sämtliche Leistungen bzw. Hilfearten der Sozialhilfe. Der Grundsatz der Nachrangigkeit (Subsidiarität) umfasst die Möglichkeiten der Selbsthilfe, tatsächliche Hilfeleistungen von Dritten sowie Leistungsverpflichtungen Dritter.

Selbsthilfemöglichkeiten durch den Einsatz der Arbeitskraft bestehen vorliegend nicht, da beide Eheleute bereits ein der Regelaltersgrenze in der gesetzlichen Rentenversicherung (vgl. § 35 SGB VI) entsprechendes Lebensalter erreicht oder überschritten haben.[2] Neben den im Sachverhalt genannten Ansprüchen (Werksrente, Altersrente aus der gesetzlichen Rentenversicherung und Grundrente nach dem Bundesversorgungsgesetz) sind weitere, ggf. noch zu realisierende Ansprüche gegen andere (vorrangige) Sozialleistungsträger oder gegen sonstige Dritte nicht ersichtlich.

Auf Ansprüche nach dem Wohngeldgesetz ist lt. Bearbeitungshinweis 2 nicht einzugehen.

Vorbehaltlich der weiteren Prüfung des Einsatzes von Einkommen und Vermögen steht der Grundsatz der Nachrangigkeit aus § 2 Abs. 1 SGB XII einer Leistungserbringung nicht entgegen.

2.3 Anspruchsvoraussetzungen (Grundsicherung nach dem 4. Kapitel SGB XII)

Grundsicherung im Alter und bei Erwerbsminderung ist gemäß § 19 Abs. 2 Satz 1 SGB XII nach den besonderen Voraussetzungen des 4. Kapitels SGB XII den dort genannten Personen zu leisten, sofern sie ihren notwendigen Lebensunterhalt nicht ausreichend aus eigenen Kräften und Mitteln, insbesondere aus ihrem Einkommen und Vermögen, bestreiten können. Konkretisiert wird der leistungsberechtigte Personenkreis in § 41 Abs. 1 bis Abs. 3 SGB XII.

Danach sind leistungsberechtigt nach dem 4. Kapitel SGB XII ältere und dauerhaft voll erwerbsgeminderte Personen mit gewöhnlichem Aufenthalt im Inland, die ihren notwendigen Lebensunterhalt nicht oder nicht ausreichend aus Einkommen und Vermögen nach § 43 SGB XII bestreiten können.

Leistungen der Grundsicherung nach dem 4. Kapitel SGB XII werden bei Vorliegen der weiteren Voraussetzungen insofern für Personen **auf Antrag** erbracht (vgl. § 44 Abs. 1 Satz 1 SGB XII), die die **Altersgrenze** nach § 41 Abs. 2 SGB XII erreicht haben oder die das 18. Lebensjahr vollendet haben, unabhängig von der jeweiligen Arbeitsmarktlage **voll erwerbsgemindert** i. S. von § 43 Abs. 2 SGB VI sind und bei denen

2 Wegen der Hervorhebung der Freiwilligkeit, Beratung und Unterstützung durch den zuständigen SGB XII-Träger wurden mit Einführung des Bürgergeld-Gesetzes die bisherigen Regelungen zur Zumutbarkeit des Einsatzes der Arbeitskraft in § 11 Abs. 4 SGB XII gestrichen.

unwahrscheinlich ist, **dass die volle Erwerbsminderung behoben werden kann** (vgl. § 41 Abs. 3 SGB XII).

Leistungsberechtigt sind Personen wegen Alters, wenn sie die Altersgrenze erreicht haben (vgl. § 41 Abs. 2 Satz 1 SGB XII). Personen, die vor dem Jahrgang 1947 geboren sind, erreichen die Altersgrenze mit Vollendung des 65. Lebensjahres (vgl. § 41 Abs. 2 Satz 2 SGB XII). Herr und Frau F sind vor dem 1.1.1947 geboren und haben das 65. Lebensjahr vollendet, so dass sie grundsätzlich zum anspruchsberechtigten Personenkreis des § 41 SGB XII gehören.

Den erforderlichen Antrag haben die Eheleute F am 14.1.2025 beim Sozialamt der Stadt C gestellt.

Weiterhin müssten die Eheleute F ihren gewöhnlichen Aufenthalt im Inland (also in der Bundesrepublik Deutschland) haben (vgl. § 41 Abs. 1 Satz 1 SGB XII), wovon hier auszugehen ist. Es ergeben sich vorliegend auch keine Hinweise darauf, dass die Bedürftigkeit innerhalb der letzten zehn Jahre vorsätzlich oder grob fahrlässig herbeigeführt wurde (vgl. § 41 Abs. 4 SGB XII) oder keine Leistungsberechtigung wegen eines vorübergehenden Auslandsaufenthaltes besteht (vgl. § 41a SGB XII).

2.3.1 Bedarfsermittlung (notwendiger Lebensunterhalt)

Der Umfang der Leistungen der Grundsicherung im Alter und bei Erwerbsminderung nach dem 4. Kapitel SGB XII ergibt sich aus den §§ 42, 42a SGB XII. Die Vorschriften verweisen im Einzelnen auch bezüglich der Bedarfe für Unterkunft und Heizung auf die relevanten Bedarfe im Rahmen der Hilfe zum Lebensunterhalt nach dem 3. Kapitel SGB XII.

Der für die Gewährleistung des Existenzminimums notwendige Lebensunterhalt umfasst gemäß § 27a Abs. 1 Satz 1 SGB XII insbesondere Ernährung, Kleidung, Körperpflege, Hausrat, Haushaltsenergie ohne die auf Heizung und Erzeugung von Warmwasser entfallenden Anteile, persönliche Bedürfnisse des täglichen Lebens sowie Unterkunft und Heizung.

2.3.1.1 Regelbedarfe und Regelsätze

Nach § 27a Abs. 2 Satz 1 SGB XII ergibt der gesamte notwendige Lebensunterhalt nach § 27a Abs. 1 SGB XII mit Ausnahme der Bedarfe nach dem 3. Kapitel, 2. bis 4. Abschnitt SGB XII den monatlichen Regelbedarf. Zur Deckung der Regelbedarfe, die sich nach den Regelbedarfsstufen der Anlage zu § 28 SGB XII ergeben, sind monatliche Regelsätze als Pauschalbetrag zu gewähren, über dessen Verwendung die Leistungsberechtigten eigenverantwortlich entscheiden. Dabei haben sie das Eintreten unregelmäßig anfallender Bedarfe zu berücksichtigen (vgl. § 27a Abs. 3 Satz 1 und Satz 2 SGB XII).

Nach der Anlage zu § 28 SGB XII beträgt der Regelbedarf für zwei Erwachsene, die als Partner in einer Wohnung nach § 42a Abs. 2 Satz 2 SGB XII zusammenleben, monatlich 506,00 € (Regelbedarfsstufe 2). Für die Eheleute F treffen die genannten Voraussetzungen zu. Für sie ist jeweils die Regelbedarfsstufe 2 in Höhe von 506,00 € monatlich zu berücksichtigen. Die Festsetzung des Regelsatzes abweichend von der maßgebenden Regelbedarfsstufe (vgl. § 27a Abs. 4 Satz 1 SGB XII) ist vorliegend nicht erforderlich.

2.3.1.2 Mehrbedarfe

Durch die Anerkennung eines Mehrbedarfs sollen bei bestimmten typisierten Bedarfslagen, die nicht durch die Regelleistung abgegolten sind, zusätzliche Leistungen erbracht werden.

Nach § 30 Abs. 1 Nr. 1 SGB XII ist für Personen, die die Altersgrenze nach § 41 Abs. 2 SGB XII erreicht haben und durch einen Ausweis nach § 152 Abs. 5 SGB IX (Schwerbehindertenausweis) das Merkzeichen „G" nachweisen, ein Mehrbedarf von 17 vom Hundert der maßgebenden Regelbedarfsstufe anzuerkennen, soweit nicht im Einzelfall ein abweichender Bedarf besteht. Frau F hat das 78. Lebensjahr vollendet und damit, wie bereits festgestellt, die Altersgrenze nach § 41 Abs. 2 SGB XII erreicht. Sie verfügt laut Sachverhalt über einen Ausweis nach § 152 Abs. 5 SGB IX (sog. „Schwerbehindertenausweis") mit dem Merkzeichen „G".

Damit ist für sie ein Mehrbedarf in Höhe von 17 vom Hundert der maßgebenden Regelbedarfsstufe (hier also 17 vom Hundert von 506,00 € = 86,02 €) anzuerkennen.

Der Sachverhalt enthält keine Hinweise auf die Berücksichtigung eines abweichenden Bedarfs sowie die Anerkennung eines Mehrbedarfs nach § 42b SGBXII.

2.3.1.3 Bedarfe für Unterkunft und Heizung

Für Leistungsberechtigte sind gemäß §§ 42 Nr. 4, 42a Abs. 1 SGB XII die angemessenen (tatsächlichen) Aufwendungen für Unterkunft und Heizung (einschließlich der Aufwendungen für die zentrale Warmwasserversorgung) entsprechend § 35 Abs. 1 Satz 1 und Abs. 5 Satz 1 SGB XII anzuerkennen. Zu den Bedarfen für die Unterkunft gehören neben der Grundmiete auch die umlagefähigen Nebenkosten, wenn die Mietvertragsparteien dies in Anwendung des § 556 BGB vereinbart haben.

Die Bedarfe für Unterkunft und Heizung sind im vorliegenden Fall angemessen (vgl. Bearbeitungshinweis 3) und in tatsächlicher Höhe (für jede leistungsberechtigte Person kopfanteilig) zu berücksichtigen bzw. anzuerkennen. Die speziellen Vorschriften des § 42a Abs. 2 bis Abs. 5 SGB XII zur Berücksichtigung der Bedarfe für Unterkunft und Heizung im Rahmen der Grundsicherung nach dem 4. Kapitel SGB XII sind im vorliegenden Fall nicht relevant.

Berechnung des notwendigen Lebensunterhalts (Zusammenfassung):

	Herr F	**Frau F**
Regelbedarf	506,00 €	506,00 €
Mehrbedarf	–	86,02 €
Bedarfe für die Unterkunft	220,00 €	220,00 €
Bedarfe für Heizung	40,00 €	40,00 €
Gesamtbedarf	**766,00 €**	**852,02 €**

2.3.2 Einsatz eigener Mittel

Grundsicherung im Alter ist nach § 19 Abs. 2 Satz 1 und § 41 Abs. 1 SGB XII Personen zu leisten, die ihren notwendigen Lebensunterhalt nicht oder nicht ausreichend aus Einkommen und Vermögen nach § 43 SGB XII bestreiten können. Für den Einsatz des Einkommens sind die §§ 82 bis 84 SGB XII und für den Einsatz des Vermögens die §§ 90 und 91 SGB XII anzuwenden, soweit in § 43 SGB XII nichts Abweichendes geregelt ist (vgl. § 43 Abs. 1 Satz 1 SGB XII).

Es ist zu prüfen, ob dies bei den Eheleuten F der Fall ist.

2.3.2.1 Einsatz des Einkommens

Dem zuvor ermittelten Bedarf der Eheleute ist in einem weiteren Schritt das zu berücksichtigende Einkommen gegenüberzustellen. Zum Einkommen gehören alle Einkünfte in Geld oder Geldeswert, unabhängig von Herkunft, Rechtsnatur sowie ohne Rücksicht darauf, ob sie zu den Einkunftsarten im Sinne des Einkommensteuergesetzes gehören und ob sie der Steuerpflicht unterliegen (vgl. § 82 Abs. 1 Satz 1 SGB XII i. V. m. § 1 VO zu § 82 SGB XII).

Die jeweiligen Altersrenten aus der gesetzlichen Rentenversicherung sowie die Werksrente sind Einkünfte im Sinne von § 82 Abs. 1 Satz 1 SGB XII, die auch nicht nach Maßgabe dieser Vorschrift, nach den §§ 83 und 84 SGB XII oder aufgrund spezialgesetzlicher Vorschriften bei den Leistungen der Sozialhilfe anrechnungsfrei bleiben.

Die Grundrente nach dem Bundesversorgungsgesetz (BVG) ist nach dieser Vorschrift dagegen leistungsrechtlich nicht als Einkommen zu berücksichtigen bzw. anspruchsmindernd anzurechnen.

Bei den Leistungen nach dem 3. und 4. Kapitel SGB XII ist gemäß § 82 Abs. 4 ein Betrag von 100,00 € monatlich aus einer zusätzlichen Altersvorsorge der Leistungsberechtigten zuzüglich 30 % des diesen Betrag übersteigenden Einkommens (höchsten jedoch 50 % der Regelbedarfsstufe 1) abzusetzen. Nach § 82 Abs. 5 Satz 2 SGB XII gelten auch laufende Zahlungen einer betrieblichen Altersversorgung im Sinne des Betriebsrentengesetzes (Werksrente, vgl. Bearbeitungshinweis 5) als Einkommen aus einer zusätzlichen Altersvorsorge.

Damit sind vom Einkommen aus der betrieblichen Altersversorgung abzusetzen: 100,00 € zzgl. 30 % von 94,00 € (also 28,20 €) = **128,20 €.**

Weitere Hinweise auf eine notwendige Bereinigung des Einkommens im Rahmen des § 82 Abs. 2 und Abs. 3 SGB XII sind dem Sachverhalt nicht zu entnehmen.

Damit ergeben sich nach Anrechnung des jeweils zu berücksichtigenden Einkommens ungedeckte Bedarfe in folgender Höhe:

	Herr F	Frau F
Gesamtbedarf	766,00 €	852,02 €
./. Altersrente	826,00 €	168,00 €
./. Werksrente (abzgl. Absetzung nach § 82 Abs. 4 SGB XII)	65,80 €	–
Fehlbedarf	**0,00 €**	**684,02 €**
Einkommensüberschuss	**125,80 €**	**0,00 €**

Das zu berücksichtigende Einkommen des **Herrn F** übersteigt seinen individuellen Bedarf für den notwendigen Lebensunterhalt um monatlich 125,80 €. Ein Anspruch auf Leistungen der Grundsicherung nach dem 4. Kapitel SGB XII besteht für ihn daher wegen fehlender Hilfebedürftigkeit nicht.

Seine **Ehefrau** kann ihren Bedarf für den notwendigen Lebensunterhalt dagegen nicht aus ihrem eigenen Einkommen bestreiten. Für sie könnte damit ein Anspruch auf Leistungen der Grundsicherung im Alter und bei Erwerbsminderung nach dem 4. Kapitel SGB XII in Betracht kommen.

2.3.2.2 Einsatz des Vermögens

Nach § 90 Abs. 1 SGB XII ist grundsätzlich das gesamte verwertbare Vermögen einzusetzen. Verwertbar in diesem Sinne ist der Teil des Vermögens, der durch Verbrauch, Verkauf, Übertragung, Beleihung, Vermietung oder Verpachtung wirtschaftlich nutzbar gemacht werden kann. Die nach § 19 Abs. 2 Satz 1 SGB XII und § 43 Abs. 1 Satz 2 SGB XII zum Vermögenseinsatz verpflichteten Personen (Herr und Frau F) verfügen über einen angemessenen Hausrat. Hierbei handelt es sich um grundsätzlich verwertbares Vermögen.

Allerdings darf die Sozialhilfe nach § 90 Abs. 2 SGB XII nicht vom Einsatz oder von der Verwertung der hier genannten Vermögenswerte abhängig gemacht werden (geschütztes Vermögen). Zum geschützten Vermögen gehört nach § 90 Abs. 2 Nr. 4 SGB XII ein angemessener Hausrat. Laut Sachverhalt ist der Wert des Hausrates als angemessen und damit als „Schonvermögen" anzusehen.

Über weiteres Vermögen verfügen die Eheleute F laut Sachverhalt nicht.

Der Anspruch auf Sozialhilfe ist im vorliegenden Fall somit nicht von der Verwertung des Vermögens abhängig zu machen.

2.3.3 Einsatz der Mittel anderer Personen (Einsatzgemeinschaft)

Nach § 43 Abs. 1 Satz 2 SGB XII ist neben Einkommen und Vermögen der leistungsberechtigten Person (vgl. § 19 Abs. 2 Satz 1 SGB XII) auch das Einkommen und Vermögen des nicht getrennt lebenden Ehegatten oder Lebenspartners sowie des Partners einer eheähnlichen Gemeinschaft (vgl. § 20 SGB XII) zu berücksichtigen, soweit es dessen notwendigen Lebensunterhalt nach § 27a SGB XII übersteigt. In die Prüfung, ob Hilfebedürftigkeit besteht, sind somit auch die Partner der Grundsicherungsberechtigten einzubeziehen (Einsatzgemeinschaft).

Herr und Frau F sind nicht dauernd getrennt lebende Ehegatten. Frau F muss sich somit das (rechnerisch) überschüssige Einkommen ihres Ehemannes in Höhe von 125,80 € zurechnen lassen. Damit besteht für sie im Ergebnis ein Anspruch auf Leistungen der Grundsicherung nach dem 4. Kapitel SGB XII in Höhe von monatlich 558,22 € (684,02 € ./. 125,80 €).

2.4 Form der Hilfe

Gemäß § 10 Abs. 1 SGB XII werden die Leistungen der Sozialhilfe als Dienstleistung, Geldleistung oder Sachleistung erbracht, wobei die Geldleistung nach § 10 Abs. 3 Satz 1 SGB XII grundsätzlich Vorrang vor Gutscheinen oder Sachleistungen hat, soweit das Gesetz nicht etwas anderes bestimmt oder mit Gutscheinen oder Sachleistungen das Ziel der Sozialhilfe erheblich besser oder wirtschaftlicher erreicht werden kann oder die Leistungsberechtigten es wünschen.

Vorliegend kommt die Hilfegewährung ausschließlich in Form einer Geldleistung in Betracht, da keine Anhaltspunkte dafür gegeben sind, um von diesem Grundsatz abzuweichen.

Es besteht auch keine Möglichkeit, die Hilfeleistungen in Form eines Darlehens zu erbringen. Insbesondere eine Leistungsgewährung als Darlehen nach § 38 SGB XII bei vorübergehender Notlage scheidet hier aus, da diese Regelung wegen der Gesetzessystematik ausschließlich für die Hilfe nach dem 3. Kapitel SGB XII (Hilfe zum Lebensunterhalt) anzuwenden ist.

Die Leistungen zur Deckung von Bedarfen nach § 42 SGB XII sind in diesem Fall als nicht rückzahlbare Geldleistung durch einen Bewilligungsbescheid bzw. Verwaltungsakt mit Dauerwirkung für einen Zeitraum von 12 Kalendermonaten zu bewilligen (vgl. § 44 Abs. 3 Satz 1 SGB XII).

2.5 Einsetzen der Sozialhilfe

Die Leistungen der Grundsicherung nach dem 4. Kapitel SGB XII werden gemäß § 44 Abs. 1 Satz 1 SGB XII **auf Antrag** erbracht (Antragserfordernis). Der Antrag ist keine besondere Form gebunden (kein Formerfordernis). Als Ausnahme von dem für die Sozialhilfe geltenden Kenntnisgrundsatz (vgl. § 18 Abs. 1 SGB XII) reicht demnach das Bekanntwerden einer Notlage beim zuständigen Träger der Sozialhilfe nicht aus. Es ist vielmehr ein ausdrücklicher Antrag erforderlich, der von den Eheleuten F am 14.1.2026 gestellt wurde.

Die Grundsicherung im Alter und bei Erwerbsminderung nach dem 4. Kapitel SGB XII wird bei der erstmaligen Bewilligung ab dem Ersten des Monats erbracht, in dem der Antrag gestellt worden ist (Rückwirkung der Antragstellung, vgl. § 44 Abs. 2 Satz 1 SGB XII), wenn die Voraussetzungen des § 41 SGB XII innerhalb dieses Kalendermonats erfüllt werden – in diesem Fall also ab dem 1.1.2026, da auch die Leistungsvoraussetzungen des § 41 SGB XII im Monat Januar erfüllt waren.

Leistungen zur Deckung von Bedarfen nach § 42 SGB XII werden in der Regel für einen Bewilligungszeitraum von zwölf Kalendermonaten bewilligt (§ 44 Abs. 3 Satz 1

SGB XII). Die Leistungsbewilligung im Rahmen der Grundsicherung nach dem 4. Kapitel SGB XII erfolgt somit durch einen Bescheid (Verwaltungsakt) mit Dauerwirkung.

Der Bescheid über die Bewilligung von Leistungen nach dem 4. Kapitel SGB XII steht unter dem Vorbehalt, dass die Leistungsvoraussetzungen unverändert während des gesamten Bewilligungszeitraumes von zwölf Monaten vorliegen.

3. Zuständigkeitsprüfung

3.1 Sachliche Zuständigkeit

Sachlich zuständig ist nach § 97 Abs. 1 SGB XII der örtliche Träger der Sozialhilfe, soweit nicht der überörtliche Träger sachlich zuständig ist. Für den Bereich des Landes Nordrhein-Westfalen führen die Kreise und kreisfreien Städte als **örtliche Träger** der Sozialhilfe und die Landschaftsverbände als **überörtliche Träger** der Sozialhilfe die Aufgaben der Sozialhilfe als Selbstverwaltungsangelegenheiten durch, soweit sie nicht Geldleistungen nach dem 4. Kapitel SGB XII erbringen (vgl. § 1 Abs. 1 AG-SGB XII NRW).

Soweit Geldleistungen erbracht werden, wird das 4. Kapitel SGB XII in Bundesauftragsverwaltung durchgeführt. Die örtlichen und überörtlichen Träger der Sozialhilfe nehmen dann die ihnen nach dem 4. Kapitel SGB XII obliegenden Aufgaben als Pflichtaufgabe zur Erfüllung nach Weisung wahr (vgl. § 1 Abs. 2 AG-SGB XII NRW). Die sachliche Zuständigkeit des überörtlichen Trägers wird gemäß § 97 Abs. 2 Satz 1 SGB XII nach Landesrecht bestimmt. Nach § 2a AG-SGB XII NRW ist der überörtliche Träger der Sozialhilfe nur für die dort ausdrücklich genannten Leistungen sachlich zuständig. Für die hier in Betracht kommende Grundsicherung nach dem 4. Kapitel SGB XII wird die sachliche Zuständigkeit eines überörtlichen Trägers durch § 2a AG-SGB XII NRW nicht begründet.

Sachlich zuständig für die Leistungen zum Lebensunterhalt für Frau F ist somit ein örtlicher Träger der Sozialhilfe.

3.2 Träger der Sozialhilfe

Örtliche Träger der Sozialhilfe sind die kreisfreien Städte und die Kreise, soweit nicht durch Landesrecht etwas anderes bestimmt wird (§ 3 Abs. 2 Satz 1 SGB XII). Eine abweichende Bestimmung durch Landesrecht ist in Nordrhein-Westfalen nicht vorgenommen worden (vgl. § 1 Abs. 1 AG-SGB XII NRW).

3.3 Örtliche Zuständigkeit

Für die Sozialhilfe örtlich zuständig ist nach § 98 Abs. 1 Satz 1 SGB XII der Träger der Sozialhilfe, in dessen Bereich sich die Leistungsberechtigten tatsächlich aufhalten. Gemäß § 46b Abs. 1 SGB XII werden die zuständigen Träger für die Leistungen nach dem 4. Kapitel SGB XII nach Landesrecht bestimmt. Nach § 1 Abs. 3 Satz 1 AG-SGB XII NRW ist für die Leistungen nach dem 4. Kapitel SGB XII der Träger örtlich zuständig, in dessen Bereich der gewöhnliche Aufenthaltsort des Leistungsberechtigten liegt. Nach § 30 Abs. 2 Satz 2 SGB I hat den gewöhnlichen Aufenthalt jemand dort, wo er sich unter Umständen aufhält, die erkennen lassen, dass er an diesem Ort oder in diesem Gebiet nicht nur vorübergehend verweilt. Üblicherweise ist dies der Wohnsitz.

Die Eheleute F haben ihren Wohnsitz in der kreisangehörigen Stadt C, die zum Kreis R gehört. Es ist insoweit davon auszugehen, dass sie auch dort ihren gewöhnlichen Aufenthalt begründet haben.

Der Kreis R ist somit sachlich und örtlich zuständiger Träger der Sozialhilfe.

3.4 Aufgabenübertragung

Gemäß § 99 Abs. 1 SGB XII können die Länder bestimmen, dass und inwieweit die Kreise ihnen zugehörige Gemeinden oder Gemeindeverbände zur Durchführung von Aufgaben heranziehen können. Durch § 3 Abs. 1 AG-SGB XII NRW ist diese Ermächtigung ausgeschöpft worden. Laut Bearbeitungshinweis hat der Kreis R von der Möglichkeit der Aufgabenübertragung Gebrauch gemacht. Die dem Kreis obliegenden Aufgaben werden im vorliegenden Fall von der Stadt C wahrgenommen. Hierbei handelt es sich jedoch lediglich um eine sogenannte „Bearbeitungszuständigkeit“.

Sachlich und örtlich zuständiger Träger der Sozialhilfe bleibt der Kreis R.

Praktischer Fall Nr. 2

Schwerpunkte:
- Hilfe zum Lebensunterhalt nach dem 3. Kapitel SGB XII,
- Grundsicherung im Alter und bei Erwerbsminderung nach dem 4. Kapitel SGB XII,
- anspruchsberechtigter Personenkreis,
- Einsatzgemeinschaft, Zurechnung des Einkommens,
- Einsatz von Vermögen,
- Haushaltsgemeinschaft, Vermutung der Bedarfsdeckung,
- Zuständigkeiten, Träger der Sozialhilfe

Hilfsmittel:
- Sechstes Buch Sozialgesetzbuch (SGB VI),
- Zwölftes Buch Sozialgesetzbuch (SGB XII) mit Verordnungen,
- Landesausführungsgesetz zum Sozialgesetzbuch Zwölftes Buch (SGB XII) – Sozialhilfe – für das Land Nordrhein-Westfalen (AG-SGB XII NRW)

Sachverhalt

Herr Georg G (geb. am 21.1.1950) lebt zusammen mit seiner Ehefrau Gisela G (45 Jahre alt) in der Stadt B in Nordrhein-Westfalen (Kreis A, Bereich des Landschaftsverbandes Westfalen-Lippe). Daneben wohnen der 26jährige Sohn Günther und die 12jährige Tochter Gina im Haushalt der Eltern.

Die persönliche und wirtschaftliche Situation der Familie G stellt sich wie folgt dar: Herr G bezieht eine Regelaltersrente (vgl. § 35 SGB VI) aus der gesetzlichen Rentenversicherung von monatlich 263,00 € (nach Abzug der Beiträge zur Kranken- und Pflegeversicherung). Aus einer geringfügigen Beschäftigung (Aufsicht in einer Spielhalle) erzielt er darüber hinaus ein Einkommen aus nichtselbstständiger Tätigkeit (brutto = netto) in Höhe von 230,00 € im Monat. Frau G erhält seit ca. einem Jahr eine zeitlich befristete Rente wegen voller Erwerbsminderung aus der gesetzlichen Rentenversicherung gemäß § 43 Abs. 2 SGB VI in Verbindung mit § 102 Abs. 2 SGB VI in Höhe von monatlich 750,00 € (nach Abzug der Beiträge zur Kranken- und Pflegeversicherung). Als Kindergeldberechtigter erhält Herr G von der Familienkasse für Gina das gesetzliche Kindergeld in Höhe von monatlich 255,00 €.

Herr G ist im Besitz eines Ausweises nach § 152 Abs. 5 SGB IX (Schwerbehindertenausweis) mit dem Merkzeichen „G“. Günther G ist seit ca. fünf Monaten arbeitslos und erhält von der Bundesagentur für Arbeit Arbeitslosengeld (Alg I) in Höhe von monatlich 1.380,00 €.

Neben einem angemessenen Hausrat verfügen die Eheleute G über ein gemeinsames Sparbuch mit einem aktuellen Guthaben von 20.380,00 €. Die angemessenen Kosten der Unterkunft betragen 520,00 € und die angemessenen Heizkosten 120,00 € im Monat. Die Heizkosten enthalten auch Anteile für die Warmwasserversorgung.

Durch einen Fernsehbericht erfahren die Eheleute G, dass für einkommensschwache Haushalte grundsätzlich die Möglichkeit besteht, Zuschüsse bzw. Hilfeleistungen durch das Sozialamt zu erhalten. Daraufhin sucht Herr G am 6.3.2025 das Sozialamt der Stadt B auf, lässt sich jedoch durch den starken Publikumsandrang abschrecken und geht wieder nach Hause. Am 13.3.2025 setzt er sich telefonisch mit dem für ihn zuständigen Sachbearbeiter in Verbindung, um sich umfassend informieren zu lassen. Wegen des sich wahrscheinlich ergebenden Sozialhilfeanspruchs erhält er einen Termin für ein persönliches Beratungsgespräch.

Vereinbarungsgemäß spricht Herr G am 15.3.2025 bei dem für ihn zuständigen Sachbearbeiter im Sozialamt der Stadt B vor, der den Sachverhalt stichpunktartig in einem Aktenvermerk dokumentiert und Herrn G die entsprechenden Antragsunterlagen mit einer Liste der für die abschließende Bearbeitung noch erforderlichen Nachweise bzw. Unterlagen aushändigt. Am 21.3.2025 legt Herr G den ausgefüllten Antrag einschließlich der angeforderten Nachweise bei der sachbearbeitenden Stelle des Sozialamtes der Stadt B vor.

Aufgaben

Prüfen Sie gutachtlich,

1. ob und ggf. in welcher Höhe Leistungen der Sozialhilfe für den Monat März 2025 in Betracht kommen und
2. welche Stelle für die Entscheidung über eine Hilfeleistung zuständig ist.

Bearbeitungshinweise

1. Gehen Sie davon aus, dass der Kreis A in seiner Satzung von den gesetzlich vorgesehenen Übertragungsmöglichkeiten gegenüber den kreisangehörigen Städten und Gemeinden Gebrauch gemacht hat.
2. Anlage zu § 28 SGB XII

Regelbedarfsstufen nach der Anlage zu § 28 SGB XII in Euro

gültig ab	Regelbedarfsstufe 1	Regelbedarfsstufe 2	Regelbedarfsstufe 3	Regelbedarfsstufe 4	Regelbedarfsstufe 5	Regelbedarfsstufe 6
1.1.2025	563,00	506,00	451,00	471,00	390,00	357,00

Regelbedarfsstufe 1:
Für jede erwachsene Person, die in einer Wohnung nach § 42a Abs. 2 Satz 2 SGB XII lebt und für die nicht die Regelbedarfsstufe 2 gilt.

Regelbedarfsstufe 2:
Für jede erwachsene Person, die in einer Wohnung nach § 42a Abs. 2 Satz 2 SGB XII mit einem Ehegatten oder Lebenspartner oder in eheähnlicher oder lebenspartnerschaftsähnlicher Gemeinschaft mit einem Partner zusammenlebt.

Regelbedarfsstufe 3:
Für jede erwachsene Person, deren notwendiger Lebensunterhalt sich nach § 27b SGB XII bestimmt.

> **Regelbedarfsstufe 4:**
> Für eine Jugendliche oder einen Jugendlichen vom Beginn des 15. bis zur Vollendung des 18. Lebensjahres.
>
> **Regelbedarfsstufe 5:**
> Für ein Kind vom Beginn des siebten bis zur Vollendung des 14. Lebensjahres.
>
> **Regelbedarfsstufe 6:**
> Für ein Kind bis zur Vollendung des sechsten Lebensjahres.

3. Der Träger der Sozialhilfe hat von der Möglichkeit nach § 35 Abs. 4 und Abs. 5 Satz 2 SGB XII, die Leistungen für Unterkunft und Heizung für seinen Bereich zu pauschalieren, keinen Gebrauch gemacht.
4. Etwaige Ansprüche nach dem Wohngeldgesetz sowie Unterhaltsansprüche sind nicht zu erörtern.
5. Auf Leistungen nach §§ 34, 34a SGB XII (Bildung und Teilhabe) ist nicht einzugehen.
6. Es ist davon auszugehen, dass alle im Haushalt lebenden Personen eine Haushalts- und Wirtschaftsgemeinschaft bilden.
7. Auszug aus den Richtlinien des zuständigen Trägers der Sozialhilfe zur Anwendung des § 39 SGB XII:
8. Bei der § 39 SGB XII zugrunde liegenden Vermutung, dass in Haushaltsgemeinschaft lebende nachfragende Personen Leistungen von anderen erhalten (Vermutung der Bedarfsdeckung), ist in Anlehnung an das Unterhaltsrecht von einer Leistungsfähigkeit zwischen Verwandten bzw. Haushaltsangehörigen nur insoweit auszugehen, als das Einkommen den höchsten Selbstbehalt der vom Oberlandesgericht Düsseldorf entwickelten „Düsseldorfer Tabelle" (z. Zt. 2.000,00 €) übersteigt. Das diesem Betrag übersteigende Einkommen ist ggf. in Höhe von 50 % zu berücksichtigen.

Lösung

Aufgabe 1

1. Vorprüfung/Abgrenzung zum SGB II

Aufgrund der im Sachverhalt beschriebenen Situation der Familie G kommen Sozialleistungen zur Sicherung des Lebensunterhalts in Betracht. Derartige Leistungen sind insbesondere im Zweiten Buch Sozialgesetzbuch (Bürgergeld für erwerbsfähige und nichterwerbsfähige Leistungsberechtigte) und im Zwölften Buch Sozialgesetzbuch (Hilfe zum Lebensunterhalt, Grundsicherung im Alter und bei Erwerbsminderung) vorgesehen.

Leistungen der Grundsicherung für Arbeitsuchende nach dem Zweiten Buch Sozialgesetzbuch in Form von Bürgergeld scheiden im vorliegenden Fall aus, da keine der im Haushalt der Familie G lebenden Personen zum anspruchsberechtigten Personenkreis nach §§ 7 Abs. 1 Satz 1, 7b SGB II (erwerbsfähige Leistungsberechtigte) gehört.

Herr G und Tochter Gina erfüllen nicht die Altersvoraussetzungen für den Bezug von Bürgergeld für erwerbsfähige Leistungsberechtigte nach § 7 Abs. 1 Satz 1 Nr. 1 SGB II. Herr G hat die Altersgrenze nach § 7a SGB II erreicht und Gina hat das 15. Lebensjahr (noch) nicht vollendet. Herr G erhält darüber hinaus eine Altersrente aus der gesetzlichen Rentenversicherung, deren Bezug die Leistungen zur Sicherung des Lebensunterhalts sowie alle weiteren Leistungen nach dem SGB II ausschließt (vgl. § 7 Abs. 4 Satz 1 SGB II).

Frau G erhält eine zeitlich befristete Rente wegen voller Erwerbsminderung aus der gesetzlichen Rentenversicherung. Eine solche Rente erhalten nur Personen, die wegen Krankheit oder Behinderung auf nicht absehbare Zeit außerstande sind, unter den üblichen Bedingungen des allgemeinen Arbeitsmarktes mindestens drei Stunden täglich erwerbstätig zu sein (vgl. § 43 Abs. 2 Satz 2 SGB VI). Der Beurteilungsmaßstab für die Erwerbsfähigkeit i. S. des § 8 Abs. 1 SGB II bzw. für die volle Erwerbsminderung nach § 43 Abs. 2 SGB VI ist grundsätzlich identisch. Aufgrund des Rentenbezuges ist zu unterstellen, dass Frau G nicht erwerbsfähig i. S. des § 8 Abs. 1 SGB II ist, so dass ein Anspruch auf Bürgergeld für erwerbsfähige Leistungsberechtigte für sie nicht besteht.

Sohn Günther ist zwar erwerbsfähig, kann aber offensichtlich seinen notwendigen Lebensunterhalt aus eigenem Einkommen (Arbeitslosengeld I) bestreiten, so dass er nicht hilfebedürftig i. S. des § 9 Abs. 1 SGB II ist.

Nach § 9 Abs. 1 SGB II ist hilfebedürftig nur derjenige, der seinen Lebensunterhalt nicht oder nicht ausreichend aus dem zu berücksichtigenden Einkommen oder Vermögen sichern kann und die erforderliche Hilfe nicht von anderen, insbesondere von Angehörigen oder von Trägern anderer Sozialleistungen erhält.

Da Günther G im Übrigen das 25. Lebensjahr bereits vollendet hat, ist die Bildung einer Bedarfsgemeinschaft im Sinne des § 7 Abs. 3 SGB II mit den Eltern und der Schwester, die zwingend mindestens eine erwerbsfähige hilfebedürftige Person i. S. des § 7 Abs. 1 Satz 1 SGB II (einen sogenannten „Hauptleistungsberechtigten") voraussetzt, nicht möglich, so dass auch ein Anspruch auf Bürgergeld nach § 7 Abs. 2 Satz 1 SGB II i. V. m.§ 19 Abs. 1 Satz 2 SGB II für nichterwerbsfähige Angehörige in der Bedarfsgemeinschaft nicht in Betracht kommen kann.

Zu prüfen ist, ob für die Eheleute G und Tochter Gina Leistungen zur Sicherung des Lebensunterhalts im Rahmen der Sozialhilfe nach dem SGB XII erbracht werden können.

2. Materielle Prüfung

2.1 Hilfearten/Gesamtfall- und Untersuchungsgrundsatz

Gemäß § 8 SGB XII umfasst die Sozialhilfe die dort genannten Hilfearten. Dabei hat der Sozialhilfeträger gemäß § 18 Abs. 1 SGB XII und § 20 SGB X alle in Betracht kommenden Hilfen zu prüfen (Gesamtfall- und Untersuchungsgrundsatz) und kann sich aller Beweismittel bedienen, die er nach pflichtgemäßem Ermessen zur Ermittlung des Sachverhaltes für erforderlich hält (vgl. § 21 SGB X).

Für die Eheleute G und Gina kommen Leistungen zum Lebensunterhalt in Form der **Grundsicherung im Alter und bei Erwerbsminderung** nach § 8 Nr. 2 i. V. m. dem 4. Kapitel SGB XII oder der **Hilfe zum Lebensunterhalt** nach § 8 Nr. 1 i. V. m. dem 3. Kapitel SGB XII in Betracht. Dabei ist zu berücksichtigen, dass die Leistungen der Grundsicherung nach dem 4. Kapitel SGB XII gemäß § 19 Abs. 2 Satz 2 SGB XII **vorrangig** vor der Hilfe zum Lebensunterhalt nach dem 3. Kapitel SGB XII und gemäß § 44 Abs. 1 Satz 1 SGB XII **antragsabhängig** sind.

Aufgrund der besonderen Ausgestaltung der Grundsicherung im Alter und bei Erwerbsminderung nach dem 4. Kapitel SGB XII als antragsabhängige Leistung wird insoweit der Kenntnisgrundsatz (Leistungen ab Bekanntwerden der Notlage) aus § 18 Abs. 1 SGB XII durchbrochen.

Neben einem möglichen Bedarf auf ergänzende Leistungen zum Lebensunterhalt sind weitere Hilfebedarfe (nach dem 5. bis 9. Kapitel SGB XII) aufgrund der beschriebenen Situation nicht erkennbar.

2.2 Voraussetzungen für den Anspruch auf Sozialhilfe

Die Eheleute G und ihre Tochter Gina haben gemäß § 17 Abs. 1 Satz 1 SGB XII i. V. m. § 19 Abs. 1 bzw. Abs. 2 Satz 1 SGB XII einen Anspruch auf Leistungen zum Lebensunterhalt nach dem 3. bzw. 4. Kapitel SGB XII in Höhe des ungedeckten Bedarfs als Pflichtleistung, sofern ergänzende Normen nicht entgegenstehen und die Voraussetzungen der Anspruchsnorm erfüllt sind.

2.3 Nachrang der Sozialhilfe

Gemäß § 2 Abs. 1 SGB XII erhält Sozialhilfe nicht, wer sich vor allem durch Einsatz seiner Arbeitskraft, seines Einkommens und seines Vermögens selbst helfen kann oder wer die erforderliche Leistung von anderen, insbesondere von Angehörigen oder von Trägern anderer Sozialleistungen, erhält. Die Vorschrift gilt für sämtliche Leistungen bzw. Hilfearten der Sozialhilfe. Der Grundsatz der Nachrangigkeit (Subsidiarität) umfasst die Möglichkeiten der Selbsthilfe, tatsächliche Hilfeleistungen von Dritten sowie Leistungsverpflichtungen Dritter.

Selbsthilfemöglichkeiten durch den zumutbaren Einsatz der Arbeitskraft scheiden für Frau G wegen der vollen Erwerbsminderung aus. Herr G ist geringfügig beschäftigt. Da er ein der Regelaltersgrenze der gesetzlichen Rentenversicherung (vgl. § 35 SGB VI) entsprechendes Lebensalter erreicht hat, ist von ihm ein weitergehender Einsatz der Arbeitskraft nicht zu fordern. Für Gina kommt eine Verpflichtung zum Einsatz ihrer Arbeitskraft aufgrund ihres Alters und der bestehenden Schulpflicht ebenfalls nicht in Betracht.[1]

1 Wegen der Hervorhebung der Freiwilligkeit, Beratung und Unterstützung durch den zuständigen SGB XII – Träger wurden mit Einführung des Bürgergeld-Gesetzes die bisherigen Regelungen zur Zumutbarkeit des Einsatzes der Arbeitskraft in § 11 Abs. 4 SGB XII gestrichen.

Neben den im Sachverhalt genannten Ansprüchen sind weitere ggf. noch zu verfolgende Ansprüche (insbesondere gegenüber anderen Sozialleistungsträgern) nicht ersichtlich. Inwieweit Einkommen und/oder Vermögen einer Leistungserbringung entgegenstehen, wird nachfolgend geprüft.

Vorbehaltlich des Ergebnisses dieser Prüfung steht der Grundsatz der Nachrangigkeit aus § 2 Abs. 1 SGB XII einer Hilfeleistung nach dem 3. und 4. Kapitel SGB XII nicht entgegen.

2.4 Entgegenstehende Normen

Hinweise auf gesetzliche Anspruchsausschlüsse oder Anspruchseinschränkungen insbesondere nach den §§ 21, 22 Abs. 1, 23, 24 und 26 SGB XII sind dem Sachverhalt nicht zu entnehmen.

2.5 Anspruchsvoraussetzungen (Grundsicherung im Alter und bei Erwerbsminderung nach dem 4. Kapitel SGB XII)

Grundsicherung im Alter und bei Erwerbsminderung ist gemäß § 19 Abs. 2 Satz 1 SGB XII nach den besonderen Voraussetzungen des 4. Kapitels SGB XII den dort genannten Personen zu leisten, sofern sie ihren notwendigen Lebensunterhalt nicht ausreichend aus eigenen Kräften und Mitteln, insbesondere aus ihrem Einkommen und Vermögen, bestreiten können. Konkretisiert werden die Voraussetzungen in § 41 Abs. 1 SGB XII. Danach sind leistungsberechtigt nach dem 4. Kapitel SGB XII ältere und dauerhaft voll erwerbsgeminderte Personen mit gewöhnlichem Aufenthalt im Inland, die ihren notwendigen Lebensunterhalt nicht oder nicht ausreichend aus Einkommen und Vermögen nach § 43 SGB XII bestreiten können.

Leistungen der Grundsicherung **im Alter** nach dem 4. Kapitel SGB XII werden bei Vorliegen der Voraussetzungen **auf Antrag** für Personen erbracht, die die Altersgrenze erreicht haben (vgl. § 41 Abs. 2 Satz 1 SGB XII). Personen, die vor dem 1.1.1947 geboren sind, erreichen die Altersgrenze mit Vollendung des 65. Lebensjahres (vgl. § 41 Abs. 2 Satz 2 SGB XII). Spätestens wird die Altersgrenze mit dem vollendeten 67. Lebensjahr erreicht. Leistungsberechtigt **bei Erwerbsminderung** sind Personen, die das 18. Lebensjahr vollendet haben, unabhängig von der jeweiligen Arbeitsmarktlage voll erwerbsgemindert i. S. des § 43 Abs. 2 SGB VI sind und bei denen unwahrscheinlich ist, dass die volle Erwerbsminderung behoben werden kann (vgl. § 41 Abs. 3 SGB XII).

Herr G ist im Jahr 1950 geboren und erreicht die Altersgrenze nach § 41 Abs. 2 SGB XII mit dem vollendeten 65. Lebensjahr plus weitere vier Monate, so dass er grundsätzlich zum anspruchsberechtigten Personenkreis nach § 41 Abs. 1 SGB XII gehört. Herr G hat am 21.3.2025 einen entsprechenden Antrag beim zuständigen Träger der Sozialhilfe gestellt.

Weiterhin müsste Herr G seinen gewöhnlichen Aufenthalt im Inland (also in der Bundesrepublik Deutschland) haben, wovon hier auszugehen ist. Es ergeben sich auch keine Hinweise darauf, dass die Bedürftigkeit innerhalb der letzten zehn Jahre vorsätzlich oder grob fahrlässig herbeigeführt wurde (vgl. § 41 Abs. 4 SGB XII) oder keine

Leistungsberechtigung wegen eines vorübergehenden Auslandsaufenthaltes besteht (vgl. § 41a SGB XII).

Frau G erhält eine Rente aus der gesetzlichen Rentenversicherung wegen voller Erwerbsminderung **auf Zeit** nach § 43 Abs. 2 Satz 2 SGB VI. Sie ist damit **nicht dauerhaft** voll erwerbsgemindert und gehört nicht zum anspruchsberechtigten Personenkreis für Leistungen der Grundsicherung im Alter und bei Erwerbsminderung nach dem 4. Kapitel SGB XII. Für **Gina** scheidet ein Anspruch auf Leistungen der Grundsicherung nach dem 4. Kapitel SGB XII ebenfalls aus, da sie noch keine 18 Jahre alt bzw. noch nicht volljährig ist.

Für Frau G und Gina kommen daher Leistungen im Rahmen der Hilfe zum Lebensunterhalt nach dem 3. Kapitel SGB XII in Betracht.

2.6 Anspruchsvoraussetzungen (Hilfe zum Lebensunterhalt nach dem 3. Kapitel SGB XII)

Hilfe zum Lebensunterhalt nach dem 3. Kapitel SGB XII ist gemäß §§ 19 Abs. 1, 27 Abs. 1 SGB XII Personen zu leisten, die ihren notwendigen Lebensunterhalt nicht oder nicht ausreichend aus eigenen Kräften und Mitteln, insbesondere aus ihrem Einkommen und Vermögen, bestreiten können.

2.7 Bedarfsermittlung (notwendiger Lebensunterhalt) für die Leistungen nach dem 3. und 4. Kapitel SGB XII

Ob im Hinblick auf die wirtschaftlichen Verhältnisse der Familie G ein Anspruch auf Leistungen zum Lebensunterhalt nach dem 3. und 4. Kapitel SGB XII besteht, ist durch eine individuelle Bedarfsermittlung und die Gegenüberstellung des zu berücksichtigenden Einkommens (§§ 82 bis 84 SGB XII) und Vermögens (§ 90 SGB XII) festzustellen.

Der Umfang der Leistungen der Grundsicherung im Alter und bei Erwerbsminderung nach dem 4. Kapitel SGB XII ergibt sich aus den §§ 42, 42a SGB XII. Die Vorschriften verweisen im Einzelnen auf die relevanten Bedarfe im Rahmen der Hilfe zum Lebensunterhalt nach dem 3. Kapitel SGB XII. Bezüglich der Bedarfe für Unterkunft und Heizung im Rahmen der Leistungen nach dem 4. Kapitel SGB XII sind die speziellen Regelungen des § 42a Abs. 2 bis Abs. 5 SGB XII vorliegend nicht einschlägig.

Der für die Gewährleistung des Existenzminimums notwendige Lebensunterhalt umfasst gemäß § 27a Abs. 1 Satz 1 SGB XII insbesondere Ernährung, Kleidung, Körperpflege, Hausrat, Haushaltsenergie ohne die auf Heizung und Erzeugung von Warmwasser entfallenden Anteile, persönliche Bedürfnisse des täglichen Lebens sowie Unterkunft und Heizung. Zu den persönlichen Bedürfnissen des täglichen Lebens gehört in vertretbarem Umfang eine Teilhabe am sozialen und kulturellen Leben in der Gemeinschaft; dies gilt in besonderem Maß für Kinder und Jugendliche (§ 27a Abs. 1 Satz 2 SGB XII).

2.7.1 Regelbedarfe und Regelsätze

Gemäß § 27a Abs. 2 Satz 1 SGB XII ergibt der gesamte notwendige Lebensunterhalt nach § 27a Abs. 1 SGB XII mit Ausnahme der Bedarfe nach dem 3. Kapitel, 2. bis 4. Abschnitt SGB XII den monatlichen Regelbedarf. Zur Deckung der Regelbedarfe, die sich nach den Regelbedarfsstufen aus der Anlage zu § 28 SGB XII ergeben, sind monatliche Regelsätze als Pauschalbetrag zu gewähren, über dessen Verwendung die Leistungsberechtigten eigenverantwortlich entscheiden. Dabei haben sie das Eintreten unregelmäßig anfallender Bedarfe zu berücksichtigen (vgl. § 27a Abs. 3 Satz 1 und Satz 2 SGB XII).

Nach der Anlage zu § 28 SGB XII beträgt der Regelbedarf für jede erwachsene Person, wenn sie in einer Wohnung nach § 42a Abs. 2 Satz 2 mit einem Ehegatten zusammenlebt, monatlich 506,00 € (Regelbedarfsstufe 2). Für Gina ist ein Regelbedarf der entsprechenden Altersgruppe von monatlich 390,00 € (Regelbedarfsstufe 5) anzuerkennen.

Hinweise auf eine Festsetzung der Regelsätze abweichend von der maßgebenden Regelbedarfsstufe gemäß § 27a Abs. 4 Satz 1 SGB XII sind dem Sachverhalt nicht zu entnehmen.

2.7.2 Mehrbedarfe

Durch die Anerkennung eines Mehrbedarfs sollen bei bestimmten typisierten Bedarfslagen, die nicht durch die Regelleistung abgegolten sind, zusätzliche Leistungen erbracht werden.

Nach § 30 Abs. 1 Nr. 1 SGB XII ist für Personen, die die Altersgrenze nach § 41 Abs. 2 SGB XII erreicht haben und durch einen Ausweis nach § 152 Abs. 5 SGB IX das Merkzeichen „G" nachweisen, ein Mehrbedarf von 17 vom Hundert der maßgebenden Regelbedarfsstufe anzuerkennen, soweit nicht im Einzelfall ein abweichender Bedarf besteht. Herr G hat das 65. Lebensjahr vollendet und damit, wie bereits festgestellt, die Altersgrenze nach § 41 Abs. 2 SGB XII erreicht. Er verfügt laut Sachverhalt über einen Ausweis nach § 152 Abs. 5 SGB IX mit dem Merkzeichen „G". Damit ist für ihn ein Mehrbedarf in Höhe von 17 vom Hundert der Regelbedarfsstufe 2 (also 17 vom Hundert von 506,00 € = 86,02 €) anzuerkennen.

Ein abweichender Bedarf sowie die Berücksichtigung eines Mehrbedarfs nach § 42b SGB XII sind im vorliegenden Fall nicht erkennbar.

2.7.3 Bedarfe für Unterkunft und Heizung

Zum Bedarf gehören neben dem Regel- bzw. Mehrbedarf ebenso die angemessenen tatsächlichen Aufwendungen für Unterkunft und Heizung einschließlich der Aufwendungen für die zentrale Warmwasserversorgung entsprechend § 35 Abs. 1 Satz 1 und Abs. 5 Satz 1 SGB XII. Zu den Bedarfen für die Unterkunft gehören neben der Grundmiete auch die umlagefähigen Nebenkosten, wenn die Mietvertragsparteien dies in Anwendung von § 556 BGB vereinbart haben.

Auch für leistungsberechtigte Personen nach dem 4. Kapitel SGB XII sind gemäß §§ 42 Nr. 4, 42a Abs. 1 SGB XII die tatsächlichen (angemessenen) Aufwendungen für

Unterkunft und Heizung (einschließlich der Kosten für die zentrale Warmwasserversorgung) entsprechend § 35 Abs. 1 Satz 1 und Abs. 5 Satz 1 SGB XII anzuerkennen.

Die Bedarfe für Unterkunft und Heizung sind im vorliegenden Fall angemessen und damit in tatsächlicher Höhe kopfanteilig[2] (d. h. also mit jeweils ¼) bei allen Personen der Haushaltsgemeinschaft (einschließlich Sohn Günther) bedarfsrelevant zu berücksichtigen.

Die Regelungen zur Karenzzeit (vgl. § 35 Abs. 1 Satz 2 bis Satz 6 und Abs. 2 SGB XII) sind hier nicht anzuwenden.

2.7.4 Sofortzuschlag für Kinder

Gemäß § 145 Abs. 1 Satz 1 SGB XII haben Minderjährige, die einen Anspruch auf Leistungen nach dem 3. Kap. SGB XII haben, dem ein Regelbedarf der Regelbedarfsstufe 4, 5 oder 6 zugrunde liegt, einen Anspruch auf einen monatlichen Sofortzuschlag in Höhe von 25,00 €.

2.7.5 Berechnung des notwendigen Lebensunterhalts (Zusammenfassung)

	Herr G	**Frau G**	**Gina**
Regelsatz	506,00 €	506,00 €	390,00 €
Mehrbedarf	86,02 €	–	–
Bedarfe für Unterkunft	130,00 €	130,00 €	130,00 €
Bedarfe für Heizung	30,00 €	30,00 €	30,00 €
Gesamtbedarf	**752,02 €**	**666,00 €**	**550,00 €**
Sofortzuschlag			25,00 €

2.8 Einsatz eigener Mittel

2.8.1 Einkommenseinsatz

Dem Bedarf ist das zu berücksichtigende Einkommen gegenüberzustellen (vgl. § 19 Abs. 1 und Abs. 2 Satz 1 SGB XII). Dabei sind die Bestimmungen zum Einkommens- und Vermögenseinsatz des 11. Kapitels SGB XII sowohl für die Hilfe zum Lebensunterhalt als auch für die Leistungen der Grundsicherung relevant. Gemäß § 43 Abs. 1 Satz 1 SGB XII sind für den Einsatz des Einkommens die §§ 82 bis 84 und für den Einsatz des Vermögens die §§ 90 und 91 SGB XII anzuwenden, soweit in § 43 SGB XII nichts Abweichendes geregelt ist.

Zum Einkommen i. S. d. SGB XII gehören alle Einkünfte in Geld oder Geldeswert, unabhängig von ihrer Herkunft, Rechtsnatur sowie ohne Rücksicht darauf, ob sie zu den Einkunftsarten im Sinne des Einkommensteuergesetzes gehören und ob sie der Steuerpflicht unterliegen (vgl. § 82 Abs. 1 Satz 1 SGB XII i. V. m. § 1 VO zu § 82 SGB XII). Sowohl die Altersrente des Herrn G als auch dessen Einkommen aus nichtselbstständ-

2 Das Kopfteilprinzip lässt sich zwar dem Gesetz nicht unmittelbar entnehmen, entspricht aber dem Individualisierungsgrundsatz bzw. dem Individualanspruch als Strukturprinzip der Sozialhilfe.

diger Tätigkeit sowie die Erwerbsminderungsrente der Ehefrau aus der gesetzlichen Rentenversicherung sind Einkünfte im Sinne des § 82 Abs. 1 Satz 1 SGB XII. Die in § 82 Abs. 1 SGB XII genannten Ausnahmen sind vorliegend nicht einschlägig. Auch die §§ 83 und 84 SGB XII sowie spezielle Regelungen zum Einkommenseinsatz in anderen Gesetzen stehen einer grundsätzlichen Berücksichtigung nicht entgegen.

Das gesetzliche Kindergeld für die Tochter Gina ist ebenso als Einkommen anspruchsmindernd zu berücksichtigen. Dabei ist nach § 82 Abs. 1 Satz 4 SGB XII das Kindergeld dem (minderjährigen) Kind zuzurechnen, da es hier mangels weiterer (eigener) Einkünfte zur Deckung des notwendigen Lebensunterhaltes von Gina benötigt wird.

Gemäß § 82 Abs. 2 und Abs. 3 SGB XII i. V. m. der Verordnung zur Durchführung des § 82 SGB XII sind bestimmte Beträge vom Einkommen abzusetzen (Einkommensbereinigung).

Abzusetzen sind nach § 82 Abs. 2 Nr. 4 SGB XII die mit der Erzielung des Einkommens verbundenen notwendigen Ausgaben. Die nach dieser Vorschrift zu berücksichtigenden Ausgaben sind für Einkünfte aus nichtselbstständiger Tätigkeit in § 3 VO zu § 82 SGB XII näher beschrieben. Vorliegend kommt die Berücksichtigung einer **Arbeitsmittelpauschale** nach § 3 Abs. 4 Satz 1 Nr. 1 i. V. m. § 3 Abs. 5 VO zu § 82 SGB XII in Höhe von 5,20 € in Betracht, da keine höheren Aufwendungen nachgewiesen werden.

Daneben ist nach § 82 Abs. 3 SGB XII im Rahmen der Leistungen nach dem 3. und 4. Kapitel SGB XII die Absetzung eines Freibetrages wegen Erwerbstätigkeit von 30 vom Hundert des Einkommens aus nichtselbstständiger Tätigkeit vorzunehmen. Dabei ist der entsprechende Freibetrag von „dem Einkommen“ (also vom Bruttoeinkommen bzw. unabhängig von den übrigen personenbezogenen Absetzbeträgen) zu berechnen.[3]

Im Ergebnis ist das Einkommen des Herrn G aus nichtselbstständiger Tätigkeit in folgender Höhe anspruchsmindernd zu berücksichtigen:

Einkommen aus nichtselbstständiger Tätigkeit (brutto = netto)	230,00 €
./. Arbeitsmittelpauschale	5,20 €
./. Freibetrag wegen Erwerbstätigkeit (30 v. H. von 230,00 €)	69,00 €
= anzurechnendes (bereinigtes) Erwerbseinkommen	**155,80 €**

Damit ergeben sich nach Gegenüberstellung bzw. Anrechnung des jeweiligen (bereinigten) Einkommens folgende ungedeckte laufende Bedarfe:

	Herr G	**Frau G**	**Gina**
Gesamtbedarf	752,02 €	666,00 €	550,00 €
./. Regelaltersrente	263,00 €	–	–
./. Erwerbseinkommen	155,80 €	–	–
./. Rente wegen voller Erwerbsminderung	–	750,00 €	–
./. Kindergeld	–	–	255,00 €
ungedeckter Bedarf	**333,22 €**	**0,00 €**	**295,00 €**

3 Vgl. BSG, Urt. vom 24.11.2011 – B 14 AS 201/10 R –, juris.

Als Zwischenergebnis ist festzustellen, dass Herr G und Tochter Gina ihren Bedarf zum Lebensunterhalt nicht aus eigenem Einkommen decken können. Frau G ist dagegen nicht hilfebedürftig. Ihr Einkommen übersteigt den notwendigen individuellen Bedarf um insgesamt 84,00 €.

2.8.2 Vermögenseinsatz

Nach § 90 Abs. 1 SGB XII ist grundsätzlich das gesamte verwertbare Vermögen einzusetzen. Verwertbar ist der Teil des Vermögens, der durch Verbrauch, Verkauf, Übertragung, Beleihung, Vermietung oder Verpachtung wirtschaftlich nutzbar gemacht werden kann. Die nach §§ 27 Abs. 2 Satz 2 und 3, 43 Abs. 1 Halbs. 1 SGB XII zum Vermögenseinsatz verpflichteten Personen verfügen über einen angemessenen Hausrat sowie Sparguthaben. In beiden Fällen handelt es sich um grundsätzlich verwertbares Vermögen.

Allerdings darf die Sozialhilfe nach § 90 Abs. 2 SGB XII nicht vom Einsatz oder von der Verwertung der hier genannten Vermögenswerte abhängig gemacht werden (geschütztes Vermögen/sog. „Schonvermögen"). Zum geschützten Vermögen gehört nach § 90 Abs. 2 **Nr. 4** SGB XII ein angemessener Hausrat. Dabei sind die bisherigen Lebensverhältnisse der nachfragenden Person zu berücksichtigen. Laut Sachverhalt ist der Wert des Hausrates als angemessen anzusehen und damit zur Bedarfsdeckung nicht einzusetzen.

Das Sparguthaben der Eheleute G (20.380,00 €) könnte als Vermögenswert geschützt sein, wenn es sich um einen kleineren Barbetrag oder Geldwert im Sinne von § 90 Abs. 2 **Nr. 9** SGB XII handelt. Was im Einzelfall als kleinerer Barbetrag anzusehen ist, bestimmt die auf der Grundlage des § 96 Abs. 2 SGB XII erlassene Rechtsverordnung zu § 90 Abs. 2 Nr. 9 SGB XII.

Nach § 1 Nr. 1 der VO zu § 90 Abs. 2 Nr. 9 SGB XII gelten für alle volljährigen Personen, deren Einkommen und Vermögen bei der Gewährung von Sozialhilfe zu berücksichtigen ist bzw. die zu einer sozialhilferechtlichen Einsatzgemeinschaft nach den §§ 19 Abs. 3, 27 Abs. 1 und Abs. 2, 41 SGB XII gehören, sowie für alleinstehende minderjährige Personen einheitlich **10.000,00 €** als kleinere Barbeträge oder sonstige Geldwerte, von deren Einsatz und Verwertung die Sozialhilfe nicht abhängig gemacht werden darf.

Zusätzlich kommt nach § 1 Satz 1 Nr. 2 VO zu § 90 Abs. 2 Nr. 9 SGB XII ein zusätzlicher Freibetrag in Höhe von **500,00 €** für jede Person in Betracht, die von einer Person nach Nr. 1 überwiegend unterhalten wird. Bei der Frage, ob ein (minderjähriges) Kind durch die Eltern oder einen Elternteil überwiegend unterhalten wird, ist sowohl auf monetäre als auch auf nichtmonetäre Aspekte abzustellen. In entsprechenden Konstellationen kann grundsätzlich davon ausgegangen werden, dass ein minderjähriges Kind von den Eltern/-teilen, wenn es mit diesen zusammenlebt, allein in Form des Betreuungsunterhaltes (vgl. § 1606 Abs. 3 Satz 2 BGB) in diesem Sinne überwiegend unterhalten wird.

Für die Eheleute G ist somit ein Betrag von 20.500,00 € (2 × 10.000,00 € und 500,00 €) zu berücksichtigen, so dass das Sparguthaben als kleinerer Barbetrag nach § 1 Satz 1

Nr. 2 VO zu § 90 Abs. 2 Nr. 9 SGB XII geschützt ist und nicht zur Bedarfsdeckung eingesetzt werden muss.

Der Anspruch auf Sozialhilfe ist im vorliegenden Fall somit nicht von der Verwertung des Vermögens abhängig zu machen.

2.9 Einsatz von Mitteln anderer Personen

2.9.1 Einsatzgemeinschaft

Im Hinblick auf den ermittelten Einkommensüberschuss von Frau G ist zu prüfen, welche Person(en) sich das Einkommen, das Frau G zur eigenen Bedarfsdeckung rechnerisch nicht benötigt (Einkommensüberschuss), anspruchsmindernd zurechnen lassen muss/müssen.

Eine solche Einsatzverpflichtung im Rahmen der Einsatzgemeinschaft ergibt sich zunächst für die Leistungen der Grundsicherung nach dem 4. Kapitel SGB XII bei nicht getrennt lebenden Ehegatten aus § 43 Abs. 1 Satz 2 SGB XII. Danach ist Einkommen und Vermögen des nicht getrennt lebenden Ehegatten, das dessen notwendigen Lebensunterhalt nach § 27a SGB XII übersteigt, zu berücksichtigen.

Ebenso könnte sich eine derartige Verpflichtung gemäß § 27 Abs. 2 Satz 3 SGB XII gegenüber der Tochter Gina im Rahmen der Hilfe zum Lebensunterhalt nach dem 3. Kapitel SGB XII ergeben. Bezüglich der Feststellung der Bedürftigkeit wird insoweit der Individualisierungsgrundsatz als wesentliches Strukturprinzip der Sozialhilfe durchbrochen und aufgrund der Lebenswirklichkeit gemeinsam wirtschaftender Haushalte erweitert, was insbesondere bei der Leistungsberechnung nach § 19 SGB XII von Bedeutung ist,[4] ohne den Einzelanspruch zugunsten eines gemeinschaftlichen Anspruchs aufzugeben (Einzelanspruch trotz Einsatzgemeinschaft).

Eine Einsatzgemeinschaft von Eltern/-teilen mit Kind(ern) setzt gemäß § 27 Abs. 2 Satz 3 SGB XII voraus, dass die (leiblichen oder adoptierten) Kinder minderjährig und unverheiratet sind, dem Haushalt ihrer Eltern oder eines Elternteils angehören und ihren notwendigen Lebensunterhalt nicht aus eigenem Einkommen und Vermögen beschaffen können. Diese Voraussetzungen sind vorliegend erfüllt.

Im Hinblick auf die Verteilung des überschüssigen Einkommens ist zunächst zu berücksichtigen, dass die Leistungen der Grundsicherung im Alter und bei Erwerbsminderung nach dem 4. Kapitel SGB XII der Hilfe zum Lebensunterhalt nach dem 3. Kapitel SGB XII vorgehen (vgl. § 19 Abs. 2 Satz 2 SGB XII). Das könnte die Schlussfolgerung nahelegen, dass auch der Einkommensüberschuss einer einsatzpflichtigen Person „vorrangig" auf die nach dem 4. Kapitel SGB XII leistungsberechtigte Person (hier also Herrn G) anzurechnen ist. Eine derartige Sichtweise ist im Ergebnis allerdings nicht befriedigend.[5]

Das Vorrang-/Nachrangverhältnis zwischen den Leistungen nach dem 3. und 4. Kapitel SGB XII regelt die Zuordnung des anspruchsberechtigten Personenkreises zu den

4 Vgl. BT-Drs. 15/1514 S. 56.

5 Im Rahmen der gutachtlichen Prüfung wäre ein entsprechender Lösungsansatz allerdings grundsätzlich vertretbar.

Leistungen zum Lebensunterhalt in der Sozialhilfe, also der Hilfe zum Lebensunterhalt nach dem 3. Kapitel und der Grundsicherung im Alter und bei Erwerbsminderung nach dem 4. Kapitel SGB XII („Vorrang" bedeutet in diesem Sinne: Leistungsausschluss). Dagegen stehen die Vorschriften der §§ 27 Abs. 2 Satz 2 und Satz 3, 43 Abs. 1 Satz 2 SGB XII über die Einsatzgemeinschaft „gleichberechtigt" nebeneinander.

Die Einsatzgemeinschaft in der Sozialhilfe folgt der gesetzlichen Unterhaltspflicht nach dem Bürgerlichen Gesetzbuch (vgl. §§ 1360, 1603 Abs. 2 BGB), indem sie den gleichen Personenkreis erfasst (gesteigert Unterhaltspflichtige bzw. Ehegatten oder Lebenspartner) unter der weiteren Voraussetzung, dass Ehe- bzw. Lebenspartner nicht getrennt leben bzw. die minderjährigen und unverheirateten Kinder dem Haushalt ihrer Eltern oder eines Elternteils angehören.

Vor diesem Hintergrund wäre es nicht sachgerecht, eine Person der Einsatzgemeinschaft – hier das (leibliche) Kind – bei der Verteilung bzw. Zurechnung von überschüssigem Einkommen einer einsatzpflichtigen Person im Rahmen der Leistungen zum Lebensunterhalt „leer ausgehen zu lassen".

Grundsätzlich müssen sich damit sowohl Herr G als auch Gina den Einkommensüberschuss von Frau G zurechnen lassen.

Sofern das (überschüssige) Einkommen einer nicht hilfebedürftigen Person nicht ausreicht, um den Bedarf aller Mitglieder der Einsatzgemeinschaft zu decken, ist es sachgerecht, das den eigenen Bedarf des Einkommensbeziehers übersteigende Einkommen (hier: Frau G) im Verhältnis der ungedeckten Bedarfe von Ehemann und Kind zu verteilen (Verhältnis- bzw. Prozentmethode). Dies entspricht auch der bürgerlich-rechtlichen Mangelverteilung. Der Sofortzuschlag für Kinder wird bei dieser Berechnungsmethode nicht berücksichtigt.

	Herr G	**Frau G**	**Gina**
ungedeckter Bedarf	333,22 €	–	295,00 €
überschüssiges Einkommen	–	84,00 €	–
aus Überschuss	44,55 €*	–	39,44 €**
möglicher Sozialhilfeanspruch	**288,67 €**	**0,00 €**	**255,56 €**

* Überschuss 84,00 € : Gesamtbedarf 628,22 € × Einzelbedarf 333,22 € = 44,55 €
** Überschuss 84,00 € : Gesamtbedarf 628,22 € × Einzelbedarf 295,00 € = 39,44 €

Damit reduziert sich der Sozialhilfeanspruch für Herrn G (Grundsicherung im Alter und bei Erwerbsminderung nach dem 4. Kapitel SGB XII) auf monatlich **288,67 €** und für Gina (Hilfe zum Lebensunterhalt nach dem 3. Kapitel SGB XII) auf monatlich **255,56 €**.

2.9.2 Vermutung der Bedarfsdeckung

Im Haushalt der Eheleute G lebt neben der Tochter Gina auch der 26jährige Sohn Günther. Nach § 39 Satz 1 SGB XII wird vermutet, dass eine hilfebedürftige Person, die gemeinsam mit anderen (nicht zur Einsatzgemeinschaft gehörenden) Personen[6] in einer Woh-

6 Im Gegensatz zur korrespondierenden Regelung des § 9 Abs. 5 SGB II wird nicht vorausgesetzt, dass es sich um verwandte oder verschwägerte Personen handeln muss.

nung oder in einer entsprechenden anderen Unterkunft lebt, zum einen mit diesen gemeinsam wirtschaftet (Haushalts- und Wirtschaftsgemeinschaft) und zum anderen von ihnen Leistungen zum Lebensunterhalt erhält, soweit dies nach Einkommen und Vermögen erwartet werden kann.

Für den Bereich der Leistungen nach dem 4. Kapitel SGB XII ist § 39 Satz 1 SGB XII nicht anzuwenden (vgl. § 43 Abs. 5 SGB XII), so dass sich die Prüfung, ob und ggf. in welchem Umfang von einer Vermutung der Bedarfsdeckung auszugehen ist, im vorliegenden Fall auf die relevanten Hilfen für Gina nach dem 3. Kapitel SGB XII (Hilfe zum Lebensunterhalt) beschränkt.

Eine Haushalts- und Wirtschaftsgemeinschaft liegt vor, wenn deren Mitglieder nicht nur vorübergehend in einer Wohnung zusammenleben und einen gemeinsamen Haushalt führen. Kennzeichnend hierfür ist das Wirtschaften dieser Personen „aus einem Topf". Eine Haushaltsgemeinschaft im Sinne einer gemeinsamen Wirtschaftsführung kann vorliegend unterstellt werden (vgl. Bearbeitungshinweis Nr. 6).

Weitere Voraussetzung für die Anwendung des § 39 Satz 1 SGB XII ist allerdings die Leistungsfähigkeit des Haushaltsmitgliedes, von dem eine entsprechende Zuwendung erwartet wird. Diese „Erwartung" ist ein unbestimmter Rechtsbegriff, der einer vollen gerichtlichen Überprüfung unterliegt.

In diesem Zusammenhang kann von der Überlegung ausgegangen werden, dass die Erwartung von Leistungen zur Bedarfsdeckung abnimmt, je ferner verwandte, verschwägerte und sonstige Personen[7] im Verwandtschaftsgrad zu der nachfragenden Person stehen.[8]

Nach den Richtlinien des zuständigen Sozialhilfeträgers (vgl. Bearbeitungshinweis Nr. 7) ist bei Anwendung des § 39 SGB XII in Anlehnung an das Unterhaltsrecht von einer Leistungsfähigkeit zwischen Haushaltsangehörigen nur insoweit auszugehen, als das Einkommen den höchsten Selbstbehalt der vom Oberlandesgericht Düsseldorf entwickelten „Düsseldorfer Tabelle" (z. Zt. 2.000,00 €) übersteigt. Günther verfügt über Einkommen in Form von Arbeitslosengeld (Alg I) in Höhe von monatlich 1.380,00 €.

Damit kommt eine Vermutung der Bedarfsdeckung im Hinblick auf den für Gina errechneten ungedeckten Bedarf im Rahmen der Hilfe zum Lebensunterhalt nach dem 3. Kapitel SGB XII nicht in Betracht.

2.10 Form der Hilfe, Leistung als Beihilfe oder Darlehen

Gemäß § 10 Abs. 1 SGB XII werden die Leistungen der Sozialhilfe als Dienstleistung, Geldleistung oder Sachleistung erbracht, wobei die Geldleistung nach § 10 Abs. 3 Satz 1 SGB XII grundsätzlich Vorrang vor der Sachleistung hat, soweit das Gesetz nicht etwas anderes bestimmt oder mit Gutscheinen oder Sachleistungen das Ziel der Sozialhilfe erheblich besser oder wirtschaftlicher erreicht werden kann oder die Leistungsberech-

7 Anders als in der Vorgängerregelung des § 16 BSHG (Bundessozialhilfegesetz) oder der korrespondierenden Regelung des § 9 Abs. 5 SGB II ist die sogenannte „Vermutung der Bedarfsdeckung" gegenüber hilfebedürftigen Haushaltsmitgliedern nicht auf den Personenkreis der Verwandten und Verschwägerten beschränkt.

8 So auch *Mergler/Zink*, Handbuch der Grundsicherung und Sozialhilfe, Rn. 8 zu § 39 SGB XII.

tigten es wünschen. Vorliegend kommt die Leistungserbringung ausschließlich in Form einer **Geldleistung** in Betracht, da keine Anhaltspunkte dafür gegeben sind, um von diesem Grundsatz abzuweichen.

Es besteht auch keine Möglichkeit, die in Betracht kommenden Hilfeleistungen in Form eines Darlehens zu erbringen. Insbesondere eine Darlehensgewährung nach § 38 SGB XII bei vorübergehender Notlage für die Hilfe zum Lebensunterhalt nach dem 3. Kapitel SGB XII scheidet vorliegend aus, da nicht zu erwarten ist, dass die Leistungen zum Lebensunterhalt lediglich für kurze Dauer erforderlich sind. In diesem Zusammenhang ist ein Zeitraum von bis zu sechs Monaten als „kurze Dauer“ anzusehen. Maßgeblicher Zeitpunkt für die nach § 38 SGB XII zu treffende Prognose ist der Erkenntnisstand des Sozialhilfeträgers zu Beginn der Hilfegewährung.[9]

2.11 Einsetzen der Sozialhilfe

Gemäß § 18 Abs. 1 SGB XII setzt die Sozialhilfe ein, sobald dem Träger oder den von ihm beauftragten Stellen bekannt wird, dass die Voraussetzungen für die Leistung vorliegen.

Die Notlage wird dem Sozialamt der Stadt B (als beauftragte Stelle) am 13.3.2025 durch das Telefonat mit dem zuständigen Sachbearbeiter bekannt. Zu diesem Zeitpunkt setzt die Hilfe zum Lebensunterhalt nach dem 3. Kapitel SGB XII für Gina ein. Das Gleiche gilt für den Sofortzuschlag nach § 145 SGB XII. Der Anspruch für den Zeitraum vom 13.3.2025 bis zum 31.3.2025 ist anteilig zu berechnen, wobei der Monat grundsätzlich mit 30 Tagen zu berücksichtigen und mit der tatsächlichen Zahl der noch verbleibenden Tage des Monats zu multiplizieren ist:

Hilfe zum Lebensunterhalt: 255,56 € : 30 Tage × 19 Tage = 161,85 €,

Sofortzuschlag: 25,00 € : 30 Tage x 19 Tage = 15,83 €.

> ***Hinweis***
> *Sofern Sozialhilfeleistungen nur für Teile eines Monats zustehen, wird die Zahl der Anspruchstage in Anlehnung an die Regelung des § 41 Abs. 1 Satz 2 SGB II mit einem Dreißigstel der vollen monatlichen Leistung („Tagessatz“) multipliziert. Dies gilt auch für Monate mit weniger bzw. mehr als 30 Tagen.*[10]

Für **Gina** besteht im Ergebnis für die Zeit vom 13.3.2025 bis zum 31.3.2025 ein Anspruch auf Hilfe zum Lebensunterhalt nach dem 3. Kapitel SGB XII in Höhe von **161,85 €** und ein Anspruch auf den Sofortzuschlag in Höhe von **15,83 €.**

Leistungen der Grundsicherung nach dem 4. Kapitel SGB XII werden gemäß § 44 Abs. 1 Satz 1 SGB XII **auf Antrag** erbracht. Als Ausnahme von dem für die Sozialhilfe geltenden Kenntnisgrundsatz (vgl. § 18 Abs. 1 SGB XII) reicht demnach das Bekannt-

9 Vgl. LSG Bayern, Beschl. vom 15.10.2008 – L 8 B 753/08 SO ER –, FEVS 60, 471.

10 Vgl. Fachliche Hinweise der BA zur Grundsicherung für Arbeitsuchende, Rn. 41.2 zu § 41 SGB II (Stand: 20.7.2016).

werden einer Notlage beim Träger der Sozialhilfe **nicht** aus. Es ist vielmehr ein ausdrücklicher Antrag erforderlich, der von Herrn G hier am 21.3.2025 gestellt wurde.

Die Grundsicherung im Alter und bei Erwerbsminderung nach dem 4. Kapitel SGB XII wird bei der erstmaligen Bewilligung ab dem Ersten des Monats gezahlt, in dem der Antrag gestellt worden ist (Rückwirkung der Antragstellung gem. § 44 Abs. 2 Satz 1 SGB XII), wenn die Voraussetzungen des § 41 SGB XII innerhalb dieses Kalendermonats erfüllt werden – in diesem Fall also ab dem 1.3.2025, da auch die Leistungsvoraussetzungen im Monat März erfüllt waren.

Für **Herrn G** besteht damit für den Monat März 2025 ein Anspruch auf Leistungen der Grundsicherung im Alter und bei Erwerbsminderung nach dem 4. Kapitel SGB XII in Höhe von **288,67 €.**

Leistungen zur Deckung von Bedarfen nach § 42 SGB XII werden in der Regel für einen Bewilligungszeitraum von zwölf Kalendermonaten bewilligt (§ 44 Abs. 3 Satz 1 SGB XII). Die Leistungsbewilligung im Rahmen der Grundsicherung nach dem 4. Kapitel SGB XII erfolgt somit durch einen Bescheid (Verwaltungsakt) mit Dauerwirkung. Der Bescheid über die Bewilligung von Leistungen nach dem 4. Kapitel SGB XII steht unter dem Vorbehalt, dass die Leistungsvoraussetzungen unverändert während des gesamten Bewilligungszeitraumes von zwölf Monaten vorliegen.

Aufgabe 2

1. Sachliche Zuständigkeit

Sachlich zuständig ist nach § 97 Abs. 1 SGB XII ein örtlicher Träger der Sozialhilfe, soweit nicht ein überörtlicher Träger sachlich zuständig ist. Für den Bereich des Landes Nordrhein-Westfalen führen die Kreise und kreisfreien Städte als **örtliche Träger** der Sozialhilfe und die Landschaftsverbände als **überörtliche Träger** der Sozialhilfe die Aufgaben der Sozialhilfe als Selbstverwaltungsangelegenheiten durch, soweit sie nicht Geldleistungen nach dem 4. Kapitel SGB XII erbringen (vgl. § 1 Abs. 1 AG-SGB XII NRW).

Soweit Geldleistungen erbracht werden, wird das 4. Kapitel SGB XII in Bundesauftragsverwaltung durchgeführt. Die örtlichen und überörtlichen Träger nehmen dann die ihnen nach dem 4. Kapitel SGB XII obliegenden Aufgaben als Pflichtaufgabe zur Erfüllung nach Weisung wahr (vgl. § 1 Abs. 2 AG-SGB XII NRW). Die sachliche Zuständigkeit des überörtlichen Trägers der Sozialhilfe wird gemäß § 97 Abs. 2 Satz 1 SGB XII nach Landesrecht bestimmt. Nach § 2a AG-SGB XII NRW ist der überörtliche Träger der Sozialhilfe nur für die dort ausdrücklich genannten Leistungen sachlich zuständig. Für die hier in Betracht kommenden Hilfen nach dem 3. und 4. Kapitel SGB XII wird die sachliche Zuständigkeit eines überörtlichen Trägers durch § 2a AG-SGB XII NRW nicht begründet.

Sachlich zuständig ist im vorliegenden Fall somit ein örtlicher Träger der Sozialhilfe.

2. Träger der Sozialhilfe

Örtliche Träger der Sozialhilfe sind die kreisfreien Städte und die Kreise, soweit nicht durch Landesrecht etwas anderes bestimmt wird (§ 3 Abs. 2 Satz 1 SGB XII). Eine abweichende Bestimmung durch Landesrecht ist in Nordrhein-Westfalen nicht vorgenommen worden (vgl. § 1 AG-SGB XII NRW).

3. Örtliche Zuständigkeit

Für die Sozialhilfe örtlich zuständig ist nach § 98 Abs. 1 Satz 1 SGB XII der Träger der Sozialhilfe, in dessen Bereich sich die Leistungsberechtigten tatsächlich aufhalten. Gemäß § 46b Abs. 1 SGB XII werden die zuständigen Träger für die Leistungen nach dem 4. Kapitel SGB XII nach Landesrecht bestimmt. Nach § 1 Abs. 3 Satz 1 AG-SGB XII NRW ist für die Leistungen der Grundsicherung nach dem 4. Kapitel SGB XII der Träger der Sozialhilfe örtlich zuständig, in dessen Bereich der gewöhnliche Aufenthaltsort des Leistungsberechtigten liegt.

Nach § 30 Abs. 2 Satz 2 SGB I hat den gewöhnlichen Aufenthalt jemand dort, wo er sich unter Umständen aufhält, die erkennen lassen, dass er an diesem Ort oder in diesem Gebiet nicht nur vorübergehend verweilt. Üblicherweise ist dies der Wohnsitz. Die Familie G hat ihren Wohnsitz in der kreisangehörigen Stadt B, die zum Kreis A gehört. Es ist daher davon auszugehen, dass sie auch dort ihren gewöhnlichen Aufenthalt begründet hat.

Der Kreis A ist somit sowohl für die Leistungen nach dem 3. Kapitel als auch nach dem 4. Kapitel SGB XII sachlich und örtlich zuständig.

4. Aufgabenübertragung

Gemäß § 99 Abs. 1 SGB XII können die Länder bestimmen, dass und inwieweit die Kreise ihnen zugehörige Gemeinden oder Gemeindeverbände zur Durchführung von Aufgaben heranziehen können. Durch § 3 Abs. 1 AG-SGB XII NRW ist diese Ermächtigung ausgeschöpft worden. Laut Bearbeitungshinweis hat der Kreis A von der Möglichkeit der Aufgabenübertragung Gebrauch gemacht. Die dem Kreis obliegenden Aufgaben werden im vorliegenden Fall von der Stadt B wahrgenommen. Hierbei handelt es sich jedoch lediglich um eine so genannte „Bearbeitungszuständigkeit".

Sachlich und örtlich zuständiger Träger der Sozialhilfe bleibt der Kreis A.

Praktischer Fall Nr. 3

Schwerpunkte:
- Leistungen zur Sicherung des Lebensunterhalts nach dem SGB II (Bürgergeld),
- anspruchsberechtigter Personenkreis,
- Einsatz von Einkommen, Einkommensbereinigung,
- Einsatzgemeinschaft, Zurechnung des Einkommens,
- Einsatz von Vermögen,
- Vermutung der Bedarfsdeckung (§ 9 Abs. 5 SGB II)

Hilfsmittel:
- Zweites Buch Sozialgesetzbuch (SGB II) mit Verordnungen,
- Sechstes Buch Sozialgesetzbuch (SGB VI),
- Bürgergeld-Verordnung (Bürgergeld-V)

Sachverhalt

Am 7.2.2025 beantragt Herr Markus M beim Jobcenter der kreisfreien Stadt D in Nordrhein-Westfalen für sich und seine Familie Leistungen zur Sicherung des Lebensunterhalts nach dem Zweiten Buch Sozialgesetzbuch (SGB II). Er gibt an, mit seinem Einkommen den Lebensunterhalt für sich und seine Familie nicht ausreichend bestreiten zu können.

Die persönlichen und wirtschaftlichen Verhältnisse der Familie M ergeben bei Antragstellung folgendes Bild:

Im Haushalt leben insgesamt vier Personen, Markus M (42 Jahre alt, erwerbsfähig), Marianne M, Ehefrau von Markus M (38 Jahre alt, erwerbsfähig), Miriam M, gemeinsames Kind der Eheleute M (16 Jahre alt, erwerbsfähig) und Martin M, Vater von Markus M (70 Jahre alt).

Bewohnt wird eine Mietwohnung zu einem angemessenen Mietpreis (Grundmiete zzgl. der umlagefähigen Nebenkosten) von monatlich 400,00 €. Die Wohnung ist mit einem angemessenen Hausrat ausgestattet.

Angemessene Heizkosten fallen in Höhe von monatlich 80,00 € an. Die Kosten für die Warmwassererzeugung sind darin enthalten.

Markus M setzt seine Arbeitskraft ein und geht einer Erwerbstätigkeit (5 Arbeitstage pro Woche) nach. Seine Arbeitsstätte, die er mit seinem Kraftfahrzeug (PKW) erreicht, ist 20 km von seiner Wohnung entfernt. Wegen ungünstiger Arbeitszeiten (Schichtbetrieb) ist die Benutzung eines öffentlichen Verkehrsmittels nicht möglich. Der PKW hat einen Verkehrswert von ca. 5.000,00 €.

Marianne M ist nicht erwerbstätig. Sie führt den Haushalt und betreut ihren leicht pflegebedürftigen Schwiegervater. Sie bemüht sich intensiv um eine Arbeit, konnte bisher jedoch eine geeignete Arbeitsstelle nicht finden. Auch die Arbeitsvermittlung des Jobcenters konnte für sie bisher keine geeignete Stelle oder Maßnahme zur Eingliederung in das Erwerbsleben anbieten.

Markus M bezieht ein Bruttoerwerbseinkommen von monatlich 1.400,00 €. Die anteilig von ihm zu tragenden Pflichtbeiträge zur Sozialversicherung betragen 245,70 €. Ein Steuerabzug nach dem Einkommensteuergesetz wird nicht vorgenommen. Daneben erhält er als kindergeldberechtigte Person für Miriam das gesetzliche Kindergeld in Höhe von monatlich 255,00 €.

Martin M bezieht nach Abzug der Kranken- und Pflegeversicherungsbeiträge eine Regelaltersrente aus der gesetzlichen Rentenversicherung in Höhe von 1.185,00 € (netto) im Monat.

Die Familie verfügt über eine der Höhe nach angemessene Hausrat- und Privathaftpflichtversicherung, für die jeweils monatlich 10,00 € zu zahlen sind. Für seine Kfz-Haftpflichtversicherung zahlt Markus M monatlich 35,67 €.

Miriam M besucht die Schule. Sie ist im siebten Monat schwanger.

Aufgabe

Prüfen Sie gutachtlich, ob und ggf. in welcher Höhe Leistungen zur Sicherung des Lebensunterhalts für die Familie M in Betracht kommen.

Bearbeitungshinweise

1. Anlage zu § 28 SGB XII

Regelbedarfsstufen nach der Anlage zu § 28 in Euro

gültig ab	Regelbedarfsstufe 1	Regelbedarfsstufe 2	Regelbedarfsstufe 3	Regelbedarfsstufe 4	Regelbedarfsstufe 5	Regelbedarfsstufe 6
1.1.2025	563,00	506,00	451,00	471,00	390,00	357,00

Regelbedarfsstufe 1:
Für jede erwachsene Person, die in einer Wohnung nach § 42a Abs. 2 Satz 2 SGB XII lebt und für die nicht die Regelbedarfsstufe 2 gilt.

Regelbedarfsstufe 2:
Für jede erwachsene Person, die in einer Wohnung nach § 42a Abs. 2 Satz 2 SGB XII mit einem Ehegatten oder Lebenspartner oder in eheähnlicher oder lebenspartnerschaftsähnlicher Gemeinschaft mit einem Partner zusammenlebt.

Regelbedarfsstufe 3:
Für jede erwachsene Person, deren notwendiger Lebensunterhalt sich nach § 27b SGB XII bestimmt.

Regelbedarfsstufe 4:
Für eine Jugendliche oder einen Jugendlichen vom Beginn des 15. bis zur Vollendung des 18. Lebensjahres.

Regelbedarfsstufe 5:
Für ein Kind vom Beginn des siebten bis zur Vollendung des 14. Lebensjahres.

Regelbedarfsstufe 6:
Für ein Kind bis zur Vollendung des sechsten Lebensjahres.

2. Bei einer 5-Tage-Woche sind im Monat (unabhängig von der tatsächlichen Zahl der Arbeitstage) 19 Arbeitstage zu berücksichtigen.
3. Auf Ansprüche nach dem Wohngeldgesetz (WoGG) ist nicht einzugehen.
4. Leistungen zum Lebensunterhalt nach dem Zwölften Buch Sozialgesetzbuch sowie Leistungen im Rahmen der Hilfe zur Pflege nach dem 7. Kapitel SGB XII für Martin M kommen nicht in Betracht.
5. Eine Zuständigkeitsprüfung ist nicht vorzunehmen.
6. Auf Leistungen für Bildung und Teilhabe nach §§ 28 und 29 SGB II ist nicht einzugehen.
7. Gehen Sie davon aus, dass die im Sachverhalt genannten Personen eine Haushalts- und Wirtschaftsgemeinschaft bilden.
8. Das Land Nordrhein-Westfalen hat von der Möglichkeit nach § 22a Abs. 2 Satz 1 SGB II, die Kreise und kreisfreien Städte zu ermächtigen, abweichend von § 22 Abs. 1 Satz 1 SGB II die Bedarfe für Unterkunft und Heizung in ihrem Gebiet durch eine monatliche Pauschale zu berücksichtigen, keinen Gebrauch gemacht.
9. Eine differenzierte Berechnung nach den in § 6 SGB II genannten Trägern der Grundsicherung für Arbeitsuchende ist nicht vorzunehmen.

Lösung

1. Vorprüfung/Abgrenzung zum SGB XII

Im vorliegenden Fall kommen Sozialleistungen zur Sicherung des Lebensunterhalts in Betracht. Leistungen zur Sicherung des Lebensunterhalts können nach dem SGB II u. a. als Bürgergeld und im Rahmen der Sozialhilfe als Hilfe zum Lebensunterhalt nach dem 3. Kapitel SGB XII oder als Grundsicherung im Alter oder bei Erwerbsminderung nach dem 4. Kapitel SGB XII erbracht werden.

Der Anspruch auf Leistungen zur Sicherung des Lebensunterhalts nach dem SGB II schließt Leistungen nach dem 3. Kapitel SGB XII aus (vgl. § 5 Abs. 2 Satz 1 SGB II und § 21 Satz 1 SGB XII). Leistungen nach dem 4. Kapitel SGB XII sind nach §§ 5 Abs. 2 Satz 2, 19 Abs. 1 Satz 2 SGB II gegenüber dem Bürgergeld für **nichterwerbsfähige** Leistungsberechtigte vorrangig. Entsprechende Leistungen kommen nach dem Zweiten Buch Sozialgesetzbuch für Personen in Betracht, die die Voraussetzungen für das Bürgergeld für **erwerbsfähige** Leistungsberechtigte nach § 7 Abs. 1 Satz 1 SGB II selbst nicht erfüllen, aber mit einer erwerbsfähigen leistungsberechtigten Person in einer Bedarfsgemeinschaft i. S. von § 7 Abs. 3 SGB II zusammenleben (vgl. §§ Abs. 2 Satz 1, 19 Abs. 1 Satz 3 SGB II).

Zunächst ist deshalb zu prüfen, ob die hilfesuchenden Personen die Voraussetzungen für das Bürgergeld für erwerbsfähige Leistungsberechtigte nach § 7 Abs. 1 Satz 1 SGB II erfüllen. Ist das der Fall, kommen andere Leistungen zur Sicherung des Lebensunterhalts nicht in Betracht.

Martin M bezieht eine Regelaltersrente aus der gesetzlichen Rentenversicherung. Für ihn können deshalb Leistungen der Grundsicherung für Arbeitsuchende wegen des Leistungsausschlusses nach § 7 Abs. 4 Satz 1 SGB II nicht erbracht werden. Leistungen zum Lebensunterhalt im Rahmen der Sozialhilfe nach dem Zwölften Buch Sozialgesetzbuch kommen laut Bearbeitungshinweis 4 (wegen fehlender Hilfebedürftigkeit) nicht in Betracht.

2. Anspruchsberechtigter Personenkreis im SGB II

2.1 Anspruch auf Bürgergeld für erwerbsfähige Leistungsberechtigte

Leistungen in Form von Bürgergeld für erwerbsfähige Leistungsberechtigte erhalten nach §§ 7 Abs. 1 Satz 1, 19 Abs. 1 Satz 1 SGB II Personen,

- die das 15. Lebensjahr vollendet und die Altersgrenze nach § 7a SGB II noch nicht erreicht haben,
- erwerbsfähig i. S. des § 8 Abs. 1 SGB II sind,
- hilfebedürftig i. S. des § 9 Abs. 1 SGB II sind,
- ihren gewöhnlichen Aufenthalt in der Bundesrepublik Deutschland haben und
- die gemäß § 7b SGB II erreichbar sind[1] (erwerbsfähige Leistungsberechtigte)

und keinem der in § 7 SGB II geregelten Ausschlusstatbestände für den Bezug von Leistungen der Grundsicherung für Arbeitsuchende unterliegen.

2.1.1 Erwerbsfähige Leistungsberechtigte

2.1.1.1 Altersvoraussetzungen

Markus M ist 42 Jahre, Marianne 38 Jahre und Miriam 16 Jahre alt; alle sind somit nach 1964 geboren. Nach § 7a Satz 2 SGB II erreichen nach 1964 geborene Personen die Altersgrenze mit Ablauf des Monats, in dem ein Lebensalter von 67 Jahren vollendet wird. Markus, Marianne und Miriam M haben das 15. Lebensjahr vollendet, das 67. Lebensjahr noch nicht vollendet und erfüllen damit die Altersvoraussetzungen des § 7 Abs. 1 Satz 1 Nr. 1 SGB II.

2.1.1.2 Erwerbsfähigkeit

Erwerbsfähig ist nach § 8 Abs. 1 SGB II, wer nicht wegen Krankheit oder Behinderung auf absehbare Zeit außerstande ist, unter den üblichen Bedingungen des allgemeinen Arbeitsmarktes mindestens drei Stunden täglich erwerbstätig zu sein.

Markus, Marianne und Miriam M sind laut Sachverhalt erwerbsfähig und erfüllen damit auch die Anspruchsvoraussetzung nach § 7 Abs. 1 Satz 1 Nr. 2 SGB II. Auch

1 Mit Einführung des Bürgergeld-Gesetzes zum 1.1.2023 wird das Tatbestandsmerkmal der Erreichbarkeit in § 7b Abs. 1 Satz 1 SGB II zu einer (weiteren) Leistungsvoraussetzung für den Bezug von Bürgergeld für erwerbsfähige Leistungsberechtigte und ergänzt damit die in § 7 Abs. 1 Satz 1 SGB II geregelten Leistungsvoraussetzungen.

die Tatsache, dass Miriam schwanger ist, hat keinen Einfluss auf die Erwerbsfähigkeit i. S. des § 8 Abs. 1 SGB II. Sie ist weder krank noch behindert.

2.1.1.3 Hilfebedürftigkeit

Hilfebedürftig ist nach § 9 Abs. 1 SGB II, wer seinen Lebensunterhalt nicht oder nicht ausreichend aus dem zu berücksichtigenden Einkommen und Vermögen sichern kann und die erforderliche Hilfe nicht von anderen, insbesondere von Angehörigen oder von Trägern anderer Sozialleistungen, erhält.

Die Hilfebedürftigkeit ist im weiteren Verlauf der Fallbearbeitung durch eine Bedarfsermittlung und die Gegenüberstellung des zu berücksichtigenden Einkommens und Vermögens festzustellen.

2.1.1.4 Gewöhnlicher Aufenthalt in der Bundesrepublik Deutschland

Markus, Marianne und Miriam M haben offensichtlich ihren gewöhnlichen Aufenthalt in der Bundesrepublik Deutschland. Den gewöhnlichen Aufenthalt hat jemand nach § 30 Abs. 3 Satz 2 SGB I dort, wo er sich unter Umständen aufhält, die erkennen lassen, dass er an diesem Ort oder in diesem Gebiet nicht nur vorübergehend verweilt, also seinen Lebensmittelpunkt hat. Die Familie M wohnt in der kreisfreien Stadt D in Nordrhein-Westfalen. In aller Regel stimmen Wohnort und gewöhnlicher Aufenthalt überein.

Der Sachverhalt enthält keine Anhaltspunkte dafür, von diesem Grundsatz abzuweichen.

2.1.1.5 Erreichbarkeit

Erreichbar sind erwerbsfähige Leistungsberechtigte, wenn sie sich im **näheren Bereich** des zuständigen Jobcenters aufhalten und werktäglich dessen Mitteilungen und Aufforderungen zur Kenntnis nehmen können (§ 7b Abs. 1 Satz 2 SGB II). Ein Aufenthalt im näheren Bereich liegt vor, wenn es den erwerbsfähigen Leistungsberechtigten möglich ist, eine Dienststelle des zuständigen Jobcenters, einen möglichen Arbeitgeber oder den Durchführungsort einer Integrationsmaßnahme im örtlichen Zuständigkeitsbereich des Jobcenters in einer für den Vermittlungsprozess angemessenen Zeitspanne und ohne unzumutbaren oder die Eigenleistungsfähigkeit übersteigenden Aufwand aufsuchen (§ 7b Abs. 1 Satz 3 SGB II).

Es gibt keine Hinweise darauf, dass Markus, Marianne und Miriam M ihre Erreichbarkeit nicht sicherstellen.

2.1.1.6 Ausschlusstatbestände

Leistungen nach dem SGB II werden – mit Ausnahme der Leistungen für Auszubildende nach § 27 SGB II – nicht erbracht, wenn einer der in § 7 SGB II normierten Ausschlusstatbestände vorliegt.

Für Markus, Marianne und Miriam M greift keiner der in § 7 Abs. 1 Satz 2, Abs. 4, und Abs. 5 SGB II genannten Ausschlusstatbestände für den Bezug von Leistungen zur Sicherung des Lebensunterhaltes.

Zwischenergebnis:
Alle drei Personen gehören vorbehaltlich der noch festzustellenden Hilfebedürftigkeit zum anspruchsberechtigten Personenkreis für den Bezug von **Bürgergeld für erwerbsfähige Leistungsberechtigte**.

2.1.2 Bedarfsgemeinschaft

Der Zugang zum Leistungssystem des Zweiten Buches Sozialgesetzbuch (SGB II) für nicht erwerbsfähige Personen (ggfs. in Form von Bürgergeld für nichterwerbsfähige Leistungsberechtigte) wird über die Zugehörigkeit zur Bedarfsgemeinschaft i. S. des § Abs. 3 SGB II mit mindestens einer erwerbsfähigen leistungsberechtigten Person definiert (vgl. §§ 19 Abs. 2 Satz 1, 19 Abs. 1 Satz 2 SGB II).

Auch wenn im vorliegenden Fall alle drei Personen erwerbsfähig sind und zum anspruchsberechtigten Personenkreis für den Bezug von Bürgergeld für erwerbsfähige Leistungsberechtigte gehören, ist die Prüfung der Bedarfsgemeinschaft auch im vorliegenden Fall vorzunehmen, da die Höhe der jeweiligen Regelbedarfe sowie die Zurechnung des zu berücksichtigenden Einkommens und Vermögens grundsätzlich von der Zugehörigkeit zur bzw. von der Stellung innerhalb der Bedarfsgemeinschaft abhängig ist.

Nach § 7 Abs. 3 SGB II gehören zur Bedarfsgemeinschaft die erwerbsfähigen Leistungsberechtigten (§ 7 Abs. 3 Nr. 1 SGB II), der nicht dauernd getrennt lebende Ehegatte als Partner der erwerbsfähigen Leistungsberechtigten (§ 7 Abs. 3 Nr. 3 Buchst. a SGB II) und die dem Haushalt angehörenden unverheirateten Kinder der in § 7 Abs. 3 Nr. 1 bis 3 SGB II genannten Personen, wenn sie das 25. Lebensjahr noch nicht vollendet haben, soweit sie die Leistungen zur Sicherung ihres Lebensunterhalts nicht aus eigenem Einkommen und Vermögen beschaffen können (§ 7 Abs. 3 Nr. 4 SGB II).

Ausgangspunkt und Voraussetzung für die Bildung einer Bedarfsgemeinschaft ist mindestens eine erwerbsfähige leistungsberechtigte Person i. S. von § 7 Abs. 1 Satz 1 SGB II (sog. „Hauptleistungsberechtigter“). Wer das bei mehreren in Betracht kommenden erwerbsfähigen Leistungsberechtigten ist, wird im Gesetz nicht näher geregelt. Nach § 38 Satz 1 SGB II wird grundsätzlich vermutet, dass der oder die erwerbsfähige Leistungsberechtigte bevollmächtigt ist, die Bedarfsgemeinschaft hinsichtlich Antragstellung und Entgegennahme von Leistungen zu vertreten. Bei mehreren erwerbsfähigen leistungsberechtigten Personen in einer Bedarfsgemeinschaft gilt nach § 38 Satz 2 SGB II die Vermutung zugunsten desjenigen, der die Leistungen beim Jobcenter beantragt.

Daher wird im vorliegenden Fall Markus M für die Bildung der Bedarfsgemeinschaft als erwerbsfähiger Leistungsberechtigter im Sinne von § 7 Abs. 3 Nr. 1 SGB II (Hauptleistungsberechtigter) angesehen.[2]

Marianne M ist der Bedarfsgemeinschaft nach § 7 Abs. 3 Nr. 3 Buchst. a SGB II als Partnerin zuzurechnen, da sie die nicht dauernd getrennt lebende Ehegattin des Herrn M ist.

Miriam M ist ein unverheiratetes Kind der in § 7 Abs. 3 Nr. 1 und Nr. 3 SGB II genannten Personen und kann, da sie nicht über eigenes Einkommen und Vermögen verfügt, offensichtlich die Leistungen zur Sicherung ihres Lebensunterhalts nicht selbst beschaffen. Sie hat das 25. Lebensjahr noch nicht vollendet. Miriam gehört somit nach § 7 Abs. 3 Nr. 4 SGB II ebenfalls zur Bedarfsgemeinschaft.

2.2 Bürgergeld für nichterwerbsfähige Leistungsberechtigte

Leistungen zur Sicherung des Lebensunterhalts in Form von Bürgergeld für nicht erwerbsfähige Leistungsberechtigte kommen im vorliegenden Fall nicht in Betracht, da alle drei Personen der Bedarfsgemeinschaft dem Grunde nach anspruchsberechtigt für das Bürgergeld für erwerbsfähige Leistungsberechtigte sind.

3. Nachrang der Leistungen nach dem SGB II

Der Nachrang der Leistungen zur Sicherung des Lebensunterhalts nach dem SGB II ergibt sich aus dem Regelungszusammenhang der §§ 2, 3 Abs. 3, 5 Abs. 3, 9 Abs. 1 und 12a SGB II.

Erwerbsfähige Leistungsberechtigte und die mit ihnen in einer Bedarfsgemeinschaft lebenden Personen müssen nach § 2 Abs. 1 Satz 1 SGB II alle Möglichkeiten zur Beendigung oder Verringerung ihrer Hilfebedürftigkeit ausschöpfen. Sie haben in eigener Verantwortung alle Möglichkeiten zu nutzen, ihren Lebensunterhalt aus eigenen Mitteln und Kräften zu bestreiten, insbesondere dadurch, ihre Arbeitskraft für sich selbst und die mit ihnen in einer Bedarfsgemeinschaft lebenden Personen einzusetzen (vgl. § 2 Abs. 2 Satz 1 und Satz 2 SGB II).

Nach § 10 Abs. 1 SGB II ist einer erwerbsfähigen leistungsberechtigten Person grundsätzlich jede Arbeit bzw. Maßnahme zur Wiedereingliederung in das Erwerbsleben zumutbar, es sei denn, dass einer der Ausnahmetatbestände der Norm gegeben ist.

Markus M setzt seine Arbeitskraft im Rahmen einer Vollzeitbeschäftigung bereits ein. Marianne M geht zurzeit keiner Erwerbstätigkeit nach, ist aber im Bereich der Arbeitsvermittlung des Jobcenters als Arbeitsuchende gemeldet und bemüht sich um Arbeit. Ein geeigneter Arbeits- oder Maßnahmeplatz konnte durch die Arbeitsvermittlung des zuständigen Jobcenters für sie aber bislang noch nicht gefunden werden.[3]

---

2 Auch die Bildung der Bedarfsgemeinschaft über Frau M als Hauptleistungsberechtigte ist grundsätzlich vertretbar.

3 Bei konkreten Arbeitsangeboten durch die Arbeitsvermittlung des Jobcenters wäre zu prüfen, ob der Aufnahme der Arbeit im Hinblick auf die Betreuung bzw. Pflege des Herrn M die Regelung des § 10 Abs. 1 Nr. 4 SGB II entgegensteht (Zumutbarkeit der Arbeit).

Miriam besucht die Schule. Für sie ist der Einsatz der Arbeitskraft nicht zumutbar. Der Schulbesuch bzw. der Abschluss der schulischen Ausbildung ist ein sonstiger wichtiger Grund i. S. des § 10 Abs. 1 Nr. 5 SGB II. Für sie kommt die Aufnahme einer Erwerbstätigkeit somit nicht in Betracht.

Nach § 12a Satz 1 SGB II sind die leistungsberechtigten Personen verpflichtet, mit Ausnahme der in § 12a Satz 2 SGB II genannten Fälle, Sozialleistungen anderer Leistungsträger in Anspruch zu nehmen und die dafür erforderlichen Anträge zu stellen, sofern dies zur Vermeidung, Beseitigung, Verkürzung oder Verminderung der Hilfebedürftigkeit erforderlich ist.

Auf Ansprüche nach dem Wohngeldgesetz ist laut Bearbeitungshinweis 3 nicht einzugehen. Sonstige, ggf. noch zu verfolgende Ansprüche gegen Dritte (insbesondere gegenüber vorrangigen Sozialleistungsträgern) sind im vorliegenden Fall nicht ersichtlich. Inwieweit die Verpflichtung zum Einsatz der eigenen Mittel (Einkommen und Vermögen) einer Hilfeleistung im Rahmen der Grundsicherung für Arbeitsuchende entgegensteht, wird nachfolgend geprüft.

Vorbehaltlich dieser Prüfung stehen § 2 SGB II und § 12a SGB II einer Hilfegewährung nicht entgegen.

4. Leistungen zur Sicherung des Lebensunterhalts (Bedarfsermittlung)

Nach § 19 Abs. 1 Satz 1 SGB II erhalten erwerbsfähige Leistungsberechtigte Bürgergeld. Die Leistungen umfassen nach § 19 Abs. 1 Satz 3 SGB II den Regelbedarf, Mehrbedarfe und den Bedarf für Unterkunft und Heizung.

4.1 Regelbedarf zur Sicherung des Lebensunterhalts

Der Regelbedarf zur Sicherung des Lebensunterhalts umfasst nach § 20 Abs. 1 Satz 1 SGB II insbesondere Ernährung, Kleidung, Körperpflege, Hausrat, Haushaltsenergie ohne die auf die Heizung und Erzeugung von Warmwasser entfallenden Anteile sowie persönliche Bedürfnisse des täglichen Lebens. Gemäß § 20 Abs. 1a Satz 1 SGB II wird der Regelbedarf in Höhe der jeweiligen Regelbedarfsstufe entsprechend § 28 SGB XII in Verbindung mit dem Regelbedarfs-Ermittlungsgesetz und den §§ 28a und 40 SGB XII in Verbindung mit der für das jeweilige Jahr geltenden Regelbedarfsstufen-Fortschreibungsverordnung anerkannt.[4]

Als Regelbedarf ist für zwei Partner der Bedarfsgemeinschaft, die das 18. Lebensjahr vollendet haben, gemäß § 20 Abs. 4 SGB II jeweils ein Betrag in Höhe der Regel-

4 Durch Art. 6 des Gesetzes zur Ermittlung von Regelbedarfen sowie zur Änderung des Zweiten und Zwölften Buches Sozialgesetzbuch vom 22.12.2016 (BGBl. I S. 3159) gelten seit dem 1.1.2017 ohne eigenständige Bekanntmachung die jeweils auf der Grundlage des § 28 SGB XII i. V. m. dem Regelbedarfs-Ermittlungsgesetz neu ermittelten und fortgeschriebenen Regelbedarfe unmittelbar auch im Bereich des SGB II. Die bisher in § 20 SGB II genannten Euro-Beträge werden durch einen Verweis auf die jeweilige Regelbedarfsstufe ersetzt.

bedarfsstufe 2 anzuerkennen. Die Eheleute M sind volljährig und erfüllen die genannten Voraussetzungen.

Damit ist für sie jeweils eine Regelleistung von 506,00 € zu berücksichtigen.

Für die Tochter Miriam ist als sonstige erwerbsfähige Angehörige der Bedarfsgemeinschaft, die das 18. Lebensjahr noch nicht vollendet hat, nach § 20 Abs. 2 Satz 2 Nr. 2 SGB II als Regelbedarf ein Betrag in Höhe der Regelbedarfsstufe 4 (also 471,00 €) zu berücksichtigen.

4.2 Mehrbedarfe

Durch die Anerkennung eines Mehrbedarfs sollen bei bestimmten typisierten Bedarfslagen, die nicht durch die Regelleistung abgegolten sind, zusätzliche Leistungen erbracht werden.

Bei werdenden Müttern wird nach der zwölften Schwangerschaftswoche (d. h. also mit Beginn der 13. Schwangerschaftswoche) gemäß § 21 Abs. 2 SGB II ein Mehrbedarf von 17 % des nach § 20 SGB II maßgebenden Regelbedarfs anerkannt. Miriam ist laut Sachverhalt im siebten Monat schwanger und erfüllt somit die Voraussetzungen des § 21 Abs. 2 SGB II. Für sie ist ein Mehrbedarf in Höhe von 80,07 € (17 % von 471,00 €) zu berücksichtigen.

Andere Mehrbedarfe kommen unter Berücksichtigung der Sachverhaltsangaben nicht in Betracht. Insbesondere ist ein Mehrbedarf nach § 21 Abs. 7 SGB II (dezentrale Warmwassererzeugung) nicht anzuerkennen, da entsprechende Anteile bereits in den Heizkosten enthalten sind.

4.3 Bedarfe für Unterkunft und Heizung

Bedarfe für Unterkunft und Heizung werden nach § 22 Abs. 1 Satz 1 SGB II in Höhe der tatsächlichen Aufwendungen anerkannt, soweit diese angemessen sind. Zu den Bedarfen für die Unterkunft gehören neben der Grundmiete auch die umlagefähigen Nebenkosten, wenn die Mietvertragsparteien dies in Anwendung von § 556 BGB vereinbart haben.

Die Bedarfe für die Unterkunft (Grundmiete zzgl. der umlagefähigen Nebenkosten) in Höhe von monatlich 400,00 € und die Bedarfe für die Heizung in Höhe von monatlich 80,00 € sind laut Sachverhalt angemessen. Daher muss auf die Regelung zur Karenzzeit (vgl. § 22 Abs. 1 Satz 2 bis Satz 5 SGB II) an dieser Stelle nicht eingegangen werden.

Wegen des Individualanspruchs sind sie (auch ohne dass dies ausdrücklich im Gesetz geregelt ist) **kopfanteilig** bei allen vier im Haushalt lebenden Personen zu berücksichtigen, da sich auch Martin M an den Kosten beteiligen muss. Für Markus, Marianne und Miriam sind somit jeweils 100,00 € Kosten der Unterkunft und 20,00 € Kosten der Heizung bedarfsrelevant zu berücksichtigen.

Berechnung des notwendigen Lebensunterhalts (Zusammenfassung):

	Markus M	Marianne M	Miriam M
Regelleistung	506,00 €	506,00 €	471,00 €
Mehrbedarf	–	–	80,07 €
Kosten der Unterkunft	100,00 €	100,00 €	100,00 €
Heizkosten	20,00 €	20,00 €	20,00 €
Gesamtbedarf	**626,00 €**	**626,00 €**	**671,07 €**

4.4 Sofortzuschlag

Für Miriam kommt nach § 72 SGB II zusätzlich der Sofortzuschlag für Kinder in Höhe von 25,00 € monatlich in Betracht, da dem Anspruch auf Bürgergeld ein Regelbedarf nach der Regelbedarfsstufe 4 zugrunde liegt.

5. Einsatz des Einkommens und Vermögens

Zu prüfen ist, ob die Eheleute M und die Tochter Miriam den notwendigen Lebensunterhalt aus dem für sie zu berücksichtigenden Einkommen und Vermögen sichern können (vgl. § 9 Abs. 1 SGB II).

5.1 Einsatz des Einkommens

5.1.1 Zu berücksichtigendes Einkommen

Dem zuvor ermittelten Bedarf ist zunächst das zu berücksichtigende Einkommen gegenüberzustellen. Nach § 11 Abs. 1 Satz 1 SGB II sind Einnahmen **in Geld** abzüglich der in § 11b SGB II abzusetzenden Beträge mit Ausnahme der in § 11a SGB II genannten Einnahmen als Einkommen zu berücksichtigen. Dies gilt gemäß § 11 Abs. 1 Satz 2 SGB II auch für Einnahmen **in Geldeswert**, die im Rahmen einer Erwerbstätigkeit, des Bundesfreiwilligendienstes oder eine Jugendfreiwilligendienstes zufließen. Das Einkommen aus Erwerbstätigkeit von Markus M gehört zu den Einnahmen im Sinne des § 11 Abs. 1 Satz 1 SGB II.

Die in § 11a SGB II genannten Ausnahmen sind im vorliegenden Fall nicht einschlägig. Auch § 1 Bürgergeld-Verordnung (Bürgergeld-V) sowie spezielle Regelungen zum Einkommenseinsatz in anderen Gesetzen stehen einer grundsätzlichen Berücksichtigung nicht entgegen.

Gleiches gilt auch für das Kindergeld, das gemäß § 11 Abs. 1 Satz 4 und Satz 5 SGB II dem zur Bedarfsgemeinschaft gehörenden Kind zuzurechnen ist, soweit es bei dem jeweiligen Kind zur Sicherung des Lebensunterhalts mit Ausnahme der Bedarfe nach § 28 SGB II (Bedarfe für Bildung und Teilhabe) benötigt wird. Da Miriam über kein eigenes Einkommen verfügt, ist ihr das Kindergeld in Höhe von 255,00 € bei der weiteren Prüfung als Einkommen zuzurechnen und anspruchsmindernd zuzurechnen.

Nach § 11b SGB II und § 6 Bürgergeld-V sind vom Einkommen bestimmte Beträge abzusetzen (Einkommensbereinigung).

Nach § 11b Abs. 1 Satz 1 Nr. 2 SGB II sind Pflichtbeiträge zur Sozialversicherung einschließlich der Beiträge zur Arbeitsförderung vom Einkommen abzusetzen, hier die laut Sachverhalt von Markus M zu leistenden Arbeitnehmeranteile zur Renten-, Kranken- und Pflegeversicherung sowie zur Arbeitsförderung in Höhe von 245,70 €.

Bei erwerbsfähigen Leistungsberechtigten, die erwerbstätig sind, ist nach § 11b Abs. 2 Satz 1 SGB II an Stelle der Beträge nach § 11b Abs. 1 Satz 1 Nr. 3 bis 5 SGB II (u. a. für Versicherungen, die gesetzlich vorgeschrieben oder nach Grund und Höhe angemessen sind, sowie die mit der Erzielung des Einkommens verbundenen notwendigen Ausgaben) ein Betrag von insgesamt 100,00 € (Grundfreibetrag) von dem Einkommen aus Erwerbstätigkeit abzusetzen.

Beträgt das monatliche Einkommen aus Erwerbstätigkeit mehr als 400,00 €, gilt die Regelung des § 11b Abs. 2 Satz 1 SGB II nicht, wenn die oder der erwerbsfähige Leistungsberechtigte nachweist, dass die Summe der Beträge nach § 11b Abs. 1 Satz 1 Nr. 3 bis 5 SGB II den Betrag von 100,00 € übersteigt (vgl. § 11b Abs. 2 Satz 2 SGB II). Das Einkommen von Markus M übersteigt 400,00 €. Ob die Beträge nach § 11b Abs. 1 Satz 1 Nr. 3 bis 5 SGB II den Betrag von 100,00 € übersteigen, ist nachfolgend durch eine **Vergleichsberechnung** festzustellen.

Laut Sachverhalt zahlt Markus M für eine Hausratversicherung und für eine Privathaftpflichtversicherung jeweils monatlich 10,00 € und für eine Kfz-Haftpflichtversicherung monatlich 35,67 €. Diese Versicherungsbeiträge könnten von § 11b Abs. 1 Satz 1 Nr. 3 SGB II erfasst sein. Nach dieser Vorschrift sind Beiträge zu öffentlichen oder privaten Versicherungen oder ähnlichen Einrichtungen vom Einkommen abzusetzen, soweit sie gesetzlich vorgeschrieben oder nach Grund und Höhe angemessen sind.

Die Kfz-Haftpflichtversicherung ist bei der Haltung eines Kraftfahrzeuges gesetzlich vorgeschrieben.[5] Gemäß § 11b Abs. 1 Satz 1 Nr. 3 SGB II i. V. m. § 6 Abs. 1 Nr. 3 Bürgergeld-V ist in diesem Zusammenhang vom Einkommen Leistungsberechtigter ein Betrag in Höhe eines Zwölftels der zum Zeitpunkt der Entscheidung über den Leistungsanspruch nachgewiesenen Jahresbeiträge zu den gesetzlich vorgeschriebenen Versicherungen abzusetzen.

Laut Sachverhalt ist auch eine angemessene Hausratversicherung sowie eine angemessene Privathaftpflichtversicherung vorhanden, für die jeweils monatlich 10,00 € gezahlt werden. Auch hier sind die Voraussetzungen des § 11b Abs. 1 Satz 1 Nr. 3 SGB II erfüllt, da es sich um Beiträge zu Versicherungen handelt, die nach Grund (weil auch in Bevölkerungsgruppen unterer Einkommensschichten zur üblichen Risikovorsorge gehörend) und Höhe angemessen sind.

5 Die Absetzung von Beiträgen zur Kfz-Haftpflichtversicherung ist nicht deshalb ausgeschlossen, weil es der leistungsberechtigten Person grundsätzlich zuzumuten ist, auf ein Kfz zu verzichten. Dabei ist es in gesetzessystematischer Hinsicht von Bedeutung, dass ein (angemessenes) Kfz gemäß § 12 Abs. 1 Satz 2 Nr. 2 SGB II für jeden in der Bedarfsgemeinschaft lebenden erwerbsfähigen Leistungsberechtigten zum geschützten Vermögen gehört, unabhängig davon, ob er das Kfz für die Ausübung einer Erwerbstätigkeit benötigt oder nicht.

Für eine Absetzung von Beträgen nach § 11b Abs. 1 Satz 1 Nr. 3 und 5 SGB II sieht § 6 Bürgergeld-V teilweise die Berücksichtigung von Pauschbeträgen vor. Nach § 6 Abs. 1 Nr. 1 Bürgergeld-V ist von dem Einkommen volljähriger leistungsberechtigter Personen für die Beiträge zu privaten Versicherungen nach § 11b Abs. 1 Satz 1 Nr. 3 SGB II, die nach Grund und Höhe angemessen sind, ein Betrag von monatlich 30,00 € als Versicherungspauschale (unabhängig von der Höhe der nachgewiesenen Beiträge) abzusetzen.

Markus M benutzt sein Kraftfahrzeug für die Fahrt zwischen Wohnung und Arbeitsstätte. Die kürzeste Straßenverbindung beträgt laut Sachverhalt 20 Kilometer. Damit kommen für eine Absetzung gemäß § 11b Abs. 1 Satz 1 Nr. 5 SGB II i. V. m. § 6 Abs. 1 Nr. 5 Bürgergeld-V monatlich 76,00 € (20 km[6] × 0,20 € × 19 Arbeitstage[7]) für die Kosten für die Fahrt zwischen Wohnung und Arbeitsstätte in Betracht.

Nach § 6 Abs. 2 Bürgergeld-V sind lediglich die Kosten eines zumutbaren öffentlichen Verkehrsmittels abzusetzen, sofern die Berücksichtigung des Pauschbetrages nach § 6 Abs. 1 Nr. 3 Buchst. b Bürgergeld-V im Vergleich dazu unangemessen hoch ist. Im vorliegenden Fall ist laut Sachverhalt für Markus M die Benutzung eines öffentlichen Verkehrsmittels nicht möglich bzw. nicht zumutbar, so dass die Regelung des § 6 Abs. 2 Bürgergeld-V der Anerkennung der Wegstreckenentschädigung in der ermittelten Höhe nicht entgegensteht.

Weitere notwendige Ausgaben i. S. des § 11b Abs. 1 Satz 1 Nr. 5 SGB II, die mit der Erzielung des Einkommens verbunden sind (z. B. Arbeitsmittel oder sonstige Werbungskosten), sind nur bei Nachweis entsprechender Ausgaben zu berücksichtigen. Derartige Nachweise wurden von Markus nicht vorgelegt.

Für die Absetzung nach § 11b Abs. 1 Satz 1 Nr. 3 und 5 SGB II ergeben sich somit die folgenden Beträge:

• Kfz-Haftpflichtversicherung	35,67 €
• Pauschbetrag für nach Grund und Höhe angemessene Versicherungen	30,00 €
• Wegstreckenentschädigung/Fahrtkosten	76,00 €
insgesamt	**141,67 €**

Damit übersteigen die Beträge nach § 11b Abs. 1 Satz 1 Nr. 3 bis 5 SGB II den Betrag von 100,00 € (Grundfreibetrag gemäß § 11b Abs. 2 Satz 1 SGB II). Vom Einkommen sind deshalb (anstelle des Grundfreibetrages) 141,67 € nach § 11b Abs. 2 Satz 2 SGB II abzusetzen.

Für Markus M ist darüber hinaus ein Freibetrag bei Erwerbstätigkeit nach § 11b Abs. 2 Satz 1 Nr. 6 i. V. m. § 11b Abs. 3 SGB II (Erwerbstätigenfreibetrag) abzusetzen. Bei der Berechnung des Freibetrages ist vom jeweiligen Bruttoeinkommen auszugehen.

6 Zu berücksichtigen sind nach dem Wortlaut des § 6 Abs. 1 Nr. 5 Bürgergeld-V die Entfernungskilometer (d. h. einfache Wegstrecke zwischen Wohnung und Arbeitsstätte).

7 Bei einer 5-Tage-Woche sind 19 Arbeitstage pro Monat anzuerkennen; vgl. Fachliche Hinweise der BA, Rn. 11.141 zu § 12 SGB II (Stand: 1.7.2023).

Der Freibetrag beläuft sich nach § 11b Abs. 3 Satz 2 **Nr. 1** SGB II für den Teil des monatlichen Einkommens aus Erwerbstätigkeit, der 100,00 € übersteigt und nicht mehr als 520,00 € beträgt, auf 20 % (= 84,00 €), nach § 11b Abs. 3 Satz 2 **Nr. 2** SGB II für den Teil des monatlichen Erwerbseinkommens, der 520,00 € übersteigt und nicht mehr als 1.000,00 € beträgt, auf 30 % (= 144,00 €) und nach § 11b Abs. 3 Satz 2 **Nr. 3** SGB II für den Teil des monatlichen Erwerbseinkommens der 1.000,00 € übersteigt und nicht mehr als 1.200,00 € beträgt, auf 10 %.

Anstelle des Betrages von 1.200,00 € tritt gemäß § 11b Abs. 3 Satz 3 SGB II für erwerbsfähige Leistungsberechtigte, die entweder mit mindestens einem minderjährigen Kind in der Bedarfsgemeinschaft leben oder die mindestens ein minderjähriges Kind haben, ein Betrag von 1.500,00 € (sog. „Kinderkomponente"). Da Herr M mit einem minderjährigen Kind in einer Bedarfsgemeinschaft lebt, beträgt der Freibetrag nach § 11b Abs. 3 Satz 2 Nr. 3 SGB II 10 % von 400,00 € (1.000,00 € bis 1.400,00 € = 400,00 € = 40,00 €). Damit ist insgesamt ein Freibetrag für Erwerbstätige i. H. v. 288,00 € vom Einkommen abzusetzen.

Das bereinigte Einkommen von Markus M ist deshalb in folgender Höhe zu berücksichtigen:

Bruttoeinkommen	1.400,00 €
./. Pflichtbeiträge zur Sozialversicherung	245,70 €
./. Beträge nach § 11 Abs. 2 Satz 1 Nr. 3 und 5 SGB II	141,67 €
./. Freibetrag bei Erwerbstätigkeit	268,00 €
zu berücksichtigendes Einkommen	**744,63 €**

5.1.2 Zurechnung des Einkommens im Rahmen der Einsatzgemeinschaft

Nach § 9 Abs. 2 Satz 1 SGB II ist bei Personen, die in einer Bedarfsgemeinschaft leben, das Einkommen und Vermögen des Partners zu berücksichtigen (sog. „Einsatzgemeinschaft"). Markus und Marianne M sind nicht dauernd getrennt lebende Ehegatten und leben als Partner in einer Bedarfsgemeinschaft (vgl. § 7 Abs. 3 Nr. 3 Buchst. a SGB II). Sie sind somit verpflichtet, ihr jeweiliges Einkommen gegenseitig zur Bedarfsdeckung einzusetzen.

Eine Einsatzverpflichtung besteht nach § 9 Abs. 2 Satz 2 SGB II auch bei Eltern oder einem Elternteil (bzw. dem Partner des Elternteils) gegenüber ihren unverheirateten Kindern, die mit ihnen in einer Bedarfsgemeinschaft leben und ihren Lebensunterhalt nicht aus eigenem Einkommen oder Vermögen sichern können.

Miriam ist unverheiratet, gehört nach § 7 Abs. 3 Nr. 4 SGB II zur Bedarfsgemeinschaft und kann ihren Lebensunterhalt offensichtlich nicht aus eigenen Mitteln sichern, da sie neben dem ihr nach § 11 Abs. 1 Satz 3 und 4 SGB II zuzurechnenden Kindergeld über keine eigenen Einkünfte verfügt.

Der Berücksichtigung des Einkommens ihres Vaters steht im vorliegenden Fall allerdings die Regelung des § 9 Abs. 3 SGB II entgegen. Nach dieser Vorschrift findet § 9 Abs. 2 Satz 2 SGB II mit der Berücksichtigung des Einkommens der Eltern/-teile für unverheiratete Kinder keine Anwendung auf ein Kind, das schwanger ist oder sein Kind bis zur Vollendung des sechsten Lebensjahres betreut. Miriam ist laut Sachverhalt im siebten Monat schwanger. Sie muss sich das Einkommen von Markus M somit nicht (anspruchsmindernd) zurechnen lassen.

Das zu berücksichtigende Einkommen der Eheleute M reicht offensichtlich nicht aus, um ihren Gesamtbedarf (der Eheleute) zu decken.

Ist in einer Bedarfsgemeinschaft nicht der gesamte Bedarf aus eigenen Kräften und Mitteln gedeckt, gilt nach § 9 Abs. 2 Satz 3 SGB II jede Person der Bedarfsgemeinschaft im Verhältnis des eigenen Bedarfes zum Gesamtbedarf als hilfebedürftig, wobei die Bedarfe nach § 28 SGB XII außer Betracht bleiben. Eine entsprechende Verteilung des Einkommens nach der sog. „Bedarfsanteilsmethode" kommt nur für Markus und Marianne in Betracht, da – wie bereits festgestellt – das Einkommen von Markus M für seiner Tochter Miriam im Rahmen der sog. „Einsatzgemeinschaft" nicht zuzurechnen ist.

Zurechnung des Einkommens nach der Bedarfsanteilsmethode:

	Markus M	**Marianne M**	**insgesamt**
Gesamtbedarf	626,00 €	626,00 €	1.252,00 €
in % am Gesamtbedarf	50,00 %	50,00 %	100,00 %
bereinigtes Einkommen	744,63 €	0,00 €	744,63 €
Einkommensverteilung nach der Bedarfsanteilsmethode	372,32 €	372,31 €	744,63 €
Fehlbedarf	**253,68 €**	**253,69 €**	**507,37 €**

Ermittlung des Fehlbedarfs für Miriam:

Gesamtbedarf	671,07 €
bereinigtes Einkommen (zuzurechnendes Kindergeld)	255,00 €
Fehlbedarf	**416,07 €**

5.2 Einsatz von Vermögen

In einem weiteren Schritt ist zu prüfen, ob und inwieweit die Möglichkeit besteht, den notwendigen Lebensunterhalt aus dem vorhandenen Vermögen zu bestreiten. Dabei sind nach § 12 Abs. 1 Satz 1 SGB II alle **verwertbaren** Vermögensgegenstände zu berücksichtigen. Verwertbar ist der Teil des Vermögens, der in einem angemessenen Zeitraum durch unmittelbaren Verbrauch, Veräußerung, Beleihung, Vermietung oder Verpachtung wirtschaftlich nutzbar gemacht werden kann. Dabei ist das Vermögen ohne Rücksicht auf steuerrechtliche Vorschriften mit seinem Verkehrswert zu berücksichtigen (vgl. § 8 Bürgergeld-V).

Das Kraftfahrzeug und der Hausrat sind Sachwerte, die durch Veräußerung wirtschaftlich nutzbar sind.

Gemäß § 12 Abs. 1 Satz 2 SGB II sind bestimmte Vermögenswerte nicht zu berücksichtigen (sog. „Schonvermögen"). Nach § 12 Abs. 1 Satz 2 Nr. 1 SGB II ist ein **angemessener Hausrat** als Vermögen nicht zu berücksichtigen. Laut Sachverhalt ist die

Wohnung von Familie M mit einem angemessenen Hausrat ausgestattet, so dass dieser Vermögenswert nicht zur Bedarfsdeckung eingesetzt werden muss.

Nach § 12 Abs. 3 Satz 1 Nr. 2 SGB II ist auch ein angemessenes Kraftfahrzeug für jede in der Bedarfsgemeinschaft lebende erwerbsfähige Person nicht zu berücksichtigen. Ein **Kraftfahrzeug** ist nach der bisherigen Rechtsprechung des Bundessozialgerichtes im Regelfall ohne weitere Prüfung als angemessen anzusehen, wenn sein Verkehrswert den Betrag von 7.500,00 € nicht überschreitet.[8] Für die Frage der Angemessenheit dürfte auch nach Inkrafttreten des Bürgergeld-Gesetzes eine wertmäßige Obergrenze gelten. Es ist davon auszugehen, dass die Angemessenheitsgrenze auf 15.000,00 € (entsprechend dem Freibetrag für Vermögen nach der Karenzzeit) angehoben wird.

Markus ist erwerbsfähiger Leistungsberechtigter. Der Verkehrswert seines Kraftfahrzeuges liegt mit 5.000,00 € unter der genannten Wertgrenzen, so dass auch das Kraftfahrzeug dem sog. „Schonvermögen" zuzurechnen ist. Die **Regelungen zur Karenzzeit** (§ 12 Abs. 3 SGB II) müssen im vorliegenden Fall nicht in Betracht gezogen werden.

Über weitere Vermögenswerte verfügen die Eheleute M nicht.

Miriam verfügt nach den Sachverhaltsangaben nicht über eigenes Vermögen.

Ein Vermögenseinsatz zur Bedarfsdeckung kommt im vorliegenden Fall daher nicht in Betracht.

5.3 Vermutung der Bedarfsdeckung

Leben Hilfebedürftige in Haushaltsgemeinschaft mit Verwandten oder Verschwägerten, so wird nach § 9 Abs. 5 SGB II vermutet, dass sie von ihnen Leistungen erhalten, soweit dies nach deren Einkommen und Vermögen erwartet werden kann.

Die hilfebedürftigen Personen Markus und Marianne M leben laut Sachverhalt in einer Haushalts- und Wirtschaftsgemeinschaft mit Martin M, der mit Markus verwandt (vgl. § 1589 BGB) und mit Marianne verschwägert (vgl. § 1590 BGB) ist. Miriam scheidet für eine Überprüfung im Rahmen des § 9 Abs. 5 SGB II aus, da, wenn schon bei Personen der Bedarfs- bzw. Einsatzgemeinschaft das Einkommen und Vermögen anderer Personen für sie nicht zu berücksichtigen sind, die Vermutung der Bedarfsdeckung i. S. des § 9 Abs. 5 SGB II in diesem Verhältnis erst recht nicht anzustellen ist („Erst-Recht-Schluss").

Die Vorschrift des § 1 Abs. 2 Satz 1 Bürgergeld-V regelt Näheres zur Vermutung der Bedarfsdeckung nach § 9 Abs. 5 SGB II bzw. zur Klärung der Frage, wann eine entsprechende Zuwendung an die hilfebedürftige(n) Person(en) nach dem Einkommen und Vermögen erwartet werden kann (Leistungsfähigkeit).

Danach sind die um die Absetzbeträge nach § 11 Abs. 2 SGB II bereinigten Einnahmen in der Regel nicht als Einkommen zu berücksichtigen, soweit sie einen Freibetrag in Höhe des doppelten Betrags des nach § 20 Abs. 2 Satz 1 SGB II maßgebenden Regelbedarfs zuzüglich der anteiligen Aufwendungen für Unterkunft und Heizung sowie darüber hinausgehend 50 % der diesen Freibetrag übersteigenden bereinigten Einnahmen nicht überschreiten.

---

8 Vgl. BSG, Urt. vom 6.9.2007 – B 14/7b AS 66/06 R –, BSGE 99, 77 = FEVS 59, 385.

Damit setzt sich der Freibetrag für Martin M wie folgt zusammen:

• doppelter Regelbedarf nach § 20 Abs. 2 Satz 1 SGB II (2 × 563,00 €)	1.126,00 €
• anteilige Aufwendungen für Unterkunft	100,00 €
• anteilige Aufwendungen für Heizung	20,00 €
Freibetrag	**1.246,00 €**

Das zu berücksichtigende (bereinigte) Einkommen aus der gesetzlichen Rentenversicherung von Martin M in Höhe von 1.185,00 € übersteigt den nach § 1 Abs. 2 Satz 1 Bürgergeld-V ermittelten Freibetrag nicht.

Es kann wegen der Höhe des Einkommens insofern nicht erwartet werden, dass Martin die Eheleute M finanziell unterstützt. Die Vermutung der Bedarfsdeckung i. S. des § 9 Abs. 5 SGB II ist daher nicht anzustellen.

5.4 Höhe der Leistung/Ergebnis

Für die Eheleute M sind Leistungen zur Sicherung des Lebensunterhalts im Rahmen der Grundsicherung für Arbeitsuchende in Höhe von jeweils 253,68 €/253,69 € und für die Tochter Miriam M in Höhe von 416,07 € als Bürgergeld für erwerbsfähige Leistungsberechtigte monatlich zu erbringen.

6. Form der Hilfe/Leistungsart

Die Leistungen der Grundsicherung für Arbeitsuchende werden nach § 4 Abs. 1 SGB II in Form von Dienstleistungen, Geldleistungen und Sachleistungen erbracht, wobei die Geldleistung bei den Leistungen zur Sicherung des Lebensunterhalts in Form von Bürgergeld für erwerbsfähige Leistungsberechtigte der Regelfall ist und Sachleistungen (z. B. in Form von Berechtigungsscheinen) nur in den im Gesetz genannten Fällen (z. B. im Rahmen des § 24 Abs. 2 SGB II) in Betracht kommen.

Der Sachverhalt enthält keine Anhaltspunkte dafür, von diesem Grundsatz abzuweichen.

Es besteht im vorliegenden Fall auch keine Möglichkeit, die Leistungen in Form eines Darlehens zu erbringen, so dass die Hilfe als nicht rückzahlbare Geldleistung zu erbringen ist.

7. Beginn der Leistung/Antragserfordernis

Die Leistungen der Grundsicherung für Arbeitsuchende werden nach § 37 Abs. 1 Satz 1 SGB II **auf Antrag** erbracht (Antragserfordernis). Markus M hat den erforderlichen Antrag am 7.2.2025 gestellt. Gemäß § 37 Abs. 2 Satz 1 SGB II werden Leistungen nicht für Zeiten vor der Antragstellung erbracht. Gemäß § 37 Abs. 2 Satz 2 SGB II wirkt der

Antrag auf den Ersten des Monats zurück, so dass der Leistungsanspruch ab 1.2.2025 besteht.

Über den Anspruch auf Leistungen zur Sicherung des Lebensunterhalts ist gemäß § 41 Abs. 3 Satz 1 SGB II in der Regel für **ein Jahr** zu entscheiden (Bewilligungszeitraum). Damit werden die Leistungen durch einen Verwaltungsakt mit Dauerwirkung bewilligt und monatlich im Voraus erbracht. Die Festlegung des Bewilligungszeitraumes erfolgt einheitlich für die Entscheidung über die Leistungsansprüche aller Mitglieder einer Bedarfsgemeinschaft (§ 41 Abs. 3 Satz 3 SGB II).

Die Vorschrift des § 41 Abs. 3 Satz 2 SGB II regelt insbesondere für die dort genannten Fallgestaltungen einen abweichenden, verkürzten Regelbewilligungszeitraum von **sechs Monaten**. Dabei handelt es sich um Fälle, in denen entweder Leistungen vorläufig erbracht werden (vgl. § 41a SGB II) oder unangemessene Aufwendungen für Unterkunft und Heizung eine Überprüfung des Leistungsanspruches bereits nach sechs Monaten erforderlich machen.

Die Regelung enthält ein gebundenes Ermessen, um in atypischen Fallgestaltungen den Regelbewilligungszeitraum zu verkürzen. Anhaltspunkte für die Verkürzung des Bewilligungszeitraumes liegen hier nicht vor.

Gemäß § 38 Abs. 1 Satz 1 SGB II wird vermutet (soweit konkrete Anhaltspunkte dem nicht entgegenstehen), dass die oder der erwerbsfähige Leistungsberechtigte bevollmächtigt ist, Leistungen im Rahmen der Grundsicherung für Arbeitsuchende nach dem SGB II auch für die mit ihr/ihm in Bedarfsgemeinschaft lebenden Personen zu beantragen und entgegenzunehmen. Leben mehrere erwerbsfähige Leistungsberechtigte in einer Bedarfsgemeinschaft, gilt diese Vermutung zugunsten der antragstellenden Person (§ 38 Abs. 1 Satz 2 SGB II).

Auf eine Antragstellung durch Frau M und die Tochter Miriam muss daher nicht hingewirkt werden.

Praktischer Fall Nr. 4

Schwerpunkte:
- Grundsicherung für Arbeitsuchende (Bürgergeld),
- anspruchsberechtigter Personenkreis,
- Einsatzgemeinschaft, Zurechnung des Einkommens,
- Einsatz von Vermögen/Karenzzeit

Hilfsmittel:
- Zweites Buch Sozialgesetzbuch (SGB II),
- Bürgergeld-Verordnung (Bürgergeld-V),
- Sechstes Buch Sozialgesetzbuch (SGB VI)

Sachverhalt

In einem gemeinsamen Haushalt im Bereich der kreisfreien Stadt D in Nordrhein-Westfalen leben folgende Personen:

- Herr C (39 Jahre alt),
- Frau C (35 Jahre alt, Ehefrau des Herrn C),
- Christine (11 Jahre alt, gemeinsame Tochter der Eheleute C).

Am 7.3.2025 beantragt Herr C beim Jobcenter der Stadt D für sich und seine Familie Leistungen der Grundsicherung für Arbeitsuchende nach dem SGB II. Die persönliche und wirtschaftliche Situation der Familie C stellt sich bei der Antragstellung wie folgt dar:

Herr C ist erwerbsfähig. Er hat bis zum 22.1.2025 von der zuständigen Agentur für Arbeit Arbeitslosengeld (Alg I) erhalten. Frau C erhält vom zuständigen Träger der gesetzlichen Rentenversicherung eine für drei Jahre zeitlich befristete Rente wegen voller Erwerbsminderung nach § 43 Abs. 2 SGB VI in Höhe von monatlich 480,00 € (netto). Sie ist im Besitz eines Ausweises nach § 152 Abs. 5 SGB IX (Schwerbehindertenausweis) mit dem Merkzeichen „G“. Für Christine, die die 5. Klasse einer allgemeinbildenden Schule besucht, erhält Herr C als kindergeldberechtigte Person das gesetzliche Kindergeld in Höhe von 255,00 € monatlich.

Seit dem 15.2.2025 geht Herr C einer geringfügigen Beschäftigung (sog. „Minijob“) als Hausmeistergehilfe an fünf Tagen pro Woche nach und erzielt ein monatliches Einkommen aus Erwerbstätigkeit von 520,00 € (brutto = netto). Nach Auskunft des zuständigen Arbeitsvermittlers des Jobcenters gibt es z. Zt. keine Möglichkeit, Herrn C in ein versicherungspflichtiges Beschäftigungsverhältnis oder in eine sonstige berufsvorbereitende Maßnahme zu vermitteln.

Christine wird wegen einer akuten Blinddarmentzündung seit dem 25.2.2025 stationär behandelt. Nach ärztlicher Aussage kann sie voraussichtlich in zehn Tagen aus dem Krankenhaus entlassen werden.

Neben einem angemessenen Hausrat verfügen die Eheleute C über ein gemeinsames Sparbuch mit einem aktuellen Guthaben von 12.200,00 € und über einen gemeinsamen Bausparvertrag mit einem aktuellen Guthaben von 16.800,00 €. Herr C besitzt einen PKW (Zeitwert ca. 4.700,00 €), den er auch für die Fahrt zur Arbeit benutzt. Die einfache Entfernung zwischen Wohnung und Arbeitsstätte beträgt 12 Kilometer. Für die Benutzung öffentlicher Verkehrsmittel würden monatliche Kosten in Höhe von 55,00 € (Monatskarte) entstehen.

Christine C verfügt nicht über Vermögen.

Für die von der Familie C bewohnte Mietwohnung (72 qm) müssen 450,00 € (Grundmiete inklusive der umlagefähigen Nebenkosten) und zusätzlich Heizkosten in Höhe von 75,00 € im Monat gezahlt werden. In den Heizkosten sind die Anteile für die Warmwassererzeugung enthalten. Für die Kfz-Haftpflichtversicherung wird ein Jahresbeitrag von 504,00 € nachgewiesen.

Aufgabe 1

Prüfen Sie gutachtlich, ob und ggf. in welcher Höhe Leistungen zur Sicherung des Lebensunterhalts für die Familie C in Betracht kommen.

Aufgabe 2

Wie ist der Fall im Hinblick auf die Vermögenssituation nach Ablauf der einjährigen Karenzzeit (§ 12 Abs. 3 und Abs. 4 SGB II) zu bewerten?

Bearbeitungshinweise

1. Eine Prüfung der Zuständigkeit ist nicht vorzunehmen. Das Jobcenter der Stadt D ist der zuständige Träger.
2. Die Kosten für Unterkunft und Heizung sind angemessen.
3. Das Land Nordrhein-Westfalen hat von der Möglichkeit nach § 22a Abs. 2 Satz 1 SGB II, die Kreise und kreisfreien Städte zu ermächtigen, abweichend von § 22 Abs. 1 Satz 1 SGB II die Bedarfe für Unterkunft und Heizung in ihrem Gebiet durch eine monatliche Pauschale zu berücksichtigen, keinen Gebrauch gemacht.
4. Auf Leistungen für Bildung und Teilhabe nach §§ 28, 29 SGB II ist nicht einzugehen.
5. Auf Ansprüche nach dem Wohngeldgesetz (WoGG) ist nicht einzugehen.
6. Eine differenzierte Betrachtung nach den in § 6 SGB II genannten Trägern der Grundsicherung für Arbeitsuchende ist nicht vorzunehmen.
7. Höhe der Regelbedarfe:

Regelbedarfsstufen nach der Anlage zu § 28 in Euro

gültig ab	Regelbedarfsstufe 1	Regelbedarfsstufe 2	Regelbedarfsstufe 3	Regelbedarfsstufe 4	Regelbedarfsstufe 5	Regelbedarfsstufe 6
1.1.2025	563,00	506,00	451,00	471,00	390,00	357,00

Regelbedarfsstufe 1:
Für jede erwachsene Person, die in einer Wohnung nach § 42a Abs. 2 Satz 2 SGB XII lebt und für die nicht die Regelbedarfsstufe 2 gilt.

Regelbedarfsstufe 2:
Für jede erwachsene Person, die in einer Wohnung nach § 42a Abs. 2 Satz 2 SGB XII mit einem Ehegatten oder Lebenspartner oder in eheähnlicher oder lebenspartnerschaftsähnlicher Gemeinschaft mit einem Partner zusammenlebt.

Regelbedarfsstufe 3:
Für jede erwachsene Person, deren notwendiger Lebensunterhalt sich nach § 27b SGB XII bestimmt.

Regelbedarfsstufe 4:
Für eine Jugendliche oder einen Jugendlichen vom Beginn des 15. bis zur Vollendung des 18. Lebensjahres.

Regelbedarfsstufe 5:
Für ein Kind vom Beginn des siebten bis zur Vollendung des 14. Lebensjahres.

Regelbedarfsstufe 6:
Für ein Kind bis zur Vollendung des sechsten Lebensjahres.

Lösung

Zu Aufgabe 1

Aufgrund der im Sachverhalt beschriebenen Situation der Familie C kommen Sozialleistungen zur Sicherung des Lebensunterhalts in Betracht. Derartige Leistungen sind insbesondere im SGB II (Grundsicherung für Arbeitsuchende) und im SGB XII (Sozialhilfe) vorgesehen.

1. Vorprüfung/Abgrenzung zum SGB XII

Im vorliegenden Fall kommen Sozialleistungen zur Sicherung des Lebensunterhalts in Betracht. Leistungen zur Sicherung des Lebensunterhalts können nach dem SGB II u. a. als Bürgergeld und nach dem SGB XII als Hilfe zum Lebensunterhalt (3. Kapitel SGB XII) oder als Grundsicherung im Alter oder bei Erwerbsminderung (4. Kapitel SGB XII) erbracht werden.

Der Anspruch auf Leistungen zur Sicherung des Lebensunterhalts nach dem SGB II schließt Leistungen nach dem 3. Kapitel SGB XII aus (vgl. § 5 Abs. 2 Satz 1 SGB II und § 21 Satz 1 SGB XII). Leistungen nach dem 4. Kapitel SGB XII sind nach §§ 5 Abs. 2 Satz 2, 19 Abs. 1 Satz 2 SGB II gegenüber dem Bürgergeld für nichterwerbsfähige Leistungsberechtigte vorrangig. Das Bürgergeld für **nichterwerbsfähige** Leistungsberechtigte kommt gemäß §§ 7 Abs. 2, 19 Abs. 1 Satz 2 SGB II für Personen in Betracht, die die Voraussetzungen für das Bürgergeld für **erwerbsfähige** Leistungsberechtigte nach § 7 Abs. 1 Satz 1 SGB II selbst nicht erfüllen, aber mit einer erwerbsfähigen leistungsberechtigten Person in einer Bedarfsgemeinschaft i. S. von § 7 Abs. 3 SGB II leben.

Zunächst ist deshalb zu prüfen, ob die hilfesuchenden Personen die Voraussetzungen für die Leistungen der Grundsicherung für Arbeitsuchende nach dem SGB II in Form von Bürgergeld für erwerbsfähige Leistungsberechtigte erfüllen. Ist das der Fall, kommen andere Leistungen zur Sicherung des Lebensunterhalts in Form von Bürgergeld für nichterwerbsfähige Leistungsberechtigte oder Leistungen zum Lebensunterhalt im Rahmen der Sozialhilfe (Hilfe zum Lebensunterhalt, Grundsicherung im Alter und bei Erwerbsminderung) nach dem Zwölften Buch Sozialgesetzbuch nicht in Betracht.

2. Anspruchsberechtigter Personenkreis im SGB II

2.1 Anspruch auf Bürgergeld für erwerbsfähige Leistungsberechtigte

Gemäß §§ 7 Abs. 1 Satz 1, 7b und 19 Abs. 1 Satz 1 SGB II erhalten Leistungen in Form von **Bürgergeld für erwerbsfähige leistungsberechtigte Personen**, die das 15. Lebensjahr vollendet und die Altersgrenze nach § 7a SGB II noch nicht erreicht haben, erwerbsfähig i. S. von § 8 Abs. 1 SGB II sind, hilfebedürftig i. S. von § 9 Abs. 1 SGB II sind, die erreichbar sind (§ 7b SGB II) und ihren gewöhnlichen Aufenthalt in der Bundesrepublik Deutschland haben (erwerbsfähige Leistungsberechtigte).

Herr C ist 39 Jahre alt und erfüllt damit die Altersvoraussetzungen des § 7 Abs. 1 Satz 1 Nr. 1 SGB II. Er ist erwerbsfähig und hat seinen gewöhnlichen Aufenthalt in der Bundesrepublik Deutschland. Den gewöhnlichen Aufenthalt hat jemand dort, wo er sich unter Umständen aufhält, die erkennen lassen, dass er an diesem Ort oder in diesem Gebiet nicht nur vorübergehend verweilt (§ 30 Abs. 3 Satz 2 SGB I), also seinen Lebensmittelpunkt hat. Herr C wohnt in der kreisfreien Stadt D in Nordrhein-Westfalen. Üblicherweise ist der Wohnort auch der Lebensmittelpunkt. Der Sachverhalt enthält keine Anhaltspunkte dafür, von diesem Grundsatz abzuweichen.

Erreichbar sind erwerbsfähige Leistungsberechtigte, wenn sie sich im näheren Bereich des zuständigen Jobcenters aufhalten und werktäglich dessen Mitteilungen und Aufforderungen zur Kenntnis nehmen können (§ 7b Abs. 1 Satz 2 SGB II). Es gibt keine

Hinweise darauf, dass Herr C seine Erreichbarkeit nicht sicherstellt.[1] Ein Aufenthalt im näheren Bereich liegt vor, wenn es den erwerbsfähigen Leistungsberechtigten möglich ist, eine Dienststelle des zuständigen Jobcenters, einen möglichen Arbeitgeber oder den Durchführungsort einer Integrationsmaßnahme im örtlichen Zuständigkeitsbereich des Jobcenters in einer für den Vermittlungsprozess angemessenen Zeitspanne und ohne unzumutbaren oder die Eigenleistungsfähigkeit übersteigenden Aufwand aufsuchen (§ 7b Abs. 1 Satz 3 SGB II).

Herr C unterliegt auch keinem der in § 7 Abs. 1 Satz 2, Abs. 4 und Abs. 5 SGB II genannten Ausschlusstatbestände für den Bezug von Leistungen zur Sicherung des Lebensunterhalts, so dass er vorbehaltlich der noch zu prüfenden Hilfebedürftigkeit als erwerbsfähiger Leistungsberechtigter zum anspruchsberechtigten Personenkreis für den Bezug von Bürgergeld für erwerbsfähige Leistungsberechtigte gehört.

Für **Frau C** könnte ebenfalls ein Anspruch auf Bürgergeld bestehen. Sie erfüllt die Altersvoraussetzungen des § 7 Abs. 1 Satz 1 Nr. 1 SGB II. Fraglich ist jedoch, ob sie erwerbsfähig ist. Erwerbsfähig ist, wer nicht wegen Krankheit oder Behinderung auf absehbare Zeit außerstande ist, unter den üblichen Bedingungen des allgemeinen Arbeitsmarktes mindestens drei Stunden täglich erwerbstätig zu sein (§ 8 Abs. 1 SGB II). Frau C bezieht eine zeitlich befristete Rente aus der gesetzlichen Rentenversicherung wegen voller Erwerbsminderung nach § 43 Abs. 2 SGB VI. Wegen der inhaltsgleichen Regelungen der §§ 8 Abs. 1 SGB II und 43 Abs. 2 Satz 2 SGB VI ist der Beurteilungsmaßstab für die Nichterwerbsfähigkeit und die volle Erwerbsminderung grundsätzlich identisch.

Aufgrund der vom Rentenversicherungsträger festgestellten **vollen** Erwerbsminderung ist Frau C nicht erwerbsfähig i. S. d. § 8 Abs. 1 SGB II. Ein Anspruch auf Bürgergeld für erwerbsfähige Leistungsberechtigte nach § 19 Abs. 1 Satz 1 SGB II besteht für sie nicht.

Die Tochter **Christine** ist 11 Jahre alt und erfüllt damit nicht die Altersvoraussetzungen nach § 7 Abs. 1 Satz 1 Nr. 1 SGB II, da sie das 15. Lebensjahr noch nicht vollendet hat. Ein Anspruch auf Bürgergeld für erwerbsfähige Leistungsberechtigte kann für sie ebenfalls nicht in Betracht kommen.

2.2 Anspruch auf Bürgergeld für nichterwerbsfähige Leistungsberechtigte

Nach § 7 Abs. 2 Satz 1 SGB II sind leistungsberechtigt auch Personen, die die Voraussetzungen nach § 7 Abs. 1 Satz 1 SGB II selbst nicht erfüllen, aber mit erwerbsfähigen Leistungsberechtigten in einer **Bedarfsgemeinschaft** leben. Nicht erwerbsfähige Angehörige, die mit erwerbsfähigen Leistungsberechtigten in einer Bedarfsgemeinschaft leben, erhalten **Bürgergeld für nichterwerbsfähige Leistungsberechtigte**, soweit sie keinen Anspruch auf Leistungen nach dem 4. Kapitel SGB XII haben (vgl. §§ 5 Abs. 2 Satz 2, 19 Abs. 1 Satz 2 SGB II).

1 Mit Einführung des Bürgergeld-Gesetzes zum 1.1.2023 wird das Tatbestandsmerkmal der Erreichbarkeit in § 7b Abs. 1 Satz 1 SGB II zu einer (weiteren) Leistungsvoraussetzung für den Bezug von Bürgergeld für erwerbsfähige Leistungsberechtigte und ergänzt damit die in § 7 Abs. 1 Satz 1 SGB II geregelten Leistungsvoraussetzungen.

Zu prüfen ist daher zunächst, ob Herr C, seine Ehefrau und die gemeinsame Tochter Christine eine Bedarfsgemeinschaft i. S. von § 7 Abs. 3 SGB II bilden.

Herr C ist erwerbsfähiger Leistungsberechtigter (sogenannter „Hauptleistungsberechtigter") i. S. des § 7 Abs. 3 Nr. 1 SGB II und Ausgangspunkt für die Bildung der Bedarfsgemeinschaft. Herr und Frau C sind verheiratet und leben nicht getrennt. Zur Bedarfsgemeinschaft gehört nach § 7 Abs. 3 Nr. 3 Buchst. a SGB II als Partner des erwerbsfähigen Leistungsberechtigten der nicht dauernd getrennt lebende Ehegatte. Für Frau C kommen damit grundsätzlich Leistungen zur Sicherung des Lebensunterhalts in Form von Bürgergeld für nichterwerbsfähige Leistungsberechtigte nach §§ 7 Abs. 2 Satz 1, 19 Abs. 1 Satz 2 SGB II in Betracht.

Dies gilt allerdings nicht, wenn sie einen (realisierbaren) Anspruch auf Leistungen nach dem **4. Kapitel SGB XII** (Grundsicherung im Alter und bei Erwerbsminderung) hätte. Entsprechende Leistungen sind gegenüber dem Bürgergeld für nichterwerbsfähige Leistungsberechtigte vorrangig (vgl. § 5 Abs. 2 Satz 2, § 19 Abs. 1 Satz 2 SGB II). Leistungsberechtigt nach dem 4. Kapitel SGB XII sind Personen, die die Altersgrenze nach § 41 Abs. 2 SGB XII erreicht haben (die Altersgrenze für den Geburtsjahrgang ab 1964 ist das vollendete 67. Lebensjahr) oder gemäß § 41 Abs. 3 SGB XII das 18. Lebensjahr vollendet haben und **dauerhaft** voll erwerbsgemindert sind.

Frau C ist 35 Jahre alt und hat damit die maßgebende Altersgrenze nach § 41 Abs. 2 SGB XII nicht erreicht. Die Rente wegen voller Erwerbsminderung ist vom Träger der gesetzlichen Rentenversicherung lediglich auf Zeit (für drei Jahre) bewilligt worden. Somit besteht vorliegend **keine dauerhafte** volle Erwerbsminderung, so dass ein Anspruch auf Leistungen nach dem 4. Kapitel SGB XII nicht gegeben ist.

Auch Tochter **Christine** könnte einen Anspruch auf Bürgergeld für nichterwerbsfähige Leistungsberechtigte nach § 7 Abs. 2 Satz 1, § 19 Abs. 1 Satz 2 SGB II haben, sofern sie der Bedarfsgemeinschaft mit Herrn C (erwerbsfähiger Leistungsberechtigter) zuzurechnen wäre.

Nach § 7 Abs. 3 Nr. 4 SGB II gehören zur Bedarfsgemeinschaft die dem Haushalt angehörenden unverheirateten Kinder der in § 7 Abs. 3 Nr. 1 bis 3 SGB II genannten Personen, wenn sie das 25. Lebensjahr noch nicht vollendet haben, soweit sie die Leistungen zur Sicherung ihres Lebensunterhalts nicht aus eigenem Einkommen oder Vermögen beschaffen können. Diese Voraussetzungen treffen bei Christine zu, so dass auch sie grundsätzlich Bürgergeld für nichterwerbsfähige Leistungsberechtigte erhalten kann.

Dem Leistungsanspruch steht auch nicht entgegen, dass sie sich für einen Behandlungszeitraum von ca. zwei Wochen in stationärer Krankenhausbehandlung befindet. Zwar sind die Leistungen der Grundsicherung für Arbeitsuchende nach dem SGB II gemäß § 7 Abs. 4 Satz 1 Alt. 1 SGB II ausgeschlossen für Personen, die in einer stationären Einrichtung untergebracht sind, allerdings gilt dies nicht bei einer stationären Krankenhausbehandlung, wenn diese voraussichtlich (prognostisch) für einen Zeitraum von **weniger als sechs Monaten** erforderlich ist (vgl. § 7 Abs. 4 Satz 3 Nr. 1 SGB II).

Sonstige Ausschlusstatbestände nach den Vorschriften des § 7 Abs. 1 Satz 2, Abs. 4 und Abs. 5 SGB II sind für Frau C und Tochter Christine nicht relevant, so dass beide Personen zum anspruchsberechtigten Personenkreis nach §§ 7 Abs. 2 Satz 1, 19 Abs. 1

Satz 2 SGB II für den Bezug von Bürgergeld für nicht erwerbsfähige Leistungsberechtigte gehören.

Die Regelungen zur Erreichbarkeit (§ 7b SGB II) gelten nicht für nichterwerbsfähige Leistungsberechtigte.

3. Nachrang der Leistungen nach dem SGB II

Der Nachrang der Leistungen zur Sicherung des Lebensunterhaltes im Rahmen der Grundsicherung für Arbeitsuchende ergibt sich aus dem Regelungszusammenhang der §§ 2, 3 Abs. 3, 5 Abs. 3, 9 Abs. 1 und 12a SGB II.

Erwerbsfähige Leistungsberechtigte und die mit ihnen in einer Bedarfsgemeinschaft lebenden Personen haben in eigener Verantwortung alle Möglichkeiten zu nutzen, ihren Lebensunterhalt aus eigenen Mitteln und Kräften zu bestreiten. Sie müssen ihre Arbeitskraft zur Beschaffung des Lebensunterhalts für sich und die mit ihnen in einer Bedarfsgemeinschaft lebenden Personen einsetzen (vgl. § 2 Abs. 2 Satz 1 und 2 SGB II).

Gemäß § 12a Satz 1 SGB II sind Leistungsberechtigte außer in den Fällen des § 12a Satz 2 SGB II verpflichtet, **Sozialleistungen** anderer Leistungsträger in Anspruch zu nehmen und die dafür erforderlichen Anträge zu stellen, sofern dies zur Vermeidung, Beseitigung, Verkürzung oder Verminderung der Hilfebedürftigkeit erforderlich ist. Lediglich in den in § 12a Satz 2 SGB II genannten Fällen besteht eine entsprechende Verpflichtung nicht.

Als vorrangige Möglichkeit der Selbsthilfe ist insofern die **Aufnahme einer zumutbaren Arbeit** (vgl. § 10 SGB II), die Realisierung von Ansprüchen gegen Angehörige, sonstige Dritte oder andere Leistungsträger sowie der Einsatz von Einkommen und Vermögen vorgesehen. Im Hinblick auf die Verpflichtung zur Aufnahme einer Arbeit gilt der Grundsatz, dass **jede** Arbeit zumutbar ist, soweit keine der in. § 10 Abs. 1 SGB II genannten Ausnahmen vorliegt.

Herr C setzt seine Arbeitskraft im Rahmen einer geringfügigen Beschäftigung (sog. „Minijob") ein. Die Vermittlung in eine weitergehende (versicherungspflichtige) Beschäftigung oder sonstige berufsvorbereitende Beschäftigungsmaßnahme ist laut Sachverhalt zum gegenwärtigen Zeitpunkt aus Sicht der Arbeitsvermittlung des zuständigen SGB II-Trägers nicht möglich.

Frau C ist **voll erwerbsgemindert** und somit nicht erwerbsfähig i. S. von § 8 Abs. 1 SGB II. Die Verpflichtung, die Arbeitskraft zur Beschaffung des Lebensunterhalts einzusetzen, besteht nach § 2 Abs. 2 Satz 2 SGB II nur für **erwerbsfähige** leistungsberechtigte Personen. Für Christine kommt die Verpflichtung zum Einsatz der Arbeitskraft aufgrund ihres Alters und der bestehenden Schulpflicht ebenfalls nicht in Betracht.

Neben den im Sachverhalt genannten Ansprüchen sind weitere ggf. noch zu verfolgende Ansprüche (insbesondere gegenüber anderen Sozialleistungsträgern) nicht ersichtlich. Auf Ansprüche nach dem Wohngeldgesetz ist laut Bearbeitungshinweis 4 nicht einzugehen.

Inwieweit das zu berücksichtigende Einkommen und/oder Vermögen der Familie C dem Leistungsanspruch nach dem SGB II (Bürgergeld) entgegensteht, wird nachfolgend geprüft.

Zwischenergebnis

Herr C könnte einen Anspruch auf Bürgergeld für erwerbsfähige Leistungsberechtigte haben, während für Frau C und Christine das Bürgergeld für nicht erwerbsfähige Leistungsberechtigte in Frage kommt, wenn und soweit Hilfebedürftigkeit i. S. von § 9 Abs. 1 SGB II besteht, was im weiteren Verlauf der Fallbearbeitung durch die Ermittlung der relevanten Bedarfe und die Gegenüberstellung des anrechenbaren Einkommens und Vermögens geprüft wird.

4. Leistungen zur Sicherung des Lebensunterhalts (Bedarfsermittlung)

Nach § 19 Satz 1 Satz 1 SGB II erhalten erwerbsfähige Leistungsberechtigte **Bürgergeld**. Nichterwerbsfähige Leistungsberechtigte, die mit erwerbsfähigen Leistungsberechtigten in einer Bedarfsgemeinschaft leben, erhalten nach § 19 Abs. 1 Satz 2 SGB II ebenso Bürgergeld, soweit sie keinen Anspruch auf Leistungen nach dem 4. Kapitel SGB XII haben. Die Leistungen umfassen den Regelbedarf, Mehrbedarfe und den Bedarf für Unterkunft und Heizung (§ 19 Abs. 1 Satz 3 SGB II).

4.1 Regelbedarf zur Sicherung des Lebensunterhalts

Der Regelbedarf zur Sicherung des Lebensunterhalts umfasst gemäß § 20 Abs. 1 Satz 1 SGB II insbesondere Ernährung, Kleidung, Körperpflege, Hausrat, Haushaltsenergie ohne die auf die Heizung und Erzeugung von Warmwasser entfallenden Anteile sowie persönliche Bedürfnisse des täglichen Lebens. Zu den persönlichen Bedürfnissen des täglichen Lebens gehört in vertretbarem Umfang eine Teilhabe am sozialen und kulturellen Leben in der Gemeinschaft (§ 20 Abs. 1 Satz 2 SGB II). Der Regelbedarf wird als monatlicher Pauschalbetrag berücksichtigt (§ 20 Abs. 1 Satz 3 SGB II).

Gemäß § 20 Abs. 1a Satz 1 SGB II wird der Regelbedarf in Höhe der jeweiligen Regelbedarfsstufe entsprechend § 28 SGB XII in Verbindung mit dem Regelbedarfs-Ermittlungsgesetz und den §§ 28a und 40 SGB XII in Verbindung mit der für das jeweilige Jahr geltenden Regelbedarfsstufen-Fortschreibungsverordnung anerkannt.[2]

2 Durch Art. 6 des Gesetzes zur Ermittlung von Regelbedarfen sowie zur Änderung des Zweiten und Zwölften Buches Sozialgesetzbuch vom 22.12.2016 (BGBl. I S. 3159) gelten seit dem 1.1.2017 ohne eigenständige Bekanntmachung die jeweils auf der Grundlage des § 28 SGB XII i. V. m. dem Regelbedarfs-Ermittlungsgesetz neu ermittelten und fortgeschriebenen Regelbedarfe unmittelbar auch im Bereich des SGB II. Die bisher in § 20 SGB II genannten Euro-Beträge werden durch einen Verweis auf die jeweilige Regelbedarfsstufe ersetzt.

Als Regelbedarf ist für zwei Partner der Bedarfsgemeinschaft, die das 18. Lebensjahr vollendet haben, gemäß § 20 Abs. 4 SGB II jeweils ein Betrag in Höhe der Regelbedarfsstufe 2 anzuerkennen. Die Eheleute C erfüllen als volljährige Partner der Bedarfsgemeinschaft die genannten Voraussetzungen. Damit ist für sie jeweils ein Regelbedarf von 506,00 € zu berücksichtigen.

Für Tochter Christine ist nach § 23 Nr. 1 Alt. 2 SGB II als Regelbedarf ein Betrag in Höhe der Regelbedarfsstufe 5 (also 390,00 €) anzuerkennen, da sie das 7. Lebensjahr bereits vollendet und das 14. Lebensjahr noch nicht vollendet hat.

4.2 Mehrbedarfe

Durch die Anerkennung eines Mehrbedarfs sollen bei bestimmten typisierten Bedarfslagen, die nicht durch die Regelleistung abgegolten sind, zusätzliche Leistungen erbracht werden.

Regelungen über die Berücksichtigung von Mehrbedarfen enthalten § 21 SGB II sowie § 23 Nr. 2 und Nr. 4 SGB II. Nach § 23 Nr. 4 SGB II ist bei nicht erwerbsfähigen Personen, die voll erwerbsgemindert sind, ein Mehrbedarf von 17 % des nach § 20 SGB II maßgebenden Regelbedarfs anzuerkennen, wenn sie Inhaberin oder Inhaber eines Ausweises nach § 152 Abs. 5 SGB IX (sog. „Schwerbehindertenausweis“) mit dem Merkzeichen „G“ sind.

Frau C ist nicht erwerbsfähig bzw. voll erwerbsgemindert und Inhaberin eines Ausweises nach § 152 Abs. 5 SGB IX (sog. „Schwerbehindertenausweis“) mit dem Merkzeichen „G“. Damit ist für sie ein Mehrbedarf in Höhe von 86,02 € (17 % von 506,00 €) anzuerkennen.

4.3 Bedarfe für Unterkunft und Heizung

Bedarfe für Unterkunft und Heizung werden nach § 22 Abs. 1 Satz 1 SGB II in Höhe der tatsächlichen Aufwendungen anerkannt, soweit diese angemessen sind. Zu den Bedarfen für die Unterkunft gehören die Kosten für die Gebrauchsüberlassung des Wohnraumes, die vertraglich geschuldet werden (Grundmiete), und die umlagefähigen Nebenkosten, wenn die Mietvertragsparteien dies in Anwendung von § 556 BGB vereinbart haben.

Die Kosten der Unterkunft und der Heizung sind vorliegend als angemessen anzusehen (vgl. Bearbeitungshinweis 2) und mit dem entsprechenden Kopfanteil bei allen drei Personen der Bedarfsgemeinschaft zu berücksichtigen. Die Vorschriften zur Karenzzeit (vgl. § 22 Abs. 1 Satz 2 bis Satz 8 SGB II) müssen an dieser Stelle nicht thematisiert werden.

4.4 Berechnung des notwendigen Lebensunterhalts (Zusammenfassung)

	Herr C	Frau C	Christine
Regelleistung	506,00 €	506,00 €	390,00 €
Mehrbedarf	–	86,02 €	–
Kosten der Unterkunft	150,00 €	150,00 €	150,00 €
Heizkosten	25,00 €	25,00 €	25,00 €
Gesamtbedarf	**681,00 €**	**767,02 €**	**565,00 €**

4.5 Sofortzuschlag

Für Christine kommt darüber hinaus der monatliche Sofortzuschlag nach § 72 SGB II in Höhe von 25,00 € monatlich in Betracht, da sie als Kind einen Anspruch auf Bürgergeld hat, dem ein Regelbedarf nach den Regelbedarfsstufen 3, 4, 5 oder 6 (hier Regelbedarfsstufe 5) zugrunde liegt.

5. Einsatz der Mittel der Einsatzgemeinschaft

Zu prüfen ist, ob die Eheleute C und Tochter Christine den notwendigen Lebensunterhalt aus dem zu berücksichtigenden Einkommen und Vermögen sichern können bzw. ob und in welchem Umfang Hilfebedürftigkeit besteht (vgl. § 9 Abs. 1 SGB II).

5.1 Einsatz des Einkommens

5.1.1 Zu berücksichtigendes Einkommen

Dem zuvor ermittelten Bedarf ist in einem weiteren Schritt das zu berücksichtigende Einkommen gegenüberzustellen. Nach § 11 Abs. 1 Satz 1 SGB II sind alle Einnahmen **in Geld** abzüglich der nach § 11b SGB II abzusetzenden Beträge mit Ausnahme der in § 11a SGB II genannten Einnahmen als Einkommen zu berücksichtigen. Gemäß § 11 Abs. 1 Satz 2 SGB II gilt dies auch für Einnahmen **in Geldeswert**, die im Rahmen einer Erwerbstätigkeit (d. h. vom Arbeitgeber bereitgestellte Verpflegung), des Bundesfreiwilligendienstes oder eines Jugendfreiwilligendienstes zufließen.

Sowohl das Einkommen aus Erwerbstätigkeit von Herrn C als auch die Rente wegen Erwerbsminderung aus der gesetzlichen Rentenversicherung seiner Ehefrau sind Einkünfte im Sinne der genannten Vorschrift.

Die in § 11a SGB II genannten Ausnahmen sind vorliegend nicht einschlägig. Auch § 1 Bürgergeld-Verordnung (Bürgergeld-V) sowie spezielle Regelungen zum Einkommenseinsatz in anderen Gesetzen stehen einer grundsätzlichen Berücksichtigung nicht entgegen.

Gleiches gilt auch für das Kindergeld, das gemäß § 11 Abs. 1 Satz 4 und 5 SGB II dem zur Bedarfsgemeinschaft gehörenden Kind zuzurechnen ist, soweit es (rechnerisch) zur Sicherung des Lebensunterhalts, mit Ausnahme der Bedarfe nach § 28 SGB II, benötigt wird. Da Christine über kein eigenes Einkommen verfügt, ist ihr das Kindergeld bei der weiteren Prüfung des Leistungsanspruchs in voller Höhe als Einkommen zuzurechnen.

Die für Christine während der Zeit der stationären Krankenhausbehandlung bereitgestellte Verpflegung ist gemäß § 1 Abs. 1 Nr. 11 Bürgergeld-V nicht als Einkommen zu berücksichtigen, da es sich um Sachbezüge handelt, die außerhalb der in den §§ 2, 3 und 4 Nr. 4 Bürgergeld-V genannten Einkommensarten bereitgestellt werden.

Nach § 11b SGB II i. V. m. den relevanten Regelungen der Bürgergeld-V sind vom Einkommen bestimmte Beträge abzusetzen (Einkommensbereinigung).

Bei **erwerbsfähigen** Leistungsberechtigten, die **erwerbstätig** sind, ist nach § 11b Abs. 2 Satz 1 SGB II an Stelle der Beträge nach § 11b Abs. 1 Satz 1 Nr. 3 bis 5 SGB II (u. a. für Versicherungen, die gesetzlich vorgeschrieben oder nach Grund und Höhe angemessen sind, oder auch die mit der Erzielung des Einkommens verbundenen notwendigen Ausgaben) ein Betrag von insgesamt 100,00 € (Grundfreibetrag) abzusetzen. Herr C ist erwerbsfähig und als Hausmeistergehilfe im Rahmen einer geringfügigen Beschäftigung erwerbstätig.

Beträgt das monatliche Einkommen aus Erwerbstätigkeit mehr als 400,00 €, gilt § 11b Abs. 2 Satz 1 SGB II nicht, wenn die oder der erwerbsfähige Leistungsberechtigte nachweist, dass die Summe der Beträge nach § 11b Abs. 1 Satz 1 Nr. 3 bis Nr. 5 SGB II den Betrag von 100,00 € übersteigt (vgl. § 11b Abs. 2 Satz 2 SGB II), was im Wege einer Vergleichsberechnung festzustellen wäre.

Demnach sind zu berücksichtigen:

- Versicherungspauschale (§ 11b Abs. 1 Satz 1 Nr. 3 SGB II i. V. m. § 6 Abs. 1 Nr. 1 Bürgergeld-V) i. H. v. **30,00 €**,
- Kfz-Haftpflichtversicherung als gesetzlich vorgeschriebene Versicherung (§ 11b Abs. 1 Satz 1 Nr. 3 SGB II i. V. m. § 6 Abs. 1 Nr. 3 Bürgergeld-V) in Höhe eines Zwölftels der zum Zeitpunkt der Entscheidung über den Leistungsanspruch nachgewiesenen Jahresbeiträge (hier also 504,00 € : 12 Monate = **42,00 €**),
- Fahrtkosten bei Benutzung eines Kraftfahrzeuges für die Fahrt zwischen Wohnung und Arbeitsstätte (§ 11b Abs. 1 Satz 1 Nr. 5 SGB II i. V. m. § 6 Abs. 1 Nr. 5 Bürgergeld-V) 0,20 € × 19 Tage × 12 Kilometer = **45,60 €**. Im Vergleich zu den bei Benutzung eines zumutbaren öffentlichen Verkehrsmittels anfallenden Kosten ist dieser Betrag nicht unangemessen hoch (vgl. § 6 Abs. 2 Bürgergeld-V).

Damit sind statt des Grundfreibetrages nach § 11b Abs. 2 Satz 1 SGB II die nachgewiesenen höheren Aufwendungen von **117,60 €** gemäß § 11b Abs. 2 Satz 2 SGB II zu berücksichtigen.

Für Herrn C ist darüber hinaus ein Freibetrag bei Erwerbstätigkeit nach § 11b Abs. 1 Satz 1 Nr. 6 i. V. m. § 11b Abs. 3 SGB II abzusetzen. Dieser beläuft sich nach § 11b Abs. 3 Satz 2 Nr. 1 SGB II für den Teil des Einkommens aus Erwerbstätigkeit, der 100,00 € übersteigt und nicht mehr als 520,00 € beträgt, auf 20 % (100,00 € bis 520,00 € = 420,00 € × 20 % = 84,00 €).

Von der Rente wegen Erwerbsminderung der Frau C ist nach § 11b Abs. 1 Satz 1 Nr. 3 SGB II i. V. m. § 6 Abs. 1 Nr. 1 Bürgergeld-V (ohne weiteren Nachweis) eine Pauschale von monatlich 30,00 € für Beiträge zu Versicherungen, die nach Grund und Höhe angemessen sind (sog. „Versicherungspauschale"), abzusetzen.

Damit ist für Herrn C ein (bereinigtes) Einkommen in Höhe von 318,40 €, für Frau C ein (bereinigtes) Einkommen von 450,00 € anspruchsmindernd zu berücksichtigen. Das an Herrn C als Kindergeldberechtigtem gezahlte Kindergeld ist gemäß § 11 Abs. 1 Satz 4 und Satz 5 SGB II der Tochter Christine zuzurechnen.

5.1.2 Zurechnung des Einkommens im Rahmen der Einsatzgemeinschaft

Nach § 9 Abs. 2 Satz 1 SGB II sind bei Personen, die in einer Bedarfsgemeinschaft leben, das Einkommen und Vermögen des Partners zu berücksichtigen. Herr und Frau C sind nicht dauernd getrennt lebende Ehegatten und leben als Partner in einer Bedarfsgemeinschaft (vgl. § 7 Abs. 3 Nr. 3 Buchstabe a) SGB II). Sie sind somit verpflichtet, ihr Einkommen gegenseitig zur Bedarfsdeckung einzusetzen. Im Ergebnis muss sich damit Herr C das eigene Einkommen und das Einkommen seiner Ehefrau zurechnen lassen (und umgekehrt).

Eine Einsatzverpflichtung besteht nach § 9 Abs. 2 Satz 2 SGB II auch bei Eltern bzw. Elternteilen gegenüber ihren unverheirateten Kindern, die mit ihnen in einer Bedarfsgemeinschaft leben und ihren Lebensunterhalt nicht aus eigenem Einkommen oder Vermögen sichern können. Christine ist unverheiratet, kann ihren Lebensunterhalt offensichtlich nicht aus eigenen Mitteln sichern, da sie neben dem (ihr als Einkommen zuzurechnenden) Kindergeld über keine weiteren Einkünfte verfügt, und gehört damit zur Bedarfsgemeinschaft (vgl. § 7 Abs. 3 Nr. 4 SGB II). Sie muss sich das Einkommen ihrer Eltern zurechnen lassen.

Das zu berücksichtigende Einkommen der Eheleute C reicht offensichtlich nicht aus, um den Gesamtbedarf bzw. den notwendigen Lebensunterhalt der Bedarfsgemeinschaft zu decken.

In diesem Fall greift die gesetzliche Fiktion nach § 9 Abs. 2 Satz 3 SGB II, wonach jede Person der Bedarfsgemeinschaft im Verhältnis des eigenen Bedarfes zum Gesamtbedarf als hilfebedürftig gilt. In diesem Verhältnis ist das gemeinsame Einkommen der Eheleute C auf alle drei Personen zu verteilen (sogenannte „Bedarfsanteilsmethode"). Dabei ist bei Christine der um das Kindergeld geminderte Bedarf zu berücksichtigen, da das Kindeseinkommen im Ergebnis nicht zur Bedarfsdeckung der Eltern einzusetzen ist.[3]

3 Anders als in der Sozialhilfe beschränkt sich der Einsatz des Einkommens für andere Personen (Einsatzgemeinschaft) nicht auf das rechnerisch überschüssige Einkommen.

Zurechnung des Einkommens nach der Bedarfsanteilsmethode

	Herr C	Frau C	Christine	insgesamt
Gesamtbedarf	681,00 €	767,02 €	565,00 €	
./. Kindergeld	–	–	255,00 €	
Restbedarf	681,00 €	767,02 €	310,00 €	1.758,02 €
in % am Gesamtbedarf	38,74 %	43,63 %	17,63 %	100 %
(bereinigtes) Einkommen der Eheleute C	318,40 €	450,00 €	–	768,40 €
Einkommensverteilung nach der Bedarfsanteilsmethode	297,68 €	335,25 €	135,47 €	768,40 €
rechnerischer Anspruch (Fehlbedarf)	**383,32 €**	**431,77 €**	**174,53 €**	**989,62 €**

5.2 Einsatz von Vermögen

In einem weiteren Schritt ist zu prüfen, ob und inwieweit der notwendige Lebensunterhalt aus dem Vermögen der Eheleute C zu bestreiten ist. Dabei sind nach § 12 Abs. 1 Satz 1 SGB II alle **verwertbaren** Vermögensgegenstände vorbehaltlich des § 12 Abs. 1 Satz 2 SGB II zu berücksichtigen. Verwertbar ist der Teil des Vermögens, der in einem angemessenen Zeitraum (in der Regel innerhalb des Bewilligungszeitraumes) durch Verbrauch, Übertragung, Beleihung, Vermietung oder Verpachtung wirtschaftlich nutzbar gemacht werden kann, um den notwendigen Lebensunterhalt für einen gewissen Zeitraum ganz oder teilweise zu decken. Dabei ist das Vermögen ohne Rücksicht auf steuerrechtliche Vorschriften mit seinem Verkehrswert zu berücksichtigen (vgl. § 8 Bürgergeld-V).

Das Sparbuch und der Bausparvertrag der Eheleute C können als Forderungsrechte grundsätzlich jederzeit gegenüber den jeweiligen Kreditinstituten geltend gemacht werden. Der PKW und der Hausrat sind Sachwerte, die grundsätzlich durch eine Veräußerung wirtschaftlich nutzbar sind.

Christine C verfügt nicht über Vermögen.

Nicht zu berücksichtigen sind die in § 12 Abs. 1 Satz 2 SGB II genannten Vermögenswerte (sog. „Schonvermögen"). Dazu zählt gemäß § 12 Abs. 1 Satz 2 Nr. 1 SGB II der (lt. Sachverhalt) angemessene Hausrat und nach § 12 Abs. 1 Satz 2 Nr. 2 ein **angemessenes Kraftfahrzeug** für jede in der Bedarfsgemeinschaft lebende erwerbsfähige Person.

Nach der bisherigen Rechtsprechung des Bundessozialgerichts war ein PKW mit einem Verkehrswert von bis zu 7.500,00 € pauschal als angemessen zu betrachten.[4] Für die Frage der Angemessenheit dürfte auch nach Inkrafttreten des Bürgergeld-Gesetzes eine wertmäßige Obergrenze gelten (entsprechend dem Vermögensfreibetrag nach der Karenzzeit von 15.000,00 €).[5] Herr C ist erwerbsfähig und der aktuelle Verkehrswert

---

4 Vgl. BSG, Urt. vom 6.9.2007 – B 14/7b AS 66/06 R –, BSGE 99,77 = FEVS 59, 385.

5 So jedenfalls Fachliche Hinweise der BA, Rn. 12.13 zu § 12 SGB II (Stand: 1.1.2023).

liegt unter der genannten Wertgrenze, so dass weder der Hausrat noch der PKW als Vermögen zu berücksichtigen sind.

Gemäß § 12 Abs. 3 Satz 1 SGB II gilt für die Berücksichtigung von Vermögen eine **Karenzzeit von einem Jahr** ab Beginn des Monats, für den erstmals Leistungen nach dem SGB II bezogen werden. Innerhalb dieser Karenzzeit wird Vermögen nur berücksichtigt, wenn es **erheblich** ist (§ 12 Abs. 3 Satz 2 SGB II). Vermögen ist in diesem Sinne erheblich, wenn es die Summe von 40.000,00 € für die leistungsberechtigte Person sowie 15.000,00 € für jede weitere mit dieser in Bedarfsgemeinschaft lebende Person übersteigt (vgl. § 12 Abs. 4 Satz 1 SGB II). Während der Karenzzeit sind diese Beträge an Stelle der Freibeträge nach § 12 Abs. 2 SGB II vom Vermögen abzusetzen (vgl. § 12 Abs. 4 Satz 5 SGB II).

Das zu berücksichtigende Vermögen (Sparbuch und Bausparvertrag) erreicht diese Grenze nicht. Damit steht die gegenwärtige Vermögenssituation der Eheleute C dem Leistungsanspruch nach dem Zweiten Buch Sozialgesetzbuch (Bürgergeld) nicht entgegen.

Der Einsatz des Vermögens zur Bedarfsdeckung kann von den Eheleuten C damit nicht verlangt werden.

6. Form der Hilfe/Leistungsart

Die Leistungen der Grundsicherung für Arbeitsuchende werden in Form von Dienstleistungen, Geldleistungen und Sachleistungen erbracht (vgl. § 4 Abs. 1 SGB II), wobei die Geldleistung bei den Leistungen zur Sicherung des Lebensunterhalts (Bürgergeld für erwerbsfähige und nichterwerbsfähige Leistungsberechtigte) der Regelfall ist und Sachleistungen nur in den im Gesetz genannten (Ausnahme-)Fällen (z. B. § 24 Abs. 2 SGB II) in Betracht kommen.

Der Sachverhalt enthält keine Anhaltspunkte dafür, von diesem Grundsatz abzuweichen.

Es besteht vorliegend auch keine rechtliche Möglichkeit, die Leistungen in Form eines Darlehens zu erbringen, so dass die Hilfe als nicht rückzahlbare Geldleistung (Beihilfe) zu gewähren ist.

7. Beginn der Leistung/Antragserfordernis

Die Leistungen der Grundsicherung für Arbeitsuchende werden auf Antrag erbracht (vgl. § 37 Abs. 1 Satz 1 SGB II). Ein entsprechender Antrag wurde von Herrn C am 7.3.2025 gestellt. Gemäß § 37 Abs. 2 Satz 1 SGB II werden Leistungen nicht für Zeiten vor der Antragstellung erbracht. Bei den Leistungen zur Sicherung des Lebensunterhalts wirkt der Antrag auf den Ersten des Monats zurück (vgl. § 37 Abs. 2 Satz 2 SGB II), so dass der Leistungsanspruch (Bürgergeld) in der festgestellten Höhe für die Eheleute C und Tochter Christine ab 1.3.2025 besteht.

Über den Anspruch auf Leistungen zur Sicherung des Lebensunterhalts ist gemäß § 41 Abs. 3 Satz 1 SGB II in der Regel für **ein Jahr** zu entscheiden (Bewilligungszeitraum). Damit werden die Leistungen durch einen Verwaltungsakt mit Dauerwirkung bewilligt und monatlich im Voraus erbracht. Die Festlegung des Bewilligungszeitraumes erfolgt einheitlich für die Entscheidung über die Leistungsansprüche aller Mitglieder einer Bedarfsgemeinschaft (§ 43 Abs. 3 Satz 3 SGB II).

§ 41 Abs. 3 Satz 2 SGB II regelt insbesondere für die dort genannten Fallgestaltungen einen abweichenden, verkürzten Regelbewilligungszeitraum von **sechs Monaten**. Dabei handelt es sich um Fälle, in denen entweder Leistungen vorläufig erbracht werden (vgl. § 41a SGB II) oder unangemessene Aufwendungen für Unterkunft und Heizung eine Überprüfung des Leistungsanspruches bereits nach sechs Monaten erforderlich machen. Die Regelung enthält ein gebundenes Ermessen, um in atypischen Fallgestaltungen den Regelbewilligungszeitraum zu verkürzen.

Anhaltspunkte für die Verkürzung des Bewilligungszeitraumes liegen in diesem Fall nicht vor.

Gemäß § 38 Satz 1 SGB II wird vermutet, dass der erwerbsfähige Leistungsberechtigte (hier also Herr C) bevollmächtigt ist, Leistungen nach dem SGB II auch für die mit ihm in Bedarfsgemeinschaft lebenden Personen zu beantragen und entgegenzunehmen. Auf eine Antragstellung durch Frau C bzw. für Christine muss daher vom Träger der Grundsicherung für Arbeitsuchende nicht hingewirkt werden.

Zu Aufgabe 2

Innerhalb der Karenzzeit von einem Jahr wird Vermögen nur berücksichtigt, wenn es **erheblich** ist (vgl. § 12 Abs. 3 Satz 1 und Satz 2 SGB II). Die Prüfung der Erheblichkeit von Vermögenswerten richtet sich nach § 12 Abs. 4 SGB II (vgl. Lösung zu Aufgabe 1).

Soweit Vermögen grundsätzlich verwertbar und nicht (oder nur teilweise) als geschütztes Vermögen zu betrachten, regelt § 12 Abs. 2 SGB II **Freibeträge**, bis zu deren Höhe Vermögen nach Ablauf der einjährigen Karenzzeit nicht zur Bedarfsdeckung einzusetzen ist.

Nach § 12 Abs. 2 Satz 1 SGB II ist von dem zu berücksichtigenden (also dem nach § 12 Abs. 1 Satz 2 SGB II nicht geschützten) Vermögen **für jede Person** in der Bedarfsgemeinschaft ein Betrag von **15.000,00 €** abzusetzen. Soweit der Freibetrag für eine Person in der Bedarfsgemeinschaft nicht vollständig ausgeschöpft wird, kann der „Restbetrag" auf eine oder mehrere Personen in der Bedarfsgemeinschaft übertragen werden (vgl. § 12 Abs. 2 Satz 2 SGB II). Damit ist eine unbegrenzte Übertragbarkeit des Vermögensfreibetrages auf andere Mitglieder der Bedarfsgemeinschaft möglich.

Das Vermögen der Eheleute C (Sparguthaben und Bausparvertrag) ist auch nach Ablauf der Karenzzeit vollständig durch den zu berücksichtigenden Freibetrag nach § 12 Abs. 2 SGB II (3 × 15.000,00 € = **45.000,00 €**) anrechnungsfrei bzw. zur Bedarfsdeckung nicht einzusetzen.

Praktischer Fall Nr. 5

Schwerpunkte: – Hilfe zur häuslichen Pflege (7. Kapitel SGB XII)

Hilfsmittel:
- Sechstes Buch Sozialgesetzbuch (SGB VI),
- Elftes Buch Sozialgesetzbuch (SGB XI),
- Zwölftes Buch Sozialgesetzbuch (SGB XII) mit Verordnungen

Sachverhalt

Die Eheleute Siegfried und Sabine S (63 und 65 Jahre alt) wohnen gemeinsam in einer Mietwohnung in der kreisfreien Stadt M in Nordrhein-Westfalen (Bereich des Landschaftsverbandes Westfalen-Lippe). Am 7.4.2026 erkundigt sich Frau S beim Sozialamt der Stadt M, ob für sie bzw. ihren Ehemann eine finanzielle Unterstützung in Betracht kommt.

Die Situation der Eheleute S stellt sich wie folgt dar:

Herr S leidet an den Folgen eines schweren Schlaganfalls. Die für ihn zuständige Pflegekasse hat nach Überprüfung durch den medizinischen Dienst auf der Grundlage der einstufungsrelevanten Module den Pflegegrad 4 festgestellt. Die Entscheidung der Pflegekasse beruht auf Tatsachen, die auch einer Entscheidung nach dem Zwölften Buch Sozialgesetzbuch zugrunde liegen würden. Die für Herrn S erforderlichen Pflegeleistungen werden von einem zugelassenen ambulanten Pflegedienst sowie von seiner Ehefrau ausgeführt. An den Wochenenden beteiligen sich auch die beiden in der Nachbarschaft lebenden Kinder der Eheleute S an der Pflege. Die Angehörigen übernehmen den überwiegenden Teil der erforderlichen pflegerischen Verrichtungen.

Für den Einsatz des Pflegedienstes entstehen Kosten von monatlich 2.078,00 €, die aus pflegefachlicher Sicht in dieser Höhe angemessen sind. Die Pflegekasse erbringt die (maximale) Sachleistung nach § 36 SGB XI in Höhe von monatlich 1.859,00 €.

Herr S bezieht eine zeitlich befristete Rente wegen voller Erwerbsminderung aus der gesetzlichen Rentenversicherung gemäß § 43 Abs. 2 SGB VI in Verbindung mit § 102 Abs. 2 SGB VI von monatlich 1.266,00 € (netto) und eine Grundrente nach dem Bundesversorgungsgesetz (BVG) von monatlich 226,00 €. Frau S bezieht eine Regelaltersrente gemäß § 35 SGB VI von monatlich 860,00 € (netto). Neben einem angemessenen Hausrat verfügen die Eheleute S über Vermögen in Form eines Sparbuches mit einem aktuellen Guthaben von 12.980,00 €.

Für die von den Eheleuten S bewohnte Mietwohnung (59 qm) entstehen angemessene Unterkunftskosten (Grundmiete inklusive der umlagefähigen Nebenkosten) in Höhe von 325,00 € und angemessene Heizkosten in Höhe von 60,00 € im Monat. An Stromkosten werden 40,00 € und für eine von Herrn S abgeschlossene Hausratversicherung (Versicherungssumme = 60.000,00 €) Beiträge von monatlich 12,00 € nachgewiesen.

Aufgabe

Prüfen Sie gutachtlich, ob und ggf. in welcher Höhe Leistungen der Sozialhilfe in Betracht kommen.

Bearbeitungshinweise
1. Der Regelbedarf der Regelbedarfsstufe 1 gemäß Anlage zu § 28 SGB XII beträgt ab 1.1.2026 563,00 €.
2. Eine Zuständigkeitsprüfung ist nicht vorzunehmen.
3. Ansprüche nach dem Wohngeldgesetz (WoGG) bestehen nicht.
4. Gehen Sie davon aus, dass die Notwendigkeit und der Umfang des Einsatzes des Pflegedienstes sowie die Angemessenheit der in Rechnung gestellten Kosten vom Träger der Sozialhilfe aus pflegefachlicher Sicht überprüft worden ist.
5. Auf den Entlastungsbetrag nach § 64i SGB XII ist nicht einzugehen.

Lösung

1. Hilfeart/Gesamtfall- und Untersuchungsgrundsatz

Die Sozialhilfe umfasst gemäß § 8 SGB XII
1. Hilfe zum Lebensunterhalt (§ 8 Nr. 1 SGB XII),
2. Grundsicherung im Alter und bei Erwerbsminderung (§ 8 Nr. 2 SGB XII),
3. Hilfen zur Gesundheit (§ 8 Nr. 3 SGB XII),
4. Hilfe zur Pflege (§ 8 Nr. 5 SGB XII),
5. Hilfe zur Überwindung besonderer sozialer Schwierigkeiten (§ 8 Nr. 6 SGB XII) sowie
6. Hilfe in anderen Lebenslagen (§ 8 Nr. 7 SGB XII).

Nach § 18 Abs. 1 SGB XII und § 20 SGB X (Gesamtfall- und Untersuchungsgrundsatz) hat der zuständige Träger der Sozialhilfe alle in Betracht kommenden Hilfen zu prüfen und kann sich aller Beweismittel bedienen, die er nach pflichtgemäßem Ermessen zur Ermittlung des Sachverhaltes für erforderlich hält (vgl. § 21 SGB X).

Für Herrn S könnte Hilfe zur Pflege nach dem 7. Kapitel SGB XII geleistet werden. Leistungen zum Lebensunterhalt im Rahmen der Sozialhilfe nach dem 3. oder 4. Kapitel SGB XII kommen im Hinblick auf die Höhe des zur Verfügung stehenden Einkommens der Eheleute S bzw. wegen fehlender Hilfebedürftigkeit offensichtlich nicht in Betracht.

Weitergehende Bedarfe nach dem 5. bis 9. Kapitel SGB XII sind nicht ersichtlich.

2. Nachrang der Sozialhilfe

Gemäß § 2 Abs. 1 SGB XII erhält Sozialhilfe nicht, wer sich vor allem durch Einsatz seiner Arbeitskraft, seines Einkommens und seines Vermögens selbst helfen kann oder wer die erforderliche Leistung von anderen, insbesondere von Angehörigen oder von Trägern anderer Sozialleistungen, erhält (Grundsatz der Subsidiarität). Die Vorschrift gilt für sämtliche Leistungen bzw. Hilfearten der Sozialhilfe. Der Grundsatz der Nachrangigkeit umfasst die Möglichkeiten der Selbsthilfe, tatsächliche Hilfeleistungen von Dritten sowie Leistungsverpflichtungen Dritter.

Selbsthilfemöglichkeiten durch den zumutbaren Einsatz der Arbeitskraft scheiden für Herrn S wegen der vollen Erwerbsminderung und Pflegebedürftigkeit aus.[1] Frau S hat die Regelaltersgrenze der gesetzlichen Rentenversicherung erreicht, so dass von ihr der Einsatz der Arbeitskraft nicht zu fordern ist (vgl. § 11 Abs. 4 Satz 1 Nr. 2 SGB XII).

Neben den im Sachverhalt genannten Ansprüchen (insbesondere aus der sozialen Pflegeversicherung nach dem SGB XI und der gesetzlichen Rentenversicherung nach dem SGB VI) sind weitere ggf. noch zu verfolgende Ansprüche nicht ersichtlich. Inwieweit Einkommen und/oder Vermögen einer Leistungserbringung im Rahmen der Sozialhilfe entgegenstehen, wird nachfolgend geprüft.

Vorbehaltlich des Ergebnisses dieser Prüfung steht der Grundsatz der Nachrangigkeit aus § 2 Abs. 1 SGB XII einer Hilfeleistung durch den zuständigen Träger der Sozialhilfe nicht entgegen.

3. Anspruchsvoraussetzungen für die Hilfe zur Pflege

Die Hilfe zur Pflege wird gemäß § 19 Abs. 3 SGB XII nach den Bestimmungen des 5. bis 9. Kapitels SGB XII (hier nach dem 7. Kapitel SGB XII) geleistet, soweit dem Leistungsberechtigten und seinem nicht getrennt lebenden Ehegatten oder Lebenspartner die Aufbringung der Mittel aus dem Einkommen und Vermögen nach den Vorschriften des 11. Kapitels SGB XII nicht zuzumuten ist.

Es sind demnach zunächst die sachlichen bzw. persönlichen Voraussetzungen des 7. Kapitels SGB XII zu prüfen.

3.1 Voraussetzungen nach dem 7. Kapitel SGB XII (sachliche bzw. persönliche Voraussetzungen)

Gemäß § 61 SGB XII haben Personen, die pflegebedürftig im Sinne des § 61a SGB XII sind, Anspruch auf Hilfe zur Pflege, soweit ihnen, ihren nicht getrennt lebenden Ehegatten oder Lebenspartnern und, wenn sie minderjährig und unverheiratet sind, auch

1 Wegen der Hervorhebung der Freiwilligkeit, Beratung und Unterstützung durch den zuständigen Träger der Sozialhilfe wurden mit Einführung des Bürgergeld-Gesetzes die bisherigen Regelungen zur Zumutbarkeit des Einsatz der Arbeitskraft in § 11 Abs. 4 SGB XII gestrichen.

ihren Eltern oder einem Elternteil die Aufbringung der Mittel aus dem Einkommen und Vermögen nach den Vorschriften des 11. Kapitels SGB XII **nicht zuzumuten** ist.

Pflegebedürftig sind gemäß § 61a Abs. 1 Satz 1 SGB XII Personen, die gesundheitlich bedingte Beeinträchtigungen der Selbstständigkeit oder der Fähigkeiten aufweisen und deshalb der Hilfe durch andere bedürfen. Pflegebedürftige Personen in diesem Sinne können körperliche, kognitive oder psychische Beeinträchtigungen oder gesundheitlich bedingte Belastungen oder Anforderungen nicht selbstständig kompensieren oder bewältigen (vgl. § 61a Abs. 1 Satz 2 SGB XII). Maßgeblich für die Beurteilung der Beeinträchtigungen der Selbstständigkeit oder Fähigkeiten (Ausmaß bzw. Grad der Pflegebedürftigkeit) sind die in § 61a Abs. 2 SGB XII genannten einstufungsrelevanten Bereiche bzw. Module.

Für die Gewährung von Leistungen der Hilfe zur Pflege im Rahmen des 7. Kapitels SGB XII sind pflegebedürftige Personen entsprechend dem im Begutachtungsverfahren nach § 62 SGB XII ermittelten Gesamtpunktwert einem der Schwere der Beeinträchtigungen der Selbstständigkeit oder der Fähigkeiten entsprechenden Pflegegrad zuzuordnen. Dabei muss ein **„Schwellenwert“** von mindestens **12,5 Punkten** erreicht werden.

Die Entscheidung der Pflegekasse über den im Einzelfall festgestellten Pflegegrad ist nach § 62a SGB XII für den Träger der Sozialhilfe bindend, soweit sie auf Tatsachen beruht, die bei beiden Entscheidungen zur berücksichtigen sind.[2]

Auf eine konkrete Prüfung der einzelnen Voraussetzungen der genannten Vorschriften bzw. auf die Ermittlung des Ausmaßes der Pflegebedürftigkeit (Pflegegrad nach § 61b SGB XII) kann vorliegend verzichtet werden, da die zuständige Pflegekasse im Begutachtungsverfahren durch den Medizinischen Dienst für Herrn S den **Pflegegrad 4** festgestellt hat und der Träger der Sozialhilfe nach § 62a SGB XII an die Entscheidung der Pflegekasse über den Pflegegrad gebunden ist. Die **sachlichen** bzw. **persönlichen** Voraussetzungen der §§ 61 bis 61b SGB XII sind durch die Feststellungen der Pflegekasse und die Bindungswirkung nach § 62a SGB XII insoweit „automatisch“ erfüllt. Herr S gehört damit zum anspruchsberechtigten Personenkreis des § 61 SGB XII.

Bei der weiteren Prüfung ist auch im Rahmen der Hilfe zur Pflege nach dem 7. Kapitel SGB XII bei Herrn S vom Pflegegrad 4 auszugehen.

3.2 Leistungen/sozialhilferechtlicher Bedarf

Die Hilfe zur Pflege umfasst nach § 63 Abs. 1 Satz 1 SGB XII für Pflegebedürftige der Pflegegrade 2 bis 5 häusliche Pflege in Form von Pflegegeld, häuslicher Pflegehilfe, Verhinderungspflege, Pflegehilfsmitteln, Maßnahmen zur Verbesserung des Wohnumfeldes und anderen Leistungen sowie teilstationäre Pflege, Kurzzeitpflege, einen Entlastungs-

2 Die Bindungswirkung betrifft nur die Feststellung der Pflegebedürftigkeit (ggf. auch die Ablehnung) sowie die Zuordnung zu einem Pflegegrad. Inhalt und Umfang der Leistungen der Hilfe zur Pflege ergeben sich aus dem 7. Kapitel SGB XII und nach den konkreten Feststellungen im Einzelfall aus pflegefachlicher Sicht (insbesondere im Rahmen der angemessenen Kosten für den Einsatz eines ambulanten Pflegedienstes). Mit der Bindungswirkung soll eine unterschiedliche Beurteilung desselben Sachverhalts durch die Pflegekasse und den Träger der Sozialhilfe ausgeschlossen werden.

betrag und stationäre Pflege. Gemäß § 64 SGB XII soll der Träger der Sozialhilfe darauf hinwirken, dass die häusliche Pflege durch Personen, die dem Pflegebedürftigen nahestehen oder als Nachbarschaftshilfe (d. h. durch ehrenamtliche Pflegepersonen) übernommen wird.

Herr S wird im häuslichen Bereich gepflegt. Daher kommen für ihn nur Leistungen im Rahmen der häuslichen (ambulanten) Pflege in Betracht. Die erforderlichen Pflegeleistungen für Herrn S werden von seiner Ehefrau und den beiden Kindern nach ihren Möglichkeiten mit Unterstützung eines zugelassenen professionellen Pflegedienstes ausgeführt. Das Nähere bezüglich der relevanten Einzelmaßnahmen bzw. der konkreten Leistungen regeln die §§ 64a ff. SGB XII.

Nach § 64a Abs. 1 Satz 1 SGB XII haben Pflegebedürftige der Pflegegrade 2 bis 5 bei häuslicher Pflege einen Anspruch auf **Pflegegeld** in Höhe des Pflegegeldes nach § 37 Abs. 1 SGB XI (beim Pflegegrad 4 sind dies z. Z. 800,00 €). Der Pflegegeldanspruch steht allerdings unter der einschränkenden Voraussetzung des § 64a Abs. 1 Satz 2 SGB XII. Danach muss gewährleistet sein, dass die Pflegebedürftigen mit dem Pflegegeld die erforderliche Pflege in geeigneter Weise selbst sicherstellen. Dies schließt allerdings die Heranziehung eines ambulanten Pflegedienstes grundsätzlich nicht aus.

Da das Pflegegeld in erster Linie einen Motivationsanreiz zur Aufrechterhaltung der Pflegebereitschaft der Angehörigen bzw. ehrenamtlichen Pflegepersonen darstellt, ist es nicht erforderlich, dass mit dem Pflegegeld der gesamte Bedarf der Pflege gedeckt wird. Aus § 63b Abs. 5 SGB XII und dem Regelungszusammenhang der §§ 64a und 64b SGB XII folgt vielmehr, dass Pflegepersonen (Angehörige) und Pflegefachkräfte (ambulante Pflegedienste bzw. besondere Pflegekräfte) im Einzelfall nebeneinander eingesetzt werden können.

Der Sachverhalt enthält keine Hinweise darauf, dass mit dem Pflegegeld die Organisation der Pflege von Herrn S im ambulanten (häuslichen) Bereich durch nahestehende Personen mit Unterstützung des Pflegedienstes dem Umfang des Pflegegeldes entsprechend nicht vorgenommen werden kann.

Soweit die häusliche Pflege nicht (allein) durch das Pflegegeld sichergestellt werden kann, haben Pflegebedürftige der Pflegegrade 2 bis 5 gemäß § 64b Abs. 1 Satz 1 SGB XII Anspruch auf körperbezogene Pflegemaßnahmen sowie auf Hilfen bei der Haushaltsführung als Pflegesachleistung (häusliche Pflegehilfe). Die Leistungen umfassen insofern auch die erforderlichen bzw. angemessenen Kosten für den Einsatz eines anerkannten Pflegedienstes.[3]

Die für die Pflegeleistungen zu zahlende Vergütung richtet sich nach den maßgeblichen Vergütungsvereinbarungen (vgl. § 75 Abs. 1 und Abs. 2 SGB XI). Diese Regelung dient der Sicherung einer einheitlichen Vergütung von Pflegesachleistungen gerade vor dem Hintergrund, dass der Sozialhilfeträger (im Gegensatz zur Pflegekasse) einen

3 Maßnahmen der häuslichen Pflegehilfe werden generell als Pflegesachleistungen erbracht. Das bedeutet, dass der Sozialhilfeträger Zahlungen an einen ambulanten Dienst vornimmt, welcher dann die aus pflegefachlicher Sicht erforderlichen Leistungen für die pflegebedürftige Person durchführt. Die Erstattung von Kosten an „private Pflegepersonen" im häuslichen Umfeld des Pflegebedürftigen kommt danach über das Pflegegeld hinaus nicht in Betracht (Ausnahme: Finanzierung der Kosten im sog. „Arbeitgebermodell").

weitergehenden Bedarf der leistungsberechtigten Person decken muss. Der zuständige Träger der Sozialhilfe ist daher grundsätzlich verpflichtet, den Vergütungsvereinbarungen entsprechende (über den Leistungsumfang der gesetzlichen Pflegeversicherung hinausgehende) Kosten ggf. bedarfsdeckend zu übernehmen.

Die entstehenden Kosten für den Einsatz des Pflegedienstes in Höhe von monatlich 2.078,00 € sind aus pflegefachlicher Sicht laut Sachverhalt angemessen. Ein Ausschluss oder eine Einschränkung der Kostenübernahme durch den Träger der Sozialhilfe für den Einsatz des Pflegedienstes kommt daher nicht in Betracht.

Der Einsatz des Pflegedienstes müsste weiterhin **notwendig** sein. Dies ergibt sich zwar nicht unmittelbar aus § 64b SGB XII, entspricht aber dem Konzept und den Strukturprinzipien der Sozialhilfe als bedarfsorientierte Hilfe. Im Übrigen haben die Träger der Sozialhilfe gemäß § 63a SGB XII den notwendigen pflegerischen Bedarf zu ermitteln. Das bedeutet, dass für die in den §§ 64a ff. SGB XII genannten Leistungen jeweils die Notwendigkeit sowie der Umfang des pflegerischen Bedarfs durch den Träger der Sozialhilfe aus pflegefachlicher Sicht im Einzelfall geprüft werden muss.

Es ist festzustellen, dass die (ehrenamtliche) Pflege der Angehörigen offenbar nicht ausreicht, um den pflegerischen Bedarf von Herrn S zu decken. Es gibt auch keine Hinweise, die an der Erforderlichkeit bzw. Notwendigkeit des Einsatzes eines Pflegedienstes (auch hinsichtlich des pflegerischen Umfangs) Zweifel aufkommen lassen (s. auch Bearbeitungshinweis 4).

Weitergehende Leistungen im Rahmen der häuslichen Pflege im Rahmen des 7. Kapitels SGB XII kommen nach den Sachverhaltsangaben vorliegend nicht in Betracht.

3.3 Leistungskonkurrenz

Zu prüfen ist weiterhin, ob die Vorschriften über die Leistungskonkurrenz nach § 63b SGB XII (Anrechnungs- und Kürzungstatbestände) im vorliegenden Fall Anwendung finden. Die Regelungen des § 63b SGB XII verfolgen den Zweck, die Leistungserbringung zu harmonisieren, wenn ein oder mehrere Leistungsträger gleiche oder unterschiedliche Leistungen im Rahmen der Hilfe zur Pflege erbringen und insofern Doppelleistungen zu vermeiden.

Soweit die Heranziehung einer besonderen Pflegekraft (also der Einsatz eines ambulanten Pflegedienstes) erforderlich ist oder Pflegebedürftige Leistungen der Verhinderungspflege nach § 64c SGB XII oder gleichartige Leistungen nach anderen Rechtsvorschriften erhalten, **kann** das Pflegegeld gemäß § 63b Abs. 5 SGB XII **um bis zu zwei Drittel** (sog. „disponibler Teil") gekürzt werden. Auf der Rechtsfolgeseite ist somit Ermessen auszuüben.

Hier werden für Herrn S die erforderlichen pflegerischen Verrichtungen (teilweise) von besonderen Pflegekräften (Pflegedienst) ausgeführt. Es ist auch davon auszugehen, dass die Heranziehung des Pflegedienstes insoweit erforderlich ist. Es ist daher im Rahmen des pflichtgemäßen Ermessens zu entscheiden, **ob** (Entschließungsermessen) und ggf. **um welchen Betrag** (Auswahlermessen) das Pflegegeld nach § 64a Abs. 1 SGB XII zu kürzen ist.

Grundsätzlich ist in diesem Zusammenhang zu berücksichtigen, dass die Angehörigen durch den Einsatz eines professionellen Pflegedienstes entlastet werden, was eine Kürzung an sich rechtfertigt.[4] Würde das Pflegegeld ungekürzt gezahlt, würde es für einen Pflegeumfang entsprechend der alleinigen Pflege durch ehrenamtliche Pflegepersonen geleistet. Damit käme es im Ergebnis teilweise zu einer Doppelleistung durch den Träger der gesetzlichen Pflegeversicherung und den Träger der Sozialhilfe.

Für den Umfang der Kürzung (Auswahlermessen) können im Einzelfall folgende Aspekte eine Rolle spielen:

- Zustand und Betreuungsbedarf der pflegebedürftigen Person,
- Umfang der Entlastung der Pflegeperson(en) durch den ambulanten Pflegedienst (ggf. nach Zeitanteilen zu ermitteln),
- Erhaltung der Pflegebereitschaft der Pflegeperson(en) sowie Vorrang der häuslichen Pflege,
- Notwendigkeit der pflegerischen Versorgung durch die Angehörigen in den Nachtstunden,
- Umfang der verbleibenden Pflegetätigkeiten der Pflegeperson(en) im häuslichen Umfeld der pflegebedürftigen Person.

Da im vorliegenden Fall der überwiegende Teil der erforderlichen Pflegeleistungen von der Ehefrau und den Kindern übernommen wird, kommt auch unter Berücksichtigung der hohen physischen und psychischen Anforderungen an die Angehörigen (Pflegepersonen) bei der Versorgung von Pflegebedürftigen des Pflegegrades 4 (schwerste Beeinträchtigungen der Selbstständigkeit oder der Fähigkeiten) und der Aufrechterhaltung der Pflegebereitschaft eine Kürzung des Pflegegeldes um 20 v. H. (160,00 €) in Betracht.[5]

Gemäß § 63b Abs. 1 SGB XII werden Leistungen der Hilfe zur Pflege nicht erbracht, soweit Pflegebedürftige gleichartige Leistungen nach anderen Rechtsvorschriften erhalten. Mit der Vorschrift wird der in § 2 Abs. 1 SGB XII normierte Grundsatz der Nachrangigkeit der Sozialhilfe konkretisiert. Die leistungsberechtigte Person hat daher die vorrangigen Leistungen der sozialen Pflegeversicherung nach dem SGB XI in Anspruch zu nehmen, bevor der zuständige Träger der Sozialhilfe zur Leistung verpflichtet ist.

Für den Einsatz des Pflegedienstes erbringt die für Herrn S zuständige Pflegekasse die Sachleistung nach § 36 SGB XI in Höhe von monatlich 1.859,00 €. Dieser Betrag entspricht dem Maximalbetrag der sozialen Pflegeversicherung im Sachleistungsbereich (Übernahme der Kosten für den Einsatz des Pflegedienstes). Hierbei handelt es sich um gleichartige Leistungen im Sinne des § 63b Abs. 1 SGB XII nach einer anderen Rechtsvorschrift.

Insofern kommt eine Berücksichtigung des Bedarfs für den Einsatz des Pflegedienstes nach dem 7. Kapitel SGB XII nicht (mehr) in Betracht.[6]

---

4 Es wäre kaum vertretbar – auch vor dem Hintergrund der Höhe der Kosten für den Einsatz des Pflegedienstes –, von einer Kürzung des Pflegegeldes abzusehen.

5 Auch ein anderes Ergebnis wäre mit entsprechender Begründung vertretbar.

6 Auch eine Lösung über § 2 Abs. 1 SGB XII (Nachrang der Sozialhilfe) dahingehend, dass in Höhe der Leistung der Pflegekasse ein Bedarf gar nicht entsteht, ist vertretbar.

Damit ergeben sich folgende sozialhilferechtlichen Bedarfe:

- gekürztes Pflegegeld nach § 64a Abs. 1 SGB XII in Höhe von 640,00 €,
- häusliche Pflegehilfe (d. h. die nach Abzug der Leistungen aus der Pflegeversicherung ungedeckten Kosten für den Einsatz besonderer Pflegekräfte) nach § 64b SGB XII als Pflegesachleistung in Höhe von 219,00 € (2.078,00 € abzgl. 1.859,00 €),
- insgesamt also **859,00 €**.

3.4 Voraussetzungen nach dem 11. Kapitel SGB XII (wirtschaftliche Voraussetzungen)

Gemäß §§ 19 Abs. 3, 61 SGB XII werden die Hilfen nach dem 5. bis 9. Kapitel SGB XII geleistet, soweit den Leistungsberechtigten und ihren nicht getrennt lebenden Ehegatten oder Lebenspartnern die Aufbringung der Mittel aus dem Einkommen und Vermögen nach den Vorschriften des 11. Kapitels SGB XII nicht zuzumuten ist. Im vorliegenden Fall ist der Anspruch auf Leistungen im Rahmen der Hilfe zur Pflege nach dem 7. Kapitel SGB XII somit abhängig vom Einkommen und Vermögen des Herrn S und seiner Ehefrau (Einsatzgemeinschaft).

Eine eventuell zumutbare Eigenleistung ergibt sich aus der Gegenüberstellung des zu berücksichtigenden Einkommens der Eheleute S mit der maßgebenden Einkommensgrenze und durch die Anwendung der §§ 87 bis 89 SGB XII. Nach § 85 Abs. 1 SGB XII ist der nachfragenden Person und ihrem nicht getrennt lebenden Ehegatten oder Lebenspartner die Aufbringung der Mittel nicht zuzumuten, wenn während der Dauer des Bedarfs ihr monatliches Einkommen zusammen eine nach dieser Vorschrift zu berechnende Einkommensgrenze nicht übersteigt.

3.4.1 Einkommensgrenze

Da Herr S als nachfragende Person nicht minderjährig und nicht unverheiratet ist, wird die Einkommensgrenze im vorliegenden Fall nach § 85 Abs. 1 SGB XII berechnet und setzt sich wie folgt zusammen:

• Grundbetrag in Höhe des zweifachen der Regelbedarfsstufe 1 nach der Anlage zu § 28 SGB XII (§ 85 Abs. 1 Satz 1 Nr. 1 SGB XII)	1.126,00 €
• (angemessene) Aufwendungen für die Unterkunft zzgl. der Heizkosten[7] (§ 85 Abs. 1 Satz 1 Nr. 2 SGB XII)	385,00 €
• Familienzuschlag in Höhe des auf volle Euro aufgerundeten Betrages von 70 vom Hundert der Regelbedarfsstufe 1 nach der Anlage zu § 28 SGB XII für den nicht getrennt lebenden Ehegatten (§ 85 Abs. 1 Satz 1 Nr. 3 SGB XII)	395,00 €
Einkommensgrenze	**1.906,00 €**

7 So jedenfalls BSG, Urt. vom 30.4.2020 – B 8 SO 1/19 R –.

3.4.2 Einkommen

Zum Einkommen gehören alle Einkünfte in Geld oder Geldeswert, unabhängig von Herkunft, Rechtsnatur und Steuerpflicht (vgl. § 82 Abs. 1 Satz 1 SGB XII i. V. m. § 1 VO zu § 82 SGB XII). Die Altersrente der Frau S sowie die Erwerbsminderungsrente des Herrn S sind Einkünfte im Sinne von § 82 Abs. 1 Satz 1 SGB XII, die auch nicht nach Maßgabe dieser Vorschrift, nach den §§ 83 und 84 SGB XII oder aufgrund spezialgesetzlicher Vorschriften anrechnungsfrei bleiben.

Die Grundrente nach dem Bundesversorgungsgesetz (BVG) ist nach dieser Vorschrift dagegen nicht als Einkommen zu berücksichtigen und steht sozialhilferechtlich zur Bedarfsdeckung nicht zur Verfügung. Ebenfalls nicht als Einkommen zu berücksichtigen ist die Pflegesachleistung der Pflegeversicherung nach § 36 SGB XI. Gemäß § 13 Abs. 5 Satz 1 SGB XI bleiben Leistungen der Pflegeversicherung als Einkommen bei Sozialleistungen, deren Gewährung von anderen Einkommen abhängig ist, unberücksichtigt.

Zu berücksichtigen und der zuvor ermittelten Einkommensgrenze gegenüberzustellen ist das bereinigte Einkommen. Die Einkommensbereinigung wird vorgenommen nach § 82 Abs. 2 und Abs. 3 SGB XII sowie den ergänzenden und konkretisierenden Regelungen der Verordnung zur Durchführung des § 82 SGB XII.

Nach § 82 Abs. 2 Nr. 3 SGB XII sind vom Einkommen abzusetzen die nachgewiesenen Beiträge zu öffentlichen oder privaten Versicherungen oder ähnlichen Einrichtungen, soweit diese Beiträge gesetzlich vorgeschrieben oder nach Grund und Höhe angemessen sind.

Die von Herrn S abgeschlossene Hausratversicherung ist dem Grunde nach als angemessen anzusehen, da entsprechende Versicherungen auch bei Bevölkerungsgruppen unterer Einkommensschichten weitgehend üblich sind und vernünftigerweise ein Risiko absichern, bei dessen Eintritt die weitere Lebensführung außerordentlich belastet wäre. Die Beiträge sind auch nicht unangemessen hoch und daher mit dem auf den Monat umgerechneten Teilbetrag von monatlich 12,00 € vom Einkommen des Herrn S abzusetzen.[8]

Damit ist Einkommen in folgender Höhe zu berücksichtigen und der zuvor ermittelten Einkommensgrenze gegenüberzustellen:

Erwerbsminderungsrente (Herr S) vermindert um den Beitrag zur Hausratversicherung (§ 82 Abs. 2 Nr. 3 SGB XII)	1.254,00 €
Altersrente (Frau S)	860,00 €
zu berücksichtigendes Einkommen	**2.114,00 €**

Damit übersteigt das zu berücksichtigende Einkommen die maßgebende Einkommensgrenze um 208,00 €.

8 Vertretbar wäre auch die Berücksichtigung des Jahresbeitrages im Fälligkeitsmonat.

3.4.3 Festsetzung der zumutbaren Eigenleistung aus dem Einkommen

Soweit das zu berücksichtigende Einkommen die Einkommensgrenze übersteigt, ist die Aufbringung der Mittel gemäß § 87 Abs. 1 Satz 1 SGB XII in **angemessenem Umfang** zuzumuten. Ein Ermessen des Trägers der Sozialhilfe besteht auf der Rechtsfolgenseite nicht. Es handelt sich hier um einen unbestimmten Rechtsbegriff, der der Behörde auch keinen Beurteilungsspielraum auf Tatbestandsebene einräumt, vielmehr der uneingeschränkten gerichtlichen Überprüfung unterliegt.[9]

Bei der Prüfung, welcher Umfang des Einkommenseinsatzes angemessen ist, sind nach § 87 Abs. 1 Satz 2 SGB XII insbesondere die Art des Bedarfs, die Art oder Schwere der Behinderung oder der Pflegebedürftigkeit, die Dauer und Höhe der erforderlichen Aufwendungen sowie besondere Belastungen der nachfragenden Person und ihrer unterhaltsberechtigten Angehörigen zu berücksichtigen.

Nach § 87 Abs. 1 Satz 3 SGB XII ist bei Pflegebedürftigen der Pflegegrade 4 und 5 und bei blinden Menschen ein Einsatz des Einkommens über der Einkommensgrenze in Höhe von mindestens 60 vom Hundert nicht zuzumuten. Auch angesichts der zusätzlichen Konkretisierung der Begrenzung des Einkommenseinsatzes bei schwerstpflegebedürftigen und blinden Menschen ist es geboten, die Besonderheiten des Einzelfalles insbesondere anhand der in § 87 Abs. 1 Satz 2 SGB XII genannten Kriterien zu berücksichtigen (Auswahlermessen[10]).

Herr S gehört zum Personenkreis der Pflegebedürftigen des Pflegrades 4. Der Einkommenseinsatz ist damit gemäß § 87 Abs. 1 Satz 3 SGB XII in Höhe von maximal 40 v. H. zuzumuten (Auswahlermessen). Der Sachverhalt enthält keine Hinweise, von der maximalen Höhe abzuweichen. Damit kommt eine zumutbare Eigenleistung aus dem Einkommen von monatlich 83,20 € (40 vom Hundert von 208,00 €) in Betracht.[11]

Hinweis

Ob die (zumutbare) Eigenleistung in der errechneten Höhe auf den Bedarf für das Pflegegeld nach § 64a Abs. 1 SGB XII oder auf die durch die Leistungen der Pflegekasse nicht gedeckten Kosten für den Einsatz des ambulanten Pflegedienstes (häusliche Pflegehilfe nach § 64b SGB XII) anzurechnen ist, muss an dieser Stelle nicht problematisiert werden.

In der Praxis dürfte eine Anrechnung der Eigenleistung vorrangig auf das Pflegegeld vorzunehmen sein.

Die Voraussetzungen für den Einsatz des Einkommens unter der Einkommensgrenze nach § 88 SGB XII liegen nicht vor.

---

9 Vgl. BVerwG, Urt. vom 26.10.1989 – 5 C 30/86 –, NDV 1990, 57 = FEVS 39, 93.

10 So auch *Schoch* in LPK, SGB XII, 11. Aufl., Rn. 16 zu § 87 SGB XII.

11 Auch ein geringerer Betrag wäre mit entsprechender Begründung vertretbar.

Hinweis
In Betracht käme vorliegend auch die Prüfung des Einkommenseinsatzes bei mehrfachem Bedarf nach § 89 Abs. 1 SGB XII (Pflegegeld und Kostenübernahme für den Einsatz besonderer Pflegekräfte als Pflegesachleistung).

Nach der hier vertretenen Auffassung kann ein mehrfacher Bedarf innerhalb der Hilfen nach dem 5. bis 9. Kapitel SGB XII allerdings nur bei unterschiedlichen Hilfearten für eine Person oder gleichen oder unterschiedlichen Bedarfstatbeständen bei mehreren Personen der Einsatzgemeinschaft nach § 19 Abs. 3 SGB XII relevant werden.

3.4.4 Einsatz von Vermögen

Nach § 90 Abs. 1 SGB XII ist grundsätzlich das gesamte verwertbare Vermögen einzusetzen. Verwertbar ist der Teil des Vermögens, der durch Verbrauch, Verkauf, Übertragung, Beleihung, Vermietung oder Verpachtung wirtschaftlich nutzbar gemacht werden kann. Die nach § 19 Abs. 3 SGB XII zum Vermögenseinsatz verpflichteten Personen verfügen über angemessenen Hausrat sowie Sparguthaben. In beiden Fällen handelt es sich um grundsätzlich verwertbares Vermögen.

Allerdings darf die Sozialhilfe nach § 90 Abs. 2 SGB XII nicht vom Einsatz oder von der Verwertung der hier genannten Vermögenswerte abhängig gemacht werden (geschütztes Vermögen). Zum geschützten Vermögen gehört nach § 90 Abs. 2 Nr. 4 SGB XII ein angemessener Hausrat.

Laut Sachverhalt ist der Wert des Hausrates als angemessen anzusehen.

Das Sparguthaben in Höhe von 12.980,00 € könnte als Vermögenswert geschützt sein, wenn es sich um einen kleineren Barbetrag oder sonstigen Geldwert i. S. des § 90 Abs. 2 Nr. 9 SGB XII handelt. Was im Einzelfall als kleinerer Barbetrag anzusehen ist, bestimmt die auf der Grundlage des § 96 Abs. 2 SGB XII erlassene Rechtsverordnung zu § 90 Abs. 2 Nr. 9 SGB XII.

Nach § 1 Nr. 1 der VO zu § 90 Abs. 2 Nr. 9 SGB XII gelten für alle volljährigen Personen, deren Einkommen und Vermögen bei der Gewährung von Sozialhilfe zu berücksichtigen ist bzw. die zu einer sozialhilferechtlichen Einsatzgemeinschaft nach den §§ 19 Abs. 3, 27 Abs. 1 und Abs. 2, 41 SGB XII gehören, sowie für alleinstehende minderjährige Personen einheitlich 10.000,00 € als kleinere Barbeträge oder sonstige Geldwerte, von deren Einsatz und Verwertung die Sozialhilfe nicht abhängig gemacht werden darf.

Für die Eheleute S ist somit ein Betrag von 20.000,00 € zu berücksichtigen, so dass das Sparguthaben als kleinerer Barbetrag geschützt ist und nicht zur Bedarfsdeckung eingesetzt werden muss.

3.5 Höhe der Hilfeleistung (Hilfe zur Pflege)

Wie unter 3.3 festgestellt wurde, ist vorliegend ein Bedarf in Höhe von 859,00 € im Rahmen der Hilfe zur Pflege nach dem 7. Kapitel SGB XII zu berücksichtigen. Die

Eigenleistung aus dem Einkommen ist in Höhe von monatlich 83,20 € festgesetzt worden. Damit ergibt sich ein monatlicher Anspruch von 775,80 €.

4. Form der Hilfe, Leistung als Beihilfe oder Darlehen

Gemäß § 10 Abs. 1 SGB XII werden die Leistungen der Sozialhilfe als Dienstleistung, Geldleistung oder Sachleistung erbracht, wobei die Geldleistung nach § 10 Abs. 3 Satz 1 SGB XII auch im Rahmen der Hilfe zur Pflege grundsätzlich Vorrang vor der Sachleistung hat. Vorliegend kommt die Hilfegewährung ausschließlich in Form einer Geldleistung in Betracht, da keine Anhaltspunkte dafür gegeben sind, um von diesem Grundsatz abzuweichen.

Es besteht auch keine Möglichkeit, die Hilfeleistungen in Form eines Darlehens zu erbringen. Insbesondere eine Darlehensgewährung nach § 38 SGB XII bei vorübergehender Notlage scheidet vorliegend aus, da nicht zu erwarten ist, dass die Leistungen im Rahmen der Hilfe zur Pflege nach dem 7. Kapitel SGB XII lediglich für kurze Dauer erforderlich sind.

Aufgrund der gesetzlichen Systematik und der Stellung der Vorschrift ist § 38 SGB XII ohnehin nur für den Bereich der Hilfe zum Lebensunterhalt nach dem 3. Kapitel SGB XII anzuwenden.

5. Einsetzen der Sozialhilfe

Gemäß § 18 Abs. 1 SGB XII setzt die Sozialhilfe ein, sobald dem Träger oder einer der von ihm beauftragten Stelle bekannt wird, dass die Voraussetzungen für die Hilfeleistung vorliegen.

Durch die persönliche Vorsprache der Frau S wird dem Sozialamt der Stadt M die Notlage am 7.4.2026 bekannt. Von diesem Zeitpunkt an ist die Hilfe zur Pflege nach dem 7. Kapitel SGB XII zu leisten. Sofern der Anspruch auf Pflegegeld nach § 64a Abs. 1 SGB XII nicht für den vollen Kalendermonat besteht, ist das Pflegegeld entsprechend zu kürzen (vgl. § 64a Abs. 2 Satz 1 SGB XII) bzw. für den Monat April 2026 anteilig (d. h. vom 7. bis zum 30. April) zu gewähren. Bei der Kürzung bzw. anteiligen Berechnung ist der Kalendermonat mit 30 Tagen anzusetzen (vgl. § 64a Abs. 2 Satz 2 SGB XII).

Praktischer Fall Nr. 6

Schwerpunkte:
- Einsatz von Vermögen bei „gemischten Bedarfsgemeinschaften“,
- Vermögensschutz bei selbst genutztem Wohneigentum im SGB II und SGB XII,
- Barvermögen/(kleinerer) Barbetrag,
- Vermutung der Bedarfsdeckung (§ 9 Abs. 5 SGB II)

Hilfsmittel:
- Zwölftes Buch Sozialgesetzbuch (SGB XII) mit Verordnungen,
- Zweites Buch Sozialgesetzbuch (SGB II) mit Verordnungen

Sachverhalt

In einem gemeinsamen Haushalt in der Stadt D, einer ländlichen Region in Nordrhein-Westfalen, leben

- Herr B (60 Jahre alt, dauerhaft voll erwerbsgemindert),
- seine Ehefrau (55 Jahre alt, erwerbsfähig) und die gemeinsame
- Tochter Bianca (26 Jahre alt, erwerbsfähig).

Frau B ist seit einigen Jahren arbeitslos und hat kein eigenes Einkommen. Sie bemüht sich vergeblich um eine Erwerbstätigkeit. Herr B hat wegen der fehlenden rentenrechtlichen Voraussetzungen keinen Rentenanspruch.

Die angemessenen monatlichen Aufwendungen für das im gemeinsamen Eigentum des Ehepaares stehende, selbst bewohnte freistehende Einfamilienhaus betragen 450,00 €. Die angemessenen Heizkosten (einschließlich der Anteile für die Warmwasserversorgung) belaufen sich auf 150,00 € im Monat.

Am 10.2.2025 wenden sich die Eheleute B an das zuständige Jobcenter ihres Wohnortes und beantragen Leistungen zur Sicherung des Lebensunterhalts. Im Zuge der Antragstellung werden dem Leistungsträger folgende weitere Informationen bekannt:

Die im Haushalt lebende Tochter ist bei einem Technologie-Unternehmen als Programmiererin tätig und verdient 4.300,00 € (brutto) im Monat. Das monatliche Netto-Erwerbseinkommen beträgt nach Abzug von Steuern und Sozialversicherungsbeiträgen 3.450,00 €. Für die Fahrt zur Arbeit benutzt sie öffentliche Verkehrsmittel. Für das Monatsticket entstehen Kosten von 55,00 €. Weitere Ausgaben (für Versicherungen und berufsbedingte Aufwendungen) werden nicht nachgewiesen. Allerdings hat sie ein (angemessenes) Darlehen mit monatlich 350,00 € zu bedienen.

Aufgrund ihres guten Einkommens übernimmt sie komplett die anfallenden Aufwendungen für die Immobilie ohne die auf die Heizung entfallenden Anteile. Die Immobilie hat eine Wohnfläche von ca. 120 Quadratmetern. Die Grundstücksgröße beträgt ca. 500 Quadratmeter. Laut Wertgutachten hat die Immobilie einen aktuellen Markt- bzw. Verkehrswert von 440.000,00 €. Das Gutachten belegt, dass das Hausgrundstück im oberen (höheren) Preissegment im Vergleich zu anderen Immobilien der Region liegt.

Die Eheleute haben im November des Vorjahres geerbt. Sie haben jeweils einen Betrag in Höhe von 27.500,00 € (insgesamt also 55.000,00 €) erhalten, der jetzt auf einem gemeinsamen Sparbuch liegt. Im Übrigen verfügen die Eheleute neben dem angemessenen Hausrat und dem Wohneigentum über kein weiteres Vermögen.

Aufgaben

1. Prüfen Sie gutachtlich, ob für das Ehepaar B im Februar 2025 Leistungen nach dem SGB XII (Sozialhilfe) in Betracht kommen. Eine Berechnung der Leistungen der Höhe nach ist nicht erforderlich.
2. Prüfen Sie gutachtlich, ob und ggf. in welcher Höhe für Herrn und Frau B Leistungen nach dem SGB II (Bürgergeld im Rahmen der Grundsicherung für Arbeitsuchende) in Betracht kommen. Das Sparvermögen beträgt in diesem Fall insgesamt 28.000,00 €). Prüfen Sie im Zweifelsfall hilfsgutachtlich weiter.

Bearbeitungshinweise

1. Eine formelle Rechtmäßigkeitsprüfung bzw. Zuständigkeitsprüfung ist nicht vorzunehmen.
2. Ansprüche gegen andere Leistungsträger bestehen nicht. Etwaige zivilrechtliche Ansprüche (Unterhalt) sollen nicht geprüft werden.
3. Gehen Sie davon aus, dass es für die Immobilie zahlreiche Kaufinteressenten auf dem regionalen Immobilienmarkt gibt und ein Verkauf innerhalb des Bewilligungszeitraums grundsätzlich möglich wäre.
4. Gehen Sie davon aus, dass die Eheleute B mit ihrer Tochter eine Haushalts- und Wirtschaftsgemeinschaft bilden.
5. Eine differenzierte Berechnung nach den in § 6 SGB II genannten Trägern der Grundsicherung für Arbeitsuchende ist nicht vorzunehmen.
6. Soweit bei der Lösung zu Aufgabe 1 Ergebnisse erarbeitet sowie Erläuterungen und Definitionen vorgenommen wurden, darf bei der Bearbeitung von Aufgabe 2 hierauf Bezug genommen werden.
7. Auszug aus dem Zweiten Wohnungsbaugesetz (II. WobauG):

§ 39 – Wohnungsgrößen

(1) Mit öffentlichen Mitteln soll nur der Bau von angemessen Großen Wohnung innerhalb der nachstehenden Grenzen gefördert werden:

1. Familienheime mit nur einer Wohnung – 130 qm

2. …

3. eigengenutzte Eigentumswohnungen und Kaufeigentumswohnungen – 120 qm,

4. andere Wohnungen in der Regel – 90 qm.

§ 82 II. WobauG

(1) ...

(2) Eine Überschreitung der sich nach Absatz 1 ergebenden Wohnflächengrenzen ist zulässig,

(a) wenn die Mehrfläche zu einer angemessenen Unterbringung eines Haushalts mit mehr als vier Personen erforderlich ist

(b) ...

(c) ...

(3) Zur angemessenen Unterbringung eines Haushalts mit mehr als vier Personen (Absatz 2 Buchstabe a) ist für jede weitere Person, die zu dem Haushalt gehört oder alsbald nach Fertigstellung des Bauvorhabens in den Haushalt aufgenommen werden soll, eine Mehrfläche von 20 qm zulässig. ...

8. Anlage zu § 28 SGB XII:

Regelbedarfsstufen nach der Anlage zu § 28 SGB XII in Euro

gültig ab	Regelbedarfsstufe 1	Regelbedarfsstufe 2	Regelbedarfsstufe 3	Regelbedarfsstufe 4	Regelbedarfsstufe 5	Regelbedarfsstufe 6
1.1.2025	563,00	506,00	451,00	471,00	390,00	357,00

Regelbedarfsstufe 1:
Für jede erwachsene Person, die in einer Wohnung nach § 42a Abs. 2 Satz 2 SGB XII lebt und für die nicht die Regelbedarfsstufe 2 gilt.

Regelbedarfsstufe 2:
Für jede erwachsene Person, die in einer Wohnung nach § 42a Abs. 2 Satz 2 SGB XII mit einem Ehegatten oder Lebenspartner oder in eheähnlicher oder lebenspartnerschaftsähnlicher Gemeinschaft mit einem Partner zusammenlebt.

Regelbedarfsstufe 3:
Für jede erwachsene Person, deren notwendiger Lebensunterhalt sich nach § 27b SGB XII bestimmt.

Regelbedarfsstufe 4:
Für eine Jugendliche oder einen Jugendlichen vom Beginn des 15. bis zur Vollendung des 18. Lebensjahres.

Regelbedarfsstufe 5:
Für ein Kind vom Beginn des siebten bis zur Vollendung des 14. Lebensjahres.

Regelbedarfsstufe 6:
Für ein Kind bis zur Vollendung des sechsten Lebensjahres.

Lösung

Aufgabe 1

1. Leistungen nach dem 4. Kapitel SGB XII

1.1 Sachliche Voraussetzungen

Leistungen nach dem 4. Kapitel SGB XII (Grundsicherung im Alter und bei Erwerbsminderung) sind gegenüber dem Bürgergeld für nicht erwerbsfähige Leistungsberechtigte vorrangig (vgl. § 5 Abs. 2 Satz 2 SGB II, § 19 Abs. 1 Satz 2 SGB II). Weiterhin haben Leistungen nach dem 4. Kapitel SGB XII Vorrang vor den Leistungen der Hilfe zum Lebensunterhalt nach dem 3. Kapitel SGB XII (vgl. § 19 Abs. 2 Satz 2 SGB XII).

Daher ist es sachgerecht, zunächst Ansprüche nach dem 4. Kapitel SGB XII zu prüfen. **Herr B** gehört als volljährige und **dauerhaft** voll erwerbsgeminderte Person grundsätzlich zum anspruchsberechtigten Personenkreis nach §§ 19 Abs. 2, 41 Abs. 1 und Abs. 3 SGB XII). Herr B hat den für den Leistungsanspruch notwendigen Antrag (§ 44 Abs. 1 Satz 1 SGB XII) beim zuständigen Träger der Sozialhilfe gestellt. Er erfüllt auch die weiteren Voraussetzungen:

- Herr B hat seinen gewöhnlichen Aufenthalt in der Bundesrepublik (§ 30 Abs. 2 Satz 2 SGB I, § 41 Abs. 1 SGB XII).
- Es gibt keine Hinweise darauf, dass die Hilfebedürftigkeit innerhalb der letzten zehn Jahre schuldhaft (vorsätzlich oder grob fahrlässig) herbeigeführt wurde (vgl. § 41 Abs. 4 SGB XII).
- Der Leistungsanspruch nach dem 4. Kapitel SGB XII ist auch nicht deshalb ausgeschlossen, weil die Vermutung nach § 94 Abs. 1a Satz 3 SGB XII widerlegt ist. Das Einkommen der Tochter übersteigt offensichtlich nicht die Jahreseinkommensgrenze von 100.000,00 €.

Frau B ist (vorbehaltlich der zu prüfenden Hilfebedürftigkeit) eine erwerbsfähige leistungsberechtigte Person i. S. des § 7 Abs. 1 Satz 1 SGB II und gehört damit nicht zum anspruchsberechtigten Personenkreis des 3. oder 4. Kapitels SGB XII. Sie ist dem Grunde nach anspruchsberechtigt im Hinblick auf das Bürgergeld für erwerbsfähige Leistungsberechtigte.

1.2 Wirtschaftliche Voraussetzungen (Hilfebedürftigkeit)

Herr B bildet mit seiner Ehefrau eine Einsatzgemeinschaft (vgl. § 43 Abs. 1 Satz 2 SGB XII). Das bedeutet, dass bei Feststellung der Leistungsberechtigung bzw. Hilfebedürftigkeit Einkommen und Vermögen **beider Partner** gemeinsam zu berücksichtigen ist. Die Vorschrift des § 43 Abs. 1 Satz 2 SGB XII stellt nicht darauf ab, dass der Ehepartner erwerbsfähig oder nichterwerbsfähig bzw. voll erwerbsgemindert im Sinne der gesetzlichen Rentenversicherung ist. Es ist insofern unerheblich, wer Eigentümer der Vermögensgegenstände ist.

1.2.1 Einsatz von Einkommen

Die Eheleute B verfügen über kein eigenes Einkommen. Auch Einnahmen aus der Haushaltsgemeinschaft mit der Tochter der Eheleute B sind nicht zu prüfen, da die Vermutung der Bedarfsdeckung nach § 39 Satz 1 SGB XII bei etwaigen Ansprüchen im Rahmen der Grundsicherung nach dem 4. Kapitel SGB XII nicht anzuwenden ist (vgl. § 43 Abs. 5 SGB XII).

1.2.2 Einsatz von Vermögen

Der Vermögenseinsatz ist auf der Grundlage der §§ 90, 91 SGB XII zu prüfen. Gemäß § 90 Abs. 1 SGB XII ist das gesamte **verwertbare** Vermögen einzusetzen.

Die hier in Rede stehenden Vermögenswerte sind i. S. des § 90 Abs. 1 SGB XII verwertbar, wenn sie rechtlich, tatsächlich und innerhalb eines überschaubaren Zeitraums wirtschaftlich nutzbar gemacht werden können. Dies ist für die genannten Vermögenswerte der Fall.

Fraglich ist, ob die genannten Vermögenswerte nach § 90 Abs. 2 SGB XII „geschützt" bzw. dem sog. „Schonvermögen" zuzurechnen sind.

1.2.2.1 Hausrat

Der Hausrat ist nach § 90 Abs. 2 Nr. 4 SGB XII geschützt, weil er angemessen ist.

1.2.2.2 Immobilie/Wohneigentum

Hinsichtlich der Verwertbarkeit der **Immobilie** ist darauf abzustellen, ob diese (progostisch) innerhalb des Bewilligungszeitraums z. B. durch Beleihung oder Verkauf wirtschaftlich nutzbar gemacht werden bzw. zur Bedarfsdeckung eingesetzt werden kann. Angesichts zahlreicher Interessenten auf dem Immobilienmarkt (vgl. Bearbeitungshinweis 3) kann das Wohneigentum jederzeit innerhalb eines Zeitraums von sechs bis zwölf Monaten verkauft werden. Eine **Verwertbarkeit** ist damit gegeben. Gleiches gilt für das Sparguthaben, das unmittelbar zur Bedarfsdeckung eingesetzt werden könnte.

Gemäß § 90 Abs. 2 **Nr. 8** SGB XII ist ein **angemessenes** Hausgrundstück geschützt, das von der nachfragenden Person oder einer anderen in § 19 Abs. 1 bis Abs. 3 SGB XII genannten Person allein oder zusammen mit Angehörigen ganz oder teilweise bewohnt wird. Die Angemessenheit bestimmt sich nach der Zahl der Bewohner, dem Wohnbedarf (z. B. behinderter, blinder oder pflegebedürftiger Menschen), der Grundstücksgröße, der Hausgröße, dem Zuschnitt und der Ausstattung des Wohngebäudes sowie dem Wert des Grundstücks einschließlich des Wohngebäudes.

Um die Angemessenheit zu prüfen, kommt es auf die Gesamtbetrachtung aller Kriterien an (sog. „Kombinationstheorie"). Besonderes Merkmal der **Kombinationstheorie** ist es, dass die Unangemessenheit eines Kriteriums nicht „automatisch" zur Unangemessenheit der Immobilie insgesamt führen muss. Die Unangemessenheit eines Kriteriums muss so bedeutend sein, dass sie andere Kriterien, die für sich genommen angemessen sind, verdrängt. Insofern ist eine Kriterienabwägung im Einzelfall vorzunehmen.[1]

In Bezug auf die Größe der Wohnung sind die Angaben des (inzwischen außer Kraft getretenen) Zweiten Wohnungsbaugesetzes (II. WobauG) maßgebend (vgl. § 39 Abs. 2 i. V. m. § 82 Abs. 2, Abs. 3 Satz 1 II. WobauG). Danach gelten Familienheime mit einer Wohnfläche von bis zu 130 qm für einen Haushalt mit vier Personen nicht als unangemessen groß. Für jede weitere Person im Haushalt sind zu den genannten Werten weitere 20 qm zu hinzuzurechnen – für jede Person weniger sind infolgedessen 20 qm abzuziehen (Umkehrschluss), wobei die Untergrenze bei 90 qm liegt. Im innerstädtischen Bereich wird eine Grundstücksgröße von 500 qm und ländlichen Bereich von 800 qm toleriert.[2]

Neben den nachfragenden Personen erlaubt § 90 Abs. 2 Nr. 8 SGB XII auch die Berücksichtigung von Angehörigen (vgl. § 16 Abs. 5 SGB X), wozu auch die Tochter der Eheleute als Verwandte (vgl. § 1589 BGB) zählt. Es ist mithin auf **drei Personen** abzustellen, so dass die Immobilie und das Grundstück hinsichtlich der Größe von 120 qm bzw. 500 qm als angemessen gelten.

Allerdings kommt es in der Sozialhilfe (SGB XII) nicht nur auf die Größe, sondern auch auf den **Wert des Wohneigentums** an. Der angegebene Verkehrswert von ca. 440.000,00 € bewegt sich im oberen Preissegment vergleichbarer Immobilien und entspricht folglich einem gehobenen bis höheren Standard. Der Wert der Immobilie spiegelt einen gehobenen Lebensstandard wider, der mit den Leistungen der Sozialhilfe nach dem 3. und 4. Kap. SGB XII als Existenzsicherungsleistung nicht vereinbar ist. Die Sozialhilfe will bzw. soll ein Leben in bescheidenen Verhältnissen sichern, wenn Einkommen und Vermögen der hilfesuchenden Personen zur Sicherung des Lebensunterhalts nicht (mehr) ausreichen sollten.

Vor diesem Hintergrund ist ein Wohneigentum mit einem Verkehrswert von 440.000,00 €, das mindestens gehobenen Ansprüchen genügt, hinsichtlich seines **Wertes** unangemessen. Wenngleich die übrigen Kriterien auch unter sozialhilferechtlichen Maßstäben angemessen sind, muss die Immobilie insgesamt als unangemessen betrachtet werden. Das Kriterium „Verkehrswert" überlagert und verdrängt im vorliegenden Fall alle anderen Kriterien.

Weiterhin zu berücksichtigen ist, dass die Ehefrau dem leistungsberechtigten Personenkreis nach dem SGB II (Bürgergeld) zuzurechnen ist. Im Rahmen sog. „gemischter Bedarfsgemeinschaften" ist die Berechnung der Leistung zunächst nach den Vorschriften des jeweiligen Gesetzes durchzuführen. Besonderheiten der gemischten Bedarfsgemeinschaft, die sich aus dem Regelungskonzept des SGB II ergeben, ist mit Hilfe der Härteregelung des SGB XII Rechnung zu tragen. Sofern die Immobilie als Vermögen nach den Vorschriften des SGB II geschützt bzw. nicht zu berücksichtigen ist, könnte ein Schutz über die Härtevorschrift des § 90 Abs. 3 SGB XII hergestellt werden. Eine analoge Anwendung von § 12 Abs. 1 Satz 2 **Nr. 5** SGB II (bzw. § 12 Abs. 3 Satz 1 Nr. 4 SGB II a. F.) kommt nicht in Betracht, weil der unterschiedliche Regelungs-

1 Vgl. BSG, Urt. vom 24.3.2015 – B 8 SO 12/14 R – und BSG, Urt. vom 19.5.2009 – B 8 SO 7/08 R –.
2 Vgl. BSG, Urt. vom 19.5.2009 – B 8 SO 7/08 R –.

inhalt beider Normen vom Gesetzgeber so gewollt ist und eine planwidrige Regelungslücke nicht existiert.[3]

Grundsätzlich kann festgestellt werden, dass bei gemischten Bedarfsgemeinschaften der jeweils großzügigere Vermögensschutz des SGB II oder des SGB XII über die einschlägigen Härtevorschriften hergestellt wird, weil ansonsten der jeweilige Partner das Vermögen zur Bedarfsdeckung einsetzen müsste, obwohl es nach dem für ihn anzuwendenden Leistungsgesetz (SGB II oder SGB XII) geschützt bzw. nicht zu berücksichtigen wäre.

Die Immobilie ist also im Bereich der Sozialhilfe nach § 90 Abs. 3 SGB XII geschützt, wenn sie auch nach den Vorschriften des SGB II geschützt wäre (vgl. Aufgabe 2).

1.2.2.3 Barvermögen

Gemäß § 90 Abs. 2 Nr. 9 SGB XII sind kleinere Barbeträge dem Schonvermögen" zuzurechnen. Kleinere Barbeträge oder sonstige Geldwerte in diesem Sinne sind für jede in § 41 und § 43 Abs. 1 Satz 2 SGB XII genannte volljährige Person sowie für jede alleinstehende minderjährige Person 10.000,00 € (vgl. § 1 Satz 1 Nr. 1 DVO[4] zu § 90 Abs. 2 Nr. 9 SGB XII). Damit ist für die Eheleute B ein Barvermögen von **20.000,00 €** geschützt. Da das Sparguthaben 55.000,00 € beträgt, liegt im Hinblick auf das ungeschützte Vermögen keine Hilfebedürftigkeit vor.

Erneut kann vertreten werden, dass über die Härteregelung des § 90 Abs. 3 SGB XII ein Vermögensschutz eintritt, wenn das Barvermögen auch im Bereich des SGB II geschützt wäre.

Das Bundessozialgericht[5] hat hierzu entschieden, dass sich der **gemeinsame** Vermögensfreibetrag in den Fällen der gemischten Bedarfsgemeinschaft aus dem jeweiligen Freibetrag nach dem SGB II (hier für die Ehefrau) und dem Freibetrag nach dem SGB XII (hier für den Ehemann) zusammensetzt. Sofern man der Rechtsprechung des Bundessozialgerichts folgt, ist im vorliegenden Fall ein Vermögensfreibetrag in folgender Höhe anzuerkennen:

- für **Herrn B** in Höhe von **10.000,00 €** gemäß § 90 Abs. 2 Nr. 9 SGB XII i. V. m. § 1 Satz 1 Nr. 1 DVO zu § 90 Abs. 2 Nr. 9 SGB XII (sog. „Barbetragsverordnung"),
- für **Frau B** innerhalb der einjährigen Karenzzeit (vgl. § 12 Abs. 3 und Abs. 4 SGB II) in Höhe von **40.000,00 €** und nach Ablauf der Karenzzeit in Höhe von **15.000,00 €** gemäß § 12 Abs. 2 SGB II.

Der gemeinsame Vermögensfreibetrag beträgt demnach **50.000,00 €** (während der einjährigen Karenzzeit) bzw. 25.000,00 € (nach Ablauf der Karenzzeit). Das Sparguthaben überschreitet die jeweiligen Werte, so dass ein Leistungsanspruch für Herrn B im Rahmen der Sozialhilfe nach dem SGB XII aufgrund des ungeschützten Barvermögens wegen fehlender Hilfebedürftigkeit **nicht** besteht.

---

3 Vgl. dazu ausführlich BSG, Urt. vom 12.12.2013 – B 14 AS 90/12 R –.

4 Verordnung zur Durchführung des § 90 Abs. 2 Nr. 9 SGB XII.

5 Vgl. BSG, Urt. vom 20.9.2012 – B 8 SO 13/11 R –.

Aufgabe 2

2. Leistungen nach dem SGB II

Für Frau B und ihren Ehemann könnte ein Anspruch auf Leistungen nach dem SGB II (Grundsicherung für Arbeitsuchende) in Form von Bürgergeld bestehen. Der anspruchsberechtigte Personenkreis ergibt sich aus §§ 7 Abs. 1 Satz 1, 7b SGB II.

2.1 Anspruch auf Bürgergeld für erwerbsfähige Leistungsberechtigte

Gemäß §§ 7 Abs. 1 Satz 1 Nr. 1 bis Nr. 4 SGB II, 7b und 19 Abs. 1 Satz 1 SGB II erhalten erwerbsfähige Leistungsberechtigte Bürgergeld als Leistung zur Sicherung des Lebensunterhalts, wenn sie das 15. Lebensjahr vollendet haben und die Altersgrenze nach § 7a SGB II noch nicht erreicht haben, erwerbsfähig i. S. des § 8 Abs. 1 SGB II sind, hilfebedürftig i. S. des § 9 Abs. 1 SGB II sind, ihren gewöhnlichen Aufenthalt in der Bundesrepublik Deutschland haben und gem. § 7b SGB II erreichbar sind.

Frau B ist 55 Jahre alt und erfüllt damit die Altersvoraussetzungen nach § 7 Abs. 1 Satz 1 Nr. 1 SGB II. Sie ist erwerbsfähig und wohnt in der Stadt D in Nordrhein-Westfalen, so dass davon auszugehen ist, dass sie ihren gewöhnlichen Aufenthalt (vgl. § 30 Abs. 3 Satz 2 SGB I) in der Bundesrepublik hat. Es gibt auch keine Hinweise darauf, dass sie ihre Erreichbarkeit nicht sicherstellt (vgl. § 7b SGB II). Ausschlusstatbestände nach § 7 Abs. 1 Satz 2, Abs. 4 und Abs. 5 SGB II sind nicht ersichtlich.

Frau B gehört vorbehaltlich der zu prüfenden Hilfebedürftigkeit im Dezember zum anspruchsberechtigten Personenkreis für den Bezug von Bürgergeld für erwerbsfähige Leistungsberechtigte.

Herr B ist gemäß § 43 Abs. 2 Satz 2 SGB VI voll erwerbsgemindert. Wegen der inhaltsgleichen Regelungen der §§ 8 Abs. 1 SGB II und 43 Abs. 2 Satz 2 SGB VI ist der Beurteilungsmaßstab für die Nichterwerbsfähigkeit und die volle Erwerbsminderung grundsätzlich identisch. Herr B ist demzufolge **nicht erwerbsfähig**, so dass ein Anspruch auf Bürgergeld für erwerbsfähige Leistungsberechtigte für ihn **nicht** in Betracht kommen kann.

2.2 Anspruch auf Bürgergeld für nichterwerbsfähige Leistungsberechtigte

Nach § 7 Abs. 2 Satz 1 SGB II sind leistungsberechtigt auch Personen, die die Voraussetzungen nach § 7 Abs. 1 Satz 1 SGB II selbst nicht erfüllen, aber mit erwerbsfähigen Leistungsberechtigten in einer Bedarfsgemeinschaft zusammenleben. Nicht erwerbsfähige Angehörige, die mit erwerbsfähigen Leistungsberechtigten in Bedarfsgemeinschaft leben, erhalten ebenfalls Bürgergeld (für nicht erwerbsfähige Leistungsberechtigte), soweit sie keinen Anspruch auf die insofern vorrangigen Leistungen der Grundsicherung im Alter und bei Erwerbsminderung nach dem 4. Kapitel SGB XII haben (vgl. §§ 7 Abs. 2, 19 Abs. 1 Satz 2 SGB II).

Um einen Anspruch auf Bürgergeld für nichterwerbsfähige Leistungsberechtigte zu haben, müsste Herr B zunächst mit seiner Ehefrau eine Bedarfsgemeinschaft i. S. des

§ 7 Abs. 3 SGB II bilden. Gemäß § 7 Abs. 3 Nr. 1 SGB II setzt eine Bedarfsgemeinschaft mindestens einen erwerbsfähigen Leistungsberechtigten als Ausgangspunkt für die Bildung der Bedarfsgemeinschaft voraus (sog. „Hauptleistungsberechtigter"). Frau B ist im Monat Februar – vorbehaltlich der zu prüfenden Hilfebedürftigkeit – erwerbsfähige Leistungsberechtigte i. S. des § 7 Abs. 1 Satz 1 SGB II und der Bedarfsgemeinschaft nach § 7 Abs. 3 **Nr. 1** SGB II zuzurechnen.

Zur Bedarfsgemeinschaft gehört gemäß § 7 Abs. 3 Nr. 3 Buchst. a SGB II Herr B als der nicht getrennt lebende Ehepartner der erwerbsfähigen leistungsberechtigten Person. Auf die Frage der Erwerbsfähigkeit des Partners bzw. der Partnerin kommt es bei der Zuordnung zur Bedarfsgemeinschaft nicht an.

Der Anspruch auf Bürgergeld für nichterwerbsfähige Leistungsberechtigte setzt weiterhin voraus, dass kein (insoweit vorrangiger) Anspruch auf Leistungen nach dem 4. Kapitel SGB XII (Grundsicherung im Alter und bei Erwerbsminderung) besteht (vgl. § 19 Abs. 1 Satz 2 SGB XII). Unter Aufgabe 1 wurde bereits festgestellt, dass Herr B wegen fehlender Hilfebedürftigkeit keinen realisierbaren Anspruch auf Leistungen der Grundsicherung im Alter und bei Erwerbsminderung nach dem 4. Kapitel SGB XII hat.

Im Ergebnis erfüllt er damit die Anspruchsvoraussetzungen für den Bezug von **Bürgergeld für nichterwerbsfähige Leistungsberechtigte** dem Grunde nach.

2.3 Feststellung der Hilfebedürftigkeit

2.3.1 Grundsätze zur Feststellung der Hilfebedürftigkeit

Nach § 9 Abs. 1 SGB XII ist hilfebedürftig, wer seinen Lebensunterhalt nicht oder nicht ausreichend aus dem zu berücksichtigenden Einkommen oder Vermögen sichern kann und die erforderliche Hilfe nicht von anderen, insbesondere von Angehörigen oder von Trägern anderer Sozialleistungen erhält.

Notwendig ist also eine Gegenüberstellung des Bedarfs zur Sicherung des notwendigen Lebensunterhalts (vgl. § 19 Abs. 1 Satz 3 SGB II) und des anzurechnenden Einkommens und Vermögens der Eheleute B. Bezüglich des Einkommens und Vermögens ist zu berücksichtigen, dass im Rahmen der sog. „Einsatzgemeinschaft" gemäß § 9 Abs. 2 Satz 1 SGB II bei der Feststellung der Hilfebedürftigkeit bzw. Frage der Bedarfsdeckung auch das Einkommen und Vermögen des Partners der Bedarfsgemeinschaft zu berücksichtigen ist – und zwar unabhängig von der Frage, welchem Leistungssystem der Partner bzw. die Partnerin dem Grunde nach zuzuordnen ist.

2.3.2 Regelbedarfe

Der maßgebende Regelbedarf für die Eheleute B richtet sich nach § 20 Abs. 4 SGB II, weil es sich bei Herrn und Frau B um zwei volljährige Partner der Bedarfsgemeinschaft handelt. Die Höhe des Regelbedarfs entspricht der Regelbedarfsstufe 2 und beträgt im Monat Februar 2025 jeweils 506,00 €.

2.3.3 Bedarfe für Unterkunft und Heizung

Leistungen für Unterkunft und Heizung werden nach § 22 Abs. 1 Satz 1 SGB II in Höhe der tatsächlichen Aufwendungen erbracht, soweit diese angemessen sind. Die Vorschrift setzt somit voraus, dass tatsächlich entsprechende Kosten anfallen. Die laufenden übernahmefähigen Unterkunfts- bzw. Nebenkosten werden hier von der Tochter übernommen. Eine kostenfreie Unterkunft lässt keinen entsprechenden Bedarf nach § 22 SGB II entstehen.[6] Insofern entstehen keine Aufwendungen, die leistungsrechtlich zu berücksichtigen wären.[7]

Die (lt. Sachverhalt angemessenen) **Heizkosten** einschließlich der Anteile für die Warmwasserversorgung werden weiterhin von den Eheleuten B getragen. Sie sind daher im Umfang der Kopfteile (also mit jeweils 50,00 €) bedarfsrelevant zu berücksichtigen.

2.3.4 Zwischenergebnis

Für Herrn und Frau B ist damit ein Gesamtbedarf im Rahmen der Leistungen zur Sicherung des Lebensunterhalts nach dem SGB II (Bürgergeld für erwerbsfähige und nichterwerbsfähige Leistungsberechtigte) von jeweils **556,00 €** (Regelbedarf zzgl. Heizkosten) anzuerkennen.

2.3.5 Einsatz von Einkommen

Dem ermittelten Gesamtbedarf ist zunächst das anrechenbare Einkommen gegenüberzustellen (vgl. § 9 Abs. 1 SGB II). Gemäß § 11 Abs. 1 Satz 1 SGB II sind als Einkommen alle Einnahmen in Geld abzüglich der nach § 11b SGB II abzusetzenden Beträge mit Ausnahme der in § 11a SGB II und in § 1 Bürgergeld-V genannten Einnahmen zu berücksichtigen. Maßgeblicher Zeitpunkt für die Unterscheidung von Einkommen und Vermögen ist der durch die Antragstellung ausgelöste Beginn des Bewilligungszeitraums.

Einkommen ist grundsätzlich alles das, was jemand nach der Antragstellung bzw. nach dem Beginn des Bewilligungszeitraums wertmäßig dazu erhält, und Vermögen das, was vor der Antragstellung bereits vorhanden war.[8]

Herrn und Frau B stehen keine eigenen Einkünfte zur Verfügung. Es können jedoch Einnahmen aus der Haushaltsgemeinschaft gemäß § 9 Abs. 5 SGB II vermutet werden.[9] Unterstützungsleistungen im Rahmen des § 9 Abs. 5 SGB II werden generell als Einkommen der hilfebedürftigen Person(en) nach § 9 Abs. 1 i. V. m. § 11 SGB II behandelt. Leben Hilfebedürftige in Haushaltsgemeinschaft mit Verwandten oder Verschwä-

---

6 Vgl. BSG, Urt. vom 3.3.2009 – B 4 AS 37/08 R –.

7 Eine andere Auffassung ist vertretbar, weil Unterkunftskosten (ebenso wie Heizkosten) nach ständiger Rechtsprechung kopfteilig zu berücksichtigen sind bzw. aufgeteilt werden. Soweit die Unterkunftskosten als Bedarf anerkannt werden, dürfen sie bei der Prüfung der Leistungsfähigkeit im Rahmen der Vermutung der Bedarfsdeckung nach § 9 Abs. 5 SGB II nicht als Belastung bei der Tochter anerkannt werden.

8 Sog. „Zuflusstheorie"; vgl. dazu z. B. BSG, Urt. vom 19.8.2015 – B 14 AS 43/14 R –.

9 Es ist vertretbar, die Prüfung des § 9 Abs. 5 SGB II später zu verorten. Eine entsprechende Prüfung kommt generell nur in Betracht, wenn die Hilfebedürftigkeit nicht anderweitig beseitigt werden kann (vgl. BSG, Urt. vom 18.2.2010 – B 14 AS 32/08 –).

gerten, so wird vermutet, dass sie von ihnen Leistungen erhalten, soweit dies nach deren Einkommen und Vermögen erwartet werden kann (§ 9 Abs. 5 SGB II).

Voraussetzung für eine vermutete finanzielle Unterstützung der Eheleute B durch die Tochter ist

- das Zusammenleben mit den Eltern in einer Haushaltsgemeinschaft (Wohn- und
- Wirtschaftsgemeinschaft)
- ein Verwandtschaftsverhältnis (vgl. § 1589 BGB) und
- die Fähigkeit, Leistungen zur Bedarfsdeckung der eigentlich hilfebedürftigen Personen aus eigenem Einkommen und/oder Vermögen zur Verfügung zu stellen (Leistungsfähigkeit).

Die Tochter ist mit ihren Eltern in gerader Linie verwandt (vgl. § 1589 BGB) und bildet nach dem Bearbeitungshinweis 4 mit ihren Eltern eine Wohn- und Wirtschaftsgemeinschaft. Die **Leistungsfähigkeit** ermittelt sich über die Freibetragsregelung des § 1 Abs. 2 Satz 1 Bürgergeld-V.

Bei der § 9 Abs. 5 SGB II zugrunde liegenden Vermutung, dass Verwandte und Verschwägerte an mit ihnen in Haushaltsgemeinschaft lebende Hilfebedürftige Leistungen erbringen, sind die um die Absetzbeträge nach § 11b SGB II bereinigten Einnahmen in der Regel nicht als Einkommen zu berücksichtigen, soweit sie einen Freibetrag in Höhe des doppelten Betrags des nach § 20 Abs. 2 Satz 1 SGB II maßgebenden Regelbedarfs zuzüglich der anteiligen Aufwendungen für Unterkunft und Heizung sowie darüber hinausgehend 50 % der diesen Freibetrag übersteigenden bereinigten Einnahmen nicht überschreiten (vgl. § 1 Abs. 2 Satz 1 Bürgergeld-V). § 11a SGB II gilt entsprechend (vgl. § 1 Abs. 2 Satz 2 Bürgergeld-V).

Damit ist zunächst für die Tochter der Eheleute B ein Freibetrag in folgender Höhe zu ermitteln:

• doppelter Betrag der Regelbedarfsstufe 1 (2 × 563,00 €)	1.126,00 €
• anteilige Aufwendungen für die Unterkunft	150,00 €
• anteilige Aufwendungen für die Heizung (Kopfteil)	50,00 €
	= 1.326,00 €

Dem Freibetrag von 1.326,00 € ist das (bereinigte) Einkommen der Tochter gegenüberzustellen. Sie verfügt über ein Erwerbseinkommen in Höhe von 4.300,00 € (brutto) im Monat. Nach Abzug von Steuern und Pflichtbeiträgen zur Sozialversicherung (§ 11b Abs. 1 Satz 1 Nr. 1 und Nr. 2 SGB II) ergibt sich ein Erwerbseinkommen von monatlich 3.450,00 € (netto).

Daneben ist gemäß § 11b Abs. 2 Satz 1 SGB II bei erwerbsfähigen Leistungsberechtigten, die erwerbstätig sind, anstelle der Beträge nach § 11b Abs. 1 Satz Nr. 3 bis Nr. 5 SGB II ein Betrag von insgesamt 100,00 € monatlich (sog. „Grundfreibetrag“) abzusetzen. Da höhere Aufwendungen nicht nachgewiesen werden, ist § 11b Abs. 2 Satz 2 SGB II hier nicht einschlägig.

Ferner ist für Erwerbstätige gemäß § 11b Abs. 1 Satz 1 Nr. 6 i. V. m. Abs. 3 SGB II ausgehend vom (Brutto-)Erwerbseinkommen ein weiterer Betrag (sog. „Erwerbstätigenfreibetrag“) abzusetzen. Dieser beläuft sich in der **1. Stufe** für den Teil des monatlichen Erwerbseinkommens, der 100,00 € übersteigt und nicht mehr als 520,00 € beträgt, auf **20 %** (also 84,00 €), in der **2. Stufe** für den Teil des monatlichen Erwerbseinkommens, der 520,00 € übersteigt und nicht mehr als 1.000,00 € beträgt, auf **30 %** (also 144,00 €) und in der **3. Stufe** für den Teil des Einkommens, der 1.000,00 € übersteigt und nicht mehr als 1.200,00 € beträgt, auf **10 %** (also 20,00 €). Insgesamt beträgt der Erwerbstätigenfreibetrag damit 248,00 €.

Das zu berücksichtigende (bereinigte) Einkommen der Tochter beträgt damit **3.102,00 €**.

Fraglich ist, ob und ggf. in welchem Umfang die Kosten und Ausgaben der Tochter für das (angemessene) Darlehen sowie für die **gesamten** Unterkunftskosten berücksichtigt werden können. Im Rahmen der Ermittlung des Freibetrags nach § 1 Abs. 2 Satz 1 Bürgergeld-V sind lediglich der doppelte Betrag der Regelbedarfsstufe 1 sowie die **anteiligen** Unterkunfts- und Heizkosten zu berücksichtigen.

Allerdings regelt § 1 Abs. 2 Satz 1 Bürgergeld-V, dass die Einnahmen **„in der Regel“** nicht als Einkommen zu berücksichtigen sind, soweit sie den Freibetrag übersteigen.

Das Bundessozialgericht[10] vertritt die Auffassung, dass abweichend von dem in § 1 Abs. 2 Bürgergeld-V beschriebenen Wortlaut besondere Bedarfe bei der Freibetragsberechnung zu berücksichtigen sind. Insofern sei eine Abweichung vom „Regelfall“ möglich. Damit erlaubt die Vorschrift auch eine Berücksichtigung besonderer und sozialadäquater Bedarfslagen.

Vertretbar ist auch die Auffassung, dass sich die Formulierung „in der Regel“ in § 1 Abs. 2 Bürgergeld-V auf die Rechtsfolgenseite bezieht (also auf die Höhe des Einkommenseinsatzes und nicht auf die Höhe des Freibetrages) und die hier in Rede stehenden besonderen Bedarfe bzw. Belastungen in der Weise zu berücksichtigen sind, dass sich das zu berücksichtigende Einkommen oberhalb des Freibetrages entsprechend verringert.

Ermittlung der „Unterstützungsleistung“ im Rahmen des § 9 Abs. 5 SGB II:

(bereinigtes) Einkommen	3.102,00 €
./. Freibetrag nach § 1 Abs. 2 Satz 1 Bürgergeld-V	1.126,00 €
übersteigendes Einkommen	1.976,00 €
./. Übernahme der über den Kopfteil hinausgehenden Unterkunftskosten	300,00 €
./. Darlehen	350,00 €
verbleibender Einkommensüberhang	1.326,00 €
davon zu berücksichtigen (50 %)	**663,00 €**

Nach Abzug der Versicherungspauschale von 30,00 € (vgl. § 11b Abs. 1 Satz 1 Nr. 3 SGB II i. V. m. § 6 Abs. 1 Nr. 1 Bürgergeld-V) steht ein anrechenbares Einkommen

10 Vgl. BSG, Urt. vom 18.2.2010 – B 14 AS 32/08 –.

von **633,00 €** zur Verfügung. In diesem Umfang wird auf der Grundlage des § 9 Abs. 5 SGB II vermutet, dass die Tochter ihre Eltern finanziell unterstützt.

Die Vorschrift regelt allerdings nicht, wie das Einkommen bei mehreren leistungsberechtigten Personen zu verteilen ist. Nach der hier vertretenen Auffassung ist das Einkommen auf der Grundlage des § 9 Abs. 2 Satz 3 SGB II (entsprechend der sog. „Bedarfsanteilsmethode“) im Verhältnis der jeweiligen Bedarfe zu verteilen (jeweils also 50 % bzw. 316,50 €).

2.3.6 Einsatz von Vermögen

Der Einsatz des Vermögens richtet sich nach § 12 SGB II.

Bei den vorhandenen Vermögenswerten handelt es sich um **verwertbares** Vermögen (§ 12 Abs. 1 Satz 1 SGB II).

Der (angemessene) Hausrat ist nach § 12 Abs. 1 Satz 2 **Nr. 1** SGB II geschützt. Fraglich ist, ob das Hausgrundstück dem „Schonvermögen“ zuzurechnen ist. Gemäß § 12 Abs. 1 Satz 2 **Nr. 5** SGB II ist ein Hausgrundstück oder eine Eigentumswohnung von angemessener Größe als Vermögen nicht zu berücksichtigen bzw. von der Pflicht zur Verwertung ausgenommen, soweit die Immobilie **selbst genutzt**, d. h. vom Eigentümer allein oder zusammen mit Angehörigen selbst bewohnt wird. Im Gegensatz zur korrespondierenden Regelung des § 90 Abs. 2 Nr. 8 SGB XII kommt es gerade nicht auf die Einbeziehung verschiedener Kriterien an. So spielt z. B. der **Verkehrswert** der Immobilie hinsichtlich der Prüfung der Angemessenheit **keine Rolle**. Somit ist allein auf die **Frage der angemessenen Größe** (Größe der Wohnfläche) abzustellen.

Im Bereich der Sozialhilfe beurteilt sich die (angemessene) Größe des Wohneigentums nach der Zahl der dort lebenden hilfebedürftigen Personen und der Angehörigen. Geschützt ist im Bereich der Grundsicherung für Arbeitsuchende nach dem Wortlaut des § 12 Abs. 1 Satz 2 Nr. 5 Halbs. 1 SGB II ein selbst genutztes Hausgrundstück mit einer Wohnfläche von bis zu 140 Quadratmetern.

Sofern mehr als vier Personen das Wohneigentum bewohnen, erhöht sich die maßgebende Wohnfläche um jeweils 20 Quadratmeter für jede weitere Person (vgl. § 12 Abs. 1 Satz 2 Nr. 5 Halbs. 2 SGB II). Dabei ist auf die Anzahl der Personen, die innerhalb der Bedarfs- und/oder Haushaltsgemeinschaft das Wohneigentum tatsächlich bewohnen, abzustellen. Dagegen ist eine Absenkung der Wohnflächengrenzen bei weniger als vier Personen im Haushalt nicht vorgesehen.

Im Bereich der Grundsicherung für Arbeitsuchende nach dem SGB II geht es weiterhin nur um die Frage, ob die Immobilie von angemessener Größe ist. Wertbildende oder andere Faktoren spielen in diesem Zusammenhang grundsätzlich keine Rolle. Angesichts der reduzierten Belastung des zuständigen Sozialleistungsträgers durch die Übernahme sämtlicher Unterkunftskosten durch die Tochter erscheint es sachgerecht, einen großzügigen Maßstab hinsichtlich der Angemessenheit anzulegen und ggf. auch eine geringfügige Erhöhung bzw. Überschreitung der angemessenen Wohnfläche zu tolerieren.

Im Ergebnis ist festzustellen, dass das Hausgrundstück auf der Grundlage des § 12 Abs. 1 Satz 2 **Nr. 5** SGB II leistungsrechtlich als Vermögen **nicht** zu berücksichtigen ist. Wie bereits bei **Aufgabe 1** dargestellt, erfolgt infolgedessen ein Schutz der Immobilie auch im Bereich der Sozialhilfe über die Härteregelung des § 90 Abs. 3 SGB XII. Die Ähnlichkeit der Existenzsicherungssysteme des SGB II und des SGB XII rechtfertigen es, diese vergleichend in den Blick zu nehmen. Unterscheiden sich dann die relevanten Regelungen in ihren Wirkungen, kann hieraus im Einzelfall und auf der Basis der Härtevorschriften eine Harmonisierung beider Systeme zugunsten der leistungsberechtigten Personen erfolgen.[11]

Das **Sparvermögen** (28.000,00 €) ist kein geschütztes Vermögen i. S. des § 12 Abs. 1 Satz 2 SGB II. Es unterliegt allerdings der Freibetragsregelung des § 12 Abs. 2 SGB II. Gemäß § 12 Abs. 2 Satz 1 SGB II ist von dem zu berücksichtigenden (also dem nach § 12 Abs. 1 Satz 2 SGB II nicht geschützten) Vermögen für **jede Person** in der Bedarfsgemeinschaft ein Betrag von **15.000,00 €** abzusetzen. Soweit der Freibetrag von 15.000,00 € für eine Person in der Bedarfsgemeinschaft nicht vollständig ausgeschöpft wird, kann der Restbetrag auf eine andere oder mehrere Personen in der Bedarfsgemeinschaft übertragen werden (vgl. § 12 Abs. 2 Satz 2 SGB II).

Damit ist das Sparvermögen zur Bedarfsdeckung nicht einzusetzen. Die Frage, ob es sich hier um **erhebliches** Vermögen im Zusammenhang mit der einjährigen Karenzzeit handelt (vgl. § 12 Abs. 3 und Abs. 4 SGB II), braucht an dieser Stelle nicht näher behandelt zu werden.

2.3.7 Zurechnung des Einkommens innerhalb der Bedarfsgemeinschaft

§ 9 Abs. 2 Satz 1 und Satz 2 SGB II regeln, welche Personen Einkommen füreinander einzusetzen haben (Einsatzgemeinschaft). Eine solche Einsatzgemeinschaft bilden gemäß § 9 Abs. 2 Satz 1 SGB II die Partner einer Bedarfsgemeinschaft. Eine solche Partnerschaft besteht zwischen Herrn und Frau B (als nicht dauernd getrennt lebende Ehegatten). Das anrechenbare und bereinigte Einkommen wird dabei nach der sog. „Bedarfsanteilsmethode" (also im Verhältnis der individuellen Bedarfe) verteilt bzw. zugerechnet.

Ist in einer Bedarfsgemeinschaft danach nicht der gesamte Bedarf aus eigenen Kräften und Mitteln gedeckt, gilt jede Person der Bedarfsgemeinschaft im Verhältnis des eigenen Bedarfs zum Gesamtbedarf (der Bedarfsgemeinschaft) als hilfebedürftig (vgl. § 9 Abs. 2 Satz 3 SGB II).

Das im Rahmen des § 9 Abs. 5 SGB II anzurechnende Einkommen in Höhe von 633,00 € ist beiden Eheleuten jeweils mit 316,50 € zuzurechnen. Nach Gegenüberstellung von Bedarf (vgl. 2.3.4) und anzurechnendem Einkommen ergibt sich für beide Eheleute ein Anspruch auf Leistungen der Grundsicherung für Arbeitsuchende nach dem SGB II (Bürgergeld) von jeweils **239,50 €** (556,00 € ./. 316,50 €).

2.3.8 Einsetzen der Hilfe/Antragserfordernis

Die Leistungen der Grundsicherung für Arbeitsuchende werden auf Antrag erbracht (vgl. § 37 Abs. 1 Satz 1 SGB II). Gemäß § 37 Abs. 2 Satz 1 SGB II werden Leistungen nicht für Zeiten vor der Antragstellung erbracht. Gemäß § 37 Abs. 2 Satz 2 SGB II

11 Vgl. BSG, Urt. vom 12.12.2013 – B 14 AS 90/12 R –.

wirkt der Antrag auf den Ersten des Monats zurück. Hier wurde ein Antrag von den Eheleuten B am 10.2.2025 gestellt.

Die Leistungen (Bürgergeld für erwerbsfähige und nichterwerbsfähige Leistungsberechtigte) werden gemäß § 37 Abs. 2 Satz 2 SGB II ab dem 1.2.2025 gewährt.

2.3.9 Form der Hilfe/Leistungsart

Die Leistungen der Grundsicherung für Arbeitsuchende werden in Form von Dienstleistungen, Geldleistungen und Sachleistungen erbracht (vgl. § 4 Abs. 1 SGB II), wobei die Geldleistung bei den Leistungen zur Sicherung des Lebensunterhalts der Regelfall ist.

Der Sachverhalt enthält keine Anhaltspunkte dafür, von diesem Grundsatz abzuweichen.

Praktischer Fall Nr. 7

Schwerpunkte:
- Hilfe zum Lebensunterhalt nach dem 3. Kapitel SGB XII,
- Grundsicherung im Alter und bei Erwerbsminderung nach dem 4. Kapitel SGB XII,
- Überleitung von Ansprüchen nach § 93 SGB XII

Hilfsmittel:
- Sechstes Buch Sozialgesetzbuch (SGB VI),
- Zwölftes Buch Sozialgesetzbuch (SGB XII) mit Verordnungen,
- Landesausführungsgesetz zum Sozialgesetzbuch Zwölftes Buch (SGB XII) – Sozialhilfe – für das Land Nordrhein-Westfalen (AG-SGB XII NRW)

Sachverhalt

Am 1.4.2025 beantragen die Eheleute Bruno und Brunhilde B beim Sozialamt der kreisangehörigen Stadt S in Nordrhein-Westfalen (Kreis K, Bereich des Landschaftsverbandes Westfalen-Lippe) für sich und die gemeinsame Tochter Birgit Leistungen zum Lebensunterhalt nach dem Zwölften Buch Sozialgesetzbuch.

Im Antragsverfahren trägt Herr B vor, dass er gegen seinen Bruder Berthold B einen testamentarisch festgelegten Anspruch aus einer Erbschaft auf Zahlung von monatlich 500,00 € habe. Erblasser sei ein Onkel, der Berthold als Erben mit der Verpflichtung eingesetzt habe, an Bruno B die entsprechenden Zahlungen zu leisten. Berthold B sei in finanzielle Schwierigkeiten geraten und habe die fälligen Beträge an ihn seit Dezember 2021 nicht mehr gezahlt.

Im Haushalt der Familie B leben drei Personen, Bruno B (74 Jahre alt, Geburtsjahrgang 1951), seine Ehefrau Brunhilde B (52 Jahre alt) und Birgit B, die 14jährige Tochter der Eheleute B.

Beide Eheleute erhalten Renten aus der gesetzlichen Rentenversicherung, Herr B eine Regelaltersrente, Frau B eine Rente wegen dauerhafter voller Erwerbsminderung. Nach Abzug der Beiträge für die Kranken- und Pflegeversicherung ergibt sich bei Herrn C ein Zahlbetrag von 780,00 €, bei Frau C von 407,00 € monatlich.

Die angemessenen Kosten der Unterkunft (Grundmiete zzgl. der umlagefähigen Nebenkosten) betragen monatlich 450,00 €, die angemessenen Heizkosten monatlich 60,00 €. Die Heizkosten umfassen auch Anteile für die zentrale Warmwasserversorgung.

Die zuständige Familienkasse zahlt an Herrn B als der kindergeldberechtigten Person für Birgit das gesetzliche Kindergeld in Höhe von 255,00 € monatlich.

Bis auf einen angemessenen Hausrat verfügen die nachfragenden Personen nicht über Vermögen.

Nach der Entscheidung über die Hilfegewährung leitet die Stadt S am 18.4.2025 den Anspruch gegen Berthold B ab dem 1.4.2025 zum Ersatz ihrer Sozialhilfeaufwendungen mit Verwaltungsakt auf sich über. Die Überleitungsanzeige wird sowohl an

Herrn Bruno B als Gläubiger als auch an Herrn Berthold B als Schuldner gerichtet. Der zuständige Träger der Sozialhilfe hat die erforderlichen Anhörungen nach § 24 Abs. 1 SGB X durchgeführt. Die Überleitungsanzeige entspricht bezüglich Form, Bestimmtheit, Begründung und Rechtsbehelfsbelehrung den gesetzlichen Voraussetzungen des Zehnten Buches Sozialgesetzbuch.

Aufgaben

Prüfen Sie gutachtlich,

1. ob und ggf. in welcher Höhe Leistungen nach dem Zwölften Buch Sozialgesetzbuch in Betracht kommen und
2. ob die Überleitung von Ansprüchen gegen Berthold B formell und materiell rechtmäßig erfolgt ist.

Bearbeitungshinweise

1. Anlage zu § 28 SGB XII:

Regelbedarfsstufen nach der Anlage zu § 28 in Euro

gültig ab	Regelbedarfsstufe 1	Regelbedarfsstufe 2	Regelbedarfsstufe 3	Regelbedarfsstufe 4	Regelbedarfsstufe 5	Regelbedarfsstufe 6
1.1.2025	563,00	506,00	451,00	471,00	390,00	357,00

Regelbedarfsstufe 1:
Für jede erwachsene Person, die in einer Wohnung nach § 42a Abs. 2 Satz 2 SGB XII lebt und für die nicht die Regelbedarfsstufe 2 gilt.

Regelbedarfsstufe 2:
Für jede erwachsene Person, die in einer Wohnung nach § 42a Abs. 2 Satz 2 SGB XII mit einem Ehegatten oder Lebenspartner oder in eheähnlicher oder lebenspartnerschaftsähnlicher Gemeinschaft mit einem Partner zusammenlebt.

Regelbedarfsstufe 3:
Für jede erwachsene Person, deren notwendiger Lebensunterhalt sich nach § 27b SGB XII bestimmt.

Regelbedarfsstufe 4:
Für eine Jugendliche oder einen Jugendlichen vom Beginn des 15. bis zur Vollendung des 18. Lebensjahres.

Regelbedarfsstufe 5:
Für ein Kind vom Beginn des siebten bis zur Vollendung des 14. Lebensjahres.

Regelbedarfsstufe 6:
Für ein Kind bis zur Vollendung des sechsten Lebensjahres.

2. Auf Ansprüche nach dem Wohngeldgesetz (WoGG) ist nicht einzugehen.
3. Der zuständige Träger der Sozialhilfe hat von der Möglichkeit gemäß § 35 Abs. 3 und Abs. 4 Satz 2 SGB XII, die Bedarfe für Unterkunft und Heizung für seinen Bereich zu pauschalieren, keinen Gebrauch gemacht.
4. Gehen Sie davon aus, dass der Kreis K in seiner Satzung von den gesetzlich vorgesehenen Übertragungsmöglichkeiten gegenüber den kreisangehörigen Städten und Gemeinden Gebrauch gemacht hat.

Lösung

Aufgabe 1

1. Hilfeart, Gesamtfallgrundsatz

Laut Aufgabenstellung sind ausschließlich Leistungen nach dem Zwölften Buch Sozialgesetzbuch zu prüfen.[1] Von den in § 8 SGB XII genannten Leistungen könnten Leistungen zum Lebensunterhalt nach dem 3. Kapitel SGB XII (Hilfe zum Lebensunterhalt) oder dem 4. Kapitel SGB XII (Grundsicherung im Alter und bei Erwerbsminderung) sowie Hilfe zur Pflege nach dem 7. Kapitel SGB XII in Betracht kommen. In diesem Zusammenhang ist zu beachten, dass die Leistungen nach dem 4. Kapitel SGB XII (nur) auf Antrag erbracht werden (vgl. § 44 Abs. 1 Satz 1 SGB XII).

Bruno B hat das 74. Lebensjahr vollendet und gehört somit zum Personenkreis, der nach §§ 19 Abs. 2 Satz 1, 41 Abs. 2 SGB XII Anspruch auf Leistungen der Grundsicherung im Alter und bei Erwerbsminderung nach dem 4. Kapitel SGB XII haben könnte. **Brunhilde B** ist dauerhaft voll erwerbsgemindert. Auch für sie könnten deshalb Leistungen nach dem 4. Kapitel SGB XII in Betracht kommen (vgl. § 41 Abs. 3 SGB XII). Für **Birgit** könnten Leistungen der Hilfe zum Lebensunterhalt nach dem 3. Kapitel SGB XII erbracht werden.

Die Notwendigkeit anderer Hilfearten ist nicht ersichtlich.

Innerhalb der Lebensunterhaltsleistungen im Rahmen der Sozialhilfe geht die Grundsicherung im Alter und bei Erwerbsminderung nach dem 4. Kapitel SGB XII gemäß

---

1 Die Voraussetzungen für Leistungen der Grundsicherung für Arbeitsuchende nach dem Zweiten Buch Sozialgesetzbuch enthält § Abs. 1 Satz 1 SGB II. Die Leistung knüpft an eine Erwerbsfähigkeit von Personen an, die das 15. Lebensjahr vollendet und die Altersgrenze nach § 7a SGB II noch nicht erreicht haben. Personen, die vor dem 1.1.1947 geboren sind, erreichen die Altersgrenze mit Ablauf des Monats, in dem sie das 65. Lebensjahr vollenden. Wenn diese Voraussetzungen nicht gegeben sind, können Personen Leistungen nach dem Zweiten Buch dann erhalten, wenn sie mit erwerbsfähigen Leistungsberechtigten in einer Bedarfsgemeinschaft leben. Bruno und Birgit erfüllen die Altersvoraussetzungen des § 7 Abs. 1 Satz 1 SGB II nicht. Brunhilde erfüllt zwar die Altersvoraussetzungen, ist aber nicht erwerbsfähig. Voraussetzung für eine Einbeziehung in die Leistungen nach dem Zweiten Buch über die Regelungen zur Bedarfsgemeinschaft ist, dass zumindest eine Person die Voraussetzungen nach § 7 Abs. 1 Satz 1 SGB II erfüllt (erwerbsfähige Leistungsberechtigte). Da dies nicht der Fall ist, ist auf die Bedarfsgemeinschaft nicht einzugehen.

§ 19 Abs. 2 Satz 2 SGB XII der Hilfe zum Lebensunterhalt nach dem 3. Kapitel SGB XII vor und ist somit zunächst zu prüfen.

2. Nachrang der Sozialhilfe

Sozialhilfe erhält nicht, wer sich, vor allem durch Einsatz seiner Arbeitskraft, seines Einkommens und seines Vermögens, selbst helfen kann oder wer die erforderliche Leistung von anderen, insbesondere von Angehörigen oder von Trägern anderer Sozialleistungen, erhält (§ 2 Abs. 1 SGB XII). Die Vorschrift gilt für sämtliche Leistungen bzw. Hilfearten der Sozialhilfe. Der Grundsatz der Nachrangigkeit umfasst die Möglichkeiten der Selbsthilfe, tatsächliche Hilfeleistungen von Dritten sowie Leistungsverpflichtungen Dritter.

Laut Sachverhalt besteht ein privatrechtlicher Anspruch gegen den Bruder des Hilfesuchenden. Inwieweit dieser geltend gemacht bzw. realisiert werden kann, wird bei der Bearbeitung von Aufgabe 2 geprüft. Sonstige (neben den im Sachverhalt genannten) noch zu verfolgende Ansprüche sind nicht ersichtlich. Möglichkeiten der Selbsthilfe durch den Einsatz des zu berücksichtigenden Einkommens und Vermögens werden später geprüft.[2]

Vorbehaltlich des Ergebnisses dieser Prüfung steht der Grundsatz der Nachrangigkeit (Subsidiarität) aus § 2 SGB XII einer Hilfeleistung im Rahmen der Sozialhilfe nicht entgegen.

3. Grundsicherung im Alter und bei Erwerbsminderung

3.1 Anspruchsvoraussetzungen

Nach § 19 Abs. 2 Satz 1 SGB XII ist Grundsicherung im Alter und bei Erwerbsminderung nach dem 4. Kapitel SGB XII Personen zu leisten, die die Altersgrenze nach § 41 Abs. 2 SGB XII erreicht haben oder das 18. Lebensjahr vollendet haben und **dauerhaft** voll erwerbsgemindert sind, sofern sie ihren notwendigen Lebensunterhalt nicht oder nicht ausreichend aus eigenen Kräften und Mitteln, insbesondere aus ihrem Einkommen und Vermögen, bestreiten können.

Konkretisiert werden die Voraussetzungen in § 41 Abs. 1 SGB XII. Danach sind leistungsberechtigt nach dem 4. Kapitel SGB XII ältere und dauerhaft voll erwerbsgeminderte Personen mit gewöhnlichem Aufenthalt im Inland, die ihren notwendigen Lebensunterhalt nicht oder nicht ausreichend aus Einkommen und Vermögen nach § 43 SGB XII bestreiten können.

2 Inzwischen hat der Gesetzgeber auf eine Regelung zum Einsatz der Arbeitskraft verzichtet. Die vormalige Fassung des § 11 Abs. 4 SGB XII hatte keine praktische Bedeutung, weil in das Leistungssystem der Sozialhilfe in der Regel nur Personen fallen, die dem Arbeitsmarkt aus Altersgründen, wegen Krankheit oder Behinderung bzw. Erwerbsminderung nicht zur Verfügung stehen.

Leistungsberechtigt sind Personen wegen Alters, wenn sie die Altersgrenze erreicht haben. Personen, die vor dem 1.1.1947 geboren sind, erreichen die Altersgrenze mit Vollendung des 65. Lebensjahres (§ 41 Abs. 2 Satz 2 SGB XII). Für den Geburtsjahrgang 1951 erfolgt eine Anhebung auf die Vollendung eines Lebensalters von 65 Jahren und vier Monaten (vgl. § 51 Abs. 2 Satz 3 SGB XII). Herr B hat damit die Altersgrenze nach § 41 Abs. 2 SGB XII erreicht.

Leistungsberechtigt wegen einer dauerhaften vollen Erwerbsminderung ist gemäß § 41 Abs. 3 SGB XII, wer das 18. Lebensjahr vollendet hat, unabhängig von der jeweiligen Arbeitsmarktlage voll erwerbsgemindert im Sinne des § 43 Abs. 2 SGB VI ist und bei dem unwahrscheinlich ist, dass die volle Erwerbsminderung behoben werden kann.

Frau B ist laut Sachverhalt **dauerhaft voll erwerbsgemindert** im Sinne der gesetzlichen Rentenversicherung. Es besteht auch kein Zweifel daran, dass Herr und Frau B ihren gewöhnlichen Aufenthalt im Inland haben. Der Sachverhalt enthält auch keine Hinweise darauf, dass die Hilfebedürftigkeit in den letzten zehn Jahren vorsätzlich oder grob fahrlässig herbeigeführt wurde und die Vermutung nach § 43 Abs. 5 Satz 2 SGB XII (Einkommen der unterhaltspflichtigen Kinder und Eltern unter 100.000 €) widerlegt ist. Im Übrigen gibt es auch keine Hinweise für einen vorübergehenden Auslandsaufenthalt (vgl. § 41a SGB XII).

Damit gehören beide Eheleute (vorbehaltlich der zu prüfenden Hilfebedürftigkeit) zum leistungsberechtigten Personenkreis für die Grundsicherung im Alter und bei Erwerbsminderung nach dem 4. Kapitel SGB XII.

Die Prüfung, ob Leistungen zum Lebensunterhalt erbracht werden können, erfordert zunächst eine Bedarfsermittlung und anschließend die Feststellung, ob und ggf. in welchem Umfang eigene Mittel und Kräfte für eine Bedarfsdeckung zur Verfügung stehen bzw. einzusetzen sind.

3.1.1 Bedarfsermittlung

Der Umfang der Leistungen der Grundsicherung im Alter und bei Erwerbsminderung bestimmt sich nach den § 42, 42a SGB XII. Die Vorschriften verweisen auch bezüglich der Unterkunfts- und Heizkosten auf die relevanten Bedarfe im Rahmen der Hilfe zum Lebensunterhalt nach dem 3. Kapitel SGB XII. Von den dort genannten Leistungen kommt im vorliegenden Fall die Berücksichtigung von Regelbedarfen (§ 42 Satz 1 Nr. 1 SGB XII) sowie von Aufwendungen für Unterkunft und Heizung (§ 42 Satz 1 Nr. 4 Halbs. 1 SGB XII) in Betracht.

3.1.1.1 Regelbedarf

Bezüglich des Regelbedarfs verweist § 42 Satz 1 Nr. 1 SGB XII auf die Anlage zu § 28 SGB XII. Der gesamte notwendige Lebensunterhalt mit Ausnahme der Bedarfe nach dem Zweiten bis Vierten Abschnitt des Dritten Kapitels des Zwölften Buches Sozialgesetzbuch (zusätzliche Bedarfe, wie z. B. Mehrbedarfe, Bedarfe für Bildung und Teilhabe, Unterkunft und Heizung) ergibt nach § 27a Abs. 2 Satz 1 SGB XII den monatlichen Regelbedarf, der nach § 27a Abs. 2 Satz 2 SGB XII in Regelbedarfsstufen unterteilt ist. Zur Deckung der Regelbedarfe, die sich aus der Anlage zu § 28 SGB XII ergeben, sind monatliche Regelsätze zu gewähren (§ 27a Abs. 3 Satz 1 SGB XII).

Zwei erwachsene Personen, die als Partner in einer Wohnung nach § 42a Abs. 2 Satz 2 SGB XII zusammenleben, erhalten den Regelsatz der Regelbedarfsstufe 2 nach der Anlage zu § 28 SGB XII in Höhe von monatlich 506,00 €.

Der individuelle Bedarf wird abweichend vom Regelsatz festgelegt, wenn ein Bedarf ganz oder teilweise anderweitig gedeckt ist oder unabweisbar der Höhe nach erheblich von einem durchschnittlichen Bedarf abweicht (vgl. § 27a Abs. 4 Satz 1 SGB XII). Der Sachverhalt enthält keine Anhaltspunkte für eine vom Regelsatz notwendige abweichende Festlegung.

3.1.1.2 Bedarfe für die Unterkunft

Bezüglich der Bedarfe für die Unterkunft verweist § 42 Satz 1 Nr. 4 SGB XII auf den Vierten Abschnitt des Dritten Kapitels des SGB XII (§§ 35 ff. SGB XII). Zu den Bedarfen bzw. Aufwendungen für die Unterkunft gehören die Kosten für die Gebrauchsüberlassung des Wohnraums, die vertraglich geschuldet werden (Grundmiete), und die umlagefähigen Nebenkosten, wenn die Mietvertragsparteien dies in Anwendung von § 556 BGB vereinbart haben.

Bedarfe für die Unterkunft werden nach § 35 Abs. 1 Satz 1 SGB XII in Höhe der tatsächlichen Aufwendungen anerkannt. Übersteigen die Aufwendungen den der Besonderheit des Einzelfalles angemessenen Umfang, sind sie insoweit als Bedarf der Personen, deren Einkommen und Vermögen zu berücksichtigen sind, solange anzuerkennen, als es diesen Personen nicht möglich oder nicht zuzumuten ist, die Aufwendungen zu senken (vgl. § 35 Abs. 2 Satz 1 und Satz 2 SGB XII).

Wegen dieser in § 35 Abs. 2 Satz 1 und Satz 2 SGB XII genannten Rechtsfolge ist eine Angemessenheitsprüfung vorzunehmen.

Die Kosten der Unterkunft in Höhe von monatlich 450,00 € sind laut Sachverhalt angemessen. Auf die Regelungen zur Karenzzeit (vgl. § 35 Abs. 1 Satz 2 bis Satz 6, Abs. 2 SGB XII) muss daher nicht eingegangen werden.

Eine Aufteilung der Kosten der Unterkunft ist wegen des Individualprinzips nach den Kopfzahlen der im Haushalt lebenden Personen vorzunehmen (Kopfteilprinzip). Somit entfallen auf jeden Ehegatten 150,00 € an berücksichtigungsfähigen Kosten der Unterkunft. Eine Berücksichtigung der auf die Tochter entfallenden Kosten der Unterkunft wird im Rahmen der Bearbeitung der Hilfe zum Lebensunterhalt nach dem 3. Kapitel SGB XII für Birgit geprüft.

Die besonderen Regelungen zur Berücksichtigung der Bedarfe für Unterkunft nach § 42a Abs. 2 bis Abs. 5 SGB XII sind vorliegend nicht relevant.

3.1.1.3 Bedarfe für die Heizung

Bezüglich der Bedarfe für Heizung verweist § 42 Satz 1 Nr. 2 SGB XII ebenfalls auf den Vierten Abschnitt des Dritten Kapitels des Zwölften Buches Sozialgesetzbuch (§§ 35 ff. SGB XII). Bedarfe für die Heizung und die zentrale Wasserversorgung werden nach § 35 Abs. 4 Satz 1 SGB XII in tatsächlicher Höhe erbracht, soweit sie angemessen sind.

Laut Sachverhalt sind die Heizkosten von 60,00 € monatlich als angemessen anzusehen. Eine Aufteilung der Heizkosten ist wie bei den Kosten der Unterkunft nach Kopfzahlen vorzunehmen. Somit entfallen auf jeden Ehegatten 20,00 € an berücksichtigungsfähigen Heizkosten. Eine Berücksichtigung der auf die Tochter entfallenden Heizkosten wird im Rahmen der Bearbeitung der Hilfe zum Lebensunterhalt nach dem 3. Kapitel SGB XII für Birgit geprüft.

3.1.1.4 Übersicht über die Bedarfsermittlung

Anhaltspunkte für andere Bedarfsmerkmale enthält der Sachverhalt nicht. Damit ergibt sich der folgende Gesamtbedarf:

	Bruno B	**Brunhilde B**	**insgesamt**
Regelbedarf	506,00 €	506,00 €	–
Bedarfe für Unterkunft	150,00 €	150,00 €	–
Bedarfe für Heizung	20,00 €	20,00 €	–
Gesamtbedarf	**676,00 €**	**676,00 €**	**1.352,00 €**

3.1.2 Einsatz der eigenen Mittel

Grundsicherung im Alter ist nach § 19 Abs. 2 Satz 1 und § 41 Abs. 1 Satz 1 SGB XII Personen zu leisten, die ihren notwendigen Lebensunterhalt nicht oder nicht ausreichend aus eigenen Kräften und Mitteln, insbesondere aus ihrem Einkommen und Vermögen nach § 43 SGB XII bestreiten können.

Für den Einsatz des Einkommens sind die §§ 82 bis 84 und für den Einsatz des Vermögens die §§ 90 und 91 SGB XII anzuwenden (vgl. § 43 Abs. 1 Satz 1 SGB XII). Dabei sind gemäß § 43 Abs. 1 Satz 2 SGB XII auch Einkommen und Vermögen des nicht getrennt lebenden Ehegatten, die dessen notwendigen Lebensunterhalt nach § 27a SGB II übersteigen, zu berücksichtigen.

Zunächst wird über den Einsatz des Einkommens entschieden.

3.1.2.1 Einsatz des Einkommens

Bei der Prüfung, inwieweit der Einsatz des Einkommens in Betracht kommt, ist zunächst zu prüfen, ob die vorhandenen Einkünfte im Rahmen der Sozialhilfe grundsätzlich berücksichtigungsfähig sind. In einem zweiten Arbeitsschritt ist im Rahmen einer sogenannten „Einkommensbereinigung“ festzustellen, in welcher Höhe eine Berücksichtigung erfolgen muss.

Zum Einkommen gehören nach § 82 Abs. 1 Satz 1 SGB XII und § 1 VO zu § 82 SGB XII alle Einkünfte in Geld und Geldeswert ohne Rücksicht auf ihre Herkunft und Rechtsnatur sowie ohne Rücksicht darauf, ob sie zu den Einkunftsarten i. S. des Einkommensteuergesetzes gehören und ob sie der Steuerpflicht unterliegen, mit Ausnahme der in §§ 82 Abs. 1 Satz 1, 83 und 84 SGB XII genannten (sozialhilferechtlich nicht zu berücksichtigenden) Einkünfte. Auch sondergesetzliche Bestimmungen können regeln, dass Einkünfte nicht zu berücksichtigen sind.

Bruno B verfügt über Einkommen in Form seiner Regelaltersrente aus der gesetzlichen Rentenversicherung in Höhe von 780,00 € (netto) und als Kindergeldberechtigter über das Kindergeld in Höhe von 255,00 € monatlich. Brunhilde B erhält eine Rente wegen voller Erwerbsminderung aus der gesetzlichen Rentenversicherung in Höhe von 407,00 €. Weiteres Einkommen ist nicht vorhanden.

Bei beiden Einkünften handelt es sich um Einkommen im Sinne des § 82 Abs. 1 Satz 1 SGB XII, das auch nach den §§ 83 (nach Zweck und Inhalt bestimmte Leistungen) und 84 SGB XII (Zuwendungen) nicht unberücksichtigt bleiben muss.[3] Dass sondergesetzliche Bestimmungen einer Berücksichtigung des Einkommens entgegenstehen, lässt sich dem Sachverhalt und den Bearbeitungshinweisen nicht entnehmen.

Kindergeld ist grundsätzlich Einkommen der Person, an die es ausgezahlt wird,[4] somit im vorliegenden Fall Einkommen von Bruno B als kindergeldberechtigter Person. Allerdings ist bei minderjährigen Kindern das jeweilige Kindergeld nach § 82 Abs. 1 Satz 3 SGB XII dem jeweiligen Kind zuzurechnen, soweit es bei diesem (rechnerisch) zur Deckung des notwendigen Lebensunterhaltes benötigt wird.

Da Birgit nicht über eigenes Einkommen verfügt, kann festgestellt werden, dass sie das Kindergeld in voller Höhe zur Deckung ihres notwendigen Lebensunterhaltes, mit Ausnahme der Bedarfe nach § 34 SGB XII, benötigt. Das Kindergeld ist bei Birgit im Rahmen der Prüfung der Hilfe zum Lebensunterhalt nach dem 3. Kapitel SGB XII zu berücksichtigen, da sie über kein ausreichendes eigenes Einkommen verfügt.

Dem Bedarf ist das nach § 82 Abs. 2 und Abs. 3 SGB XII sowie der Verordnung zu § 82 SGB XII **bereinigte** Einkommen gegenüberzustellen. Anhaltspunkte für eine Einkommensbereinigung enthält der Sachverhalt nicht.

Damit ist ein bereinigtes Einkommen von Herrn B in Höhe von 780,00 € und von Frau B in Höhe von 407,00 € anspruchsmindernd zu berücksichtigen.

3.1.2.2 Einsatz des Vermögens

Nach § 90 Abs. 1 SGB XII ist grundsätzlich das gesamte verwertbare Vermögen einzusetzen. Ausnahmen dazu enthalten die Absätze 2 und 3 des § 90 SGB XII. Laut Sachverhalt ist bis auf einen angemessenen Hausrat kein Vermögen vorhanden. Nach § 90 Abs. 2 Nr. 4 SGB XII darf die Sozialhilfe vom Einsatz oder von der Verwertung eines angemessenem Hausrats nicht abhängig gemacht werden. Vermögen ist im vorliegenden Fall damit zur Bedarfsdeckung nicht einzusetzen.

---

3 Auch wenn das Kindergeld als zweckbestimmte Leistung angesehen würde, käme eine Berücksichtigung in Betracht, da dann die Leistung einem Zweck dienen würde, dem auch die Sozialhilfe dient.

4 Vgl. BVerwG, Urt. vom 17.12.2003 – 5 C 25/02 –, FEVS 56, 307 = NJW 2004, 2541.

3.1.3 Zusammenfassung

Nach Anrechnung des Einkommens ergibt sich eine Leistung in folgender Höhe:

	Bruno B	Brunhilde B	insgesamt
Regelbedarf	506,00 €	506,00 €	–
Bedarfe für Unterkunft	150,00 €	150,00 €	–
Bedarfe für Heizung	20,00 €	20,00 €	–
Gesamtbedarf	**676,00 €**	**676,00 €**	**1.352,00 €**
Einkommen	780,00 €	407,00 €	1.187,00 €
Einkommensüberschuss	104,00 €	0,00 €	–
ungedeckter Bedarf	0,00 €	269,00 €	–
aus Überschuss	0,00 €	104,00 €	–
Gesamtbedarf	**0,00 €**	**165,00 €**	**165,00 €**

Herr B ist in der Lage, seinen individuellen Bedarf durch eigenes Einkommen selbst zu decken. Frau B hat einen ungedeckten Bedarf von monatlich 269,00 €. Der Anspruch auf Leistungen der Grundsicherung im Alter und bei Erwerbsminderung nach dem 4. Kapitel SGB XII ist nach Maßgabe des § 43 Abs. 1 Satz 2 SGB XII grundsätzlich auch vom Einkommen des nicht getrennt lebenden Ehegatten abhängig (sog. „Einsatzgemeinschaft"). Frau B muss sich demnach den rechnerischen Einkommensüberschuss (104,00 €) ihres Ehemannes zurechnen lassen.

Eine solche Verpflichtung besteht nach § 27 Abs. 2 Satz 3 SGB XII im Rahmen der Leistungen nach dem 3. Kapitel SGB XII auch gegenüber seiner minderjährigen unverheirateten Tochter Birgit, da auch diese nicht in der Lage ist, ihren Lebensunterhalt zu bestreiten. Da die Leistungen der Grundsicherung nach § 19 Abs. 2 Satz 2 SGB XII der Hilfe zum Lebensunterhalt vorgehen, ist der Einkommensüberschuss zunächst für Frau B im Rahmen der vorrangigen Leistung einzusetzen.[5]

Leistungen der Grundsicherung im Alter und bei Erwerbsminderung nach dem 4. Kapitel SGB XII kommen damit für Bruno B nicht und für Brunhilde B in Höhe von 165,00 € in Betracht.

5 Vertretbar ist auch die gleichmäßige Verteilung des Überschusses auf Frau B und Birgit sowie eine Verteilung im Verhältnis der ungedeckten Bedarfe zueinander mit der Begründung, dass es nicht sachgerecht wäre, bei der Zurechnung von überschüssigem Einkommen einer einsatzpflichtigen Person im Rahmen der sog. „Einsatzgemeinschaft" eine hilfebedürftige Person (hier das Kind) „leer ausgehen zu lassen" (vgl. hierzu Fallbeispiel 2).

4. Hilfe zum Lebensunterhalt

4.1 Anspruchsvoraussetzungen

Hilfe zum Lebensunterhalt ist nach §§ 19 Abs. 1 Satz 1, 27 Abs. 1 SGB XII Personen zu leisten, die ihren notwendigen Lebensunterhalt nicht oder nicht ausreichend aus eigenen Kräften und Mitteln, insbesondere aus ihrem Einkommen und Vermögen, bestreiten können. Die Prüfung erfordert zunächst die Ermittlung des Betrages, der für die Bestreitung des notwendigen Lebensunterhaltes erforderlich ist (Bedarf) und dann die Feststellung der zur Verfügung stehenden eigenen Mittel und Kräfte.

4.1.1 Bedarfsermittlung

4.1.1.1 Regelbedarf

Der gesamte notwendige Lebensunterhalt mit Ausnahme der Bedarfe nach dem Zweiten bis Vierten Abschnitt des Dritten Kapitels des SGB XII (zusätzliche Bedarfe, wie z. B. Mehrbedarfe, Bedarfe für Bildung und Teilhabe, Unterkunft und Heizung) ergibt nach § 27a Abs. 2 Satz 1 SGB XII den monatlichen Regelbedarf, der nach § 27a Abs. 2 Satz 2 SGB XII in Regelbedarfsstufen unterteilt ist. Zur Deckung der Regelbedarfe, die sich aus der Anlage zu § 28 SGB XII ergeben, sind monatliche Regelsätze zu gewähren (§ 27a Abs. 3 Satz 1 SGB XII).

Für Birgit ist nach der Anlage zu § 28 SGB XII die Regelbedarfsstufe 4 mit einem Regelsatz in Höhe von monatlich 471,00 € zu berücksichtigen, da sie das 15. Lebensjahr begonnen hat.

Im Einzelfall wird der individuelle Bedarf abweichend vom Regelsatz festgelegt, wenn ein Bedarf ganz oder teilweise anderweitig gedeckt ist oder unabweisbar seiner Höhe nach erheblich von einem durchschnittlichen Bedarf abweicht (vgl. § 27a Abs. 4 Satz 1 SGB XII).

Der Sachverhalt enthält keine Anhaltspunkte für eine notwendige abweichende Festlegung vom Regelsatz.

4.1.1.2 Bedarfe für die Unterkunft

Bedarfe für die Unterkunft werden nach § 35 Abs. 1 Satz 1 SGB XII in Höhe der tatsächlichen Aufwendungen anerkannt. Die Kosten der Unterkunft sind laut Sachverhalt angemessen. Auf Birgit entfällt ein Kopfanteil von 150,00 € (vgl. Ausführungen unter 3.1.1.2).

4.1.1.3 Bedarfe für die Heizung

Bedarfe für die Heizung werden nach § 35 Abs. 4 Satz 1 SGB XII in tatsächlicher Höhe anerkannt, soweit sie angemessen sind. Die Leistungen für Heizung sind laut Sachverhalt angemessen. Auf Birgit entfällt ein Kopfanteil von 20,00 € (vgl. Ausführungen unter 3.1.1.3).

4.1.1.4 Sofortzuschlag für Kinder

Gemäß § 145 Abs. 1 Satz 1 SGB XII haben Minderjährige, die einen Anspruch auf Leistungen nach dem 3. Kap. SGB XII haben, dem ein Regelbedarf der Regelbedarfsstufe 4, 5 oder 6 zugrunde liegt, einen Anspruch auf einen monatlichen Sofortzuschlag in Höhe von 25,00 €.

Zusammenfassung

Anhaltspunkte für andere Bedarfsmerkmale im Rahmen der Sozialhilfe enthält der Sachverhalt nicht. Damit ergibt sich der folgende Gesamtbedarf:

Regelbedarf	471,00 €
Bedarfe für Unterkunft	150,00 €
Bedarfe für Heizung	20,00 €
Gesamtbedarf (3. Kapitel SGB XII)	**641,00 €**
Sofortzuschlag für Kinder	25,00 €

4.1.2 Einsatz der eigenen Mittel / Nachrang der Sozialhilfe

Nach §§ 19 Abs. 1 Satz 1, 27 Abs. 1 SGB XII ist Hilfe zum Lebensunterhalt nach dem 3. Kapitel SGB XII Personen zu leisten, die ihren notwendigen Lebensunterhalt nicht oder nicht ausreichend aus eigenen Kräften und Mitteln, insbesondere aus ihrem Einkommen und Vermögen, bestreiten können.

Zunächst wird über den Einsatz des Einkommens entschieden.

4.1.2.1 Einsatz des Einkommens

Zum Einkommen gehören nach § 82 Abs. 1 Satz 1 SGB XII und § 1 VO zu § 82 SGB XII alle Einkünfte in Geld und Geldeswert ohne Rücksicht auf ihre Herkunft und Rechtsnatur sowie ohne Rücksicht darauf, ob sie zu den Einkunftsarten i. S. des Einkommensteuergesetzes gehören und ob sie der Steuerpflicht unterliegen, mit Ausnahme der in den §§ 82 Abs. 1 Satz 1, 83 und 84 SGB XII genannten (sozialhilferechtlich nicht zu berücksichtigenden) Einkünfte. Auch sondergesetzliche Bestimmungen außerhalb des SGB XII können regeln, dass Einkünfte nicht zu berücksichtigen sind.

Bei dem an Bruno B gezahlten Kindergeld handelt es sich um zu berücksichtigendes Einkommen. Dieses ist unter den Voraussetzungen des § 81 Abs. 1 Satz 3 SGB XII Birgit zuzurechnen (vgl. Ausführungen unter 3.1.2.1).

4.1.2.2 Einsatz des Vermögens

Angaben zu einem ggf. vorhandenen bzw. einzusetzenden Vermögen von Birgit enthält der Sachverhalt nicht.

4.1.3 Zusammenfassung

Leistungen der Hilfe zum Lebensunterhalt nach dem 3. Kapitel SGB XII für Birgit kommen in Höhe von 641,00 € ./. 255,00 € = 386,00 € in Betracht. Hinzu kommt der Sofortzuschlag für Kinder in Höhe von monatlich 25,00 €.

5. Form der Hilfe, Leistung als Beihilfe oder als Darlehen

Nach § 10 Abs. 1 SGB XII werden die Leistungen u. a. als Geldleistung oder Sachleistung erbracht. Dabei hat die Geldleistung den Vorrang vor der Sachleistung. Anhaltspunkte dafür, die Sachleistung dennoch vor der Geldleistung zu erbringen, enthält der Sachverhalt nicht.

Ein Darlehen ist bezüglich der hier in Betracht kommenden Hilfeleistungen im Zwölften Buch Sozialgesetzbuch nicht vorgesehen.

6. Einsetzen der Hilfe/Antragserfordernis bzw. Bekanntwerden der Notlage

Bezüglich des Einsetzens der Hilfe ist zwischen der Grundsicherung im Alter und bei Erwerbsminderung nach dem 4. Kapitel SGB XII und der Hilfe zum Lebensunterhalt nach dem 3. Kapitel SGB XII zu unterscheiden.

Die Leistungen nach dem 4. Kapitel SGB XII sind antragsabhängig (vgl. § 44 Abs. 1 Satz 1 SGB XII). Der erforderliche Antrag wurde von Herrn und Frau B am 1.4.2025 gestellt. Der Bewilligungszeitraum für die Grundsicherungsleistung beginnt nach § 44 Abs. 2 Satz 1 SGB XII am Ersten des Monats, in dem der Antrag gestellt worden ist, wenn die Voraussetzungen des § 41 SGB XII innerhalb dieses Kalendermonats erfüllt werden (Rückwirkung der Antragstellung auf den Ersten des Monats).

Somit sind die Leistungen im Rahmen der Grundsicherung nach dem 4. Kapitel SGB XII für Frau B ab 1.4.2025 zu erbringen.

Leistungen zur Deckung von Bedarfen nach § 42 SGB XII werden in der Regel für einen Bewilligungszeitraum von zwölf Kalendermonaten bewilligt (§ 44 Abs. 3 Satz 1 SGB XII). Die Leistungsbewilligung erfolgt somit durch einen Bescheid (Verwaltungsakt) mit Dauerwirkung. Der Bescheid über die Bewilligung von Leistungen nach dem 4. Kapitel SGB XII steht unter dem Vorbehalt, dass die Leistungsvoraussetzungen unverändert während des gesamten Bewilligungszeitraumes von zwölf Monaten vorliegen.

Andere Sozialhilfeleistungen setzen nach § 18 Abs. 1 SGB XII ein, sobald dem Träger der Sozialhilfe oder der beauftragten Stelle bekannt wird, dass die Voraussetzungen für die Hilfeleistung vorliegen. Der Stadt S wird die Notlage durch die Antragstellung der Eheleute B am 1.4.2025 bekannt.

Hilfe zum Lebensunterhalt (für Birgit B) ist von diesem Tag an zu leisten.

Aufgabe 2

Sofern eine leistungsberechtigte Person (oder bei Gewährung von Hilfen nach dem 5. bis 9. Kapitel SGB XII auch ihre Eltern, ihr nicht getrennt lebender Ehegatte oder ihr Lebenspartner) für die Zeit, für die Leistungen erbracht werden, einen Anspruch gegen einen anderen hat, der kein Leistungsträger im Sinne des § 12 SGB I ist, kann der für die Hilfegewährung zuständige Träger der Sozialhilfe durch schriftliche Anzeige an den anderen bewirken, dass dieser Anspruch bis zur Höhe seiner Aufwendungen an ihn übergeht (vgl. § 93 Abs. 1 Satz 1 SGB XII).

Die Überleitung nach § 93 SGB XII bewirkt einen Gläubigerwechsel (Forderungsübergang) durch Verwaltungsakt. Laut Aufgabenstellung ist die formelle und materielle Rechtmäßigkeit zu prüfen.

1. Anwendbarkeit der Norm

Zunächst ist zu klären, ob die Vorschrift des § 93 SGB XII im vorliegenden Fall anwendbar ist. Eine Überleitung von Ansprüchen durch Verwaltungsakt kommt nur in Betracht, soweit es keine anderen (insoweit vorrangigen) Erstattungs- und Überleitungsvorschriften gibt.

§ 93 Abs. 1 Satz 1 SGB XII schließt die Überleitung eines Anspruchs aus, der sich gegen einen Leistungsträger im Sinne von § 12 SGB I richtet. Für Unterhaltsansprüche regelt § 94 SGB XII einen gesetzlichen Anspruchsübergang auf den zuständigen Träger der Sozialhilfe. Auch hier scheidet die Überleitung durch Verwaltungsakt aus. Ferner gehen die §§ 115 X (Ansprüche gegen den Arbeitgeber auf Arbeitsentgelt) und 116 SGB X (Ansprüche gegen Schadensersatzpflichtige) nach § 93 Abs. 4 SGB XII der Regelung des § 93 Abs. 1 Satz 1 SGB XII vor.

Für eine Überleitung nach § 93 SGB XII kommen – abgesehen von den o. a. Einschränkungen – alle privat- und öffentlich-rechtlichen Ansprüche in Betracht. Die Rechtsnatur des Anspruchs ist unerheblich. Es kommt nicht darauf an, ob der Anspruch aufgrund eines Gesetzes oder Vertrages oder einer sonstigen Rechtsgrundlage besteht. Es muss sich um Zahlungsansprüche oder geldwerte Ansprüche handeln.

Im vorliegenden Fall handelt es sich um den Anspruch aus einer Erbschaft und somit nicht um einen Anspruch gegen einen Sozialleistungsträger, einen Unterhaltsanspruch oder um einen Anspruch gegen einen Arbeitgeber auf Arbeitsentgelt oder gegen einen Schadensersatzpflichtigen.

§ 93 SGB XII ist als Norm für die Überleitung des Anspruchs anwendbar.

2. Formelle Rechtmäßigkeit des Verwaltungsaktes

Ein Verwaltungsakt in Sozialhilfeangelegenheiten ist formell rechtmäßig erlassen worden, wenn die zuständige Behörde tätig geworden ist, er hinsichtlich Form, Bestimmtheit und Begründung den Bestimmungen des Zehnten Buches Sozialgesetzbuchs entspricht und die Verfahrensregelungen beachtet worden sind.

2.1 Zuständige Behörde

Nach § 93 Abs. 1 Satz 1 SGB XII ist der Träger der Sozialhilfe (bei Aufgabenübertragung nach § 99 SGB XII die beauftragte Stelle) für den Erlass der Überleitungsanzeige zuständig. Dabei kann es sich nur um den Träger bzw. die beauftragte Stelle handeln, der bzw. die auch für die Entscheidung über eine Hilfeleistung zuständig ist.

2.1.1 Sachliche Zuständigkeit

Sachlich zuständig ist nach § 97 Abs. 1 SGB XII ein örtlicher Träger, soweit nicht ein überörtlicher Träger sachlich zuständig ist. Für den Bereich des Landes Nordrhein-Westfalen führen die Kreise und kreisfreien Städte als örtliche Träger der Sozialhilfe und die Landschaftsverbände als überörtliche Träger der Sozialhilfe die Aufgaben der Sozialhilfe als Selbstverwaltungsangelegenheiten durch, soweit sie nicht Geldleistungen nach dem 4. Kapitel SGB XII erbringen (vgl. § 1 Abs. 1 AG-SGB XII NRW). Soweit Geldleistungen erbracht werden, wird das 4. Kapitel SGB XII in Bundesauftragsverwaltung durchgeführt. Die örtlichen und überörtlichen Träger nehmen dann die ihnen nach dem 4. Kapitel SGB XII obliegenden Aufgaben als Pflichtaufgabe zur Erfüllung nach Weisung wahr (vgl. § 1 Abs. 2 AG-SGB XII NRW).

Die sachliche Zuständigkeit des überörtlichen Trägers wird gemäß § 97 Abs. 2 Satz 1 SGB XII nach Landesrecht bestimmt. Nach § 2a AG-SGB XII NRW ist der überörtliche Träger der Sozialhilfe nur für die dort ausdrücklich genannten Leistungen sachlich zuständig. Für die im vorliegenden Fall in Betracht kommenden Leistungen der Grundsicherung im Alter und bei Erwerbsminderung nach dem 4. Kapitel SGB XII und der Hilfe zum Lebensunterhalt nach dem 3. Kapitel SGB XII wird die sachliche Zuständigkeit des überörtlichen Trägers für das Land Nordrhein-Westfalen durch § 2a AG-SGB XII NRW nicht begründet.

Damit ist für die hier in Betracht kommenden Leistungen nach dem 3. und 4. Kapitel SGB XII ein örtlicher Träger der Sozialhilfe sachlich zuständig.

2.1.2 Träger der Sozialhilfe

Örtliche Träger der Sozialhilfe sind die kreisfreien Städte und die Kreise, soweit nicht durch Landesrecht etwas anderes bestimmt wird (§ 3 Abs. 2 Satz 1 SGB XII). Eine abweichende Bestimmung durch Landesrecht ist in Nordrhein-Westfalen (vgl. § 1 AG-SGB XII NRW) nicht vorgenommen worden.

2.1.3 Örtliche Zuständigkeit

Für die Sozialhilfe örtlich zuständig ist der Träger der Sozialhilfe, in dessen Bereich sich die Leistungsberechtigten **tatsächlich** aufhalten (§ 98 Abs. 1 Satz 1 SGB XII). Gemäß § 46b Abs. 1 SGB XII werden die zuständigen Träger für die Leistungen der

Grundsicherung im Alter und bei Erwerbsminderung nach dem 4. Kapitel SGB XII nach Landesrecht bestimmt. Nach § 3 Abs. 3 Satz 1 AG-SGB XII NRW ist für die Leistungen nach dem 4. Kapitel SGB XII der Träger örtlich zuständig, in dessen Bereich der gewöhnliche Aufenthaltsort des Leistungsberechtigten liegt. Nach § 30 Abs. 2 Satz 2 SGB I hat den gewöhnlichen Aufenthalt jemand dort, wo er sich unter Umständen aufhält, die erkennen lassen, dass er an diesem Ort oder in diesem Gebiet nicht nur vorübergehend verweilt. Üblicherweise ist dies der Wohnsitz.

Die Familie B hat ihren Wohnsitz in der kreisangehörigen Stadt S (Kreis K). Es ist auch nicht daran zu zweifeln, dass es sich hierbei gleichzeitig um den **gewöhnlichen** Aufenthalt handelt.

Der Kreis K ist für die Entscheidung über die Leistungen zum Lebensunterhalt nach dem 3. und 4. Kapitel SGB XII sachlich und örtlich zuständig.

2.1.4 Aufgabenübertragung (Vorbehalt abweichender Durchführung)

Die Länder können nach § 99 Abs. 1 Satz 1 SGB XII bestimmen, dass und inwieweit die Kreise ihnen zugehörige Gemeinden zur Durchführung von Aufgaben heranziehen können. Von dieser Ermächtigung hat das Land Nordrhein-Westfalen durch § 3 AG-SGB XII Gebrauch gemacht und bestimmt, dass die kreisangehörigen Gemeinden von den Kreisen durch Satzung herangezogen werden können.

Laut Bearbeitungshinweis ist von den gesetzlichen Übertragungsmöglichkeiten Gebrauch gemacht worden. Die Stadt S entscheidet deshalb im Auftrag des Kreises über eine Hilfeleistung im Sinne einer „Bearbeitungszuständigkeit“ und ist somit auch zuständig für den Erlass der Überleitungsanzeige.

Die Überleitungsanzeige ist von der zuständigen Stelle erlassen worden.

2.2 Sonstige formelle Rechtmäßigkeitsvoraussetzungen

2.2.1 Anhörung

Bevor ein Verwaltungsakt erlassen wird, der in die Rechte eines Beteiligten eingreift, ist diesem Gelegenheit zu geben, sich zu den für die Entscheidung erheblichen Tatsachen zu äußern (§ 24 Abs. 1 SGB X). Beteiligte sind nach § 12 Abs. 1 Nr. 2 SGB X diejenigen, an die die Behörde den Verwaltungsakt gerichtet hat.

Der Verwaltungsakt (Überleitungsanzeige) ist laut Sachverhalt sowohl an Bruno B als Gläubiger als auch an Berthold B als Schuldner gerichtet worden. Auch wird bei der Überleitung eines Anspruchs in die Rechte beider i. S. des § 24 Abs. 1 SGB X eingegriffen.

Die Ausnahmetatbestände des § 24 Abs. 2 SGB X greifen im vorliegenden Fall nicht. Anhörungen waren insofern erforderlich und sind laut Sachverhalt auch durchgeführt worden.

2.2.2 Form

Ein Verwaltungsakt kann grundsätzlich schriftlich, mündlich oder in anderer Weise erlassen werden (vgl. § 33 Abs. 2 Satz 1 SGB X). Nach § 93 Abs. 1 Satz 1 SGB XII kann der zuständige Träger der Sozialhilfe den Übergang des Anspruchs bis zur Höhe seiner Aufwendungen durch schriftliche Anzeige bewirken. Laut Sachverhalt ist die Überleitung durch einen schriftlichen Bescheid erfolgt.

2.2.3 Bestimmtheit

Ein Verwaltungsakt muss inhaltlich hinreichend bestimmt sein (§ 33 Abs. 1 SGB X). Die Überleitungsanzeige nach § 93 SGB XII entspricht nach dem Sachverhalt den gesetzlichen Anforderungen.

2.2.4 Begründung

Ein schriftlicher Verwaltungsakt ist schriftlich zu begründen (§ 35 Abs. 1 Satz 1 SGB X). In der Begründung sind die wesentlichen tatsächlichen und rechtlichen Gründe mitzuteilen, die die Behörde zu ihrer Entscheidung bewogen haben (§ 35 Abs. 1 Satz 2 SGB X). Die Begründung von Ermessensentscheidungen muss auch die Gesichtspunkte erkennen lassen, von denen die Behörde bei der Ausübung des Ermessens ausgegangen ist (§ 35 Abs. 1 Satz 3 SGB X).

Nach den Angaben des Sachverhaltes entspricht die Überleitungsanzeige den gesetzlichen Anforderungen. Somit sind die Voraussetzungen bezüglich der Begründungspflicht beachtet worden.

2.2.5 Rechtsbehelfsbelehrung

Erlässt die Behörde einen schriftlichen Verwaltungsakt, ist der durch ihn beschwerte Beteiligte über den Rechtsbehelf und die Behörde oder das Gericht, bei denen der Rechtsbehelf anzubringen ist, deren Sitz, die einzuhaltende Frist und die Form schriftlich zu belehren (vgl. § 36 SGB X).

Die Rechtsbehelfsbelehrung ist laut Sachverhalt in der erforderlichen Form korrekt erfolgt.

2.2.6 Zusammenfassung

Die Überleitung des Anspruchs nach § 93 SGB XII ist formell rechtmäßig vorgenommen worden.

3. Materielle Rechtmäßigkeit

Die Überleitung nach § 93 SGB XII bewirkt einen Gläubigerwechsel (Forderungsübergang). Der für die Leistungsgewährung zuständige Träger der Sozialhilfe tritt dabei in die Rechtsposition der anspruchsberechtigten Person bzw. des Anspruchsinhabers (hier also des Herrn B) ein. Am Anspruch selbst ändert sich durch die Überleitung dagegen nichts. Er muss vom Träger der Sozialhilfe auf demselben Rechtsweg verfolgt werden, den auch der ursprüngliche Gläubiger hätte beschreiten müssen, auch wenn das „Stammrecht" beim bisherigen Gläubiger verbleibt.

Die Vorschrift gilt für alle Leistungen des Zwölften Buches Sozialgesetzbuch. Damit können grundsätzlich die Leistungen der Grundsicherung im Alter und bei Erwerbsminderung nach dem 4. Kapitel SGB XII und der Hilfe zum Lebensunterhalt nach dem 3. Kapitel SGB XII in die weitere Prüfung einbezogen werden.

3.1 Anspruch

Für die Frage der Rechtmäßigkeit der Überleitung (Überleitungsanzeige) ist es unerheblich, ob der Anspruch gegen den Dritten (Schuldner) auch tatsächlich besteht. Es reicht aus, dass **der Anspruch** gegen einen anderen **bestehen könnte** und nicht offensichtlich ausgeschlossen ist (Grundsatz der Negativevidenz). Nach den Sachverhaltsangaben ist ein Anspruch gegen den Bruder von Herrn B nicht offensichtlich ausgeschlossen (Prüfung der Negativevidenz).

Im weiteren Verlauf der gutachtlichen Prüfung ist von einem Anspruch des Herrn B gegen seinen Bruder in Höhe von 500,00 € monatlich auszugehen.

Eine Überleitung ist nach § 93 Abs. 1 Satz 1 SGB XII nur bis zur Höhe des Anspruchs zulässig. Der Anspruch gegen den Bruder von Herrn B beträgt 500,00 € und beschränkt in dieser Höhe die Überleitung.

3.2 Leistungserbringung

Im vorliegenden Fall wird Sozialhilfe für die Familie B in Form der Leistungen nach dem 3. und 4. Kapitel SGB XII rechtmäßig geleistet. Auf die Frage, ob eine Überleitung auch bei einer rechtswidrigen Hilfeleistung zulässig ist, braucht an dieser Stelle nicht näher eingegangen zu werden.

Eine Überleitung ist nach § 93 Abs. 1 Satz 1 SGB XII nur bis zur Höhe der Aufwendungen der Sozialhilfe zulässig. Damit ergibt sich eine weitere Begrenzung in der Höhe der Überleitung. Sie darf nur bis zu einem Gesamtbetrag von 576,00 € (165,00 € und 411,00 €) vorgenommen werden.[6]

3.3 Gleichzeitigkeit (Zeitraumidentität)

Der für die Überleitung in Betracht kommende Anspruch muss für die Zeit bestehen, für die auch Leistungen der Sozialhilfe erbracht werden bzw. erbracht wurden (vgl. § 93 Abs. 1 Satz 1 und Abs. 2 SGB XII). Somit können Ansprüche gegen Berthold B nur übergeleitet werden, die in dem jeweiligen Monat als Einkommen zugordnet worden wären

6 Da das Bundesverwaltungsgericht die §§ 44 ff. SGB X als ein geschlossenes System für die Aufhebung von Verwaltungsakten und die Rückforderung zu Unrecht erbrachter Leistungen ansieht (jetzt ergänzt um die §§ 103, 104 SGB XII), muss die Rechtmäßigkeit der Leistungsgewährung als Voraussetzung für die Überleitung nach § 93 SGB XII angesehen werden.

(Zuflusstheorie). Auf den Entstehungsgrund, das Entstehungsdatum und die Beschaffenheit des überzuleitenden Anspruchs kommt es nicht an.

Im vorliegenden Fall besteht der Sozialhilfeanspruch ab 1.4.2025. Ansprüche gegenüber Herrn B können erst ab diesem Zeitpunkt übergeleitet werden.

3.4 Anspruchsberechtigung

Durch § 93 Abs. 1 Satz 1 SGB XII kommt zunächst zum Ausdruck, dass die leistungsberechtigte Person gleichzeitig Inhaberin eines überleitungsfähigen Anspruchs ist (sog. „Personenidentität"). Anspruchsinhaber ist Herr Bruno B, Leistungsempfänger sind Frau B und Birgit. Beide beziehen Leistungen zum Lebensunterhalt, Frau B im Rahmen der Grundsicherung im Alter und bei Erwerbsminderung nach dem 4. Kapitel SGB XII und Birgit im Rahmen der Hilfe zum Lebensunterhalt nach dem 3. Kapitel SGB XII.

Bruno B als Anspruchsinhaber erhält dagegen keine Sozialhilfeleistungen. Inwieweit die Leistungen an andere Personen als den Anspruchsinhaber berücksichtigt werden können, bestimmen die Regelungen des § 93 Abs. 1 Satz 1 und Satz 2 SGB XII.

Gemäß § 93 Abs. 1 Satz 2 SGB XII kann der Träger der Sozialhilfe den Übergang des Anspruchs auch wegen seiner Aufwendungen für diejenigen Leistungen des 3. und 4. Kapitels bewirken, die er **gleichzeitig** mit den Leistungen für die in § 93 Abs. 1 Satz 1 SGB XII genannte leistungsberechtigte Person, deren nicht getrennt lebenden Ehegatten oder Lebenspartner und deren minderjährigen unverheirateten Kindern erbringt.

Leistungen nach dem 3. und 4. Kapitel SGB XII können damit die Grundlage für eine Überleitung nach § 93 SGB XII sein, wenn die anspruchsberechtigte Person (Anspruchsinhaber bzw. Gläubiger) **gleichzeitig** mit dem nicht getrennt lebenden Ehegatten oder den minderjährigen unverheirateten Kindern Leistungen erhält. Das trifft im vorliegenden Fall nicht zu, da Herr B wegen fehlender Hilfebedürftigkeit keine Leistungen im Rahmen der Sozialhilfe nach dem SGB XII erhält.

Damit werden die Leistungen der Grundsicherung im Alter und bei Erwerbsminderung nach dem 4. Kapitel SGB XII für Frau B und die der Hilfe zum Lebensunterhalt nach dem 3. Kapitel SGB XII für Birgit **nicht gleichzeitig** mit den Leistungen für den Anspruchsinhaber (Herrn B) erbracht und kommen insofern für eine Überleitung im Rahmen des § 93 SGB XII nicht in Betracht.

3.5 Ergebnis

Die Überleitung des Anspruchs durch den zuständigen Sozialhilfeträger ist materiell **rechtswidrig** vorgenommen worden.

Praktischer Fall Nr. 8

Schwerpunkte:
- Grundsicherung im Alter und bei Erwerbsminderung,
- Hilfe zur Pflege,
- Zuständigkeiten, Träger der Sozialhilfe,
- Erstattungsansprüche gegen Sozialleistungsträger nach § 104 SGB X

Hilfsmittel:
- Sechstes Buch Sozialgesetzbuch (SGB VI),
- Elftes Buch Sozialgesetzbuch (SGB XI),
- Zwölftes Buch Sozialgesetzbuch (SGB XII) mit Verordnungen,
- Landesausführungsgesetz zum Sozialgesetzbuch Zwölftes Buch (SGB XII) – Sozialhilfe – für das Land Nordrhein-Westfalen (AG-SGB XII NRW)

Sachverhalt

Am 11.4.2025 spricht Frau Karin K beim Sozialamt der kreisfreien Stadt S in Nordrhein-Westfalen vor und beantragt Leistungen zum Lebensunterhalt für sich selbst und als Bevollmächtigte für ihren Ehemann Kurt K.

Sie trägt vor, dass ihr Ehemann Anfang des Jahres 2025 wegen seiner fortschreitenden Pflegebedürftigkeit seine selbstständige Erwerbstätigkeit aufgegeben habe. Während der gesamten Dauer seiner selbstständigen Tätigkeit habe er freiwillige Beiträge in die gesetzliche Rentenversicherung eingezahlt und am 31.1.2025 bei der Deutschen Rentenversicherung Bund (DRV) einen Antrag auf die Regelaltersrente aus der gesetzlichen Rentenversicherung gestellt, über den bislang jedoch noch nicht entschieden werden konnte.

Die häuslichen und wirtschaftlichen Verhältnisse geben nach ihren Angaben folgendes Bild, das auch bei einem Hausbesuch durch den sozialen Dienst der Stadt S im Ergebnis bestätigt wird:

Im Haushalt der Familie K leben zwei Personen, Kurt K (68 Jahre alt) und seine Ehefrau Karin K (53 Jahre alt).

Kurt K leidet an Muskelschwund (Abbau des Muskelgewebes bis zur vollständigen Lähmung) und ist pflegebedürftig. Er besitzt einen Ausweis nach § 152 Abs. 5 SGB IX (Schwerbehindertenausweis) mit dem Merkzeichen „G“.

Die erforderlichen Pflegeleistungen werden von einer Berufspflegekraft eines anerkannten ambulanten Pflegedienstes und der Nachbarin Sylvia S durchgeführt, die auch gemeinsam mit Karin K die notwendige hauswirtschaftliche Versorgung sicherstellt. Die angemessenen Kosten für den Einsatz des Pflegedienstes betragen 1.197,60 € monatlich. Die zuständige Pflegekasse hat bei Herrn K den Pflegegrad 3 festgestellt und übernimmt nach § 36 Abs. 3 SGB XI als Sachleistung bedarfsdeckend die Kosten für den Einsatz der Berufspflegekraft (Pflegedienst) in Höhe von 1.197,60 € im Monat. Da der mögliche Höchstbetrag der Pflegesachleistung von 1.497,00 € nach § 36 Abs. 3 Nr. 2 SGB XI nicht ausgeschöpft wird, zahlt die Pflegekasse im Rahmen der Kombinationsleistung nach § 38 SGB XI zusätzlich zur Sachleistung ein anteiliges Pflegegeld von monatlich 119,80 €.

Die Entscheidung der Pflegekasse bezüglich der Feststellung des Pflegegrades beruht auf Tatsachen, die auch einer Entscheidung nach dem Zwölften Buch Sozialgesetzbuch zugrunde liegen würden.

Karin K bezieht eine zeitlich unbefristete Rente nach § 43 Abs. 2 SGB VI wegen voller Erwerbsminderung aus der gesetzlichen Rentenversicherung nach Abzug der Beiträge zur Kranken- und Pflegeversicherung in Höhe von 500,00 € monatlich. Weiteres Einkommen steht den Eheleuten K derzeit nicht zur Verfügung.

Seit Aufgabe der Erwerbstätigkeit von Herrn K hat die Familie von Ersparnissen gelebt, die jetzt bis auf einen Restbetrag von 7.980,00 € aufgebraucht sind. Entsprechende Angaben konnten nachvollziehbar belegt werden.

Familie K bewohnt eine Mietwohnung zu einem angemessenen Mietpreis (Grundmiete zzgl. der umlagefähigen Nebenkosten) von monatlich 400,00 €. Angemessene Heizkosten entstehen in Höhe von 80,00 € monatlich. Darin sind auch Anteile für die Warmwasserversorgung enthalten.

Am 5.5.2025 erhält Herr K einen Bescheid der Deutschen Rentenversicherung Bund (DRV), nach dem er rückwirkend ab 1.4.2025 eine Regelaltersrente aus der gesetzlichen Rentenversicherung in Höhe von monatlich 1.533,00 € nach Abzug der Beiträge zur Kranken- und Pflegeversicherung erhält.

Die laufende Zahlung an Herrn K soll nach Auskunft des Rentenversicherungsträgers im Juni 2025 aufgenommen werden.

Aufgaben

Prüfen Sie gutachtlich,

1. ob und ggf. in welchem Umfang Leistungen der Sozialhilfe nach dem Zwölften Buch Sozialgesetzbuch ab dem Monat April 2025 für die Eheleute K in Betracht kommen,
2. welche Stelle für die Entscheidung über eine Hilfeleistung zuständig ist,
3. ob die Möglichkeit besteht, die für April und Mai 2025 ggf. angefallenen Kosten für die Hilfeleistung nach dem SGB XII vom Träger der gesetzlichen Rentenversicherung aus der Rentennachzahlung erstattet zu bekommen.

Bearbeitungshinweise

1. Anlage zu § 28 SGB XII:

Regelbedarfsstufen nach der Anlage zu § 28 in Euro

gültig ab	Regelbedarfsstufe 1	Regelbedarfsstufe 2	Regelbedarfsstufe 3	Regelbedarfsstufe 4	Regelbedarfsstufe 5	Regelbedarfsstufe 6
1.1.2025	563,00	506,00	451,00	471,00	390,00	357,00

Regelbedarfsstufe 1:
Für jede erwachsene Person, die in einer Wohnung nach § 42a Abs. 2 Satz 2 SGB XII lebt und für die nicht die Regelbedarfsstufe 2 gilt.

Regelbedarfsstufe 2:
Für jede erwachsene Person, die in einer Wohnung nach § 42a Abs. 2 Satz 2 SGB XII mit einem Ehegatten oder Lebenspartner oder in eheähnlicher oder lebenspartnerschaftsähnlicher Gemeinschaft mit einem Partner zusammenlebt.

Regelbedarfsstufe 3:
Für jede erwachsene Person, deren notwendiger Lebensunterhalt sich nach § 27b SGB XII bestimmt.

Regelbedarfsstufe 4:
Für eine Jugendliche oder einen Jugendlichen vom Beginn des 15. bis zur Vollendung des 18. Lebensjahres.

Regelbedarfsstufe 5:
Für ein Kind vom Beginn des siebten bis zur Vollendung des 14. Lebensjahres.

Regelbedarfsstufe 6:
Für ein Kind bis zur Vollendung des sechsten Lebensjahres.

2. Auf Ansprüche nach dem Wohngeldgesetz (WoGG) ist nicht einzugehen.
3. Der Träger der Sozialhilfe hat von der Möglichkeit gemäß § 35 Abs. 3 und Abs. 4 Satz 2 SGB XII, die Bedarfe für Unterkunft und Heizung zu pauschalieren, keinen Gebrauch gemacht.
4. Gehen Sie davon aus, dass der Rentenversicherungsträger vom zuständigen Träger der Sozialhilfe unmittelbar nach der Entscheidung über eine Hilfeleistung entsprechend in Kenntnis gesetzt wird.
5. Gehen Sie davon aus, dass die Höhe der in Rechnung gestellten Kosten für den Einsatz des ambulanten Pflegedienstes vom zuständigen Sozialhilfeträger aus pflegefachlicher Sicht überprüft und für angemessen gehalten wurde.

Lösung

Aufgabe 1

1. Hilfeart, Gesamtfallgrundsatz

Im vorliegenden Fall ist zu prüfen, ob Leistungen nach dem Zwölften Buch Sozialgesetzbuch (SGB XII) in Betracht kommen. Die Sozialhilfe umfasst nach § 8 SGB XII als Leistungen zum Lebensunterhalt, die von Frau K beantragt worden sind, die Hilfe zum Lebensunterhalt nach dem 3. Kapitel SGB XII und die Grundsicherung im Alter und bei Erwerbsminderung nach dem 4. Kapitel SGB XII. Wegen der Pflegebedürftigkeit von Herrn K kommt daneben ggf. die Hilfe zur Pflege nach dem 7. Kapitel SGB XII in Betracht.

Anhaltspunkte für andere Hilfen nach dem Zwölften Buch Sozialgesetzbuch sind dem Sachverhalt nicht zu entnehmen.

Kurt K ist 68 Jahre alt und hat damit die Altersgrenze des § 41 Abs. 2 SGB XII erreicht. Er gehört somit zum Personenkreis, der nach § 41 Abs. 1 Satz 1 SGB XII Anspruch auf Leistungen der Grundsicherung im Alter und bei Erwerbsminderung nach dem 4. Kapitel SGB XII haben könnte. Das gilt nach § 41 Abs. 3 SGB XII auch für Karin, die laut Sachverhalt das 18. Lebensjahr vollendet hat, eine zeitlich unbefristete Rente wegen voller Erwerbsminderung bezieht, damit **dauerhaft** voll erwerbsgemindert ist und ebenfalls zum anspruchsberechtigten Personenkreis nach dem 4. Kapitel SGB XII gehört.

Nach der Prüfung, ob Lebensunterhaltsleistungen zu erbringen sind, ist festzustellen, ob und ggf. in welcher Höhe Leistungen im Rahmen der Hilfe zur Pflege nach dem 7. Kapitel SGB XII für Herrn K in Betracht kommen.

2. Nachrang der Sozialhilfe

Sozialhilfe erhält nicht, wer sich, vor allem durch Einsatz seiner Arbeitskraft, seines Einkommens und seines Vermögens, selbst helfen kann oder wer die erforderliche Leistung von anderen, insbesondere von Angehörigen oder von Trägern anderer Sozialleistungen, erhält (§ 2 Abs. 1 SGB XII). Die Vorschrift gilt für sämtliche Leistungen bzw. Hilfearten der Sozialhilfe. Der Grundsatz der Nachrangigkeit (Subsidiarität) umfasst die Möglichkeiten der Selbsthilfe, tatsächliche Hilfeleistungen von Dritten sowie Leistungsverpflichtungen Dritter.

Laut Sachverhalt hat Herr K einen Rentenanspruch gegen die Deutsche Rentenversicherung Bund (Träger der gesetzlichen Rentenversicherung), der allerdings noch nicht realisiert wurde. Der Träger der Sozialhilfe darf nicht auf Ansprüche verweisen, die von der leistungsberechtigten Person nicht oder nicht zeitnah realisiert werden können.

Insofern ist § 2 SGB XII nur Programmsatz.[1] Ob und ggf. in welchem Umfang ein Erstattungsanspruch des Trägers der Sozialhilfe gegen den Rentenversicherungsträger besteht und der Grundsatz der Nachrangigkeit im Nachhinein wieder hergestellt werden kann, wird unter Aufgabe 3 geprüft. Weitere Ansprüche, die noch nicht realisiert bzw. zu verfolgen sind, sind dem Sachverhalt nicht zu entnehmen.

Möglichkeiten der Selbsthilfe durch den Einsatz des Einkommens und Vermögens werden später geprüft. Auf Ansprüche nach dem Wohngeldgesetz ist lt. Bearbeitungshinweis 2 nicht einzugehen.[2]

Vorbehaltlich des Ergebnisses dieser Prüfung steht der Grundsatz der Nachrangigkeit der Sozialhilfe aus § 2 Abs. 1 SGB XII einer Hilfeleistung im vorliegenden Fall nicht entgegen.

3. Grundsicherung im Alter und bei Erwerbsminderung

3.1 Anspruchsvoraussetzungen

Nach § 19 Abs. 2 Satz 1 SGB XII und § 41 Abs. 1 Satz 1 SGB XII sind leistungsberechtigt für die Grundsicherung im Alter und bei Erwerbsminderung nach dem 4. Kapitel SGB XII Personen mit gewöhnlichem Aufenthalt im Inland, wenn sie die Altersgrenze nach § 41 Abs. 2 SGB XII erreicht haben oder das 18. Lebensjahr vollendet haben und dauerhaft voll erwerbsgemindert sind, sofern sie ihren notwendigen Lebensunterhalt nicht oder nicht ausreichend aus Einkommen und Vermögen nach § 3 SGB XII bestreiten können.

Die Altersgrenze des § 41 Abs. 2 SGB XII wird spätestens mit Vollendung des 67. Lebensjahres erreicht. Herr K ist 68 Jahre alt und hat damit die Altersgrenze nach § 41 Abs. 2 SGB XII erreicht, Frau K ist laut Sachverhalt 53 Jahre alt und **dauerhaft** voll erwerbsgemindert. Dauerhaft voll erwerbsgemindert i. S. des § 41 Abs. 1 SGB XII ist, wer das 18. Lebensjahr vollendet hat, unabhängig von der jeweiligen Arbeitsmarktlage voll erwerbsgemindert i. S. des § 43 Abs. 2 SGB VI ist und bei dem unwahrscheinlich ist, dass die volle Erwerbsminderung behoben werden kann (vgl. § 41 Abs. 3 SGB XII). Es besteht auch kein Zweifel daran, dass die Eheleute K ihren gewöhnlichen Aufenthalt im Inland haben.

Es ergeben sich im vorliegenden Fall keine Hinweise darauf, dass die Hilfebedürftigkeit innerhalb der letzten zehn Jahre vorsätzlich oder grob fahrlässig herbeigeführt wurde (vgl. § 41 Abs. 4 SGB XII) oder keine Leistungsberechtigung wegen eines vorübergehenden Auslandsaufenthaltes besteht (vgl. § 41a SGB XII).

Die Prüfung, ob Leistungen im Rahmen der Grundsicherung im Alter und bei Erwerbsminderung nach dem 4. Kapitel SGB XII erbracht werden können, erfordert zu-

1 Vgl. BSG, Urt. vom 23.3.2021 – B 8 SO 2/20 R – , juris.

2 Inzwischen hat der Gesetzgeber auf eine Regelung zum Einsatz der Arbeitskraft verzichtet. Die vormalige Fassung des § 11 Abs. 4 SGB XII hatte keine praktische Bedeutung, weil in das Leistungssystem der Sozialhilfe in der Regel erwerbsgeminderte, kranke, ältere oder pflegebedürftige Personen fallen, denen eine Erwerbstätigkeit nicht zuzumuten war.

nächst eine Bedarfsermittlung und anschließend die Feststellung, ob und ggf. in welchem Umfang eigene Mittel aus dem Einkommen und/oder Vermögen für eine Bedarfsdeckung zur Verfügung stehen bzw. einzusetzen sind.

3.1.1 Bedarfsermittlung

Der Umfang der Leistungen der Grundsicherung im Alter und bei Erwerbsminderung bestimmt sich nach §§ 42, 42a SGB XII.

Von den dort genannten Leistungen kommt im vorliegenden Fall die Berücksichtigung von Regelbedarfen (§ 42 Nr. 1 SGB XII), eines Mehrbedarfs als zusätzlicher Bedarf nach dem Zweiten Abschnitt des Dritten Kapitels (§ 42 Nr. 2 SGB II) sowie von Bedarfen für Unterkunft und Heizung (§ 42 Nr. 4 Halbsatz 1 SGB XII) in Betracht.

3.1.1.1 Regelbedarf

Bezüglich des Regelbedarfs verweist § 42 Nr. 1 SGB XII auf die Anlage zu § 28 SGB XII. Der gesamte notwendige Lebensunterhalt mit Ausnahme der Bedarfe nach dem Zweiten bis Vierten Abschnitt des Dritten Kapitels des Zwölften Buches Sozialgesetzbuch (zusätzliche Bedarfe, wie z. B. Mehrbedarfe, Bedarfe für Bildung und Teilhabe, Unterkunft und Heizung) ergibt nach § 27a Abs. 2 Satz 1 SGB XII den monatlichen Regelbedarf, der nach § 27a Abs. 2 Satz 2 SGB XII in Regelbedarfsstufen unterteilt ist. Zur Deckung der Regelbedarfe, die sich aus der Anlage zu § 28 SGB XII ergeben, sind monatliche Regelsätze als Bedarf anzuerkennen (§ 27a Abs. 3 Satz 1 SGB XII).

Für jede erwachsene Person, die in einer Wohnung nach § 42a Abs. 2 Satz 2 SGB XII mit einem Ehegatten zusammenlebt, ist ein Regelsatz der Regelbedarfsstufe 2 in Höhe von monatlich 506,00 € anzuerkennen. Die Eheleute K erfüllen diese Voraussetzungen. Der individuelle Bedarf wird abweichend vom Regelsatz festgelegt, wenn ein Bedarf ganz oder teilweise anderweitig gedeckt ist oder unabweisbar der Höhe nach erheblich von einem durchschnittlichen Bedarf abweicht (vgl. § 27a Abs. 4 Satz 1 SGB XII). Der Sachverhalt enthält keine Anhaltspunkte für eine notwendige abweichende Festlegung.

3.1.1.2 Mehrbedarf als zusätzlicher Bedarf nach dem Zweiten Abschnitt des Dritten Kapitels SGB XII

Bezüglich der Berücksichtigung von zusätzlichen Bedarfen verweist § 42 Nr. 2 SGB XII auf den Zweiten Abschnitt des Dritten Kapitels SGB XII. Hier kommt ein Mehrbedarf nach § 30 SGB XII in Betracht. Nach § 30 Abs. 1 Nr. 1 SGB XII wird ein Mehrbedarf in Höhe von 17 vom Hundert der maßgebenden Regelbedarfsstufe für Personen anerkannt, die die Altersgrenze nach § 41 Abs. 2 SGB XII erreicht haben und durch einen Bescheid nach § 69 Abs. 4 SGB IX oder einen Ausweis nach § 152 Abs. 5 SGB IX die Feststellung des Merkzeichens „G" nachweisen, soweit nicht im Einzelfall ein abweichender Bedarf besteht.

Kurt K hat die Altersgrenze erreicht und besitzt laut Sachverhalt einen Ausweis nach § 152 Abs. 5 SGB IX (Schwerbehindertenausweis) mit dem Merkzeichen „G". Für ihn ist ein Mehrbedarf in Höhe von 17 vom Hundert der für ihn maßgebenden Regelbedarfsstufe (17 vom Hundert von 506,00 € = 86,02 €) anzuerkennen. Anhaltspunkte für einen davon abweichenden Bedarf sind dem Sachverhalt nicht zu entnehmen.

3.1.1.3 Bedarfe für die Unterkunft

Bezüglich der Bedarfe für die Unterkunft verweist § 42 Nr. 4 SGB XII auf den Vierten Abschnitt des Dritten Kapitels SGB XII (§§ 35 ff. SGB XII). Bedarfe für die Unterkunft werden nach § 35 Abs. 1 Satz 1 SGB XII in Höhe der tatsächlichen Aufwendungen anerkannt. Übersteigen die Aufwendungen den der Besonderheit des Einzelfalles angemessenen Umfang, sind sie als Bedarf der Personen, deren Einkommen und Vermögen zu berücksichtigen sind, solange anzuerkennen, als es diesen Personen nicht möglich oder nicht zuzumuten ist, die Aufwendungen zu senken (vgl. § 35 Abs. 2 Satz 1 und Satz 2 SGB XII). Wegen dieser in § 35 Abs. 2 Satz 1 und Satz 2 SGB XII genannten Rechtsfolge ist eine Angemessenheitsprüfung vorzunehmen.

Die Bedarfe für die Unterkunft in Höhe von monatlich 400,00 € sind laut Sachverhalt angemessen. Auf die Regelungen zur Karenzzeit nach § 35 Abs. 1 Satz 2 bis Satz 6 sowie Abs. 2 SGB XII muss hier nicht eingegangen werden

Eine Aufteilung der Bedarfe für die Unterkunft ist unter Berücksichtigung des Individualanspruchs im Rahmen der Leistungen der Sozialhilfe nach den Kopfzahlen der im Haushalt lebenden Personen vorzunehmen („Kopfteilprinzip"). Auf jeden Ehegatten entfallen damit 200,00 €.

Die besonderen Regelungen zur Berücksichtigung von Bedarfen für Unterkunft und Heizung im Rahmen der Grundsicherung nach § 42a Abs. 2 bis Abs. 5 SGB XII sind im vorliegenden Fall nicht relevant.

3.1.1.4 Bedarfe für die Heizung

Bezüglich der Bedarfe für die Heizung verweist § 42 Nr. 2 SGB XII ebenfalls auf den Vierten Abschnitt des Dritten Kapitels des SGB XII (§§ 35 ff. SGB XII). Bedarfe für die Heizung und zentrale Wasserversorgung werden nach § 35 Abs. 4 Satz 1 SGB XII in tatsächlicher Höhe anerkannt, soweit sie angemessen sind.

Laut Sachverhalt sind die Heizkosten von 80,00 € monatlich als angemessen anzusehen. Eine Aufteilung der Heizkosten ist wie bei den Kosten der Unterkunft nach Kopfzahlen vorzunehmen. Somit entfallen auf jeden Ehegatten 40,00 € an berücksichtigungsfähigen Heizkosten.

3.1.1.5 Übersicht über die Bedarfsermittlung

Anhaltspunkte für andere Bedarfsmerkmale enthält der Sachverhalt nicht. Damit ergibt sich der folgende Gesamtbedarf:

	Bruno B	Brunhilde B
Regelbedarf	506,00 €	506,00 €
Bedarfe für Unterkunft	200,00 €	200,00 €
Bedarfe für Heizung	40,00 €	40,00 €
Mehrbedarf	86,02 €	0,00 €
Gesamtbedarf	**832,02 €**	**746,00 €**

3.1.2 Einsatz der eigenen Mittel

Die Grundsicherung im Alter und bei Erwerbsminderung nach dem 4. Kapitel SGB XII ist nach § 19 Abs. 2 Satz 1 und § 41 Abs. 1 Satz 1 SGB XII Personen zu leisten, die ihren notwendigen Lebensunterhalt nicht oder nicht ausreichend aus Einkommen und Vermögen nach § 43 SGB XII bestreiten können.

Für den Einsatz des Einkommens sind die §§ 82 bis 84 SGB XII und für den Einsatz des Vermögens die §§ 90 und 91 SGB XII anzuwenden, soweit in § 43 SGB XII nichts Abweichendes geregelt ist (vgl. § 43 Abs. 1 Satz 1 SGB XII). Dabei sind gemäß § 43 Abs. 1 Satz 2 SGB XII auch Einkommen und Vermögen des nicht getrennt lebenden Ehegatten, die dessen notwendigen Lebensunterhalt nach § 27a SGB XII übersteigen, zu berücksichtigen (sog. „Einsatzgemeinschaft").

Zunächst wird über den Einsatz des Einkommens entschieden.

3.1.2.1 Einsatz des Einkommens

Bestimmungen über den Einsatz des Einkommens enthalten die §§ 82, 83 und 84 SGB XII sowie die Verordnung zur Durchführung des § 82 SGB XII. In einem ersten Arbeitsschritt ist zu prüfen, ob das vorhandene Einkommen grundsätzlich zu berücksichtigen ist; in einem zweiten Arbeitsschritt ist im Rahmen einer sogenannten „Einkommensbereinigung" festzustellen, in welcher Höhe eine Berücksichtigung bzw. Anrechnung des Einkommens in Betracht kommt bzw. Beträge von Einkommen abzusetzen sind.

Zum Einkommen gehören nach § 82 Abs. 1 Satz 1 SGB XII und § 1 VO zu § 82 SGB XII alle Einkünfte in Geld und Geldeswert ohne Rücksicht auf ihre Herkunft und Rechtsnatur sowie ohne Rücksicht darauf, ob sie zu den Einkunftsarten i. S. des Einkommensteuergesetzes gehören und ob sie der Steuerpflicht unterliegen, mit Ausnahme der in § 82 Abs. 1 Satz 1 SGB XII sowie in den §§ 83 und 84 SGB XII genannten nicht zu berücksichtigenden Leistungen. Auch sondergesetzliche Bestimmungen können regeln, dass bestimmte Einkünfte im Rahmen der Sozialhilfe nicht zu berücksichtigen sind.

Karin K verfügt über eine zeitlich unbefristete Rente wegen voller Erwerbsminderung aus der gesetzlichen Rentenversicherung nach § 43 SGB VI in Höhe von monatlich 500,00 €.

Weitere Einkünfte sind nicht vorhanden.

Bei diesen Einkünften handelt es sich um Einkommen im Sinne des § 82 Abs. 1 Satz 1 SGB XII, das auch nach den §§ 83 (nach Zweck und Inhalt bestimmte Leistungen) und

84 SGB XII (Zuwendungen) nicht unberücksichtigt bleiben muss. Auch spezialgesetzliche Regelungen stehen einer Berücksichtigung nicht entgegen.

Die Regelaltersrente, die Herr K rückwirkend ab 1.2.2025 erhält, kann im April 2025 noch nicht berücksichtigt werden, da die Rente zu diesem Zeitpunkt noch nicht zur Verfügung steht und es sich somit (noch) nicht über „bereite Mittel" zur Bedarfsdeckung handelt. Der Nachrang der Sozialhilfe gemäß § 2 Abs. 1 SGB XII wird durch die Geltendmachung bzw. Realisierung eines Erstattungsanspruchs gegen den Träger der gesetzlichen Rentenversicherung als vorrangig verpflichteten Leistungsträger (zu prüfen bei Aufgabe 3) ggf. im Nachhinein wiederhergestellt.

Dem Bedarf ist das nach § 82 Abs. 2 und Abs. 3 SGB XII sowie der Verordnung zur Durchführung des § 82 SGB XII bereinigte Einkommen anspruchsmindernd gegenüberzustellen. Anhaltspunkte für eine Einkommensbereinigung enthält der Sachverhalt allerdings nicht.

Damit ist Erwerbsminderungsrente der Frau K in Höhe von 500,00 € als Einkommen anspruchsmindernd zu berücksichtigen.

3.1.2.2 Einsatz des Vermögens

Laut Sachverhalt ist Vermögen in Form eines angemessenen Hausrats und eines Geldbetrages (Barvermögen) in Höhe von 7.980,00 € vorhanden. Nach § 90 Abs. 1 SGB XII ist das gesamte **verwertbare** Vermögen einzusetzen. Auszugehen ist hierbei von der Gesamtheit (dem Bestand) aller in Geld messbaren Güter. Verwertbar ist dabei der Teil des Vermögens, der durch Verbrauch, Verkauf, Beleihung, Vermietung oder Verpachtung wirtschaftlich nutzbar gemacht werden kann. Bei den vorhandenen Vermögenswerten (Hausrat und Barvermögen) handelt es sich um verwertbares Vermögen i. S. des § 90 Abs. 1 SGB XII. Die Sozialhilfe darf aber nach § 90 Abs. 2 SGB XII vom Einsatz bestimmter Vermögenswerte nicht abhängig gemacht werden **(„Schonvermögen")**.

Nach § 90 Abs. 2 **Nr. 4** SGB XII ist das bei einem angemessenen Hausrat der Fall. Der Hausrat der Eheleute K ist laut Sachverhalt angemessen. Eine Verwertung des Hausrats kommt nicht in Betracht.

Das Sparguthaben in Höhe von 7.980,00 € könnte als Vermögenswert geschützt sein, wenn es sich um einen **kleineren Barbetrag** oder sonstigen Geldwert i. S. des § 90 Abs. 2 **Nr. 9** SGB XII handelt. Was im Einzelfall als kleinerer Barbetrag anzusehen ist, bestimmt die auf der Grundlage des § 96 Abs. 2 SGB XII erlassene Rechtsverordnung zu § 90 Abs. 2 Nr. 9 SGB XII.

Nach § 1 Nr. 1 der DVO zu § 90 Abs. 2 Nr. 9 SGB XII gelten für alle volljährigen Personen, deren Einkommen und Vermögen bei der Gewährung von Sozialhilfe zu berücksichtigen ist bzw. die zu einer sozialhilferechtlichen Einsatzgemeinschaft nach den §§ 19 Abs. 3, 27 Abs. 1 und Abs. 2, 41 SGB XII gehören, sowie für alleinstehende minderjährige Personen einheitlich 10.000,00 € als kleinere Barbeträge oder sonstige Geldwerte, von deren Einsatz und Verwertung die Sozialhilfe nicht abhängig gemacht werden darf.

Für die Eheleute K ist somit ein Betrag von 20.000,00 € zu berücksichtigen, so dass das Sparguthaben als kleinerer Barbetrag geschützt ist und nicht zur Bedarfsdeckung sowohl bei den Leistungen nach dem 4. Kapitel SGB XII als auch im Rahmen der in Betracht kommenden Hilfe zur Pflege nach dem 7. Kapitel SGB XII eingesetzt werden muss.

3.1.3 Zusammenfassung

3.1.3.1 Einsatz der eigenen Mittel

	Kurt K	Karin K
Gesamtbedarf	832,02 €	746,00 €
zu berücksichtigendes Einkommen	0,00 €	500,00 €
ungedeckter Bedarf	832,02 €	246,00 €

3.1.3.2 Ergebnis

Kurt K hat einen ungedeckten Bedarf von 832,02 € und Karin K von 246,00 €. In dieser Höhe kommen Leistungen der Grundsicherung im Alter und bei Erwerbsminderung nach dem 4. Kapitel SGB XII in Betracht.

4. Hilfe zur Pflege

4.1 Anspruchsvoraussetzungen

Hilfe zur Pflege wird nach dem 7. Kapitel SGB XII geleistet, soweit den Leistungsberechtigten und ihren nicht getrennt lebenden Ehegatten die Aufbringung der Mittel aus dem Einkommen und Vermögen nach den Vorschriften des 11. Kapitels SGB XII nicht zuzumuten ist (vgl. § 19 Abs. 3 SGB XII). Damit entsprechende Leistungen im Einzelfall in Betracht kommen können, müssen somit die **sachlichen** bzw. **persönlichen** Voraussetzungen nach dem 7. Kapitel SGB XII und die **wirtschaftlichen** Voraussetzungen nach dem 11. Kapitel SGB XII vorliegen.

4.1.1 Voraussetzungen des 7. Kapitels SGB XII (sachliche Voraussetzungen)

4.1.1.1 Leistungsberechtigte Person

Gemäß §§ 19 Abs. 3, 61 SGB XII haben Personen, die pflegebedürftig im Sinne des § 61a SGB XII sind, Anspruch auf Hilfe zur Pflege, soweit ihnen, ihren nicht getrennt lebenden Ehegatten oder Lebenspartnern und, wenn sie minderjährig und unverheiratet sind, auch ihren Eltern oder einem Elternteil die Aufbringung der Mittel aus dem Einkommen und Vermögen nach den Vorschriften des 11. Kapitels SGB XII nicht zuzumuten ist.

Pflegebedürftig sind gemäß § 61a Abs. 1 Satz 1 SGB XII Personen, die gesundheitlich bedingte Beeinträchtigungen der Selbstständigkeit oder der Fähigkeiten aufweisen und deshalb der Hilfe durch andere bedürfen. Pflegebedürftige Personen in diesem Sinne können körperliche, kognitive oder psychische Beeinträchtigungen oder gesundheitlich bedingte Belastungen oder Anforderungen nicht selbstständig kompensieren oder bewältigen (vgl. § 61a Abs. 1 Satz 2 SGB XII).

Maßgeblich für die Beurteilung der Beeinträchtigungen der Selbstständigkeit oder Fähigkeiten sind die in § 61a Abs. 2 SGB XII genannten einstufungsrelevanten Bereiche bzw. Module.

Für die Gewährung von Leistungen der Hilfe zur Pflege im Rahmen des 7. Kapitels SGB XII sind pflegebedürftige Personen entsprechend dem im Begutachtungsverfahren nach § 62 SGB XII ermittelten Gesamtpunktwert einem der Schwere der Beeinträchtigungen der Selbstständigkeit oder der Fähigkeiten entsprechenden Pflegegrad zuzuordnen. Dabei muss ein „Schwellenwert" von mindestens **12,5 Punkten** erreicht werden.

Die Entscheidung der Pflegekasse über den im Einzelfall festgestellten Pflegegrad ist nach § 62a SGB XII für den zuständigen Träger der Sozialhilfe bindend (sog. „Bindungswirkung"), soweit sie auf Tatsachen beruht, die bei beiden Entscheidungen zu berücksichtigen sind.

Auf eine konkrete Prüfung der einzelnen Voraussetzungen der genannten Vorschriften bzw. auf die Ermittlung des Ausmaßes der Pflegebedürftigkeit (Pflegegrad nach § 61b SGB XII) kann vorliegend verzichtet werden, da die zuständige Pflegekasse für Herrn K den Pflegegrad 3 festgestellt hat und der Träger der Sozialhilfe nach § 62a SGB XII an die Entscheidung über den Pflegegrad gebunden ist. Die **sachlichen** Voraussetzungen der §§ 61 bis 61b SGB XII sind durch die Feststellungen der Pflegekasse insoweit „automatisch" erfüllt. Herr K gehört somit zum anspruchsberechtigten Personenkreis des § 61 SGB XII.

Bei der weiteren Prüfung ist auch im Rahmen der Hilfe zur Pflege nach dem 7. Kapitel SGB XII bei Herrn K vom **Pflegegrad 3** auszugehen.

4.1.1.2 Leistungen

Die Hilfe zur Pflege umfasst nach § 63 Abs. 1 Satz 1 SGB XII für Pflegebedürftige der Pflegegrade 2 bis 5 häusliche Pflege in Form von Pflegegeld, häuslicher Pflegehilfe, Verhinderungspflege, Pflegehilfsmitteln, Maßnahmen zur Verbesserung des Wohnumfeldes und anderen Leistungen sowie teilstationäre Pflege, Kurzzeitpflege, einen Entlastungsbetrag und stationäre Pflege.

Herr K wird im häuslichen Bereich gepflegt. Daher kommen für ihn nur Leistungen im Rahmen der häuslichen (ambulanten) Pflege in Betracht. Soweit häusliche Pflege ausreicht, soll der Träger der Sozialhilfe darauf hinwirken, dass die häusliche Pflege durch Personen, die dem Pflegebedürftigen nahestehen oder als Nachbarschaftshilfe übernommen wird (§ 64 SGB XII).

Die erforderlichen Pflegeleistungen für Herrn K werden von seiner Ehefrau und einer Nachbarin mit Unterstützung eines professionellen Pflegedienstes ausgeführt. In Betracht kommen im vorliegenden Fall ein Pflegegeld sowie die Übernahme der angemessenen Kosten für den Einsatz besonderer Pflegekräfte (Pflegedienst) als häusliche

Pflegehilfe. Das Nähere bezüglich der relevanten Leistungen und Einzelmaßnahmen regeln die §§ 64a ff. SGB XII.

Nach § 64a Abs. 1 Satz 1 SGB XII haben Pflegebedürftige der Pflegegrade 2 bis 5 bei häuslicher Pflege Anspruch auf **Pflegegeld** in Höhe des Pflegegeldes nach § 37 Abs. 1 SGB XI (bei Pflegegrad 3 z. Z. 599,00 €).

Der Pflegegeldanspruch steht allerdings unter der einschränkenden Voraussetzung des § 64a Abs. 1 Satz 2 SGB XII. Danach muss gewährleistet sein, dass die Pflegebedürftigen mit dem Pflegegeld die erforderliche Pflege in geeigneter Weise selbst sicherstellen. Dies schließt allerdings die Heranziehung eines ambulanten Pflegedienstes grundsätzlich nicht aus. Es ist nicht erforderlich, dass mit dem Pflegegeld der gesamte pflegerische Bedarf gedeckt wird.

Der Sachverhalt enthält keine Hinweise darauf, dass mit dem Pflegegeld die Organisation der Pflege von Herrn K im ambulanten (häuslichen) Bereich durch nahestehende Personen mit Unterstützung des Pflegedienstes dem Umfang des Pflegegeldes entsprechend nicht vorgenommen werden kann.

Soweit die häusliche Pflege nicht (allein) durch das Pflegegeld sichergestellt werden kann, haben Pflegebedürftige der Pflegegrade 2 bis 5 gemäß § 64b Abs. 1 Satz 1 SGB XII Anspruch auf körperbezogene Pflegemaßnahmen sowie auf Hilfen bei der Haushaltsführung als Pflegesachleistung **(häusliche Pflegehilfe)**. Die Leistungen umfassen insofern auch die angemessenen Kosten für den Einsatz eines ambulanten Pflegedienstes.

Die für den Einsatz des ambulanten Pflegedienstes entstehenden Kosten sind laut Sachverhalt angemessen. Es ist auch davon auszugehen, dass die Heranziehung des Pflegedienstes insoweit erforderlich bzw. notwendig ist, da die (ehrenamtliche) Pflege von Angehörigen und Nachbarn offenbar nicht ausreicht, um den individuellen pflegerischen Bedarf von Herrn K zu decken. Weiterhin ist davon auszugehen, dass die Höhe der vom Pflegedienst in Rechnung gestellten Kosten vom zuständigen Träger der Sozialhilfe aus pflegefachlicher Sicht überprüft worden sind (vgl. Bearbeitungshinweis 5).

Damit ergeben sich zunächst die folgenden sozialhilferechtlichen Bedarfe:

Pflegegeld nach § 64a Abs. 1 SGB XII	599,00 €
Kosten für den Einsatz besonderer Pflegekräfte als **häusliche Pflegehilfe** nach § 64b Abs. 1 Satz 1 SGB XII	1.197,60 €

4.1.1.3 Leistungskonkurrenz

Bestimmungen zum Fall einer Leistungskonkurrenz enthält § 63b SGB XII. In dieser Vorschrift wird zwischen Anrechnungs- und Kürzungstatbeständen unterschieden.

Anrechnung der Sachleistung aus der Pflegeversicherung

Gemäß § 63b Abs. 1 SGB XII werden Leistungen der Hilfe zur Pflege nach dem 7. Kapitel SGB XII nicht erbracht, soweit Pflegebedürftige **gleichartige Leistungen** nach anderen Rechtsvorschriften erhalten. Mit der Vorschrift wird der in § 2 Abs. 1 SGB XII normierte Grundsatz der Nachrangigkeit der Sozialhilfe konkretisiert. Die leistungsberechtigte Person hat daher die vorrangigen Leistungen der gesetzlichen Pflegeversicherung nach dem SGB XI in Anspruch zu nehmen, bevor der Träger der Sozialhilfe zur Leistung nach dem 7. Kapitel SGB XII verpflichtet ist.

Für den Einsatz des Pflegedienstes erbringt die für Herrn K zuständige Pflegekasse die Sachleistung nach § 36 SGB XI in Höhe der anfallenden Kosten in Höhe von monatlich 1.197,60 €. Hierbei handelt es sich um gleichartige Leistungen im Sinne des § 63b Abs. 1 SGB XII. Damit kommt eine Berücksichtigung des Bedarfs für den Einsatz des Pflegedienstes als häusliche Pflegehilfe im Rahmen der Hilfe zur Pflege nach dem 7. Kapitel SGB XII nicht mehr in Betracht.[3]

Kürzung des Pflegegeldes

Das Pflegegeld **kann** um **bis zu zwei Drittel** (sog. „disponibler Teil") gekürzt werden, soweit die Heranziehung einer besonderen Pflegekraft erforderlich ist, Pflegebedürftige Leistungen der Verhinderungspflege nach § 64c SGB XII oder gleichartige Leistungen nach anderen Rechtsvorschriften erhalten (§ 63b Abs. 5 SGB XII).

Hier ist zum einen **Entschließungs**ermessen im Zusammenhang mit der Frage, ob das Pflegegeld überhaupt gekürzt werden soll, und zum anderen **Auswahl**ermessen, bezogen auf den Umfang der Kürzung, auszuüben. Da die nahestehenden Pflegepersonen durch den Einsatz der besonderen Pflegekraft (Pflegedienst) nicht unerheblich entlastet werden, ist eine Kürzung vorzunehmen. Da die mögliche Sachleistung der Pflegekasse im vorliegenden Fall nicht ausgeschöpft wird, ist davon auszugehen, dass ein wesentlicher Teil der für Herrn K erforderlichen Pflegetätigkeiten von den nahestehenden Personen bzw. Angehörigen (Pflegepersonen) erbracht wird.

Es ist deshalb sachgerecht, eine Kürzung des Pflegegeldes im Rahmen der Leistungskonkurrenz nach § 63b Abs. 5 SGB XII um 40 vom Hundert vorzunehmen.[4]

Damit ergibt sich ein sozialhilferechtlich zu berücksichtigender Pflegegeldbedarf von 359,40 € (599,00 € ./. 239,60 €).

Anrechnung des Pflegegeldes aus der Pflegeversicherung

Gemäß § 63b Abs. 1 SGB XII werden Leistungen der Hilfe zur Pflege nach dem 7. Kapitel SGB XII nicht erbracht, soweit Pflegebedürftige **gleichartige Leistungen** nach anderen Rechtsvorschriften erhalten. Damit ist das von der zuständigen Pflegekasse im Rahmen der Kombinationsleistung (vgl. § 38 SGB XI) gezahlte Pflegegeld in Höhe von 119,80 € auf das sozialhilferechtlich zu berücksichtigende Pflegegeld nach § 64a Abs. 1 SGB XII anzurechnen (bzw. das „Sozialhilfe-Pflegegeld" wird **insoweit** nicht gewährt), da es sich hierbei um eine gleichartige Leistung i. S. des § 63b Abs. 1 SGB XII handelt.

---

3 Auch eine Lösung über § 2 SGB XII (Grundsatz der Nachrangigkeit) dahingehend, dass in Höhe der Pflegesachleistung der zuständigen Pflegekasse ein sozialhilferechtlicher Bedarf gar nicht entsteht, ist vertretbar.

4 Auch ein anderes Ergebnis ist mit entsprechender Begründung vertretbar.

4.1.1.4 Ergebnis der Prüfung des 7. Kapitels SGB XII

Die Voraussetzungen für eine Leistung im Rahmen der Hilfe zur Pflege nach dem 7. Kapitel SGB XII liegen vor. Es ist für die weitere Prüfung von einem Bedarf in Höhe von **239,60 €** (359,40 € ./. 119,80 €) auszugehen.

4.1.2 Voraussetzungen nach dem 11. Kapitels SGB XII (wirtschaftliche Voraussetzungen)

Gemäß § 19 Abs. 3 SGB XII wird Hilfe zur Pflege geleistet, soweit den Leistungsberechtigten und ihren nicht getrennt lebenden Ehegatten die Aufbringung der Mittel aus dem Einkommen und Vermögen nach den Vorschriften des 11. Kapitels SGB XII nicht zuzumuten ist.

Wie oben festgestellt wurde, kommen im vorliegenden Fall Leistungen der Grundsicherung im Alter und bei Erwerbsminderung nach dem 4. Kapitel SGB XII in Betracht. Die vorhandenen eigenen Mittel (Einkommen) der Eheleute K sind bereits zur teilweisen Deckung des Bedarfs nach dem 4. Kapitel SGB XII eingesetzt worden und stehen für eine Beteiligung an den Kosten der Hilfe zur Pflege nach dem 7. Kapitel SGB XII nicht mehr zur Verfügung.

Eine konkrete Prüfung, inwieweit der Einsatz von Einkommen und Vermögen im Rahmen der Hilfe zur Pflege nach dem 7. Kapitel SGB XII zugemutet werden kann, ist nicht durchzuführen.

Hinweis
Soweit die nach § 19 Abs. 3 SGB XII verpflichteten Personen der sog. „Einsatzgemeinschaft" bereits auf Leistungen zum Lebensunterhalt nach dem 3. oder 4. Kapitel SGB XII (oder auf Leistungen der Grundsicherung für Arbeitsuchende nach dem SGB II) angewiesen sind, ist der Einsatz des Einkommens bei den im Einzelfall relevanten Leistungen nach dem 5. bis 9. Kapitel SGB XII (hier nach dem 7. Kapitel SGB XII) generell nicht mehr ***zuzumuten****, so dass die Berechnung einer Einkommensgrenze nicht erforderlich ist.*

4.1.3 Zusammenfassung

Neben der **Grundsicherung im Alter und bei Erwerbsminderung** nach dem 4. Kapitel SGB XII für Herrn und Frau K (**832,02 €** bzw. **246,00 €**) kommen für Kurt K Leistungen im Rahmen der **Hilfe zur Pflege** nach dem 7. Kapitel SGB XII in Form eines (gekürzten) Pflegegeldes in Höhe von **239,60 €** in Betracht.

5. Form der Hilfe, Leistung als Beihilfe oder als Darlehen

Nach § 10 Abs. 1 SGB XII werden die Leistungen u. a. als Geldleistung oder Sachleistung erbracht. Dabei hat die Geldleistung den Vorrang vor der Sachleistung. Anhaltspunkte dafür, Sachleistungen (ganz oder teilweise) anstelle der Geldleistung zu erbringen, enthält der Sachverhalt nicht. Ein Darlehen ist bezüglich der hier in Betracht kommenden Hilfeleistungen im Zwölften Buch Sozialgesetzbuch nicht vorgesehen.

6. Einsetzen der Hilfe/Antragserfordernis/Bekanntwerden der Notlage

Bezüglich des Einsetzens der Hilfe ist zwischen der Grundsicherung im Alter und bei Erwerbsminderung nach dem 4. Kapitel SGB XII und der Hilfe zur Pflege nach dem Kapitel SGB XII zu unterscheiden.

Der Bewilligungszeitraum für die Grundsicherungsleistungen beginnt nach § 44 Abs. 2 Satz 1 SGB XII bei der Erstbewilligung am Ersten des Monats, in dem der Antrag gestellt worden ist (Rückwirkung der Antragstellung), wenn die Voraussetzungen des § 41 SGB XII innerhalb dieses Kalendermonats erfüllt werden. Der Antrag wurde laut Sachverhalt am 11.4.2025 gestellt. Somit ist die Leistung ab 1.4.2025 zu erbringen und für einen Bewilligungszeitraum von zwölf Kalendermonaten (Regelfall) zu bewilligen (vgl. § 44 Abs. 3 Satz 1 SGB XII).

Andere Sozialhilfeleistungen setzen nach § 18 Abs. 1 SGB XII ein, sobald dem Träger der Sozialhilfe oder der beauftragten Stelle bekannt wird, dass die Voraussetzungen für die Hilfeleistung vorliegen. Der Stadt S wird die Notlage durch die Antragstellung am 11.4.2025 bekannt. Die Hilfe zur Pflege nach dem 7. Kapitel SGB XII ist von diesem Tag an zu leisten (d. h. also anteiliger Anspruch für den Monat April).

Aufgabe 2

1. Sachliche Zuständigkeit

Sachlich zuständig ist nach § 97 Abs. 1 SGB XII der örtliche Träger der Sozialhilfe, soweit nicht der überörtliche Träger sachlich zuständig ist. Für den Bereich des Landes Nordrhein-Westfalen führen die Kreise und kreisfreien Städte als **örtliche Träger** der Sozialhilfe und die Landschaftsverbände als **überörtliche Träger** der Sozialhilfe die Aufgaben der Sozialhilfe als Selbstverwaltungsangelegenheiten durch, soweit sie nicht Geldleistungen nach dem 4. Kapitel SGB XII erbringen (vgl. § 1 Abs. 1 AG-SGB XII NRW).

Soweit Geldleistungen erbracht werden, wird das 4. Kapitel SGB XII in Bundesauftragsverwaltung durchgeführt. Die örtlichen und überörtlichen Träger nehmen dann die ihnen nach dem 4. Kapitel SGB XII obliegenden Aufgaben als Pflichtaufgabe zur Erfüllung nach Weisung wahr (vgl. § 1 Abs. 2 AG-SGB XII NRW).

Die sachliche Zuständigkeit des überörtlichen Trägers wird gemäß § 97 Abs. 2 Satz 1 SGB XII nach Landesrecht bestimmt. Nach § 2a AG-SGB XII NRW ist der überörtliche Träger der Sozialhilfe nur für die dort ausdrücklich genannten Leistungen sachlich zuständig. Für die hier in Betracht kommende Grundsicherung nach dem 4. Kapitel und für die (ambulanten) Leistungen im Rahmen der Hilfe zur Pflege nach dem 7. Kapitel SGB XII wird die sachliche Zuständigkeit eines überörtlichen Trägers durch § 2a AG-SGB XII NRW nicht begründet.

Sachlich zuständig ist im vorliegenden Fall somit ein örtlicher Träger der Sozialhilfe.

2. Träger der Sozialhilfe

Örtliche Träger der Sozialhilfe sind die kreisfreien Städte und die Kreise, soweit nicht durch Landesrecht etwas anderes bestimmt wird (§ 3 Abs. 2 Satz 1 SGB XII). Eine abweichende Bestimmung durch Landesrecht ist in Nordrhein-Westfalen nicht vorgenommen worden (vgl. § 1 AG-SGB XII NRW).

3. Örtliche Zuständigkeit

Für die Sozialhilfe örtlich zuständig ist nach § 98 Abs. 1 Satz 1 SGB XII der Träger der Sozialhilfe, in dessen Bereich sich die Leistungsberechtigten tatsächlich aufhalten. Gemäß § 46b Abs. 1 SGB XII werden die zuständigen Träger für die Leistungen nach dem 4. Kapitel SGB XII nach Landesrecht bestimmt. Nach § 3 Abs. 3 Satz 1 AG-SGB XII NRW ist für die Leistungen nach dem 4. Kapitel SGB XII der Träger örtlich zuständig, in dessen Bereich der gewöhnliche Aufenthaltsort des Leistungsberechtigten liegt. Nach § 30 Abs. 2 Satz 2 SGB I hat den gewöhnlichen Aufenthalt jemand dort, wo er sich unter Umständen aufhält, die erkennen lassen, dass er an diesem Ort oder in diesem Gebiet nicht nur vorübergehend verweilt. Üblicherweise ist dies der Wohnsitz.

Familie K hält sich in der kreisfreien Stadt S auf. Es ist auch nicht daran zu zweifeln, dass es sich gleichzeitig um den gewöhnlichen Aufenthalt handelt. Die Stadt S ist für die Entscheidung über die in Betracht kommenden Sozialhilfeleistungen sachlich und örtlich zuständig.

Aufgabe 3

Laut Aufgabenstellung ist zu prüfen, ob ein Erstattungsanspruch des Sozialhilfeträgers im Hinblick auf die entstandenen Sozialhilfeaufwendungen nach dem 4. und 7. Kapitel SGB XII aus der Rentennachzahlung gegen den Träger der gesetzlichen Rentenversicherung in Betracht kommt.

Es könnte sich im vorliegenden Fall um einen Erstattungsanspruch gegen einen Sozialleistungsträger nach § 104 SGB X handeln.

Nach § 2 Abs. 1 SGB XII erhält Sozialhilfe u. a. nicht, wer die erforderliche Leistung von Trägern anderer Sozialleistungen erhält. Die Verpflichtungen der Träger anderer Sozialleistungen bleiben nach § 2 Abs. 2 Satz 1 SGB XII unberührt. Der zuständige Träger der Sozialhilfe hat im vorliegenden Fall als nachrangig verpflichteter Träger

Leistungen erbringen müssen, da die Hilfe keinen Aufschub duldete. In derartigen Fällen kann das Nachrangverhältnis (vgl. § 2 Abs. 1 SGB XII) im Wege der Geltendmachung bzw. Realisierung eines Erstattungsanspruchs nach § 104 SGB X durch den Träger der Sozialhilfe gegen einen vorrangigen Sozialleistungsträger im Nachhinein wiederhergestellt werden.

Nach § 104 Abs. 1 SGB X ist der vorrangig verpflichtete Leistungsträger erstattungspflichtig, wenn die Voraussetzungen des § 103 Abs. 1 SGB X nicht vorliegen und der vorrangig verpflichtete Träger nicht bereits geleistet hat, bevor er von der Leistung des Sozialhilfeträgers Kenntnis erlangt hat. Die Vorschrift des § 103 SGB X regelt den Anspruch des Trägers, dessen Leistungsverpflichtung kraft gesetzlicher Regelung nachträglich entfallen ist.

Eine solche Regelung besteht im vorliegenden Fall nicht. Auch hatte der Träger der gesetzlichen Rentenversicherung laut Sachverhalt Kenntnis von der Hilfeleistung des zuständigen Sozialhilfeträgers.

1. Voraussetzungen für einen Erstattungsanspruch

1.1 Hilfeleistung

Zu Unrecht erbrachte Leistungen sind nach dem geschlossenen System der §§ 44 ff. SGB X (jetzt ergänzt um die §§ 103 Abs. 1 Satz 2, 104 SGB XII) zurückzufordern.[5] Damit ist eine **rechtmäßige** Hilfeleistung Voraussetzung für einen Erstattungsanspruch nach § 104 SGB X.

Nach den zuvor gefundenen Ergebnissen wurden die Leistungen der Sozialhilfe nach dem 4. und 7. Kapitel SGB XII im vorliegenden Fall **rechtmäßig** geleistet.

1.2 Anspruch gegen einen Sozialleistungsträger

Es muss ein Anspruch gegen einen Sozialleistungsträger bestehen. Laut Sachverhalt besteht ein Anspruch auf Zahlung einer Regelaltersrente aus der gesetzlichen Rentenversicherung gegen die Deutsche Rentenversicherung Bund. Die Deutsche Rentenversicherung Bund ist nach § § 12, 23 Abs. 2 Nr. 1 SGB I Leistungsträger i. S. des Sozialgesetzbuches.

1.3 Nachrangige Verpflichtung des leistenden Trägers

Nachrangig verpflichtet ist nach § 104 Abs. 1 Satz 2 SGB X ein Leistungsträger, soweit er bei rechtzeitiger Erfüllung der Leistungsverpflichtung eines anderen Leistungsträgers selbst nicht zur Leistung verpflichtet gewesen wäre.

Aus der Formulierung „soweit" ergibt sich, dass die Leistung des vorrangig verpflichteten Trägers die Aufwendungen des nachrangigen Trägers nicht vollständig ersetzen muss. Ein Erstattungsanspruch des Sozialhilfeträgers besteht daher auch dann, wenn

5 Vgl. BVerwG, Urt. vom 10.9.1992 – 5 C 71/88 –, BVerwGE 91, 13 = FEVS 43, 224.

die Höhe der Sozialhilfe durch die (rechtzeitige) Zahlung der vorrangigen Leistung geringer ausgefallen bzw. in dem Umfang nicht erbracht worden wäre.

Die Vorschrift des § 2 SGB XII statuiert eine sog. „Systemnachrangigkeit", die das Leistungssystem der Sozialhilfe nach dem SGB XII als nachrangiges Leistungssystem festschreibt. Damit wäre der Träger der Sozialhilfe bei rechtzeitiger Leistung der Regelaltersrente durch den Träger der gesetzlichen Rentenversicherung nicht oder nicht in der errechneten Höhe zur Leistung verpflichtet gewesen und ist damit als nachrangig verpflichteter Leistungsträger tätig geworden.

1.4 Personenidentität

Inhaber des Anspruchs auf die Regelaltersrente aus der gesetzlichen Rentenversicherung ist Herr K. Herr und Frau K beziehen Leistungen der Grundsicherung im Alter und bei Erwerbsminderung nach dem 4. Kapitel SGB XII. Zusätzlich erhält Herr K Leistungen im Rahmen der Hilfe zur Pflege nach dem 7. Kapitel SGB XII.

Nur bezüglich der Leistungen an Herrn K besteht Personenidentität zwischen Leistungsempfänger und Anspruchsinhaber. Die Berücksichtigung von Leistungen an andere Personen als den Anspruchsinhaber sieht § 104 Abs. 1 SGB X nicht vor. Nach § 104 Abs. 2 SGB X kann ein Erstattungsanspruch auch geltend gemacht werden, wenn von einem nachrangig verpflichteten Leistungsträger Sozialleistungen für einen Angehörigen erbracht worden sind und ein anderer mit Rücksicht auf diesen Angehörigen einen Anspruch auf Sozialleistungen hat oder hatte.

In der (gesetzlichen) Regelaltersrente werden Angehörige des leistungsberechtigten Herrn K nicht berücksichtigt, so dass auch die Regelung des § 104 Abs. 2 SGB X keine Grundlage dafür bietet, auch die Sozialhilfeleistungen nach dem 4. Kapitel SGB XII für die Ehefrau in den Erstattungsanspruch nach § 104 SGB X gegen den Rentenversicherungsträger einzubeziehen.

Für den Fall, dass sich das Recht des Trägers der Sozialhilfe, Ersatz seiner Aufwendungen von einem anderen zu verlangen, nach sonstigen gesetzlichen Vorschriften richtet, die dem § 93 SGB XII vorgehen, gelten nach § 114 SGB XII als Aufwendungen die Kosten der Leistung für diejenige Person, die den Anspruch gegen den anderen hat, sowie die Kosten der Leistungen nach dem 3. und 4. Kapitel SGB XII, die **gleichzeitig** mit der Leistung für den Anspruchsinhaber für den nicht getrennt lebenden Ehegatten oder Lebenspartner und die minderjährigen unverheirateten Kinder erbracht wurden.

Die Vorschrift des § 93 SGB XII schließt eine Überleitung von Ansprüchen aus, die sich gegen einen Sozialleistungsträger i. S. von § 12 SGB I richten. Damit geht die Vorschrift des § 104 SGB X dem § 93 SGB XII vor,[6] und die gesamten Leistungen der Grundsicherung im Alter und bei Erwerbsminderung nach dem 4. Kapitel SGB XII für Kurt und Karin K können in den Erstattungsanspruch gegen den Träger der gesetzlichen Rentenversicherung einbezogen werden.

6 Vgl. BSG, Urt. vom 8.8.1990 – 11 Rar 79/88 –, FEVS 41, 255 = NJW 1991, 380.

1.5 Gleichzeitigkeit

Die Ansprüche gegen den vorrangig verpflichteten Träger der gesetzlichen Rentenversicherung müssen für den Zeitraum bestehen, für den auch ein Anspruch auf Leistungen nach dem Zwölften Buch Sozialgesetzbuch bestanden hat (Zeitraumidentität).

Dies trifft für den gesamten Zeitraum ab 1.4.2025 bis zur Aufnahme der laufenden Rentenzahlung durch den Rentenversicherungsträger zu.

1.6 Kausalitätsprüfung

Ein Erstattungsanspruch besteht nach § 104 Abs. 1 Satz 3 SGB X nicht, soweit der nachrangig verpflichtete Leistungsträger (also der Sozialhilfeträger) seine Leistungen auch bei Leistung des vorrangig verpflichteten Leistungsträgers hätte erbringen müssen (Frage der Kausalität).

Die Kausalitätsprüfung verlangt eine fiktive bzw. hypothetische Betrachtung der Frage, in welchem Umfang sich die rechtzeitige Zahlung der Altersrente an Herrn K in Höhe von monatlich 1.533,00 € durch die Deutschen Rentenversicherung Bund auf die Leistungen des Trägers der Sozialhilfe ausgewirkt hätte.

Die Prüfung ist für alle an die Eheleute K erbrachten Leistungen vorzunehmen.

1.6.1 Grundsicherung im Alter und bei Erwerbsminderung (4. Kapitel SGB XII)

Neben der zur Verfügung stehenden Erwerbsminderungsrente von Frau K wäre die Altersrente von Herrn K bei der Ermittlung der zu leistenden Hilfe nach dem 4. Kapitel SGB XII als Einkommen berücksichtigt worden. Es hätte sich folgende Berechnung ergeben:

	Kurt K	**Karin K**
Bedarf (4. Kap. SGB XII)	832,02 €	746,00 €
zu berücksichtigendes Einkommen	0,00 €	500,00 €
ungedeckter Bedarf	832,02 €	246,00 €
Anspruch (Altersrente)	1.533,00 €	0,00 €
ungedeckter Bedarf	0,00 €	246,00 €
Überschuss	**700,98 €**	**0,00 €**

Nach § 19 Abs. 2 Satz 1 SGB XII hätte Herr K sein Einkommen in Form der Altersrente zur Deckung seines Bedarfs einsetzen müssen. Nach § 43 Abs. 1 Satz 2 SGB XII besteht daneben eine Verpflichtung, das den eigenen (individuellen) Bedarf übersteigende Einkommen auch für den nicht getrennt lebenden Ehegatten einzusetzen (sog. „Einsatzgemeinschaft“).

Der von Kurt K nicht für den eigenen Lebensunterhalt benötigte Teil seines Einkommens hätte für seine Ehefrau eingesetzt werden müssen und hätte ausgereicht, ihren notwendigen Lebensunterhalt zu bestreiten. Leistungen nach dem 4. Kapitel SGB XII wären daher wegen fehlender Hilfebedürftigkeit **nicht** in Betracht gekommen.

Ein Erstattungsanspruch besteht in Höhe der gesamten erbrachten Leistungen nach dem 4. Kapitel SGB XII (832,02 € + 246,00 € = **1.078,02 €**) pro Monat.

1.6.2 Hilfe zur Pflege

Ob sich die Berücksichtigung der Altersrente aus der gesetzlichen Rentenversicherung von Kurt K auch auf die Leistungen im Rahmen der Hilfe zur Pflege nach dem 7. Kapitel SGB XII ausgewirkt hätte, ist durch eine Prüfung der wirtschaftlichen Voraussetzungen nach dem 11. Kapitel SGB XII unter dem Aspekt der Zumutbarkeit (vgl. §§ 19 Abs. 3, 85 Abs. 1 SGB XII) festzustellen.

Ist die nachfragende Person minderjährig und unverheiratet, ist für die Berechnung der Einkommensgrenze § 85 Abs. 2 SGB XII, in den übrigen Fällen § 85 Abs. 1 SGB XII einschlägig.

Kurt K ist weder minderjährig noch unverheiratet, so dass die Einkommensgrenze nach § 85 Abs. 1 SGB XII zu berechnen ist. Nach § 85 Abs. 1 SGB XII ist der nachfragenden Person und ihrem nicht getrennt lebenden Ehegatten die Aufbringung der Mittel nicht zuzumuten, wenn während der Dauer des Bedarfs ihr monatliches Einkommen zusammen eine bestimmte Einkommensgrenze nicht übersteigt.

Einkommen

Frau K bezieht eine Rente wegen voller Erwerbsminderung aus der gesetzlichen Rentenversicherung in Höhe von monatlich 500,00 €. Dazu kommt der Anspruch auf die Altersrente gegen die Deutsche Rentenversicherung Bund in Höhe von monatlich 1.533,00 €. Bei der Kausalitätsprüfung ist daher (fiktiv) von einem zu berücksichtigenden Einkommen der Eheleute K in Höhe von insgesamt 2.033,00 € auszugehen.

Berechnung der Einkommensgrenze:

Die Einkommensgrenze berechnet sich im vorliegenden Fall nach § 85 Abs. 1 SGB XII (da Herr K nicht minderjährig und nicht unverheiratet ist) und setzt sich wie folgt zusammen:

Grundbetrag in Höhe des Zweifachen der Regelbedarfsstufe 1 nach der Anlage zu § 28 SGB XII (§ 85 Abs. 1 Nr. 1 SGB XII)	1.126,00 €
Aufwendungen für die Unterkunft, soweit diese den der Besonderheit des Einzelfalles angemessenen Umfang nicht übersteigen, zzgl. Heizkosten[7], Kosten sind laut Sachverhalt angemessen (§ 85 Abs. 1 Nr. 2 SGB XII)	480,00 €
Familienzuschlag für den nicht getrennt lebenden Ehegatten in Höhe des auf volle Euro aufgerundeten Betrages von 70 vom Hundert der Regelbedarfsstufe 1 (§ 85 Abs. 1 Nr. 3 SGB XII)	395,00 €
Einkommensgrenze	**2.001,00 €**

7 So jedenfalls BSG, Urt. vom 30.4.2020 – B 8 SO 1/19 R –.

Gegenüberstellung von Einkommen und Einkommensgrenze

Einkommen	2.033,00 €
Einkommensgrenze	2.001,00 €
Einkommen über der Einkommensgrenze	**32,00 €**

Festsetzung der zumutbaren Eigenleistung

Das Einkommen übersteigt die Einkommensgrenze nach § 85 Abs. 1 SGB XII um 32,00 €. Soweit das zu berücksichtigende Einkommen die Einkommensgrenze übersteigt, ist die Aufbringung der Mittel nach § 87 Abs. 1 Satz 1 SGB XII in angemessenem Umfang zuzumuten.

Nach § 87 Abs. 1 Satz 2 SGB XII sind bei der Auslegung des unbestimmten Rechtsbegriffes „angemessener Umfang" insbesondere die Art des Bedarfs, die Art oder die Schwere der Behinderung oder der Pflegebedürftigkeit sowie besondere Belastungen zu berücksichtigen. Die Vorschrift des § 87 Abs. 1 Satz 3 SGB XII bestimmt, dass bei Pflegebedürftigen der Pflegegrade 4 und 5 sowie bei blinden Menschen nach § 72 SGB XII ein Einsatz des Einkommens über der Einkommensgrenze in Höhe von mindestens 60 vom Hundert **nicht** zuzumuten ist.

Unter Berücksichtigung dieser (hilfsweise anzuwenden) Regelung ist es wegen des vorliegenden Pflegegrades 3 angemessen, 40 vom Hundert des Einkommens über der Einkommensgrenze bei der Festsetzung der zumutbaren Eigenleistung nicht zu berücksichtigen. Damit kommt die Aufbringung der Mittel in Höhe von **60 vom Hundert** des Einkommens über der Einkommensgrenze (60 % von 32,00 € = 19,20 €) in Betracht.[8]

Die Voraussetzungen des § 88 SGB XII bezüglich eines Einsatzes des Einkommens unter der Einkommensgrenze liegen nicht vor.

Hilfe zur Pflege nach dem 7. Kapitel SGB XII wäre auch bei rechtzeitiger Zahlung der Altersrente in Höhe von 239,60 € ./. 19,20 € = 220,40 € geleistet worden. Insoweit besteht ein Erstattungsanspruch gegenüber dem Träger der Rentenversicherung **nicht**.

1.6.3 Ergebnis der Kausalitätsprüfung

Die Leistungen der Grundsicherung im Alter und bei Erwerbsminderung nach dem 4. Kapitel SGB XII wären nicht, die Leistungen der Hilfe zur Pflege nach dem 7. Kapitel SGB XII in einem um monatlich **19,20 €** geringeren Umfang erbracht worden.

1.7 Ergebnis zum Erstattungsanspruch

Die Voraussetzungen für einen Erstattungsanspruch des Sozialhilfeträgers nach § 104 SGB X gegen den Träger der gesetzlichen Rentenversicherung in Höhe von insgesamt **2.194,44 €** (1.078,02 € + 19,20 € × 2 Monate) für die Monate April und Mai 2025 liegen vor.

Der Träger der Sozialhilfe muss den Erstattungsanspruch spätestens zwölf Monate nach Ablauf des letzten Tages, für den die Leistung erbracht worden ist, geltend machen,

8 Eine andere Auffassung bzw. ein anderes Ergebnis ist mit entsprechender Begründung vertretbar.

da der Anspruch auf Erstattung nach § 104 SGB X ansonsten ausgeschlossen ist. Der Lauf der Frist beginnt frühestens mit dem Zeitpunkt, zu dem der erstattungsberechtigte Leistungsträger von der Entscheidung des erstattungspflichtigen Leistungsträgers über seine Leistungspflicht Kenntnis erlangt hat (vgl. vgl. § 111 Satz 1 und Satz 2 SGB X).

Praktischer Fall Nr. 9

Schwerpunkte:

- Kostenersatz durch Erben (selbstständige und unselbstständige Erbenhaftung),
- Aufhebung bzw. Rücknahme von Verwaltungsakten,
- Ersatz zu Unrecht erbrachter Leistungen

Hilfsmittel:

- Sechstes Buch Sozialgesetzbuch (SGB VI),
- Zehntes Buch Sozialgesetzbuch (SGB X),
- Zwölftes Buch Sozialgesetzbuch (SGB XII) mit Verordnungen,
- Bürgerliches Gesetzbuch (BGB)

Sachverhalt

Herr Bernd B (72 Jahre alt, verwitwet) hat in der Zeit von Oktober 2017 bis Juni 2022 vom zuständigen Träger der Sozialhilfe (kreisfreie Stadt D) Leistungen nach dem 3. Kapitel SGB XII in Form der Hilfe zum Lebensunterhalt in Höhe von insgesamt 32.570,00 € erhalten. Aufgrund der Bewilligung der Regelaltersrente aus der gesetzlichen Rentenversicherung konnten die Sozialhilfezahlungen zum 30.6.2022 eingestellt werden.

Wegen der Folgen eines Schlaganfalls erhält Herr B seit dem 1.1.2026 vom Sozialamt der Stadt D Leistungen im Rahmen der Hilfe zur häuslichen Pflege nach dem 7. Kapitel SGB XII. Die erforderlichen Pflegeleistungen werden von einer Berufspflegekraft eines anerkannten Pflegedienstes und der in der Nachbarschaft lebenden Tochter Bianca B ausgeführt.

Die für Herrn B zuständige Pflegekasse hat nach Begutachtung durch den Medizinischen Dienst den Pflegegrad 3 festgestellt und erbringt für den Einsatz des Pflegedienstes ebenfalls seit dem 1.1.2026 die maximale Sachleistung nach § 36 SGB XI in Höhe von 1.497,00 € monatlich. Der Sozialhilfeträger übernimmt bedarfsdeckend die von der Pflegekasse nicht gedeckten Kosten für den Einsatz einer besonderen Pflegekraft eines anerkannten Pflegedienstes von monatlich 1.100,00 € nach § 64b SGB XII und leistet daneben ein im Rahmen der Leistungskonkurrenz (vgl. § 63b Abs. 5 SGB XII) gekürztes Pflegegeld von monatlich 200,00 € nach § 64a Abs. 1 SGB XII i. V. m. § 37 Abs. 1 Satz 3 Nr. 2 SGB XI.

Am 30.6.2026 verstirbt Herr B und hinterlässt seinen beiden Töchtern (Bianca B und Anneliese A) laut Testament je zur Hälfte die von ihm bis zu seinem Tod bewohnte 52 qm große schuldenfreie Eigentumswohnung. Der aktuelle Verkehrswert der Wohnung beläuft sich laut eines aktuellen Wertgutachtens auf 59.000,00 €. Die Kosten für die standesgemäße Beerdigung, die Trauerfeier, die Erstbepflanzung der Grabstätte, den Grabstein und der sonstigen Gebühren betragen nach der Rechnungslegung der beiden Töchter insgesamt 6.500,00 €.

Bei der Prüfung der wirtschaftlichen Voraussetzungen für die Erbringung von Leistungen im Rahmen der Hilfe zur Pflege nach dem 7. Kapitel SGB XII wurden vom zuständigen Träger der Sozialhilfe seinerzeit angemessene Kosten der Unterkunft von monatlich 392,00 €, Heizkosten von monatlich 60,00 € und der Bezug einer Regelaltersrente von monatlich 1.288,00 € (netto) berücksichtigt.

Wie sich allerdings bei der Abwicklung des Falles herausstellt, erhielt Herr B von seinem ehemaligen Arbeitgeber seit Eintritt in den Ruhestand eine Betriebsrente (seit dem 1.1.2026 in Höhe von monatlich 450,00 €), deren Bezug er dem Sozialhilfeträger offensichtlich nicht angezeigt hatte, obwohl er sowohl bei der Antragstellung als auch bei den jeweiligen schriftlichen Bescheiden ausdrücklich auf seine Mitwirkungspflichten nach den §§ 60 ff. SGB I hingewiesen wurde, insbesondere auf seine Verpflichtung, vollständige und korrekte Angaben über die Einkommens- und Vermögenssituation zu machen und Änderungen seiner persönlichen und wirtschaftlichen Verhältnisse der aktenführenden Stelle umgehend mitzuteilen.

Aufgabe

Prüfen Sie gutachtlich, in welchem Umfang der Träger der Sozialhilfe (Stadt D) von den Erben Kostenersatz nach dem Zwölften Buch Sozialgesetzbuch verlangen kann. Dabei ist auf die formellen Voraussetzungen für die ggf. zu erlassenen Verwaltungsakte nicht einzugehen.

Bearbeitungshinweise

1. Der Regelbedarf der Regelbedarfsstufe 1 gemäß Anlage zu § 28 SGB XII beträgt ab 1.1.2026 563,00 €.
2. Es ist davon auszugehen, dass die Leistungen im Rahmen der Hilfe zum Lebensunterhalt nach dem 3. Kapitel SGB XII in der genannten Höhe rechtmäßig erbracht wurden und die Eigentumswohnung des Herrn B vom Sozialhilfeträger als geschütztes Vermögen i. S. des § 90 Abs. 2 Nr. 8 SGB XII bewertet wurde.
3. Es ist davon auszugehen, dass die Entscheidung des Sozialhilfeträgers über das Vorliegen der Voraussetzungen bzgl. der Leistungen im Rahmen der Hilfe zur Pflege nach dem 7. Kapitel SGB XII (insbesondere auch im Hinblick auf die Kürzung des Pflegegeldes im Rahmen der Leistungskonkurrenz nach § 63b Abs. 5 SGB XII) rechtmäßig war.
4. Es ist davon auszugehen, dass die Kosten für den Einsatz des ambulanten Pflegedienstes aus pflegefachlicher Sicht angemessen waren.

Lösung

Eine Verpflichtung zum Ersatz der Kosten der Sozialhilfe besteht in den Fällen der §§ 102 bis 105 SGB XII. Im vorliegenden Fall könnte Kostenersatz wegen **zu Unrecht** erbrachter Leistungen nach § 104 SGB XII und Kostenersatz durch Erben nach § 102 SGB XII in Betracht kommen. Die Prüfung beider Vorschriften ist im vorliegenden

Fall erforderlich, da die Kostenersatzpflicht der Erben nach § 102 SGB XII nur im Falle der **rechtmäßig** gewährten Sozialhilfe besteht.[1]

1. Kostenersatz für zu Unrecht erbrachte Leistungen nach § 104 SGB XII

Zum Ersatz der Kosten für zu Unrecht erbrachte Leistungen der Sozialhilfe ist in entsprechender Anwendung des § 103 SGB XII verpflichtet, wer die Leistungen durch vorsätzliches oder grob fahrlässiges Verhalten herbeigeführt hat (§ 104 Satz 1 SGB XII). Eine Verpflichtung zum Kostenersatz nach § 50 SGB X bleibt unberührt (vgl. § 103 Abs. 4 Satz 1 SGB XII). Liegen die Voraussetzungen nach beiden Rechtsvorschriften gleichzeitig vor und ist der Hilfeempfänger selbst Verursacher der rechtswidrigen Leistung, so geht der Anspruch aus § 104 SGB XII dem Erstattungsanspruch nach § 50 Abs. 1 SGB X gemäß § 37 Satz 1 Halbs. 1 SGB I vor.[2]

Eine Kostenersatzforderung wegen zu Unrecht erbrachter Leistungen der Sozialhilfe könnte auch auf § 103 Abs. 1 Satz 2 SGB XII gestützt werden. Danach ist zum Kostenersatz auch verpflichtet, wer als leistungsberechtigte Person oder deren Vertreter die Rechtswidrigkeit des der Leistung zu Grunde liegenden Verwaltungsaktes kannte oder infolge grober Fahrlässigkeit nicht kannte.

Mit der Regelung des § 103 Abs. 1 Satz 2 SGB XII knüpft das Gesetz erkennbar an die Voraussetzungen des § 45 Abs. 2 Satz 3 Nr. 3 SGB X an, wonach in Fällen der Kenntnis der Rechtswidrigkeit eines Verwaltungsaktes oder der grob fahrlässigen Unkenntnis der Verwaltungsakt mangels Vertrauensschutzes aufgehoben bzw. zurückgenommen werden kann. Mit der Vorschrift werden Tatbestände erfasst, die **nicht** auf einem **Fehlverhalten der leistungsberechtigten Person** oder ihres Vertreters beruhen. Dies dürften insbesondere die Fälle sein, in denen die Behörde bzw. der zuständige Träger der Sozialhilfe die Fehlerhaftigkeit bzw. Rechtswidrigkeit des (begünstigenden) Verwaltungsaktes zu vertreten hat.

1.1 Voraussetzungen für die Kostenersatzforderung nach § 104 SGB XII

Um eine Kostenersatzforderung nach § 104 SGB XII gegen **den Verursacher** der zu Unrecht erbrachten Hilfe geltend machen zu können, müssen die folgenden Voraussetzungen erfüllt sein:

---

1 Vgl. *Grube/Wahrendorf*, SGB XII, 6. Aufl., Rn. 10 zu § 102 SGB XII (mit weiteren Nachweisen zur Rechtsprechung).

2 Anderer Auffassung *Hauck/Noftz*, Sozialgesetzbuch SGB XII, Sozialhilfe, Kommentar, Rn. 9 bis 10 zu § 104 SGB XII im Sinne einer Anspruchskonkurrenz zwischen § 104 SGB XII und § 50 SGB X bei Personenidentität zwischen Verursacher und Leistungsempfänger mit der Folge, dass die Auswahl der Anspruchsgrundlage dem Ermessen des Sozialhilfeträgers unterliegt. Für den vorliegenden Fall wäre eine Abwicklung über § 50 SGB X ebenfalls vertretbar.

1.1.1 Zu Unrecht erbrachte Leistungen

Die Sozialhilfe ist zu ersetzen, wenn es sich um **zu Unrecht** erbrachte Leistungen handelt. Tatbestandsvoraussetzung ist somit die Fehlerhaftigkeit bzw. Rechtswidrigkeit der Leistungsgewährung und Aufhebung der (begünstigenden und rechtswidrigen) Verwaltungsakte bzw. Sozialhilfebescheide.

1.1.1.1 Rechtswidrigkeit der Verwaltungsakte

Ein Verwaltungsakt ist u. a. rechtswidrig, wenn sich herausstellt, dass der Sachverhalt, der der Entscheidung des Leistungsträgers zu Grunde lag, zum Zeitpunkt des Erlasses nicht zutreffend war oder der Verwaltungsakt gegen geltendes Recht verstößt – also fehlerhaft ist (vgl. § 44 Abs. 1 SGB X).

Die Rechtswidrigkeit könnte sich im vorliegenden Fall aus dem Umstand ergeben, dass sich das bei Beantragung der Leistungen der Hilfe zur Pflege nach dem 7. Kapitel SGB XII verschwiegene Einkommen des Herrn B (hier die Betriebsrente) bei der Ermittlung des zumutbaren Einkommenseinsatzes leistungs- bzw. anspruchsmindernd ausgewirkt hätte. Insofern ist eine „rückwirkende" Prüfung der wirtschaftlichen Voraussetzungen nach dem 11. Kapitel SGB XII für die Leistungen der Hilfe zur Pflege nach dem 7. Kapitel SGB XII unter Einbeziehung der Betriebsrente als Einkommen durchzuführen.

Leistungen der Hilfe zur Pflege nach dem 7. Kapitel SGB XII werden nach §§ 19 Abs. 3, 61 SGB XII nur geleistet, wenn die Aufbringung der Mittel den dort genannten Personen aus dem Einkommen und Vermögen nicht **zuzumuten** ist. Im vorliegenden Fall ist der Leistungsanspruch ausschließlich abhängig vom Einkommen und Vermögen des Herrn B als leistungsberechtigte Person. Das 11. Kapitel SGB XII enthält grundsätzliche Bestimmungen über den Einsatz des Einkommens in den §§ 82 bis 84 SGB XII und der Verordnung zur Durchführung des § 82 SGB XII sowie Bestimmungen über die Zumutbarkeit des Einkommenseinsatzes in den §§ 85 bis 89 SGB XII.

Gemäß § 85 Abs. 1 SGB XII ist der nachfragenden Person die Aufbringung der Mittel nicht zuzumuten, wenn während der Dauer des Bedarfs das monatliche Einkommen der nachfragenden Person eine nach § 85 Abs. 1 SGB XII zu berechnende Einkommensgrenze nicht übersteigt.

Zum Einkommen gehören alle Einkünfte in Geld oder Geldeswert, unabhängig von ihrer Herkunft, Rechtsnatur und Steuerpflicht (vgl. § 82 Abs. 1 Satz 1 SGB XII i. V. m. § 1 VO zu § 82 SGB XII). Sowohl die Altersrente aus der gesetzlichen Rentenversicherung als auch die Betriebsrente des Herrn B sind Einkünfte im Sinne des § 82 Abs. 1 Satz 1 SGB XII. Die in § 82 Abs. 1 SGB XII genannten Ausnahmen sind vorliegend nicht einschlägig. Auch die §§ 83 und 84 SGB XII sowie spezialgesetzliche Regelungen außerhalb des SGB XII stehen einer grundsätzlichen Berücksichtigung dieser Einkünfte nicht entgegen.

Bei der Betriebsrente handelt es sich um Einkommen aus einer zusätzlichen Altersvorsorge (vgl. § 82 Abs. 5 Satz 2 Nr. 1 SGB XII). Die Absetzungsmöglichkeiten bei entsprechenden Einkünften nach § 82 Abs. 4 SGB XII bestehen lediglich im Rahmen der Leistungen zum Lebensunterhalt nach dem 3. und 4. Kapitel SGB XII. Da Herr B als nachfragende Person nicht minderjährig war, wird die Einkommensgrenze im vorliegenden Fall nach § 85 **Abs. 1** SGB XII berechnet und setzt sich aus folgenden Positionen zusammen:

• einem Grundbetrag in Höhe des Zweifachen der Regelbedarfsstufe 1 nach der Anlage zu § 28 SGB XII (§ 85 Abs. 1 Nr. 1 SGB XII)	1.126,00 €
• den angemessenen Aufwendungen für die Unterkunft einschließlich der Heizkosten (§ 85 Abs. 1 Nr. 2 SGB XII)[3]	452,00 €
Einkommensgrenze für das Jahr 2026	**1.578,00 €**

Unter Berücksichtigung der Betriebsrente übersteigt das zu berücksichtigende Gesamteinkommen des Herrn B die maßgebende Einkommensgrenze um 160,00 €. Soweit das zu berücksichtigende Einkommen die Einkommensgrenze übersteigt, ist die Aufbringung der Mittel nach § 87 Abs. 1 Satz 1 SGB XII **in angemessenem Umfang** zuzumuten.

Bei der Auslegung des unbestimmten Rechtsbegriffes „angemessen" sind die Vorgaben bzw. Kriterien des § 87 Abs. 1 Satz 2 SGB XII zu beachten. Danach sind insbesondere die Art des Bedarfs, die Art oder Schwere der Behinderung oder der Pflegebedürftigkeit, die Dauer und Höhe der erforderlichen Aufwendungen sowie besondere Belastungen der nachfragenden Person oder ihrer unterhaltsberechtigten Angehörigen zu berücksichtigen.

Daneben ist die spezielle Regelung des § 87 Abs. 1 Satz 3 SGB XII zu beachten, wonach der Einsatz des Einkommens über der Einkommensgrenze bei Pflegebedürftigen der Pflegegrade 4 und 5 sowie blinden Menschen nach § 72 SGB XII in Höhe von mindestens 60 vom Hundert nicht zuzumuten ist. In entsprechenden Fällen können also maximal 40 vom Hundert des Einkommens über der Einkommensgrenze als Eigenleistung zur Deckung der pflegerischen Bedarfe verlangt werden.

Hinweise auf die Berücksichtigung zusätzlicher Aufwendungen und besonderer Belastungen sind dem Sachverhalt nicht zu entnehmen. Bei den relevanten Leistungen im Rahmen der Hilfe zur Pflege nach dem 7. Kapitel SGB XII für Herrn B handelt es sich um langfristige bzw. dauerhafte Bedarfe einer pflegebedürftigen Person. Daher ist es in Anlehnung an die Regelung des § 87 Abs. 1 Satz 3 SGB XII sachgerecht, den Einsatz des Einkommens über der Einkommensgrenze im Sinne eines gestuften Verfahrens beim Pflegegrad 3 in Höhe von 60 vom Hundert (also 60 % von 160,00 € = **96,00 €**) zur Deckung des in Rede stehenden Bedarfes zu fordern.[4]

Die Voraussetzungen des § 88 SGB XII für den Einsatz des Einkommens unter Einkommensgrenze lagen nicht vor.

Im Ergebnis ist festzustellen, dass Leistungen der Hilfe zur Pflege nach dem 7. Kapitel SGB XII für den Zeitraum vom 1.1.2026 bis 30.6.2026 wegen der Nichtberück-

3 Die Heizkosten sind Bestandteil der Einkommensgrenze, so jedenfalls BSG, Urt. vom 30.4.2020 – B 8 SO 1/19 R –.

4 Auch ein anderes Ergebnis (z. B. 75 vom Hundert des Einkommens über der Einkommensgrenze) wäre mit einer entsprechenden Begründung vertretbar.

sichtigung der Betriebsrente in Höhe von insgesamt **576,00 €** (96,00 € × 6 Monate) rechtswidrig erbracht worden sind.

1.1.1.2 Aufhebung der Verwaltungsakte

Da die der Entscheidung über die Bewilligung der Leistung zugrunde liegenden Verwaltungsakte auch im Falle der Rechtswidrigkeit einen Rechtsgrund für das „Behaltendürfen" der erbrachten Leistung darstellen (vgl. § 39 Abs. 2 SGB X), bedarf es einer Aufhebung der Verwaltungsakte, bevor unter den beschriebenen Voraussetzungen Kostenersatz gefordert werden kann.

Für die Aufhebung von Verwaltungsakten kommen die §§ 44 ff. SGB X in Betracht. Davon behandeln die §§ 45 und 48 SGB X die Aufhebung von (bei Erlass) rechtswidrigen oder im laufenden Bewilligungszeitraum (wegen Änderung der Verhältnisse) rechtswidrig gewordenen begünstigenden Verwaltungsakten.

Die Aufhebung der Verwaltungsakte könnte durch eine Rücknahme nach § 45 Abs. 1 SGB X erfolgen, da es sich im vorliegenden Fall hinsichtlich der Sozialhilfeleistung um die Rücknahme der entsprechenden Bewilligungsbescheide bzw. der **rechtswidrigen begünstigenden** Verwaltungsakte handelt. Die materielle Rechtswidrigkeit muss objektiv und anfänglich sein, also bereits **bei** Erlass bzw. zum Zeitpunkt der Bekanntgabe des rechtswidrigen bzw. ggf. zu korrigierenden Verwaltungsaktes bestanden haben.[5] Dies ist vorliegend der Fall.[6]

Die nachfolgende Prüfung muss sich im vorliegenden Fall auf die Rücknahme der Verwaltungsakte für die **Vergangenheit** beziehen.

Soweit ein Verwaltungsakt, der ein Recht oder einen rechtlich erheblichen Vorteil begründet hat, rechtswidrig ist, darf er nur unter den Einschränkungen und Voraussetzungen des § 45 Abs. 2 bis Abs. 4 SGB X mit Wirkung für die Vergangenheit zurückgenommen werden (vgl. § 45 Abs. 1 SGB X). Gemäß § 45 Abs. 4 Satz 2 SGB X wird der Verwaltungsakt nur in den Fällen des § 45 Abs. 2 Satz 3 und Abs. 3 Satz 2 SGB X mit Wirkung für die Vergangenheit zurückgenommen. Ein rechtswidriger begünstigender Verwaltungsakt darf gemäß § 45 Abs. 2 Satz 1 SGB X nicht zurückgenommen werden, soweit der Begünstigte auf den Bestand des Verwaltungsaktes vertraut hat und das Vertrauen unter Abwägung mit dem öffentlichen Interesse an der Rücknahme schutzwürdig ist.

Sofern die Vorschrift des § 45 Abs. 2 Satz 3 SGB X Anwendung findet, sind andere Aspekte des Vertrauensschutzes nicht (mehr) zu prüfen.

---

5 Aus dem Wortlaut des § 45 SGB X ergibt sich nicht, dass es auf den Erlasszeitpunkt für die Frage der Rechtswidrigkeit ankommt. Dies ist aus der systematischen Stellung der Norm zwischen § 44 SGB X und § 48 SGB X zu schließen. § 44 SGB X behandelt ausdrücklich „bei Erlass" rechtswidrige Verwaltungsakte, während § 48 SGB X die Aufhebung von (begünstigenden und nicht begünstigenden bzw. belastenden) Verwaltungsakten regelt, bei denen eine Änderung der Verhältnisse eingetreten ist. Insofern muss sich der Anwendungsbereich von § 45 SGB X notwendigerweise auf anfänglich rechtswidrige begünstigende Verwaltungsakte beziehen.

6 Vor diesem Hintergrund ist es unerheblich, ob die Leistungen im Rahmen des 7. Kapitels durch einen Verwaltungsakt mit oder ohne Dauerwirkung bewilligt wurden.

Nach § 45 Abs. 2 Satz 3 Nr. 2 SGB X kann sich der Begünstigte nicht auf Vertrauen berufen, soweit der Verwaltungsakt auf Angaben beruht, die der Begünstigte **vorsätzlich oder grob fahrlässig** in wesentlicher Beziehung unrichtig oder unvollständig gemacht hat.

Unter „Vorsatz" ist nach allgemeinen Grundsätzen (vgl. § 276 BGB) das Wissen und Wollen des rechtswidrigen Erfolgs im Bewusstsein der Rechtswidrigkeit zu verstehen. Grobe Fahrlässigkeit im Sinne der Definition des § 45 Abs. 2 Satz 3 SGB X liegt vor, wenn die erforderliche Sorgfalt in besonders schwerem Maße verletzt wird. Dabei ist jeweils vorauszusetzen, dass die individuelle Fähigkeit besteht, die Rechtswidrigkeit des eigenen Verhaltens einzusehen bzw. die Folgen der Handlung zu erkennen. Erforderlich ist insoweit die der Sachlage angemessene Sorgfalt, die nach allgemeiner Lebenserfahrung unter Berücksichtigung der besonderen Umstände des Einzelfalls und der Person des Begünstigten erwartet werden durfte.

Ausschlaggebend für die Frage, ob der Begünstigte grob fahrlässig gehandelt hat, ist also nicht ein objektiv abstrakter Sorgfaltsmaßstab, sondern die subjektive Schuldfähigkeit.

Das vorsätzliche oder grob fahrlässige Verhalten kann aus einem aktiven Tun oder aus einem Unterlassen entgegen einer bestehenden Handlungspflicht resultieren. Dies ist insbesondere beim Verschweigen von wesentlichen Tatsachen (insbesondere im Hinblick auf die Einkommens- und Vermögensverhältnisse) entgegen den nach § 60 Abs. 1 SGB I bestehenden Mitwirkungspflichten der Fall. Herr B wurde bei seiner Antragstellung und im Rahmen der Bescheiderteilung durch den Sozialhilfeträger auf seine Mitwirkungspflichten nach den §§ 60 ff. SGB I hingewiesen.

Herr B hat durch das pflichtwidrige Verschweigen seiner Betriebsrente zumindest grob fahrlässig gehandelt und hätte sich somit nicht auf Vertrauen berufen können (vgl. § 45 Abs. 2 Satz 3 **Nr. 2** SGB X). Damit dürfen die erlassenen Verwaltungsakte bzw. Bewilligungsbescheide für die Vergangenheit zurückgenommen werden. Der zuständige Leistungsträger muss dies innerhalb eines Jahres seit Kenntnis der Tatsachen tun, welche die Rücknahme eines rechtswidrigen begünstigenden Verwaltungsaktes für die Vergangenheit rechtfertigen (sog. „Entscheidungsfrist" gem. § 45 Abs. 4 Satz 2 SGB X).

Das Recht zur Rücknahme rechtswidriger Verwaltungsakte (Bewilligungsbescheide) nach § 45 SGB X steht dem Träger der Sozialhilfe auch gegenüber den Erben des (verstorbenen) Hilfeempfängers im Rahmen der Gesamtrechtsnachfolge zu.[7]

Die Entscheidung über die Aufhebung der Verwaltungsakte nach § 45 SGB X steht im pflichtgemäßen **Ermessen** („darf") der zuständigen Behörde. Die Ermessenskompetenz wird dem Leistungsträger damit für alle Fälle eingeräumt, in denen die Rücknahme eines begünstigenden rechtswidrigen Verwaltungsaktes – insbesondere im Hinblick auf das schutzwürdige Vertrauen des Betroffenen – tatbestandsmäßig zulässig ist. Von einer Rücknahme ist allenfalls (ausnahmsweise) abzusehen, wenn dies wegen besonders wichtiger Gründe im Einzelfall gerechtfertigt ist. Anhaltspunkte dafür bzw. einzelfallorientierte Gründe, die in Ausübung des Entschließungsermessens einen Verzicht

7 Vgl. VGH BW, Urt. vom 26.4.1990 – 6 S 1903/88 –, FEVS 41, 392.

auf die Rücknahme der rechtswidrigen Verwaltungsakte rechtfertigen könnten, enthält der Sachverhalt nicht.

1.1.2 Herbeiführung durch vorsätzliches oder grob fahrlässiges Verhalten

Zum Ersatz der Kosten zu Unrecht erbrachter Leistungen ist nach § 104 Satz 1 SGB XII in entsprechender Anwendung des § 103 SGB XII verpflichtet, wer die Leistungen durch vorsätzliches oder grob fahrlässiges Verhalten herbeigeführt hat.

Wie bereits festgestellt hat Herr B den Bezug der Betriebsrente gegenüber dem Träger der Sozialhilfe nicht angezeigt, obwohl ihm die Mitwirkungsobliegenheit nach § 60 Abs. 1 Satz 1 SGB I zur Anzeige bzw. vollständigen Offenlegung seiner Einkommens- und Vermögensverhältnisse bekannt war und er auf der Grundlage der Sozialhilfebescheide (Berechnung der zumutbaren Eigenleistung) Auswirkungen auf die Höhe der für ihn in Betracht kommenden Leistungen im Rahmen der Hilfe zur Pflege nach dem 7. Kapitel SGB XII erkennen musste bzw. zumindest nicht ausschließen durfte.

Der verschuldeten unvollständigen oder unrichtigen (aktiven) Angabe steht das Verschweigen bzw. Unterlassen von Umständen gleich, wenn eine Mitteilungspflicht gegenüber dem Leistungsträger nach § 60 Abs. 1 Nr. 1 SGB I bestand, weil die Umstände für die in Rede stehende Leistung rechtlich erheblich waren und dies dem Betroffenen auch bekannt war oder bekannt sein musste.

Damit hat Herr B vorsätzlich, zumindest aber grob fahrlässig gehandelt und dadurch die Leistungen der Hilfe zur Pflege nach dem 7. Kapitel SGB XII (in der festgestellten Höhe rechtswidrig) herbeigeführt.

1.1.3 Vollendung des 18. Lebensjahres

Der Verursacher der zu Unrecht erbrachten Leistungen muss zum Zeitpunkt der schuldhaften Handlung das 18. Lebensjahr vollendet haben (vgl. § 103 Abs. 1 Satz 1 SGB XII).

Herr B hatte zum Zeitpunkt der Verpflichtung zur korrekten und vollständigen Darlegung seiner Einkommensverhältnisse bzw. zum Zeitpunkt des pflichtwidrigen Handelns das 18. Lebensjahr überschritten.

1.1.4 Kausalität zwischen Verhalten des Verursachers und Hilfeleistung

Die Kostenersatzpflicht des Verursachers nach § 104 SGB XII setzt weiterhin voraus, dass die Hilfeleistung im Sinne eines Kausalzusammenhangs unmittelbare Folge des schuldhaften Verhaltens gewesen sein muss. Soweit eine vorsätzliche oder grob fahrlässige Handlung dazu geführt hat, dass Leistungen im Rahmen der Sozialhilfe zu Unrecht erbracht wurden, liegt Kausalität zwischen dem Verhalten des Verursachers und der rechtswidrigen Hilfeleistung vor.

Unter Berücksichtigung der tatsächlichen Einkommensverhältnisse des Herrn B wäre die Hilfe zur Pflege nach dem 7. Kapitel SGB XII unter Berücksichtigung der zumutbaren Eigenleistung nur in einer geringeren Höhe gezahlt worden. Die Kausalität ist bezüglich der Differenz (d. h. in Höhe der rechtswidrig erbrachten Hilfe) gegeben.

1.1.5 *Verjährungs- und Erlöschensfristen*

Fristenregelungen können vorliegend einer Verpflichtung zum Kostenersatz nicht entgegenstehen, da bestehende Fristen (insbesondere die Dreijahresfrist nach § 103 Abs. 1 Satz 1 SGB XII und die Jahresfrist nach § 45 Abs. 4 Satz 2 SGB X) nicht überschritten sind.

Damit liegen die Voraussetzungen für eine Kostenersatzforderung nach § 104 SGB XII grundsätzlich vor.

1.2 Übergang der Verpflichtung zum Kostenersatz auf die Erben

Die eingetretene Verpflichtung zum Kostenersatz geht im Rahmen der Nachlassverbindlichkeiten auf die Erben über (vgl. § 103 Abs. 2 SGB XII). Da der Kostenersatzanspruch kraft Gesetzes entsteht, geht die Verpflichtung auf die Erben über, ohne dass sie zu Lebzeiten des Erblassers (Verursachers) bzw. Leistungsbeziehers bereits hätte geltend gemacht werden müssen. Aufgrund des Verweises auf § 102 Abs. 2 Satz 2 SGB XII (vgl. § 103 Abs. 2 Satz 2 SGB XII) haftet der Erbe mit dem Wert des im Zeitpunkt des Erbfalls vorhandenen Nachlasses (Aktivvermögen) und kann sich daher nicht auf den Wegfall der Erbschaft berufen.

Wer Erbe ist, bestimmt sich im vorliegenden Fall durch die letztwillige Verfügung des Leistungsempfängers, da ein Testament vorliegt (vgl. § 1937 BGB). Erben des Herrn B sind seine beiden Töchter Bianca B und Anneliese A jeweils zur Hälfte. Sie sind jeweils kostenersatzpflichtig in Höhe der hälftigen zu Unrecht erbrachten Sozialhilfe (also je 288,00 €). Durch einen Leistungsbescheid wird die Rückforderung zu einer Nachlassverbindlichkeit im Sinne von § 1967 BGB.

Von der Heranziehung zum Kostenersatz kann abgesehen werden, soweit sie eine **Härte** bedeuten würde (§ 103 Abs. 1 Satz 3 SGB XII). Der Begriff „Härte“ ist ein unbestimmter Rechtsbegriff, der dem Träger der Sozialhilfe bei der Feststellung, ob eine Härte vorliegt, kein Ermessen einräumt, und dessen Auslegung der vollen gerichtlichen Kontrolle unterliegt. Welche Konsequenzen der Träger der Sozialhilfe aus einer im Einzelfall festgestellten Härte zieht, ist grundsätzlich in sein Ermessen gestellt („kann“). Die Formulierung „soweit“ lässt auch ein teilweises Absehen von der Heranziehung zum Kostenersatz zu.

Eine Härte im Sinne des § 103 Abs. 1 Satz 3 SGB XII kann u. a. darin begründet sein, dass im Hinblick auf die jeweilige dauerhafte wirtschaftliche Situation der kostenersatzpflichtigen Person und ihrer unterhaltsberechtigten Angehörigen die Rückzahlung der Forderung nur unter finanziellen Einschränkungen und/oder nur über einen längeren Zeitraum möglich ist.

Da die Kostenersatzpflicht auf den Wert des im Zeitpunkt des Erbfalls vorhandenen Nachlasses begrenzt ist (vgl. § 103 Abs. 2 Satz 2 i. V. m. § 102 Abs. 2 Satz 2 SGB XII), kann auch im Hinblick auf die Höhe der zu ersetzenden Aufwendungen davon ausgegangen werden, dass die Pflicht zum Kostenersatz für die Erben des Herrn B keine Härte im Sinne des § 103 Abs. 1 Satz 3 SGB XII bedeutet.

2. Kostenersatz durch Erben nach § 102 SGB XII

Neben der Verpflichtung zum Kostenersatz nach § 104 i. V. m. § 103 Abs. 2 SGB XII, wonach die Ersatzpflicht des verstorbenen Leistungsempfängers im Hinblick auf die zu Unrecht erbrachten Sozialhilfeleistungen als Nachlassverbindlichkeit auf die Erben übergeht (unselbstständige Erbenhaftung), kann den Erben auch eine über die Ersatzpflicht des Erblassers nach § 104 SGB XII hinausgehende eigenständige Kostenersatzpflicht treffen (selbstständige Erbenhaftung).

Wer im vorliegenden Fall Erbe ist, wurde bereits unter Punkt 1.2 festgestellt. In diesem Zusammenhang sind die Bestimmungen der §§ 102 und 103 Abs. 2 SGB XII ggf. nebeneinander anzuwenden.

Nach § 102 Abs. 1 Satz 1 SGB XII ist der Erbe der leistungsberechtigten Person unter bestimmten Voraussetzungen und Einschränkungen zum Ersatz der **rechtmäßig** erbrachten Leistungen der Sozialhilfe (mit Ausnahme der Leistungen nach dem 4. Kapitel SGB XII) verpflichtet.

Die nachfolgende Prüfung bezieht sich insoweit auf die in der Zeit von Oktober 2017 bis Juni 2025 für Herrn B (lt. Bearbeitungshinweis rechtmäßig) erbrachte Hilfe zum Lebensunterhalt nach dem 3. Kapitel SGB XII in Höhe von insgesamt **32.570,00 €** sowie auf den Teil der Leistungen der Hilfe zur Pflege nach dem 7. Kapitel SGB XII, der rechtmäßig für den Zeitraum vom 1.1.2026 bis 30.6.2026 in Höhe von **7.224,00 €** (1.300,00 € ./. 96,00 € = 1.204,00 € × 6 Monate) erbracht worden ist.

Ein auf den Nachlass bezogener Kostenersatz nach § 102 SGB XII kommt insbesondere in den Fällen in Betracht, in denen der zuständige Träger der Sozialhilfe Vermögen der leistungsberechtigten Person bzw. ihres nicht getrennt lebenden Ehegatten oder Lebenspartners zu Lebzeiten bei der Entscheidung über die Hilfe korrekt als geschützt gemäß § 90 Abs. 2 bzw. Abs. 3 (Härteregelung) SGB XII bewertet und einen Einsatz zur Bedarfsdeckung daher nicht gefordert hat.

Nach § 102 Abs. 2 Satz 1 SGB XII gehört die Ersatzpflicht der Erben zu den Nachlassverbindlichkeiten.

Die Kostenersatzpflicht nach § 102 SGB XII ist insbesondere abhängig von der Art und Höhe sowie vom Zeitraum der geleisteten Sozialhilfe, von der Person des Erben und der Höhe des Nachlasses.

2.1 Zu berücksichtigende Sozialhilfeaufwendungen

Verstirbt die leistungsberechtigte Person oder vor ihr der nicht getrennt lebende Ehegatte oder Lebenspartner, sind die Erben verpflichtet, die in **den letzten zehn Jahren** vor dem Erbfall aufgewendeten Kosten der Sozialhilfe zu ersetzen, sofern diese das Dreifache des Grundbetrages nach § 85 Abs. 1 SGB XII (also 1.126,00 € × 3 = 3.378,00 €) übersteigen (vgl. § 102 Abs. 1 Satz 1 und 2 SGB XII). Für die Höhe dieses Freibetrages ist der Zeitpunkt des Erbfalles entscheidend, auch wenn der Kostenersatz erst zu einem späteren Zeitpunkt geltend gemacht wird.[8]

Eine Kostenersatzpflicht besteht **nicht**,

- wenn die leistungsberechtigte Person Erbe ihres Ehegatten oder Lebenspartners ist (vgl. § 102 Abs. 1 Satz 4 SGB XII) und sich ihr Vermögen durch den Nachlass zwar erhöht, jedoch nach § 90 Abs. 1 SGB XII unmittelbar zu berücksichtigen ist,
- für Leistungen der Grundsicherung im Alter und bei Erwerbsminderung nach dem 4. Kapitel SGB XII (vgl. § 102 Abs. 5 Alt. 1 SGB XII) und
- wenn es sich um vor dem 1.1.1987 gewährte Tuberkulosehilfe handelt (vgl. § 102 Abs. 5 Alt. 2 SGB XII)[9].

Im vorliegenden Fall sind Leistungen im Rahmen der Hilfe zum Lebensunterhalt nach dem 3. Kapitel SGB XII sowie der Hilfe zur Pflege nach dem 7. Kapitel SGB XII für Herrn B erbracht worden, so dass die genannten Einschränkungen des § 102 Abs. 5 SGB XII hier nicht relevant sind. Innerhalb der letzten zehn Jahre vor dem Erbfall sind insgesamt **39.794,00 €** (32.570,00 € im Rahmen des 3. Kapitels SGB XII und 7.224,00 € im Rahmen des 7. Kapitels SGB XII) erstattungsfähige Sozialhilfekosten aufgewendet worden.

Von den relevanten Sozialhilfeaufwendungen ist der Freibetrag nach § 102 Abs. 1 Satz 2 SGB XII in Höhe von 3.378,00 € abzusetzen, so dass für den weiteren Verlauf der Prüfung von einem **maximalen Kostenersatz** gegenüber den Erben von **36.416,00 €** auszugehen ist.

2.2 Erbenhaftung/Höhe des Nachlasses

Gemäß § 102 Abs. 2 Satz 1 SGB XII gehört die Ersatzpflicht der Erben zu den Nachlassverbindlichkeiten. Die Regelung knüpft an die Vorschrift des § 1967 BGB an, so dass die Kostenersatzforderung nach § 102 SGB XII klarstellt, dass der Erbe die Verpflichtung hat, neben den Erblasserschulden die Kostenersatzforderung als Verbindlichkeit, die sich aus dem Erbfall ergibt, zu befriedigen.

Der Erbe haftet mit dem Wert des im Zeitpunkt des Erbfalls (Zeitpunkt des Todes des Erblassers bzw. des Leistungsberechtigten) vorhandenen Nachlasses (vgl. § 102 Abs. 2 Satz 2 SGB XII). Sollte der/die Erbe/n nach dem Erbfall, aber vor der Inanspruchnahme durch den Träger der Sozialhilfe den geerbten Nachlass verschenken oder veräußern, hat dies auf eine Kostenersatzpflicht keine Auswirkungen, da die Kostenersatzforderung kraft Gesetzes entsteht.

Als Wert des Nachlasses ist das in Geld zu veranschlagende Aktivvermögen unter Berücksichtigung der Nachlassverbindlichkeiten anzusehen. Auch die Kosten einer standesgemäßen Beerdigung (vorliegend 6.500,00 €) sind als Erbfallschulden vom Nachlass

8 Vgl. *Schellhorn/Schellhorn/Hohm*, SGB XII, Kommentar zum Sozialgesetzbuch XII, Sozialhilfe, 19. Aufl., Rn. 14 zu § 102 SGB XII.

9 Die Regelung ist durch Zeitablauf gegenstandslos geworden.

in Abzug zu bringen (vgl. auch § 1968 BGB).[10] Gleiches gilt für die nach § 104 SGB XII zurückzufordernden (zu Unrecht erbrachten) Leistungen der Hilfe zur Pflege nach dem 7. Kapitel SGB XII in Höhe von insgesamt 576,00 € (Erblasserschulden).

Unter Berücksichtigung dieser Beträge ist von einem „Netto-Nachlass“ in folgender Höhe auszugehen:

Wert des Nachlasses/Aktivvermögen (ETW)	59.000,00 €
./. Beerdigungskosten	6.500,00 €
./. Kostenersatzforderung nach § 104 SGB XII	576,00 €
= Netto-Nachlass	**51.924,00 €**

Weiterhin ist zu ermitteln, in welcher Höhe **Freibeträge** im Hinblick **auf den Nachlass** zu berücksichtigen sind. Ein Anspruch auf Kostenersatz ist nicht geltend zu machen, soweit der Wert des Nachlasses unter dem Dreifachen des Grundbetrages nach § 85 Abs. 1 SGB XII liegt (vgl. § 102 Abs. 3 **Nr. 1** SGB XII). Da sich der Freibetrag allein auf den Wert des Nachlasses bezieht, kann dieser – auch bei mehreren Erben – nur einmal berücksichtigt werden.[11]

Die Berücksichtigung eines Freibetrages nach § 102 Abs. 3 **Nr. 2** SGB XII in Höhe von 15.340,00 € setzt voraus, dass der Erbe der Ehegatte oder Lebenspartner der leistungsberechtigten Person oder mit dieser verwandt ist, nicht nur vorübergehend bis zum Tod der leistungsberechtigten Person mit dieser in häuslicher Gemeinschaft gelebt und sie gepflegt hat. Frau B hat ihren Vater zwar bis zu dessen Tod gepflegt, aber nicht mit ihm in häuslicher Gemeinschaft gelebt. Sie ist damit kein „privilegierter“ Erbe im Sinne des § 102 Abs. 3 Nr. 2 SGB XII.

Im Ergebnis ist somit von einem Freibetrag nach § 102 Abs. 3 Nr. 2 SGB XII für beide Erben jeweils in Höhe der Hälfte des Grundbetrages nach § 85 Abs. 1 SGB XII (also 1.126,00 € × 3 / 2 Personen = 1.689,00 €) auszugehen. Bei der Gegenüberstellung des (Netto-)Nachlasses mit den geschützten Beträgen (Freibetrag) ergibt sich hiernach folgendes Ergebnis:

Ersatzpflichtige Erben	**Kurt K**	**Karin K**
berücksichtigungsfähiger Nachlass (insgesamt 51.924,00 €)	25.962,00 €	25.962,00 €
Freibetrag nach § 102 Abs. 3 Nr. 1 SGB XII (insgesamt 3.378,00 €)	1.689,00 €	1.689,00 €
in Anspruch zu nehmender Nachlass (insgesamt 48.546,00 €)	24.273,00 €	24.273,00 €
zu berücksichtigende Sozialhilfeaufwendungen (maximaler Kostenersatz insgesamt 36.416,00 €)	**18.208,00 €**	**18.208,00 €**

10 Vgl. OVG RhPf, Urt. vom 5.4.2001 – 12 A 10133/01 –, FEVS 52, 573 = ZfSH/SGB 2003, 25.
11 Vgl. BVerwG, Urt. vom 26.10.1978 – 5 C 52/77 –, BVerwGE 57, 26 = FEVS 27, 100.

Damit ist eine Kostenersatzforderung gegenüber beiden Erben nach § 102 SGB XII im Hinblick auf die Höhe der zu berücksichtigenden Sozialhilfeaufwendungen auf jeweils **18.208,00 €** begrenzt.

2.3 Absehen von der Heranziehung (Härteregelung)

Soweit die Inanspruchnahme der Erben nach der Besonderheit des Einzelfalles eine **besondere Härte** bedeuten würde, ist ein Kostenersatz nicht oder nur in reduzierter Höhe geltend zu machen (vgl. § 102 Abs. 3 **Nr. 3** SGB XII). Durch die Formulierung „soweit" wird deutlich, dass im Einzelfall sowohl eine vollständige als auch eine teilweise Freilassung von der Heranziehung zum Kostenersatz möglich ist.

Der unbestimmte Rechtsbegriff „besondere Härte" ist in diesem Zusammenhang eng auszulegen, da es sich um einen Ausnahmetatbestand handelt. Im Einzelfall müssen gewichtige Gründe persönlicher oder wirtschaftlicher Art in der Person des Erben vorliegen, die den jeweiligen Einzelfall als atypisch und damit als besonderen Härtefall charakterisieren.

Dies kann z. B. der Fall sein, wenn die Voraussetzungen des § 102 Abs. 3 **Nr. 2** SGB XII nur deshalb nicht erfüllt sind, weil die pflegende Person mit der leistungsberechtigten Person bzw. dem Erblasser nicht verwandt war oder weil die pflegende Person – wie im vorliegenden Fall – nicht in häuslicher Gemeinschaft mit dem verstorbenen (pflegebedürftigen) Leistungsberechtigten gelebt hat.[12]

Durch die Anerkennung des Freibetrages nach § 102 Abs. 3 **Nr. 2** SGB XII soll in bestimmten Fällen der häuslichen Pflege der Einsatz und die Pflegebereitschaft von Angehörigen bzw. nahestehenden Personen honoriert und im Hinblick auf eine mögliche Kostenersatzforderung eine Privilegierung gegenüber anderen (nicht pflegenden) Erben erreicht werden. Sofern Frau B mit ihrem Vater bis zu dessen Tod in häuslicher Gemeinschaft gelebt hätte, hätte sie im Rahmen des Kostenersatzes durch die Berücksichtigung des Freibetrages nach § 102 Abs. 3 **Nr. 2** SGB XII aus dem Nachlass mit lediglich 8.933,00 € (24.273,00 € abzgl. 15.340,00 €)[13] in Anspruch genommen werden können.

Allerdings wäre es im vorliegenden Fall nicht sachgerecht, den Erben bzw. Verwandten der leistungsberechtigten Person (hier also Frau B) über die Härteregelung des § 102 Abs. 3 **Nr. 3** SGB XII einen in der Höhe identischen Freibetrag (wie in § 102 Abs. 3 Nr. 2 SGB XII vorgesehen) einzuräumen, da die Belastung von Angehörigen außerhalb des Haushalts der pflegebedürftigen Person gegenüber einer Pflegeperson, die mit dem Pflegebedürftigen in einem gemeinsamen Haushalt zusammenlebt, naturgemäß geringer ausfallen dürfte.

Um im Ergebnis eine deutliche Besserstellung der Frau B gegenüber ihrer (nicht pflegenden) Schwester zu erzielen, ist es vertretbar, die Kostenersatzforderung im Rahmen

12 Vgl. *Hauck/Noftz*, Sozialgesetzbuch SGB XII, Sozialhilfe, Kommentar, Rn. 26 zu § 102 SGB XII (mit weiteren Hinweisen zur Rechtsprechung).

13 Nach h. M. ersetzt der Freibetrag nach § 102 Abs. 3 Nr. 2 SGB XII als lex specialis den Freibetrag nach § 102 Abs. 3 Nr. 1 SGB XII (so auch *Schellhorn/Schellhorn/Hohm*, SGB XII Kommentar zum Sozialgesetzbuch XII, Sozialhilfe, 18. Aufl., Rn. 26 zu § 102 SGB XII).

der Härteregelung auf 13.570,50 € (zu berücksichtigende Sozialhilfeaufwendungen in Höhe von 18.208,00 € abzüglich 50 v. H. der Differenz zu 8.933,00 € = 4.637,50 €) zu reduzieren.[14]

Damit sind im Rahmen der selbständigen Erbenhaftung nach § 102 SGB XII zu fordern von

- Frau A insgesamt 18.208,00 € und von
- Frau B insgesamt 13.570,50 €.

Sofern die gesetzlichen Voraussetzungen der (selbstständigen) Erbenhaftung nach § 102 Abs. 1 SGB XII gegeben sind und ein Rückgriff auf den Erben auch nicht oder nur teilweise im Rahmen der Härtefallregelung nach § 102 Abs. 3 SGB XII ausgeschlossen ist, muss der zuständige Träger der Sozialhilfe von der ersatzpflichtigen Person Kostenersatz fordern.

Die Entscheidung, ob der Erbe zum Kostenersatz herangezogen wird, steht **nicht** im **Ermessen** des Leistungsträgers.

2.4 Geltendmachung des Kostenersatzanspruchs/gesamtschuldnerische Haftung

Der Anspruch auf Kostenersatz durch Erben ist ein öffentlich-rechtlicher Anspruch, der **kraft Gesetzes** entsteht und im Einzelfall vom zuständigen Träger der Sozialhilfe durch Verwaltungsakt (Leistungsbescheid) zu konkretisieren ist. Hierfür ist in § 102 Abs. 4 Satz 1 SGB XII eine **Erlöschensfrist** von **drei Jahren** vorgesehen. Maßgebend für die Berechnung der Drei-Jahres-Frist ist der Tod des Leistungsempfängers (Zeitpunkt des Erbfalls). Hierbei handelt es sich um eine rechtsvernichtende Einwendung, die von Amts wegen zu berücksichtigen ist, wenn der zuständige Leistungsträger nicht innerhalb von drei Jahren nach dem Erbfall tätig wird und einen Leistungsbescheid erlassen hat.

Gemäß § 102 Abs. 4 Satz 2 SGB XII gilt hinsichtlich der Hemmung, der Ablaufhemmung, des Neubeginns und der Wirkung der Verjährung die Regelung des § 103 Abs. 3 Satz 2 SGB XII entsprechend.

Mehrere Erben desselben Erblassers haften gemäß § 2058 BGB als Gesamtschuldner. Eine gesamtschuldnerische Haftung hat nach § 421 BGB zur Folge, dass jeder Miterbe im Rahmen des Gesamtnachlasses verpflichtet ist, dem für die Leistungsgewährung zuständigen Träger der Sozialhilfe die an den Erblasser aufgewandte Sozialhilfe zu ersetzen.

Der Träger der Sozialhilfe ist als Gläubiger der Kostenersatzforderung berechtigt, die Leistungen nach Ermessen[15] von jedem der Erben als Schuldner der Leistung ganz oder zu einem Teil zu fordern. Demnach kann jeder Miterbe grundsätzlich mit dem vollen Ersatzanspruch herangezogen werden.

14 Auch ein anderes Ergebnis wäre mit einer entsprechenden Begründung bzw. einer plausiblen Berechnung vertretbar.

15 Vgl. BSG, Urt. vom 23.8.2013 – B 8 SO 7/12 R –, FamRZ 2014, 660 = SGb 2014, 680.

Praktischer Fall Nr. 10

Schwerpunkte:
- Hilfe zur Pflege,
- Aufhebung bzw. Rücknahme von Verwaltungsakten,
- Erstattung und Ersatz zu Unrecht erbrachter Leistungen,
- Widerspruchsverfahren im Sozialhilferecht

Hilfsmittel:
- Sozialgerichtsgesetz (SGG),
- Erstes Buch Sozialgesetzbuch (SGB I),
- Zehntes Buch Sozialgesetzbuch (SGB X),
- Elftes Buch Sozialgesetzbuch (SGB XI,)
- Zwölftes Buch Sozialgesetzbuch (SGB XII) mit Verordnungen,
- Landesausführungsgesetz zum Sozialgesetzbuch Zwölftes Buch (SGB XII) – Sozialhilfe – für das Land Nordrhein-Westfalen (AG-SGB XII NRW)

Sachverhalt

Die 14jährige Christiane C leidet an spinaler Kinderlähmung. Folge ist eine Schwächung der Muskeln, die zur völligen Lähmung führen kann. Die Behinderung ist bei Christiane so weit fortgeschritten, dass sie für die gewöhnlichen und regelmäßig wiederkehrenden Verrichtungen im Ablauf des täglichen Lebens auf Dauer in erheblichem Umfang Hilfe benötigt. Die Pflege wird von der Mutter von Christiane ausgeführt, die dabei von einer Pflegekraft eines anerkannten ambulanten Pflegedienstes unterstützt wird. Die (angemessenen) Kosten für den Einsatz dieser besonderen Pflegekraft betragen monatlich 1.497,00 €.

Die zuständige Pflegekasse hat nach Begutachtung durch den Medizinischen Dienst bei Christiane den Pflegegrad 3 festgestellt und übernimmt als Sachleistung bedarfsdeckend die in der Höhe angemessenen Kosten für die besondere Pflegekraft (Pflegedienst). Die Entscheidung der Pflegekasse über den Pflegegrad beruht auf Tatsachen, die auch einer Entscheidung nach dem SGB XII zugrunde liegen würden.

Das Sozialamt der Stadt S berücksichtigt als Bedarf für Christiane seit dem 1.2.2025 ein im Rahmen der Leistungskonkurrenz (vgl. § 63b Abs. 5 SGB XII) um 50 % gekürztes Pflegegeld nach § 64a Abs. 1 SGB XII i. V. m. § 37 Abs. 1 SGB XI in Höhe von 299,50 €. Eine Eigenleistung wird unter Berücksichtigung der wirtschaftlichen Verhältnisse in Höhe von 120,00 € berücksichtigt, so dass monatlich 179,50 € geleistet werden.

Die Eheleute C wurden bei der Bewilligung der Hilfe durch den Träger der Sozialhilfe auf die Mitwirkungspflichten und die Folgen fehlender Mitwirkung nach den §§ 60 ff. SGB I hingewiesen. Ihnen war bekannt, dass sich ein zusätzliches oder höheres Einkommen ggf. auf die Höhe der Hilfe zur Pflege auswirken würde.

Christiane C lebt mit ihren Eltern in einer angemessenen Mietwohnung in der Stadt S (kreisangehörige Gemeinde des Kreises K in Nordrhein-Westfalen, Bereich des Landschaftsverbandes Westfalen-Lippe), für die einschließlich der umlagefähigen Nebenkosten monatlich 450,00 € Miete zu zahlen sind. Daneben fallen angemessene Heizkosten in Höhe von 100,00 € monatlich an. Herr C verfügt über ein bereinigtes Einkommen aus Erwerbstätigkeit in Höhe von 2.411,00 € monatlich. Daneben wird das gesetzliche Kindergeld in Höhe von 255,00 € gezahlt. Über Vermögen verfügt Familie C mit Ausnahme des angemessenen Hausrates nicht.

Dem Sozialamt wird bekannt, dass von Herrn C in der Zeit vom 1.3.2025 bis zum 30.4.2025 eine Nebentätigkeit ausgeübt wurde, durch die ein zusätzliches Einkommen (bereinigt) in Höhe von monatlich 300,00 € erzielt wurde.

Das Sozialamt der Stadt S nimmt daraufhin die für die Zeit vom 1.3.2025 bis zum 30.4.2025 erlassenen Verwaltungsakte gegenüber der minderjährigen Leistungsempfängerin zurück und fordert mit demselben Bescheid die Erstattung der zu Unrecht geleisteten Hilfe zur Pflege. Die Rückforderung wird auf die gesamte in dieser Zeit gezahlte Hilfe zur Pflege gerichtet und mit insgesamt 359,00 € (179,50 € × 2 Monate) beziffert.

Die Rücknahme der Verwaltungsakte (Bewilligungsbescheide) wird auf § 45 SGB X und die Rückforderung der überzahlten Leistungen auf § 50 Abs. 1 SGB X gestützt. Der Aufhebungs- und Rückforderungsbescheid wird an Christiane C zu Händen ihrer sorgeberechtigten Eltern gerichtet und am 9.5.2025 zur Post aufgegeben. Er entspricht den gesetzlichen Anforderungen und enthält eine ordnungsgemäße Rechtsbehelfsbelehrung. Vor dem Erlass des Bescheides wurde die notwendige Anhörung nach § 24 SGB X durchgeführt.

Mit Schreiben vom 13.5.2025, eingegangen bei der Stadt S am 17.5.2025, legen die Eheleute C für ihre Tochter schriftlich Widerspruch gegen die Aufhebung und die Rückforderung ein. Sie begründen ihren Widerspruch im Wesentlichen damit, dass bei Angabe des zusätzlichen Einkommens dieses nicht zu einer Minderung der Hilfe zur Pflege geführt hätte und somit eine Rückforderung von Sozialhilfeleistungen nicht in Betracht kommen könne.

Aufgaben

Prüfen Sie gutachtlich,

1. ob der Widerspruch der Eheleute C gegen die Aufhebung und Rückforderung Aussicht auf Erfolg hat und
2. ob die Möglichkeit besteht, einen Anspruch auf Kostenersatz/Kostenerstattung direkt gegen die Eltern von Christiane zu richten und welche Voraussetzungen dafür erfüllt sein müssen.

Bearbeitungshinweise

1. Die Regelbedarfsstufe 1 nach der Anlage zu § 28 SGB XII beträgt ab 1.1.2025 563,00 €.
2. Auf Ansprüche nach dem Wohngeldgesetz (WoGG) ist nicht einzugehen.
3. Von den gesetzlichen Übertragungsmöglichkeiten bei der Durchführung von Aufgaben wurde Gebrauch gemacht.
4. Gehen Sie davon aus, dass die Kürzung des Pflegegeldes im Rahmen der Leistungskonkurrenz ermessensfehlerfrei erfolgt ist.

Lösung

Aufgabe 1

Der von den Eheleuten C erhobene Widerspruch richtet sich zum einen gegen den Rücknahme- und zum anderen gegen den Rückforderungsbescheid. Er könnte Aussicht auf Erfolg haben, wenn er zulässig und begründet wäre.

1. Zulässigkeit

1.1 Rechtswegeröffnung

Für förmliche Rechtsbehelfe gegen Verwaltungsakte gelten nach § 62 Halbs. 1 SGB X, wenn der Sozialrechtsweg gegeben ist, das Sozialgerichtsgesetz, wenn der Verwaltungsrechtsweg gegeben ist, die Verwaltungsgerichtsordnung und die zu ihrer Ausführung ergangenen Rechtsvorschriften.

Der Verwaltungsrechtsweg ist in allen öffentlich-rechtlichen Streitigkeiten nichtverfassungsrechtlicher Art gegeben, soweit die Streitigkeiten nicht durch Bundesgesetz ausdrücklich einem anderen Gericht zugewiesen sind (§ 40 Abs. 1 Satz 1 VwGO). Im vorliegenden Fall handelt es sich ohne Zweifel um eine öffentlich-rechtliche Streitigkeit, die auch nicht verfassungsrechtlicher Art ist. Eine Zuweisung zu einem anderen Gericht könnte eine solche zu den Sozialgerichten sein. Die Zulässigkeit des Sozialrechtsweges ergibt sich aus § 51 SGG. Danach entscheiden die Gerichte der Sozialgerichtsbarkeit nach § 51 Abs. 1 Nr. 6a SGG über öffentlich-rechtliche Streitigkeiten in Angelegenheiten der Sozialhilfe.

Die VwGO findet für Streitigkeiten im Bereich der Sozialhilfe keine Anwendung. § 51 SGG stellt im Vergleich zu § 40 VwGO eine sog. „abdrängende Sonderzuweisung" dar.

Damit ist im vorliegenden Fall der Sozialrechtsweg eröffnet.

1.2 Statthaftigkeit

Die Statthaftigkeit des Widerspruchs richtet sich nach § 78 SGG. Gemäß § 78 Abs. 1 SGG ist vor Erhebung der Anfechtungsklage die Recht- und Zweckmäßigkeit des (angefochtenen) Verwaltungsaktes in einem Vorverfahren (Widerspruchsverfahren) nachzuprüfen. Die Anfechtungsklage strebt die Aufhebung des Verwaltungsaktes an (vgl. § 54 Abs. 1 Satz 1 SGG), was vorliegend auch das Ziel der Widerspruchsführer ist. Ein Vorverfahren ist demnach durchzuführen.

Der Widerspruch der Eheleute C ist allerdings weiterhin nur statthaft, wenn die behördliche Entscheidung einen Verwaltungsakt darstellt.

Bei der Aufhebung bzw. Rücknahme von Verwaltungsakten nach § 45 SGB X und der Rückforderung von Leistungen nach § 50 SGB X handelt es sich um Verwaltungsakte (vgl. § 31 Satz 1 SGB X), die durch den Widerspruch angefochten werden. Inhaltlich werden vom Träger der Sozialhilfe zwei Entscheidungen getroffen (Aufhebung und Rückforderung). Beide Regelungen hängen eng miteinander zusammen, stellen im Ergebnis aber zwei getrennte Verwaltungsakte dar. Die Eheleute C wenden sich gegen den „Gesamtbescheid". Unter Auslegungsgesichtspunkten richtet sich der Widerspruch gegen beide Verwaltungsakte, weil die isolierte Anfechtung einer einzelnen Entscheidung ihnen keinen rechtlichen Vorteil bringen würde.

Der Widerspruch ist statthaft.

1.3 Kein gesetzlicher Ausschluss

Einer Nachprüfung in einem Vorverfahren bedarf es nicht, wenn

- ein Gesetz dies für besondere Fälle bestimmt (§ 78 Abs. 1 Satz 2 Nr. 1 SGG) oder
- der Verwaltungsakt von einer obersten Bundesbehörde oder von einer obersten Landesbehörde oder von dem Vorstand der Bundesagentur für Arbeit erlassen worden ist, außer wenn ein Gesetz die Nachprüfung vorschreibt (§ 78 Abs. 1 Satz 2 Nr. 2 SGG) oder
- ein Land, ein Versicherungsträger oder einer seiner Verbände klagen will (§ 78 Abs. 1 Satz 2 Nr. 3 SGG).

Ausschlusstatbestände nach § 78 Abs. 1 Satz 2 SGG sind im vorliegenden Fall nicht ersichtlich.

1.4 Ordnungsgemäße Einlegung

Der Widerspruch ist nach § 84 Abs. 1 Satz 1 SGG binnen eines Monats, nachdem der Verwaltungsakt dem Beschwerten bekanntgegeben worden ist, schriftlich oder zur Niederschrift bei der Stelle einzureichen, die den Verwaltungsakt erlassen hat.

1.4.1 Frist

Der Widerspruch ist binnen eines Monats nach Bekanntgabe einzureichen.

Ein schriftlicher Verwaltungsakt, der durch die Post im Geltungsbereich des Sozialgesetzbuches übermittelt wird, gilt am dritten Tag nach der Aufgabe zur Post als bekanntgegeben (vgl. § 37 Abs. 2 Satz 1 SGB X), außer wenn er nicht oder zu einem späteren Zeitpunkt zugegangen ist (vgl. § 37 Abs. 1 Satz 2 SGB X). Nach dem Sachverhalt ist der Aufhebungs- und Rückforderungsbescheid am 9.5.2025 zur Post aufgegeben worden. Er gilt somit grundsätzlich mit dem 12.5.2025 als zugestellt. Der Widerspruch ist am 17.5.2025 bei der Stadt S erhoben worden. Die vorgesehene Monatsfrist ist eingehalten worden.

Der Widerspruch ist fristgemäß erhoben worden.

1.4.2 *Form*

Der Widerspruch ist schriftlich oder zur Niederschrift zu erheben (vgl. § 84 Abs. 1 Satz 1 SGG). Nach dem Sachverhalt wurde der Widerspruch von den Eheleuten C schriftlich und somit formgerecht erhoben.

1.4.3 *Richtige Stelle*

Der Widerspruch ist bei der Behörde einzureichen, die den Verwaltungsakt erlassen hat (vgl. § 84 Abs. 1 Satz 1 SGG). Nach dem Sachverhalt wurde der Widerspruch von den Eheleuten C bei der Stadt S, der Ausgangsbehörde (also der Behörde, die den Verwaltungsakt erlassen hat), eingereicht.

1.5 Beteiligungsfähigkeit, Handlungsfähigkeit, gesetzliche Vertretung

Christiane C ist als natürliche Person beteiligungsfähig (vgl. § 10 Nr. 1 SGB X). Fähig zur Vornahme von Verfahrenshandlungen sind natürliche Personen, die nach bürgerlichem Recht geschäftsfähig sind (§ 11 Abs. 1 Nr. 1 SGB X). Als 14jährige ist Christiane allerdings nur beschränkt geschäftsfähig im Sinne des bürgerlichen Rechts (vgl. §§ 2 und 106 BGB).

Nach § 11 Abs. 1 Nr. 2 SGB X können Personen auch dann Verfahrenshandlungen vornehmen, wenn sie nach bürgerlichem Recht in der Geschäftsfähigkeit beschränkt sind, soweit sie für den Gegenstand des Verfahrens durch Vorschriften des bürgerlichen Rechts als geschäftsfähig oder durch Vorschriften des öffentlichen Rechts als handlungsfähig anerkannt sind. Wer das 15. Lebensjahr vollendet hat, kann Anträge auf Sozialleistungen stellen und verfolgen sowie Sozialleistungen entgegennehmen (vgl. § 36 Abs. 1 Satz 1 SGB I). Die Altersvoraussetzungen erfüllt Christiane C als 14jährige z. Z. noch nicht.

Da sie weder handlungs- noch geschäftsfähig ist, handeln für sie die Eltern als gesetzliche Vertreter (vgl. § 1629 Abs. 1 BGB). Da bei diesen offensichtlich Geschäftsfähigkeit vorliegt, sind die Eltern von Christine auch zur Vornahme von Verfahrenshandlungen fähig (vgl. § 11 Abs. 1 Nr. 1 SGB X).

1.6 Widerspruchsbefugnis

Der Widerspruchsführer muss geltend machen können, dass er möglicherweise durch den Verwaltungsakt oder durch die Unterlassung eines Verwaltungsaktes selbst und unmittelbar in seinen subjektiven Rechten verletzt bzw. beschwert ist (§ 54 Abs. 1 Satz 2 SGG analog). Das kann bei einem Empfänger eines belastenden Verwaltungsaktes, den Rücknahme und Rückforderung ohne Zweifel darstellen, nach der Adressatentheorie immer der Fall sein.

Ggf. genügt es sogar, wenn der Betroffene die Zweckwidrigkeit des auf einer Ermessensnorm beruhenden Verwaltungsaktes geltend machen kann, da ein Widerspruchsverfahren im Gegensatz zum gerichtlichen Verfahren nicht allein der Prüfung der Rechtmäßigkeit des Verwaltungsaktes, sondern auch dessen Zweckmäßigkeit dient (vgl. § 78 Abs. 1 Satz 1 SGG).

Die Widerspruchsbefugnis ist im vorliegenden Fall gegeben.

1.7 Ergebnis der Zulässigkeitsprüfung

Der von den Eltern der Widerspruchsführerin Christiane C erhobene Widerspruch ist zulässig.

2. Begründetheit

Der Widerspruch ist begründet, wenn der Verwaltungsakt oder die Unterlassung eines Verwaltungsaktes rechtswidrig ist und der Widerspruchsführer dadurch in seinen Rechten verletzt ist, oder auch dann, wenn ein rechtmäßiger Verwaltungsakt unzweckmäßig ist und dadurch die rechtlich geschützten Interessen des Widerspruchsführers beeinträchtigt werden (vgl. §§ 54 Abs. 2 Satz 1, 78 Abs. 1 SGG).

Der Widerspruch richtet sich gegen den gesamten Bescheid, mithin sowohl gegen die Aufhebungs- als auch gegen die Rückforderungsentscheidung. Der Bescheid kann aus formellen und/oder materiellen Gründen rechtswidrig sein.

2.1 Formelle Rechtmäßigkeit des Verwaltungsaktes

Ein Verwaltungsakt in Sozialhilfeangelegenheiten ist formell rechtmäßig erlassen worden, wenn die zuständige Behörde tätig geworden ist, er hinsichtlich Form, Bestimmtheit und Begründung den Bestimmungen des Zehnten Buches Sozialgesetzbuch entspricht und die Verfahrensregelungen beachtet worden sind.

2.1.1 Zuständige Behörde

Zuständig für die Rücknahme des Verwaltungsaktes ist nach § 45 Abs. 5 i. V. m. § 44 Abs. 3 SGB X die zuständige Behörde. Demnach ist der Träger der Sozialhilfe (bei

Aufgabenübertragung nach § 99 SGB XII die beauftragte Stelle) zuständig, der auch für die Hilfeleistung zuständig war.[1]

2.1.1.1 Sachliche Zuständigkeit

Die Sozialhilfe wird von örtlichen und überörtlichen Trägern geleistet (§ 3 Abs. 1 SGB XII)

Sachlich zuständig ist nach § 97 Abs. 1 SGB XII ein **örtlicher** Träger, soweit nicht ein überörtlicher Träger sachlich zuständig ist. Für den Bereich des Landes Nordrhein-Westfalen führen die Kreise und kreisfreien Städte als örtliche Träger der Sozialhilfe und die Landschaftsverbände als überörtliche Träger der Sozialhilfe die Aufgaben der Sozialhilfe als Selbstverwaltungsangelegenheiten durch, soweit sie nicht Geldleistungen nach dem 4. Kapitel SGB XII erbringen (vgl. § 1 Abs. AG-SGB XII NRW).

Die sachliche Zuständigkeit des überörtlichen Trägers der Sozialhilfe wird gemäß § 97 Abs. 2 Satz 1 SGB XII nach Landesrecht bestimmt. Nach § 2a AG-SGB XII ist der überörtliche Träger der Sozialhilfe nur für die dort ausdrücklich genannten Leistungen sachlich zuständig. Für die hier in Betracht kommenden Leistungen der Hilfe zur Pflege nach dem 7. Kapitel SGB XII wird die sachliche Zuständigkeit eines überörtlichen Trägers nach § 2a AG-SGB XII NRW nicht begründet.

Damit war für die Hilfeleistung ein örtlicher Träger der Sozialhilfe sachlich zuständig.

2.1.1.2 Träger der Sozialhilfe

Örtliche Träger der Sozialhilfe sind die kreisfreien Städte und die Kreise, soweit nicht durch Landesrecht etwas anderes bestimmt wird (§ 3 Abs. 2 Satz 1 SGB XII). Eine abweichende Bestimmung durch Landesrecht ist in Nordrhein-Westfalen nicht vorgenommen worden (vgl. § 1 AG-SGB XII NRW).

2.1.1.3 Örtliche Zuständigkeit

Für die Sozialhilfe örtlich zuständig ist der Träger der Sozialhilfe, in dessen Bereich sich die Leistungsberechtigten tatsächlich aufhalten (§ 98 Abs. 1 Satz 1 SGB XII). Die Hilfesuchende Christiane C hielt sich in der kreisangehörigen Stadt S (Kreis K) auf. Der Kreis K war damit für die Entscheidung über die Sozialhilfeleistungen sachlich und örtlich zuständig.

2.1.1.4 Aufgabenübertragung

Die Länder können nach § 99 Abs. 1 Satz 1 SGB XII bestimmen, dass und inwieweit die Kreise ihnen zugehörige Gemeinden zur Durchführung von Aufgaben heranziehen können. Von dieser Ermächtigung hat das Land Nordrhein-Westfalen durch § 3 Abs. 1

---

1 Wie im allgemeinen Verwaltungsverfahrensrecht gilt, ohne dass dies besonders geregelt sein müsste, auch im Sozialverwaltungsverfahrensrecht der allgemeine Rechtsgrundsatz, dass für die Aufhebung und den Erstattungsanspruch als Kehrseite des Leistungsanspruchs die Behörde zuständig ist, die den Verwaltungsakt, um dessen Rücknahme bzw. Aufhebung es geht, erlassen hat.

AG-SGB XII Gebrauch gemacht und bestimmt, dass die kreisangehörigen Gemeinden von den Kreisen durch Satzung herangezogen werden können.

Laut Bearbeitungshinweis ist von den gesetzlichen Übertragungsmöglichkeiten Gebrauch gemacht worden. Die Stadt S hatte deshalb im Auftrag des Kreises über die Leistung im Rahmen der Hilfe zur Pflege nach dem 7. Kapitel SGB XII zu entscheiden und war somit auch zuständig für den Erlass des Aufhebungs- und Rückforderungsbescheides.

Der Verwaltungsakt ist von der zuständigen Stelle erlassen worden.

2.1.2 Sonstige formelle Rechtmäßigkeitsvoraussetzungen

2.1.2.1 Anhörung

Bevor ein Verwaltungsakt erlassen wird, der in die Rechte eines Beteiligten eingreift, ist diesem Gelegenheit zu geben, sich zu den für die Entscheidung erheblichen Tatsachen zu äußern (§ 24 Abs. 1 SGB X). Beteiligte sind nach § 12 Abs. 1 Nr. 2 SGB X diejenigen, an die die Behörde den Verwaltungsakt gerichtet hat. Die Aufhebungs- und Rückforderungsentscheidung stellt einen Verwaltungsakt dar. Dieser ist auch „eingreifend", da sich eine vorhandene Rechtsposition (status quo) in einen status minus verschlechtert, indem zuvor bewilligte Leistungen gemindert bzw. zurückgefordert werden.

Die in § 24 Abs. 2 SGB X genannten Ausnahmetatbestände für die Durchführung der Anhörung sind vorliegend nicht einschlägig.

Zwar kann nach § 24 Abs. 2 Nr. 5 SGB X von der Anhörung abgesehen werden, wenn einkommensabhängige Leistungen den geänderten Verhältnissen angepasst werden sollen. Die Hilfe zur Pflege nach dem 7. Kapitel SGB XII ist eine einkommensabhängige Leistung. § 24 Abs. 2 Nr. 5 SGB X erfasst auch die Fälle der rückwirkenden Aufhebung von Bewilligungsbescheiden (Leistungsaufhebung) nach den §§ 45, 48 SGB X. Allerdings macht die auch hier mit der Aufhebungsentscheidung verbundene Rückforderung eine Aufhebung der Verwaltungsakte nicht entbehrlich, denn mit der – eigenständigen – Erstattungsverfügung (Rückforderung) werden einkommensabhängige Leistungen nicht den geänderten Verhältnissen angepasst, sie setzt die vorherige Anpassung der einkommensabhängigen Leistung vielmehr voraus.[2]

Die Anhörung war im vorliegenden Fall erforderlich und ist laut Sachverhalt auch durchgeführt worden.

2.1.2.2 Form

Ein Verwaltungsakt kann grundsätzlich schriftlich, mündlich oder in anderer Weise erlassen werden (vgl. § 33 Abs. 2 Satz 1 SGB X). Nach § 50 Abs. 3 Satz 1 SGB X ist die zu erstattende Leistung durch schriftlichen Verwaltungsakt festzusetzen. Die Festsetzung soll, sofern die Leistung auf Grund eines Verwaltungsaktes erbracht worden ist, mit der Aufhebung des Verwaltungsaktes verbunden werden (§ 50 Abs. 3 Satz 2

2 In diesem Sinne BSG, Urt. vom 7.7.2011 – B 14 AS 153/10 R –, SGb 2011, 521 (Kurzwiedergabe).

SGB X). Die Voraussetzungen liegen nach dem Sachverhalt vor. Die Schriftform ist gesetzlich vorgeschrieben.

Laut Sachverhalt sind die Aufhebung und die Rückforderung durch Bescheid (schriftlich) erfolgt.

2.1.2.3 Bestimmtheit

Ein Verwaltungsakt muss inhaltlich hinreichend bestimmt sein (§ 33 Abs. 1 SGB X). Das Bestimmtheitserfordernis als materielle Rechtmäßigkeitsvoraussetzung verlangt zum einen, dass der Verfügungssatz eines Verwaltungsaktes nach seinem Regelungsgehalt in sich widerspruchsfrei ist und den Betroffenen bzw. Beteiligten bei Zugrundelegung der Erkenntnismöglichkeiten eines verständigen Empfängers in die Lage versetzen muss, sein Verhalten daran auszurichten.[3] Zum anderen muss der Verwaltungsakt eine geeignete Grundlage für seine zwangsweise Durchsetzung bilden.[4]

Die Bescheide entsprachen laut Sachverhalt den gesetzlichen Anforderungen.

2.1.2.4 Begründung

Ein schriftlicher Verwaltungsakt ist schriftlich zu begründen (§ 35 Abs. 1 Satz 1 SGB X). In der Begründung sind die wesentlichen tatsächlichen und rechtlichen Gründe mitzuteilen, die die Behörde zu ihrer Entscheidung bewogen haben (§ 35 Abs. 1 Satz 2 SGB X). Die Begründung von Ermessensentscheidungen muss auch die Gesichtspunkte erkennen lassen, von denen die Behörde bei der Ausübung des Ermessens ausgegangen ist (§ 35 Abs. 1 Satz 3 SGB X).

Da die Aufhebung des Verwaltungsaktes nach pflichtgemäßem Ermessen zu erfolgen hat (vgl. § 45 Abs. 1 SGB X), war auch diesbezüglich eine entsprechende Begründung erforderlich.

Nach den Angaben des Sachverhalts entsprach der Bescheid den gesetzlichen Anforderungen. Somit sind die Voraussetzungen bezüglich der Begründungspflicht vorliegend beachtet worden.

2.1.2.5 Rechtsbehelfsbelehrung

Erlässt die Behörde einen schriftlichen Verwaltungsakt, ist der durch ihn beschwerte Beteiligte über den Rechtsbehelf und die Behörde, bei denen der Rechtsbehelf anzubringen ist, deren Sitz, die einzuhaltende Frist und die Form schriftlich zu belehren (vgl. § 36 SGB X).

Die Rechtsbehelfsbelehrung ist laut Sachverhalt in der erforderlichen Form korrekt erfolgt.

---

3 Vgl. BSG, Urt. vom 17.12.2009 – B 4 AS 20/09 R –, BSGE 105, 194 = SGb 2010, 66.

4 Vgl. BVerwG, Urt. vom 20.4.2005 – 4 C 18/03 –, BVerwGE 123, 261 = NVwZ 2005, 933.

2.1.2.6 Zusammenfassung

Die erlassenen Bescheide des zuständigen Sozialhilfeträgers entsprechen nach den Sachverhaltsangaben insgesamt den formellen Anforderungen des Zehnten Buches Sozialgesetzbuch.

2.2 Materielle Rechtmäßigkeit des Verwaltungsaktes

Der Widerspruch ist begründet, wenn und soweit der Verwaltungsakt (Aufhebungs- und Rückforderungsbescheid) rechtswidrig ist und der Widerspruchsführer dadurch in seinen Rechten verletzt ist.

Wenn es sich um einen Ermessensverwaltungsakt handelt, ist der Widerspruch auch ohne Rechtswidrigkeit begründet, wenn der Verwaltungsakt unzweckmäßig ist und die Ermessensvorschrift auch den Interessen des Widerspruchsführers dienen soll.

Die materielle Rechtmäßigkeit der Verwaltungsakte ist zu prüfen. Da es sich bei dem Rücknahmebescheid um einen Ermessensverwaltungsakt handelt, ist hier auch die Zweckmäßigkeit zu prüfen.

2.2.1 Anwendbarkeit der Norm

Laut Sachverhalt wird die Rücknahme des Verwaltungsaktes auf § 45 SGB X und die Rückforderung der insofern zu Unrecht erbrachten Sozialhilfeleistungen auf § 50 SGB X gestützt. Das Erste und das Zehnte Buch Sozialgesetzbuch gelten für alle Sozialleistungsbereiche des Sozialgesetzbuchs, soweit sich aus den übrigen Büchern (hier also aus dem SGB XII) nichts Abweichendes ergibt (vgl. § 37 Satz 1 SGB I).

Bezüglich der Rücknahme von Verwaltungsakten enthält das SGB XII keine Regelungen, so dass hier § 45 SGB X die einschlägige Norm darstellt. Eine Vorschrift, die den Ersatz zu Unrecht erbrachter Leistungen behandelt, enthalten die §§ 104 und 103 Abs. 1 Satz 2 SGB XII. Zum Ersatz der Kosten zu Unrecht erbrachter Leistungen der Sozialhilfe ist danach in entsprechender Anwendung des § 103 SGB XII verpflichtet, wer die Leistung durch vorsätzliches oder grob fahrlässiges Verhalten herbeigeführt hat (vgl. § 104 Satz 1 SGB XII). Zum Kostenersatz ist nach § 103 Abs. 1 Satz 2 SGB XII auch verpflichtet, wer als leistungsberechtigte Person oder als deren Vertreter die Rechtswidrigkeit des der Leistung zugrunde liegenden Verwaltungsaktes (also des Bewilligungsbescheides) kannte oder infolge grober Fahrlässigkeit nicht kannte.

Ein schuldhaftes (grob fahrlässiges oder vorsätzliches) Herbeiführen der Leistung bzw. die Kenntnis der Rechtswidrigkeit des Bewilligungsbescheides wird durch § 50 Abs. 1 SGB X nicht vorausgesetzt. Die Hilfeempfängerin (Christiane C) hat die eventuell rechtswidrige Leistung nicht schuldhaft herbeigeführt. Ein möglicher Kostenersatz- bzw. Kostenerstattungsanspruch gegen sie als leistungsberechtigte Person kann nicht auf §§ 104 und 103 Abs. 1 Satz 2 SGB XII, sondern nur auf § 50 Abs. 1 SGB X gestützt werden.

Rücknahme- und Rückforderungsbescheid stützen sich vom Grundsatz her auf die richtige Norm.

Voraussetzung für eine konkrete Anwendung der genannten Rechtsvorschriften ist die Rechtswidrigkeit der erbrachten Leistungen im Rahmen der Hilfe zur Pflege nach dem 7. Kapitel SGB XII und die Aufhebung bzw. Rücknahme der zugrunde liegenden Verwaltungsakte (zu Unrecht erbrachte Leistungen).

Die Widerspruchsführer machen allerdings geltend, dass sich bei einer Berücksichtigung des zusätzlich vorhandenen Einkommens des Herrn C aus der Erwerbstätigkeit eine Änderung der Höhe der Leistungen im Rahmen der Hilfe zur Pflege nach Maßgabe des 7. Kapitel SGB XII nicht ergeben hätte und es sich somit nicht um fehlerhaft bzw. rechtswidrig erbrachte Sozialhilfeleistungen handeln würde.

2.2.2 Rechtmäßigkeit der erbrachten Sozialhilfeleistungen

Im vorliegenden Fall wurde Hilfe zur Pflege nach dem 7. Kapitel SGB XII geleistet. Hilfe zur Pflege wird nach dem 7. Kapitel SGB XII geleistet, soweit dem Leistungsberechtigten, seinem nicht getrennt lebenden Ehegatten oder Lebenspartner und, wenn er minderjährig und unverheiratet ist, auch seinen Eltern die Aufbringung der Mittel aus dem Einkommen und Vermögen nach den Vorschriften des 11. Kapitels SGB XII nicht zuzumuten ist (vgl. §§ 19 Abs. 3, 61 SGB XII).

Ein Ausnahmetatbestand nach § 19 Abs. 4 SGB XII, nach dem das Einkommen und Vermögen der Eltern nicht zu berücksichtigen ist, kann dem Sachverhalt nicht entnommen werden.

2.2.2.1 *Voraussetzungen des 7. Kapitels SGB XII*

Anspruchsberechtigter Personenkreis

Gemäß § 61 SGB XII haben Personen, die pflegebedürftig im Sinne des § 61a SGB XII sind, Anspruch auf Hilfe zur Pflege, soweit ihnen, ihren nicht getrennt lebenden Ehegatten oder Lebenspartnern und, wenn sie minderjährig und unverheiratet sind, auch ihren Eltern oder einem Elternteil die Aufbringung der Mittel aus dem Einkommen und Vermögen nach den Vorschriften des 11. Kapitels SGB XII nicht zuzumuten ist.

Pflegebedürftig sind gemäß § 61a Abs. 1 Satz 1 SGB XII Personen, die gesundheitlich bedingte Beeinträchtigungen der Selbstständigkeit oder der Fähigkeiten aufweisen und deshalb der Hilfe durch andere bedürfen. Pflegebedürftige Personen in diesem Sinne können körperliche, kognitive oder psychische Beeinträchtigungen oder gesundheitlich bedingte Belastungen oder Anforderungen nicht selbstständig kompensieren oder bewältigen (vgl. § 61a Abs. 1 Satz 2 SGB XII). Maßgeblich für die Beurteilung der Beeinträchtigungen der Selbstständigkeit oder Fähigkeiten (Ausmaß der Pflegebedürftigkeit) sind die in § 61a Abs. 2 SGB XII genannten einstufungsrelevanten Bereiche bzw. Module.

Für die Gewährung von Leistungen der Hilfe zur Pflege im Rahmen des 7. Kapitels SGB XII sind pflegebedürftige Personen gemäß § 61b Abs. 1 SGB XII entsprechend den im Begutachtungsverfahren nach § 62 SGB XII ermittelten Gesamtpunktwert einem der Schwere der Beeinträchtigungen der Selbstständigkeit oder der Fähigkeiten entsprechenden Pflegegrad zuzuordnen. Dabei muss ein „Schwellenwert" von 12,5 Punkten erreicht werden.

Die Entscheidung der Pflegekasse über den im Einzelfall festgestellten Pflegegrad ist nach § 62a SGB XII für den Träger der Sozialhilfe bindend, soweit sie auf Tatsachen beruht, die bei beiden Entscheidungen zur berücksichtigen sind.[5]

Auf eine konkrete Prüfung der einzelnen Voraussetzungen der genannten Vorschriften bzw. auf die Ermittlung des Ausmaßes der Pflegebedürftigkeit (Pflegegrad nach § 61b SGB XII) kann vorliegend verzichtet werden, da die zuständige Pflegekasse nach Begutachtung durch den Medizinischen Dienst für Christiane den Pflegegrad 3 festgestellt hat und der Träger der Sozialhilfe nach § 62a SGB XII an die Entscheidung der Pflegekasse über den Pflegegrad gebunden ist.

Die **sachlichen** bzw. **persönlichen** Voraussetzungen der §§ 61 bis 61b SGB XII sind durch die Feststellungen der Pflegekasse insoweit „automatisch" erfüllt. Christiane C gehört zum anspruchsberechtigten Personenkreis des § 61 SGB XII. Bei der weiteren Prüfung ist auch im Rahmen der Hilfe zur Pflege nach dem 7. Kapitel SGB XII bei Christiane C vom Pflegegrad 3 auszugehen.

Leistungen/sozialhilferechtlicher Bedarf

Die Hilfe zur Pflege umfasst nach § 63 Abs. 1 Satz 1 SGB XII für Pflegebedürftige der Pflegegrade 2 bis 5 häusliche Pflege in Form von Pflegegeld, häuslicher Pflegehilfe, Verhinderungspflege, Pflegehilfsmitteln, Maßnahmen zur Verbesserung des Wohnumfeldes und anderen Leistungen sowie teilstationäre Pflege, Kurzzeitpflege, einen Entlastungsbetrag und stationäre Pflege. Gemäß § 64 SGB XII soll der Träger der Sozialhilfe darauf hinwirken, dass die häusliche Pflege durch Personen, die dem Pflegebedürftigen nahestehen, als Nachbarschaftshilfe oder durch sonstige, zum gesellschaftlichen Engagement bereite (d. h. also durch ehrenamtlich tätige) Personen übernommen wird.

Christiane wird im häuslichen Bereich gepflegt. Daher kommen für sie nur Leistungen im Rahmen der häuslichen bzw. ambulanten Pflege in Betracht. Die erforderlichen Pflegeleistungen werden von der Mutter und einem zugelassenen ambulanten Pflegedienst ausgeführt. Das Nähere zu den relevanten Einzelmaßnahmen und Leistungen regeln die §§ 64a ff. SGB XII.

---

5 Die Bindungswirkung betrifft nur die Feststellung der Pflegebedürftigkeit die Zuordnung zu einem Pflegegrad. Inhalt und Umfang der Leistungen der Hilfe zur Pflege ergeben sich aus dem 7. Kapitel SGB XII und nach den konkreten Feststellungen im Einzelfall aus pflegefachlicher Sicht (insbesondere im Rahmen der angemessenen Kosten für den Einsatz eines ambulanten Pflegedienstes). Mit der Bindungswirkung soll eine unterschiedliche Beurteilung desselben Sachverhalts durch die Pflegekasse und den Träger der Sozialhilfe ausgeschlossen werden.

Nach § 64a Abs. 1 Satz 1 SGB XII haben Pflegebedürftige der Pflegegrade 2 bis 5 bei häuslicher Pflege Anspruch auf **Pflegegeld** in Höhe des Pflegegeldes nach § 37 Abs. 1 SGB XI (bei einem Pflegegrad 3 aktuell 599,00 €). Der Pflegegeldanspruch steht allerdings unter der einschränkenden Voraussetzung des § 64a Abs. 1 Satz 2 SGB XII. Danach muss gewährleistet sein, dass die Pflegebedürftigen mit dem Pflegegeld die erforderliche Pflege in geeigneter Weise selbst sicherstellen. Dies schließt allerdings die Heranziehung eines ambulanten Pflegedienstes nicht aus.

Der Sachverhalt enthält keine Hinweise darauf, dass mit dem Pflegegeld die Organisation der Pflege von Christiane im häuslichen Bereich durch nahestehende Personen mit Unterstützung des Pflegedienstes dem Umfang des Pflegegeldes entsprechend nicht vorgenommen werden kann.

Pflegebedürftige der Pflegegrade 2, 3, 4 oder 5 haben nach § 64b Abs. 1 Satz 1 SGB XII Anspruch auf körperbezogene Pflegemaßnahmen und pflegerische Betreuungsmaßnahmen sowie auf Hilfen bei der Haushaltsführung als Pflegesachleistung (häusliche Pflegehilfe), soweit die häusliche Pflege nach § 64 SGB XII nicht sichergestellt werden kann. Die Leistungen umfassen insofern auch die (lt. Sachverhalt) angemessenen Kosten für den Einsatz eines zugelassenen Pflegedienstes.

Damit ergeben sich zunächst die folgenden Bedarfe:

- Pflegegeld nach § 64a Abs. 1 SGB XII i. V. m. § 37 Abs. 1 SGB XI 599,00 €
- Kosten für die Heranziehung einer besonderen Pflegekraft (Pflegedienst) nach § 64b SGB XII als Pflegesachleistung 1.497,00 €

Leistungskonkurrenz

Bestimmungen für den Fall einer Leistungskonkurrenz enthält § 63b SGB XII. In dieser Vorschrift wird zwischen Anrechnungs-, Nichtleistungs- und Kürzungstatbeständen bei den Leistungen der Hilfe zur Pflege nach dem 7. Kap. SGB XII unterschieden.

a) Anrechnung der Sachleistung aus der Pflegeversicherung

Gemäß § 63b Abs. 1 SGB XII werden Leistungen der Hilfe zur Pflege nach dem 7. Kapitel SGB XII nicht erbracht, soweit Pflegebedürftige gleichartige Leistungen nach anderen Rechtsvorschriften erhalten.

Für den Einsatz des Pflegedienstes erbringt die Pflegekasse die Sachleistung nach § 36 SGB XI in Höhe der anfallenden Kosten von monatlich 1.497,00 €. Dieser Betrag entspricht dem Maximal- bzw. Höchstbetrag der sozialen Pflegeversicherung im Sachleistungsbereich nach dem SGB XI bei Pflegebedürftigen des Pflegegrades 3. Es handelt sich um gleichartige Leistungen nach anderen Rechtsvorschriften (nämlich nach dem SGB XI) im Sinne des § 63b Abs. 1 SGB XII. Damit kommt eine Berücksichtigung der Kosten für den Einsatz des Pflegedienstes nach dem 7. Kapitel SGB XII nicht mehr in Betracht.[6]

6 Auch eine Lösung über den Nachranggrundsatz aus § 2 Abs. 1 SGB XII dahingehend, dass in Höhe der Sachleistungen der Pflegekasse nach dem SGB XI ein sozialhilferechtlicher Bedarf gar nicht entsteht, ist grundsätzlich vertretbar.

b) Kürzung des Pflegegeldes
Soweit die Heranziehung einer besonderen Pflegekraft (also der Einsatz eines ambulanten Pflegedienstes) erforderlich ist, **kann** das Pflegegeld gemäß § 63b Abs. 5 SGB XII **um bis zu zwei Drittel** (sog. disponibler Teil) gekürzt werden. Auf der Rechtsfolgeseite ist somit Ermessen (Entschließungs- und Auswahlermessen) auszuüben. Der zuständige Träger der Sozialhilfe hat im vorliegenden Fall von der Kürzungsmöglichkeit Gebrach gemacht und das Pflegegeld nach § 64a SGB XII um 50 % gekürzt. Es ist auch davon auszugehen, dass diese Entscheidung ermessensfehlerfrei war (vgl. Bearbeitungshinweis 4).

Damit ergab sich für Christiane C ein sozialhilferechtlich zu berücksichtigender Pflegegeldbedarf nach § 64a Abs. 1 SGB XII von 299,50 € (599,00 € ./. 50 v. H.).

Ergebnis der Prüfung des 7. Kapitels SGB XII
Die persönlichen bzw. sachlichen Voraussetzungen für eine Leistung im Rahmen der Hilfe zur Pflege nach dem 7. Kapitel SGB XII lagen vor. Für die weitere Prüfung war von einem monatlichen Bedarf in Höhe von 299,50 € auszugehen.

2.2.2.2 Voraussetzungen des 11. Kapitels SGB XII

Hilfe zur Pflege wird nach dem 7. Kapitel SGB XII geleistet, soweit dem Leistungsberechtigten und seinem nicht getrennt lebenden Ehegatten oder Lebenspartner und, wenn er minderjährig und unverheiratet ist, auch seinen Eltern die Aufbringung der Mittel aus dem Einkommen und Vermögen nach den Vorschriften des 11. Kapitels SGB XII nicht zuzumuten ist (vgl. §§ 19 Abs. 3, 61 Abs. 1 SGB XII). Damit ist im vorliegenden Fall die Hilfeleistung (Pflegegeld) abhängig vom Einkommen und Vermögen der nachfragenden Person (Christiane) und ihrer Eltern als Einsatzgemeinschaft.

Einzelheiten für die Durchführung der Zumutbarkeitsprüfung enthält der 2. Abschnitt des 11. Kapitels SGB XII mit den §§ 85 bis 89 SGB XII.

Berechnung der Einkommensgrenze
Die Einkommensgrenze nach § 85 SGB XII ist ein rechnerisches Hilfsmittel für die im Einzelfall vorzunehmende Zumutbarkeitsprüfung i. S. des § 19 Abs. 3 SGB XII. Sie dient nicht der Bedarfsdeckung im Rahmen der Hilfen nach dem 5. bis 9. Kapitel SGB XII.

Der nachfragenden Person ist nach den Bestimmungen der §§ 85 bis 89 SGB XII die Aufbringung der Mittel nicht zuzumuten, wenn während der Dauer des Bedarfs ihr monatliches Einkommen (und in diesem Fall auch das Einkommen der Eltern) eine bestimmte Einkommensgrenze nicht übersteigt. Ist die nachfragende Person minderjährig und unverheiratet, richtet sich die zu ermittelnde Einkommensgrenze nach § 85 Abs. 2 SGB XII, in den sonstigen Fällen nach § 85 Abs. 1 SGB XII.

Christiane C ist minderjährig und unverheiratet. Damit ist die Einkommensgrenze nach § 85 Abs. 2 SGB XII zu berechnen.

Nach § 85 Abs. 2 SGB XII setzt sich die Einkommensgrenze wie folgt zusammen:

• Grundbetrag in Höhe des Zweifachen der Regelbedarfsstufe 1 nach der Anlage zu § 28 SGB XII (§ 85 Abs. 2 Satz 1 Nr. 1 SGB XII)	1.126,00 €
• (angemessene) Aufwendungen für die Unterkunft zzgl. Heizkosten[7], laut Sachverhalt angemessen (§ 85 Abs. 2 Satz 1 Nr. 2 SGB XII)	550,00 €
• Familienzuschlag für einen Elternteil (§ 85 Abs. 2 Satz 1 Nr. 3 SGB XII)	395,00 €
• Familienzuschlag für die nachfragende Person (§ 85 Abs. 2 Satz 1 Nr. 3 SGB XII)	395,00 €
Einkommensgrenze	**2.466,00 €**

Ein Familienzuschlag für einen Elternteil ist dann zu berücksichtigen, wenn die Eltern zusammenleben, was im vorliegenden Fall gegeben ist. Die Heizkosten sind nach der Rechtsprechung des Bundessozialgerichts Aufwendungen für die Unterkunft und damit bei der Ermittlung der Einkommensgrenze nach § 85 SGB XII zu berücksichtigen.

Ermittlung des Einkommens

Zum Einkommen gehören nach § 82 Abs. 1 Satz 1 SGB XII und § 1 DVO zu § 82 SGB XII alle Einkünfte in Geld und Geldeswert ohne Rücksicht auf ihre Herkunft und Rechtsnatur und ohne Rücksicht darauf, ob sie der Steuerpflicht unterliegen, mit Ausnahme der dort genannten nicht zu berücksichtigenden Leistungen. Auch sondergesetzliche Bestimmungen können regeln, dass Einkünfte nicht zu berücksichtigen sind. Der Stadt S war bekannt, dass Herr C über ein bereinigtes Einkommen aus Erwerbstätigkeit in Höhe von 2411,00 € sowie über das Kindergeld[8] für Christiane in Höhe von monatlich 255,00 € (damit über insgesamt 2.666,00 €) verfügte. Hierbei handelt es sich um Einkommen im Sinne des § 82 Abs. 1 Satz 1 SGB XII, das auch nach den §§ 83 (nach Zweck und Inhalt bestimmte Leistungen) und 84 SGB XII (Zuwendungen der freien Wohlfahrtspflege oder Zuwendungen ohne rechtliche oder sittliche Pflicht) nicht unberücksichtigt bleiben muss.

Dass sondergesetzliche Bestimmungen einer Berücksichtigung entgegenstanden, lässt sich dem Sachverhalt nicht entnehmen.

Gegenüberstellung von Einkommensgrenze und Einkommen

Einkommensgrenze	2.466,00 €
Einkommen	2.666,00 €
Einkommen über der Einkommensgrenze	**200,00 €**

7 So jedenfalls BSG, Urt. vom 30.4.2020 – B 8 SO 1/19 R –, juris.

8 Das Kindergeld ist Einkommen der kindergeldberechtigten Eltern bzw. eines Elternteils und nur unter den Voraussetzungen des § 82 Abs. 1 Satz 3 SGB XII nur im Rahmen der Leistungen zum Lebensunterhalt (Hilfe zum Lebensunterhalt nach dem 3. Kapitel SGB XII) als Einkommen dem minderjährigen Kind zuzurechnen.

Festsetzung der zumutbaren Eigenleistung

Soweit das zu berücksichtigende Einkommen die Einkommensgrenze übersteigt, ist die Aufbringung der Mittel nach § 87 Abs. 1 Satz 1 SGB XII in **angemessenem Umfang** zuzumuten.

Nach § 87 Abs. 1 Satz 2 SGB XII sind bei der Auslegung des unbestimmten Rechtsbegriffes „angemessener Umfang" insbesondere die Art des Bedarfs, die Art oder die Schwere der Behinderung oder der Pflegebedürftigkeit, die Dauer und Höhe der erforderlichen Aufwendungen sowie besondere Belastungen zu berücksichtigen. § 87 Abs. 1 Satz 3 SGB XII bestimmt, dass bei Pflegebedürftigen der Pflegegrade 4 und 5 ein Einsatz des Einkommens über der Einkommensgrenze in Höhe von mindestens 60 vom Hundert nicht zuzumuten ist.

Unter Berücksichtigung dieser Regelung war es wegen des festgestellten Pflegerades 3 von Christiane angemessen, 40 vom Hundert des Einkommens über der Einkommensgrenze bei der Festsetzung der zumutbaren Eigenleistung **nicht** zu berücksichtigen (im Sinne eines gestuften Verfahrens auf der Grundlage der Schwere der Pflegebedürftigkeit bzw. des festgestellten Pflegegrades).

Damit kam im Ergebnis die Aufbringung der Mittel in Höhe von 60 vom Hundert des Einkommens über der Einkommensgrenze in Betracht (60 v. H. von 200,00 € = 120,00 €).

Einschließlich der Einkünfte aus seiner Nebentätigkeit verfügte Herr C im Zeitraum der Leistungsgewährung aber tatsächlich über ein bereinigtes Gesamteinkommen in Höhe von 2.966,00 €. Auch bei dem zusätzlichen Einkommen handelt es sich um zu berücksichtigendes Einkommen i. S. des § 82 Abs. 1 Satz 1 SGB XII, das auch nicht nach den Vorschriften der §§ 83 und 84 SGB XII sowie nach sondergesetzlichen Bestimmungen freizulassen und bereits laut Sachverhalt nach § 82 Abs. 2 SGB XII und der VO zu § 82 SGB XII bereinigt war.

Das zu berücksichtigende Einkommen überstieg damit die maßgebende Einkommensgrenze nach § 85 Abs. 2 SGB XII um monatlich 500,00 €, so dass nach § 87 Abs. 1 SGB XII eine Eigenleistung in angemessenem Umfang von 300,00 € (60 v. H. von 500,00 €) hätte berücksichtigt werden müssen und somit Leistungen im Rahmen der Hilfe zur Pflege nach dem 7. Kapitel SGB XII nicht in Betracht kamen.

In der Zeit vom 1.3.2025 bis zum 30.4.2025 wurden insgesamt im Rahmen der Hilfe zur Pflege nach dem 7. Kapitel SGB XII Leistungen in Höhe von 359,00 € (2 Monate × 179,50 €) rechtswidrig erbracht.

2.2.3 Aufhebung der Verwaltungsakte und Rückforderung zu Unrecht erbrachter Leistungen

Die Aufhebung der Verwaltungsakte (hier: der Bewilligungsbescheide über die Hilfe zur Pflege nach dem 7. Kapitel SGB XII) ist Voraussetzung für eine Erstattungsforderung zu Unrecht erbrachter Leistungen nach § 50 Abs. 1 SGB X. Für die Aufhebung von Verwaltungsakten kommen die §§ 44 ff. SGB X in Betracht. Davon behandeln die §§ 45 und 48 SGB X die Aufhebung bzw. Rücknahme von rechtswidrigen oder im laufenden Bewilligungszeitraum rechtswidrig gewordenen begünstigenden Veraltungsakten.

Bei den Leistungen im Rahmen der Hilfe zur Pflege nach dem 7. Kapitel SGB XII handelt es sich um begünstigende Verwaltungsakte (Bewilligungsbescheide), die monatlich schriftlich, mündlich oder durch konkludentes Handeln (Überweisung auf das Konto der leistungsberechtigten Person oder Barauszahlung) auf andere Weise erbracht werden (vgl. § 33 Abs. 2 SGB X).

Hier kommt die Aufhebung der in der Zeit vom 1.3.2025 bis zum 30.4.2025 erlassenen zwei Verwaltungsakte in Betracht.

Im vorliegenden Fall handelt es sich um die Rücknahme von rechtswidrigen begünstigenden Verwaltungsakten nach § 45 SGB X.[9] Die Vorschrift des § 45 SGB X findet Anwendung, wenn der (begünstigende) Verwaltungsakt (hier: der Bewilligungsbescheid über die Hilfe zur Pflege) bereits zum Zeitpunkt des Erlasses – also anfänglich – rechtswidrig war. Soweit ein Verwaltungsakt, der ein Recht oder einen rechtlich erheblichen Vorteil begründet oder bestätigt hat (begünstigender Verwaltungsakt), rechtswidrig ist, darf er, auch nachdem er unanfechtbar geworden ist, nur unter den Einschränkungen der Absätze 2 bis 4 ganz oder teilweise mit Wirkung für die Zukunft oder die Vergangenheit zurückgenommen werden (§ 45 Abs. 1 SGB X).

Bei den Leistungen der Sozialhilfe (bzw. den entsprechenden Bewilligungsbescheiden) handelt es sich um begünstigende Verwaltungsakte, die, wie unter 2.2.1 festgestellt, wegen unvollständiger Angaben über die Höhe des zu berücksichtigenden Einkommens, rechtswidrig waren.

In Betracht kommt die Rücknahme der Verwaltungsakte (Bewilligungsbescheide) für die Vergangenheit. Nur in den Fällen von § 45 Abs. 2 Satz 3 und § 45 Abs. 3 Satz 2 SGB X wird der Verwaltungsakt mit Wirkung für die Vergangenheit zurückgenommen (§ 45 Abs. 4 Satz 1 SGB X). § 45 Abs. 3 SGB X ist nicht einschlägig, da es sich bei Leistungen im Rahmen der Hilfe zur Pflege nach dem 7. Kapitel SGB XII in der Regel nicht um Verwaltungsakte mit Dauerwirkung handelt.

Nach § 45 Abs. 2 Satz 1 SGB X darf ein begünstigender Verwaltungsakt nicht zurückgenommen werden, soweit der Begünstigte auf den Bestand des Verwaltungsaktes vertraut hat und sein Vertrauen schutzwürdig ist. Auf Vertrauen kann sich der Begünstigte u. a. nicht berufen, soweit der Verwaltungsakt auf Angaben beruht, die der Begünstigte vorsätzlich oder **grob fahrlässig** in wesentlicher Beziehung unrichtig oder unvollständig gemacht hat (§ 45 Abs. 2 Satz 3 Nr. 2 SGB X). Der Tatbestand kann auch durch ein Unterlassen verwirklicht werden, sofern eine Pflicht zur Mitwirkung besteht. Dies ist dann der Fall, wenn sie für die Fehlerhaftigkeit des Verwaltungsaktes kausal geworden sind.

Liegen die Voraussetzungen nach § 45 Abs. 2 Satz 3 SGB X vor, sind andere Aspekte des Vertrauensschutzes nicht mehr zu prüfen.

9 Grundsätzlich ist auch eine Aufhebung des Verwaltungsaktes nach § 48 SGB X vertretbar, wenn davon ausgegangen werden sollte, dass es sich bei dem Bewilligungsbescheid im Rahmen der Leistungen nach dem 7. Kapitel SGB XII um einen Verwaltungsakt mit Dauerwirkung handelt und durch die Einkommenserzielung eine wesentliche Änderung der Verhältnisse eingetreten ist. Entscheidend ist in diesem Zusammenhang die Formulierung des Bewilligungsbescheides hinsichtlich der Dauer der zu gewährenden Leistungen (z. B. „die Leistungen der Hilfe zur Pflege nach dem 7. Kapitel SGB XII werden bis auf Weiteres gewährt").

Der Begünstigte muss hinsichtlich der Fehlerhaftigkeit der Angaben vorsätzlich oder grob fahrlässig gehandelt haben. **Grobe Fahrlässigkeit** liegt vor, wenn der Begünstigte die erforderliche Sorgfalt in besonders schwerem Maße verletzt hat (§ 45 Abs. 2 Satz 3 Nr. 3, Halbsatz 2 SGB X).

Der Betroffene verletzt die erforderliche Sorgfalt in besonders schwerem Maße, wenn schon einfachste, ganz naheliegende Überlegungen nicht angestellt werden und insofern nicht beachtet wird, was im jeweiligen Einzelfall jedem einleuchten muss. Die Beurteilung hat unter Berücksichtigung der individuellen Einsichts- und Urteilsfähigkeit der leistungsberechtigten Person zu erfolgen („intellektueller Empfängerhorizont").

Da die Eheleute C laut Sachverhalt bei der Antragstellung auf die Mitwirkungspflichten nach § 60 SGB I hingewiesen wurden, war ihnen bekannt bzw. hätte ihnen bewusst sein müssen, dass Leistungen der Sozialhilfe vom Vorliegen bestimmter wirtschaftlicher Voraussetzungen abhängig sind und sie vor diesem Hintergrund verpflichtet waren, insbesondere zu ihren Einkommens- und Vermögensverhältnissen vollständige und korrekte Angaben zu machen und Änderungen der persönlichen und wirtschaftlichen Verhältnisse dem zuständigen Leistungsträger zeitnah mitzuteilen (vgl. § 60 Abs. 1 Satz 1 Nr. 1 SGB I). Damit haben sie zumindest grob fahrlässig gehandelt.

Die Angaben über das Einkommen aus der Nebentätigkeit wurden zwar nicht von der leistungsberechtigten Person (Christiane), sondern von den Eltern verschwiegen; die minderjährige Hilfesuchende muss sich allerdings das (Fehl-)Verhalten ihrer gesetzlichen Vertreter zurechnen lassen (vgl. § 278 BGB).

Die Tatbestandsvoraussetzungen für eine Rücknahme sind gegeben. Nach § 45 Abs. 1 Satz 1 SGB X „darf" der Verwaltungsakt ganz oder teilweise mit Wirkung für die Zukunft oder für die Vergangenheit zurückgenommen werden. Das Ermessen ist entsprechend dem Zweck der Ermächtigung auszuüben, wobei die gesetzlichen Grenzen des Ermessens einzuhalten sind (vgl. § 39 SGB I).

Für die Rücknahme spricht, dass die Leistungen im Rahmen der Hilfe zur Pflege nach dem 7. Kapitel SGB XII bei Anzeige des zusätzlichen Einkommens nicht erbracht worden wären und das Verschweigen solcher Einkünfte (auch im Interesse der Solidargemeinschaft der Steuerzahler) nicht zu einer ungerechtfertigten Besserstellung des Einzelnen (also des Leistungsbeziehers) führen darf. Durch die Rückabwicklung des Falles wird im Übrigen der Grundsatz der Nachrangigkeit aus § 2 Abs. 1 SGB XII im Nachhinein wieder hergestellt.

Ermessensfehler bei der Rücknahmeentscheidung durch die Stadt S sind nicht zu erkennen.

Die Frist nach § 45 Abs. 4 Satz 2 SGB X, wonach die Behörde die Verwaltungsakte innerhalb eines Jahres seit Kenntnis der Tatsachen zurücknehmen muss (Handlungsfrist), welche die Rücknahme eines rechtswidrigen begünstigenden Verwaltungsaktes für die Vergangenheit rechtfertigen, ist im vorliegenden Fall nicht überschritten.

Ergebnis

Der Widerspruch ist zwar zulässig, aber im Ergebnis unbegründet.

Aufgabe 2

Zur Erstattung zu Unrecht erbrachter Leistungen nach § 50 Abs. 1 SGB X ist nur der begünstigte Leistungsempfänger selbst verpflichtet. Gegen die Eltern von Christiane kann nach dieser Norm ein Rückforderungsbescheid nicht gerichtet werden, da sie nicht Adressat der Verwaltungsakte bzw. nicht Empfänger der Sozialhilfeleistungen waren. In Betracht für einen möglichen Rückforderungsanspruch kommt hier die Anwendung des § 104 SGB XII.

Zum Ersatz der Kosten zu Unrecht erbrachter Leistungen der Sozialhilfe (§ 50 SGB X) ist in entsprechender Anwendung des § 103 SGB XII verpflichtet, wer die Leistung durch vorsätzliches oder grob fahrlässiges Verhalten herbeigeführt hat (§ 104 Satz 1 SGB XII[10]).

Es muss sich um zu Unrecht erbrachte Leistungen handeln. Die Sozialhilfeleistungen im Rahmen der Hilfe zur Pflege nach dem 7. Kapitel SGB XII in der Zeit vom 1.3.2025 bis zum 30.4.2025 waren nach den zu Aufgabe 1 gefundenen Ergebnissen bezüglich der Höhe rechtswidrig.

Um aus einer **rechtswidrigen** Leistung eine **zu Unrecht** erbrachte Leistung werden zu lassen, musste der Rechtsgrund für das Behaltendürfen der Leistungen beseitigt werden, da ein Verwaltungsakt gemäß § 39 Abs. 2 SGB X wirksam bleibt, solange und soweit er nicht zurückgenommen, widerrufen, anderweitig aufgehoben oder durch Zeitablauf oder auf andere Weise erledigt ist. Die Verwaltungsakte (Bewilligungsbescheide) mussten aufgehoben werden. Das ist im vorliegenden Fall durch die Rücknahme nach § 45 SGB X geschehen.

Die Leistung muss durch vorsätzliches oder grobfahrlässiges (schuldhaftes) Verhalten herbeigeführt worden sein (vgl. § 104 Satz 1 SGB XII). Die Leistung ist durch schuldhaftes (d. h. zumindest grob fahrlässiges) Verhalten herbeigeführt worden. Obwohl den Eltern bekannt war, dass sie im Rahmen ihrer Mitwirkungspflichten nach § 60 SGB I u. a. verpflichtet waren, dem Träger der Sozialhilfe Änderungen in den Einkommensverhältnissen, die für die Leistung erheblich waren, unverzüglich mitzuteilen, haben sie dieses nicht getan. Damit haben sie schuldhaft im Sinne der Norm gehandelt.

Der Verursacher muss das 18. Lebensjahr vollendet haben (vgl. § 103 Abs. 1 Satz 1 SGB XII). Das trifft bei den Eltern von Christiane auch ohne konkrete Hinweise im Sachverhalt zu.

Die Leistung muss ferner die unmittelbare Folge des vorsätzlichen bzw. des grob fahrlässigen Verhaltens sein (Kausalität). Das Verschweigen des zusätzlichen Einkommens hat zu einer Leistung im Rahmen der Hilfe zur Pflege nach dem 7. Kapitel SGB XII geführt, die für die Monate März und April sonst (also unter Berücksichtigung der tatsächlichen Einkommensverhältnisse) nicht in Betracht gekommen wäre.

10 Die Rückforderung kann auch auf § 103 Abs. 1 Satz 2 SGB XII gestützt werden.

Eine Härte im Sinne des § 103 Abs. 1 Satz 3 SGB XII ist im vorliegenden Fall nicht ersichtlich.

Der zuständige Träger der Sozialhilfe kann die zu Unrecht erbrachten Leistungen auch von den Eltern zurückfordern.

Die nach § 104 Satz 1 SGB XII als Verursacher zum Kostenersatz verpflichteten Eltern haften zusammen mit der nach § 50 Abs. 1 SGB X verpflichteten Empfängerin der Leistung als Gesamtschuldner (vgl. § 104 Satz 2 SGB XII).

Praktischer Fall Nr. 11

Schwerpunkte:
- Leistungen zur Sicherung des Lebensunterhalts nach dem SGB II und nach dem 4. Kapitel SGB XII,
- Einsatz von Vermögen,
- Zurechnung des Einkommens (§ 9 Abs. 2 SGB II),
- Vermutung der Bedarfsdeckung (§ 9 Abs. 5 SGB II),
- Kostenerstattung nach § 104 SGB X

Hilfsmittel:
- Zweites Buch Sozialgesetzbuch (SGB II) mit Verordnungen,
- Sechstes Buch Sozialgesetzbuch (SGB VI),
- Zehntes Buch Sozialgesetzbuch (SGB X),
- Zwölftes Buch Sozialgesetzbuch (SGB XII) mit Verordnungen

Sachverhalt

In einem gemeinsamen Haushalt der kreisfreien Stadt B in Nordrhein-Westfalen (Bereich des Landschaftsverbandes Westfalen-Lippe) leben

- Herr A (52 Jahre alt, erwerbsfähig),
- Frau A (Ehefrau des Herrn A, 49 Jahre alt, dauerhaft voll erwerbsgemindert),
- Andreas A (Sohn der Eheleute A, 23 Jahre alt, erwerbsfähig),
- Anna A (14 Jahre alt, Tochter der Eheleute A) und
- Martha M (Mutter von Frau A, 77 Jahre alt).

Herr A beantragt am 16.3.2025 beim zuständigen Träger der Grundsicherung für Arbeitsuchende (Jobcenter der Stadt B) für sich und seine Familie Leistungen zur Sicherung des Lebensunterhalts.

Die wirtschaftliche Situation der Familie stellt sich wie folgt dar:

Herr A ist seit einem halben Jahr arbeitslos. Von der zuständigen Agentur für Arbeit erhält er Arbeitslosengeld (Alg I) in Höhe von monatlich 499,00 €. Frau A ist nach Feststellung des zuständigen Trägers der gesetzlichen Rentenversicherung dauerhaft voll erwerbsgemindert und bezieht eine Rente wegen voller Erwerbsminderung nach § 43 Abs. 2 SGB VI i. V. m. § 102 SGB VI von monatlich 825,00 € (netto). Sie ist im Besitz eines Ausweises nach § 152 Abs. 5 SGB IX (Schwerbehindertenausweis) mit dem Merkzeichen „G“. Für seine Tochter Anna erhält Herr A als Kindergeldberechtigter von der zuständigen Familienkasse das gesetzliche Kindergeld in Höhe von monatlich 255,00 €. Bei Andreas liegen die Voraussetzungen für eine Kindergeldzahlung nicht vor.

Andreas A ist vor drei Wochen (durch eine betriebsbedingte Kündigung des Arbeitgebers) arbeitslos geworden. Bei der zuständigen Agentur für Arbeit hat er einen Antrag auf Arbeitslosengeld (Alg I) nach den Vorschriften des Dritten Buches Sozialgesetzbuch (SGB III) gestellt, über den aber bisher wegen fehlender Arbeitsbescheinigungen des Arbeitgebers noch nicht entschieden werden konnte.

Frau M bezieht vom zuständigen Träger der gesetzlichen Rentenversicherung eine Regelaltersrente nach § 35 SGB VI in Höhe von monatlich 995,00 € (netto).

Neben einem angemessenen Hausrat verfügen die Eheleute A über ein gemeinsames Sparbuch mit einem aktuellen Guthaben von 17.200,00 €. Herr A besitzt einen PKW mit einem Zeitwert von 4.700,00 €. Für die Kfz-Haftpflichtversicherung wird ein monatlicher Beitrag von 38,00 € nachgewiesen. Andreas besitzt ebenfalls einen PKW mit einem Zeitwert von 10.950,00 €. Für seine Kfz-Haftpflichtversicherung werden monatlich 49,00 € fällig.

Für ihre Mietwohnung (105 qm) zahlen die Eheleute A monatlich 480,00 € (Grundmiete einschließlich der umlagefähigen Nebenkosten) und für die Heizkosten eine monatliche Pauschale von 100,00 €. In den Heizkosten sind auch Anteile für die Warmwasserversorgung enthalten.

Am 29.3.2025 bewilligt die zuständige Agentur für Arbeit für Andreas rückwirkend ab 22.2.2025 Arbeitslosengeld (Alg I) in Höhe von monatlich 930,00 €.

Aufgaben

Prüfen Sie gutachtlich,

1. ob und ggf. in welchem Umfang für den Monat März 2025 Leistungen zur Sicherung des Lebensunterhalts in Betracht kommen,
2. ob für den zuständigen Leistungsträger die Möglichkeit besteht, die für März 2025 ggf. angefallenen Kosten für die Hilfeleistung aus der Nachzahlung des Arbeitslosengeldes (Alg I) erstattet zu bekommen, und
3. welche Auswirkungen die Bewilligung des Arbeitslosengeldes (Alg I) für Andreas im Hinblick auf weitergehende Leistungsansprüche auch der übrigen Personen hat (Kurzdarstellung).

Bearbeitungshinweise

1. Anlage zu § 28 SGB XII:

Regelbedarfsstufen nach der Anlage zu § 28 in Euro

gültig ab	Regelbedarfsstufe 1	Regelbedarfsstufe 2	Regelbedarfsstufe 3	Regelbedarfsstufe 4	Regelbedarfsstufe 5	Regelbedarfsstufe 6
1.1.2025	563,00	506,00	451,00	471,00	390,00	357,00

Regelbedarfsstufe 1:
Für jede erwachsene Person, die in einer Wohnung nach § 42a Abs. 2 Satz 2 SGB XII lebt und für die nicht die Regelbedarfsstufe 2 gilt.

Regelbedarfsstufe 2:
Für jede erwachsene Person, die in einer Wohnung nach § 42a Abs. 2 Satz 2 SGB XII mit einem Ehegatten oder Lebenspartner oder in eheähnlicher oder lebenspartnerschaftsähnlicher Gemeinschaft mit einem Partner zusammenlebt.

Regelbedarfsstufe 3:
Für jede erwachsene Person, deren notwendiger Lebensunterhalt sich nach § 27b SGB XII bestimmt.

Regelbedarfsstufe 4:
Für eine Jugendliche oder einen Jugendlichen vom Beginn des 15. bis zur Vollendung des 18. Lebensjahres.

Regelbedarfsstufe 5:
Für ein Kind vom Beginn des siebten bis zur Vollendung des 14. Lebensjahres.

Regelbedarfsstufe 6:
Für ein Kind bis zur Vollendung des sechsten Lebensjahres.

2. Die Kosten für Unterkunft und Heizung sind angemessen.
3. Auf Ansprüche nach dem Wohngeldgesetz (WoGG) ist nicht einzugehen.
4. Die zuständigen Träger der Leistungen zur Sicherung des Lebensunterhalts haben von der Möglichkeit, die Unterkunfts- und Heizkosten zu pauschalieren, keinen Gebrauch gemacht.
5. Gehen Sie davon aus, dass alle im Haushalt lebenden Personen eine Wohn- und Wirtschaftsgemeinschaft bilden.
6. Gehen Sie davon aus, dass z. Z. weder für Herrn A noch für Andreas bei der Arbeitsvermittlung der Arbeitsagentur geeignete Stellenangebote vorliegen.
7. Gehen Sie davon aus, dass am 29.3.2025 über den Antrag auf Leistungen nach dem SGB II bereits entschieden war und ein ggf. bestehender Erstattungsanspruch vom Träger der Grundsicherung für Arbeitsuchende bei der Agentur für Arbeit fristgerecht angemeldet wurde.
8. Im Rahmen ggf. bestehender Erstattungsansprüche ist auf die entrichteten Beiträge zur Sozialversicherung nicht einzugehen.
9. Eine Zuständigkeitsprüfung ist nicht vorzunehmen. Das Jobcenter der Stadt B ist der zuständige Träger.
10. Eine differenzierte Berechnung nach den in § 6 SGB II genannten Trägern der Grundsicherung für Arbeitsuchende ist nicht vorzunehmen.
11. Auf Leistungen für Bildung und Teilhabe nach den §§ 28 und 29 SGB II ist nicht einzugehen.
12. Auf den Sofortzuschlag für Kinder nach § 72 SGB II ist nicht einzugehen.

Lösung

Aufgabe 1

1. Vorprüfung

Aufgrund der im Sachverhalt beschriebenen Situation der Familie A kommen Sozialleistungen zur Sicherung des Lebensunterhalts in Betracht. Derartige Leistungen sind insbesondere im SGB II (Grundsicherung für Arbeitsuchende) und im SGB XII (Sozialhilfe) vorgesehen.

Die Leistungen zur Sicherung des Lebensunterhalts im Rahmen der Grundsicherung für Arbeitsuchende umfassen nach Kapitel 3 Abschnitt 2 SGB II das Bürgergeld für erwerbsfähige Leistungsberechtigte (§ 19 Abs. 1 Satz 1 SGB II), das Bürgergeld für nichterwerbsfähige Leistungsberechtigte (§ 19 Abs. 1 Satz 2 SGB II), die Leistungen bei medizinischer Rehabilitation der Rentenversicherung und bei Anspruch auf Verletztengeld aus der Unfallversicherung (§ 25 SGB II), den Zuschuss zu Versicherungsbeiträgen (§ 26 SGB II), die Leistungen für Auszubildende (§ 27 SGB II) und die Leistungen für Bildung und Teilhabe (§§ 28 bis 30 SGB II).

Die Sozialhilfe umfasst nach § 8 SGB XII als Leistungen zum Lebensunterhalt die Hilfe zum Lebensunterhalt nach dem 3. Kapitel SGB XII und die Grundsicherung im Alter und bei Erwerbsminderung nach dem 4. Kapitel SGB XII.

Es ist sachgerecht, aus Sicht des angegangenen Trägers zunächst die Anspruchsvoraussetzungen für die Leistungen zur Sicherung des Lebensunterhalts nach dem SGB II zu prüfen.[1]

2. Anspruchsberechtigter Personenkreis im SGB II

2.1 Anspruch auf Bürgergeld für erwerbsfähige Leistungsberechtigte

Gemäß § 7 Abs. 1 Satz 1 SGB II erhalten Leistungen nach dem Zweiten Buch Sozialgesetzbuch Personen, die das 15. Lebensjahr vollendet und die Altersgrenze nach § 7a SGB II noch nicht erreicht haben, erwerbsfähig im Sinne von § 8 Abs. 1 SGB II sind, hilfebedürftig im Sinne von § 9 Abs. 1 SGB II sind, ihren gewöhnlichen Aufenthalt in der Bundesrepublik Deutschland haben, gemäß § 7b SGB II erreichbar sind[2] (erwerbsfähige Leistungsberechtigte) und keinem der in § 7 SGB II geregelten Ausschlusstatbestände unterliegen. Als Leistung zur Sicherung des Lebensunterhalts erhalten erwerbsfähige Leistungsberechtigte nach § 19 Abs. 1 Satz 1 SGB II das Bürgergeld für erwerbsfähige Leistungsberechtigte.

Herr A ist 52 Jahre alt und somit nach 1964 geboren. Nach § 7a Satz 2 SGB II erreichen ab dem Jahrgang 1964 geborene Personen die Altersgrenze mit Ablauf des Monats, in dem ein Lebensalter von 67 Jahren vollendet wird.

Herr A hat das 15. Lebensjahr vollendet und das 67. Lebensjahr noch nicht vollendet und erfüllt damit die Altersvoraussetzungen des § 7 Abs. 1 Satz 1 Nr. 1 SGB II. Er ist nach den Angaben des Sachverhalts erwerbsfähig und hat seinen gewöhnlichen Aufent-

1 Auch eine andere Prüfungsstruktur bzw. Prüfungsreihenfolge im Hinblick auf den Vorrang der Leistungen der Grundsicherung im Alter und bei Erwerbsminderung nach dem 4. Kapitel SGB XII ist grundsätzlich vertretbar.

2 Mit Einführung des Bürgergeld-Gesetzes zum 1.1.2023 wird das Tatbestandsmerkmal der Erreichbarkeit in § 7b SGB II zu einer (weiteren) Leistungsvoraussetzung für den Bezug von Bürgergeld für erwerbsfähige Leistungsberechtigte und ergänzt damit die in § 7 Abs. 1 Satz 1 SGB II geregelten Leistungsvoraussetzungen.

halt in der Bundesrepublik Deutschland. Den gewöhnlichen Aufenthalt hat jemand dort, wo er sich unter Umständen aufhält, die erkennen lassen, dass er an diesem Ort oder in diesem Gebiet nicht nur vorübergehend verweilt (§ 30 Abs. 3 Satz 2 SGB I), also seinen Lebensmittelpunkt hat. Herr A wohnt in der kreisfreien Stadt B in Nordrhein-Westfalen. Üblicherweise ist der Wohnort auch der Lebensmittelpunkt. Der Sachverhalt enthält keine Anhaltspunkte dafür, von diesem Grundsatz abzuweichen. Es gibt auch keinen Hinweis darauf, dass er seine Erreichbarkeit nicht sicher-gestellt hat (vgl. § 7b SGB II) oder einem der in § 7 SGB II geregelten Ausschlusstatbestände unterliegt.

Herr A gehört damit vorbehaltlich der noch zu prüfenden Hilfebedürftigkeit zum anspruchsberechtigten Personenkreis für den Bezug von Bürgergeld für erwerbsfähige Leistungsberechtigte nach § 19 Abs. 1 Satz 1 SGB II.

Auch **Andreas** erfüllt vorbehaltlich der noch zu prüfenden Hilfebedürftigkeit die Voraussetzungen des §§ 7 Abs. 1 Satz 1, 7b SGB II als erwerbsfähiger Leistungsberechtigter. Für ihn kommt damit ebenfalls als Leistung zur Sicherung des Lebensunterhalts gemäß § 19 Abs. 1 Satz 1 SGB II Bürgergeld für erwerbsfähige Leistungsberechtigte in Betracht.

Für **Frau A** könnte ebenfalls ein Anspruch auf Bürgergeld bestehen. Sie erfüllt die Altersvoraussetzungen des § 7 Abs. 1 Satz 1 Nr. 1 SGB II. Fraglich ist jedoch, ob sie erwerbsfähig ist. Erwerbsfähig ist, wer nicht wegen Krankheit oder Behinderung auf absehbare Zeit außerstande ist, unter den üblichen Bedingungen des allgemeinen Arbeitsmarktes mindestens drei Stunden täglich erwerbstätig zu sein (§ 8 Abs. 1 SGB II). Frau A ist nach Feststellung des zuständigen Trägers der gesetzlichen Rentenversicherung nach § 43 Abs. 2 i. V. m. § 102 SGB VI **dauerhaft voll erwerbsgemindert**. Wegen der inhaltsgleichen Regelungen der §§ 8 Abs. 1 SGB II und 43 Abs. 2 Satz 2 SGB VI ist der Beurteilungsmaßstab für die Nichterwerbsfähigkeit und die **volle** Erwerbsminderung grundsätzlich identisch.

Aufgrund der vom Rentenversicherungsträger festgestellten **vollen** Erwerbsminderung ist Frau A nicht erwerbsfähig im Sinne von § 8 Abs. 1 SGB II. Ein Anspruch auf Bürgergeld für erwerbsfähige Leistungsberechtigte besteht für sie daher nicht.

Tochter **Anna** ist 14 Jahre alt und erfüllt damit nicht die Altersvoraussetzungen nach § 7 Abs. 1 Satz 1 Nr. 1 SGB II, da sie das 15. Lebensjahr (noch) nicht vollendet hat. Ein Anspruch auf Bürgergeld für erwerbsfähige Leistungsberechtigte kann für sie ebenfalls nicht in Betracht kommen.

Frau M ist 77 Jahre alt und hat damit die Altersgrenze nach § 7a SGB II erreicht.[3] Sie erfüllt somit ebenfalls nicht die Altersvoraussetzungen nach § 7 Abs. 1 Satz 1 Nr. 1 SGB II. Durch den Bezug einer Rente wegen Alters aus der gesetzlichen Rentenversicherung ist sie im Übrigen gemäß § 7 Abs. 4 Satz 1 SGB II von sämtlichen Leistungen der Grundsicherung für Arbeitsuchende nach dem SGB II ausgeschlossen.

Aufgrund der Höhe ihres Renteneinkommens kann sie offensichtlich auch ihren notwendigen Lebensunterhalt aus eigenen Mitteln beschaffen, so dass für sie wegen fehlender Hilfebedürftigkeit auch keine Leistungen zum Lebensunterhalt im Rahmen der Sozialhilfe nach dem Zwölften Buch Sozialgesetzbuch in Betracht kommen.

3 Die Altersgrenze nach § 7a SGB II wird spätestens mit dem vollendeten 67. Lebensjahr erreicht.

2.2 Anspruch auf Bürgergeld für nichterwerbsfähige Leistungsberechtigte

Nach § 7 Abs. 2 Satz 1 SGB II sind leistungsberechtigt auch Personen, die die Voraussetzungen für den Bezug von Bürgergeld für erwerbsfähige Leistungsberechtigte nach §§ 7 Abs. 1 Satz 1, 7b SGB II selbst nicht erfüllen, aber mit erwerbsfähigen Leistungsberechtigten in einer **Bedarfsgemeinschaft** leben. Nicht erwerbsfähige Leistungsberechtigte, die mit erwerbsfähigen Leistungsberechtigten in einer Bedarfsgemeinschaft leben, erhalten gemäß § 19 Abs. 1 Satz 2 SGB II **Bürgergeld für nichterwerbsfähige Leistungsberechtigte**, soweit sie keinen Anspruch auf (die insofern vorrangigen) Leistungen der Grundsicherung im Alter und bei Erwerbsminderung nach dem 4. Kapitel SGB XII haben.

Zu prüfen ist daher, ob Frau A und Tochter Anna mit Herrn A oder Andreas in einer Bedarfsgemeinschaft leben. Die Zugehörigkeit zur Bedarfsgemeinschaft ergibt sich aus § 7 Abs. 3 SGB II. Sie besteht unabhängig davon, ob auch eine Leistungsberechtigung nach dem SGB II besteht.[4]

Herr A ist erwerbsfähiger Leistungsberechtigter (sogenannter „Hauptleistungsberechtigter" i. S. des § 7 Abs. 3 **Nr. 1** SGB II) und Ausgangspunkt für die Bildung einer Bedarfsgemeinschaft. Herr und Frau A sind verheiratet und leben nicht getrennt. Zur Bedarfsgemeinschaft gehört nach § 7 Abs. 3 **Nr. 3** Buchstabe a) SGB II als Partner des erwerbsfähigen Leistungsberechtigten der nicht dauernd getrennt lebende Ehegatte. Für Frau A kommen damit grundsätzlich Leistungen zur Sicherung des Lebensunterhalts in Form von Bürgergeld für nichterwerbsfähige Leistungsberechtigte nach §§ 7 Abs. 2 Satz 1, 19 Abs. 1 Satz 2 SGB II in Betracht.

Dies gilt allerdings nur, soweit **Frau A** keinen Anspruch auf Leistungen nach dem 4. Kapitel SGB XII (Grundsicherung im Alter und bei Erwerbsminderung) hat. Entsprechende Leistungen sind gegenüber dem Bürgergeld für nichterwerbsfähige Leistungsberechtigte vorrangig (vgl. §§ 5 Abs. 2 Satz 2, 19 Abs. 1 Satz 2 SGB II).

Grundsicherung im Alter und bei Erwerbsminderung nach dem 4. Kapitel SGB XII ist gemäß § 19 Abs. 2 Satz 1 SGB XII Personen zu leisten, die die Altersgrenze nach § 41 Abs. 2 SGB XII erreicht haben oder das 18. Lebensjahr vollendet haben und **dauerhaft** voll erwerbsgemindert sind, sofern sie ihren notwendigen Lebensunterhalt nicht oder nicht ausreichend aus eigenen Kräften und Mitteln, insbesondere aus ihrem Einkommen und Vermögen, bestreiten können.

Konkretisiert wird der leistungsberechtigte Personenkreis in § 41 SGB XII. Nach § 41 Abs. 1 SGB XII sind leistungsberechtigt nach dem 4. Kapitel SGB XII ältere und dauerhaft voll erwerbsgeminderte Personen mit gewöhnlichem Aufenthalt im Inland, die ihren notwendigen Lebensunterhalt nicht oder nicht ausreichend aus Einkommen und Vermögen nach § 43 SGB XII bestreiten können. Die Grundsicherung im Alter kommt nach § 41 Abs. 2 SGB XII in Betracht für Personen, die die Altersgrenze nach § 41 Abs. 2 SGB XII erreicht haben. Diese liegt für die Geburtsjahrgänge ab 1964 beim vollendeten 67. Lebensjahr.

4 Vgl. BSG, Urt. vom 7.11.2006 – B 7b AS 8/06 R –, BSGE 97, 217 = NDV-RD 2007 = FEVS 58, 259.

Die Grundsicherung nach dem 4. Kapitel SGB XII wegen einer dauerhaften vollen Erwerbsminderung kommt nach § 41 Abs. 3 SGB XII in Betracht für Personen, die das 18. Lebensjahr vollendet haben, unabhängig von der jeweiligen Arbeitsmarktlage voll erwerbsgemindert im Sinne des § 43 Abs. 2 SGB VI sind und bei denen unwahrscheinlich ist, dass die volle Erwerbsminderung behoben werden kann (dauerhafte volle Erwerbsminderung).

Frau A ist 45 Jahre alt und hat damit die maßgebende Altersgrenze nach § 41 Abs. 2 SGB XII nicht erreicht. Sie ist jedoch nach Feststellung des zuständigen Trägers der gesetzlichen Rentenversicherung **dauerhaft** voll erwerbsgemindert und damit grundsätzlich dem anspruchsberechtigten Personenkreis nach dem 4. Kapitel SGB XII zuzuordnen (vgl. § 41 Abs. 3 SGB XII). Es gibt auch keine Hinweise darauf, dass sie eine etwaige Hilfebedürftigkeit durch ein schuldhaftes Verhalten innerhalb der letzten zehn Jahre herbeigeführt hat (§ 41 Abs. 4 SGB XII) oder dass der Anspruch wegen eines vorübergehenden Auslandaufenthaltes ausgeschlossen ist (§ 41a SGB XII).

Fraglich ist allerdings, ob dieser Anspruch im Hinblick auf das zu berücksichtigende Einkommen realisierbar ist.

Ob im Hinblick auf die wirtschaftlichen Verhältnisse ein Anspruch auf Leistungen zum Lebensunterhalt nach dem 4. Kapitel SGB XII für Frau A besteht, ist durch eine individuelle Bedarfsermittlung und die Gegenüberstellung des zu berücksichtigenden Einkommens (§§ 82 bis 84 SGB XII) und Vermögens (§§ 90, 91 SGB XII) festzustellen. Dabei sind auch Einkommen und Vermögen des nicht getrennt lebenden Ehegatten, die dessen notwendigen Lebensunterhalt nach § 27a SGB XII übersteigen, zu berücksichtigen (vgl. § 43 Abs. 1 Satz 2 SGB XII).

Der Umfang der Leistungen nach dem 4. Kapitel SGB XII ergibt sich aus §§ 42, 42a SGB XII. Die Vorschriften verweisen im Einzelnen auch bezüglich der Aufwendungen für Unterkunft und Heizung auf die Bedarfe im Rahmen der Hilfe zum Lebensunterhalt nach dem 3. Kapitel SGB XII.

Bedarfsermittlung (4. Kapitel SGB XII)	
Regelbedarf/Regelbedarfsstufe 2[5] (§§ 27a, 28 SGB XII i. V. m. der Anlage zu § 28 SGB XII)	506,00 €
Mehrbedarf (§ 30 Abs. 1 Nr. 2 SGB XII)	86,02 €
Leistungen für die Unterkunft (§§ 35 Abs. 1 Satz 1, 42a SGB XII)	96,00 €
Leistungen für Heizung (§ 35 Abs. 4 Satz 1 SGB XII)	20,00 €
Gesamtbedarf	**708,02 €**

Hinweis
Es ist zu akzeptieren, wenn die Prüfung der Hilfebedürftigkeit bzgl. der Leistungen nach dem 4. Kapitel SGB XII an dieser Stelle in tabellarischer Form erfolgt.

5 Die Regelbedarfsstufe 2 ist anzuerkennen für jede erwachsene Person, die in einer Wohnung nach § 42a Abs. 2 Satz 2 SGB XII mit einem Ehegatten zusammenlebt.

Für den Einsatz des Einkommens sind die §§ 82 bis 84 SGB XII anzuwenden, soweit in § 43 SGB XII nicht Abweichendes geregelt ist (vgl. § 43 Abs. 1 Satz 1 SGB XII). Aufgrund der für Frau A als Einkommen i. S. des § 82 Abs. 1 Satz 1 SGB XII zu berücksichtigenden Rente aus der gesetzlichen Rentenversicherung wegen voller Erwerbsminderung in Höhe von monatlich 825,00 € liegt keine Hilfebedürftigkeit im Sinne der §§ 19 Abs. 2 Satz 1, 41 Abs. 1 SGB XII vor. Da sie ihren Lebensunterhalt aus eigenem Einkommen beschaffen kann, ist die Prüfung einer Einsatzverpflichtung des Ehemannes im Rahmen der sog. „Einsatzgemeinschaft" (vgl. § 43 Abs. 1 Satz 2 SGB XII) vorliegend nicht durchzuführen.

Frau A hat damit keinen (realisierbaren) Anspruch auf Leistungen der Grundsicherung im Alter und bei Erwerbsminderung nach dem 4. Kapitel SGB XII. Das sich aus §§ 5 Abs. 2 Satz 2, 19 Abs. 1 Satz 2 SGB II ergebende Vorrang-Nachrang-Verhältnis zwischen den Leistungen der Grundsicherung nach dem 4. Kapitel SGB XII und dem Bürgergeld für nichterwerbsfähige Leistungsberechtigte ist allerdings nicht mit einem generellen Leistungsausschluss im Zweiten Buch Sozialgesetzbuch verbunden, so dass für Frau A als nichterwerbsfähige Leistungsberechtigte in einer Bedarfsgemeinschaft Bürgergeld für nichterwerbsfähige Leistungsberechtigte nach §§ 7 Abs. 2 Satz 1, 19 Abs. 1 Satz 2 SGB II in Betracht kommen könnte.

Tochter **Anna** könnte ebenfalls einen Anspruch auf Bürgergeld für nichterwerbsfähige Leistungsberechtigte nach §§ 7 Abs. 2 Satz 1, 19 Abs. 1 Satz 2 SGB II haben, sofern sie der Bedarfsgemeinschaft mit Herrn A zuzurechnen ist. Nach § 7 Abs. 3 **Nr. 4** SGB II gehören zur Bedarfsgemeinschaft die dem Haushalt angehörenden unverheirateten Kinder der in Nr. 1 bis Nr. 3 genannten Personen, wenn sie das 25. Lebensjahr noch nicht vollendet haben, soweit sie die Leistungen zur Sicherung ihres Lebensunterhalts nicht aus eigenem Einkommen oder Vermögen beschaffen können. Diese Voraussetzungen treffen für Anna zu, so dass sie grundsätzlich einen Anspruch auf Bürgergeld für nichterwerbsfähige Leistungsberechtigte hat.

Der Bedarfsgemeinschaft ist nach § 7 Abs. 3 **Nr. 4** SGB II auch **Andreas** zuzurechnen, da er ein dem Haushalt angehörendes (unverheiratetes) Kind der in § 7 Abs. 3 Nr. 1 und Nr. 3 SGB II genannten Personen ist, das 25. Lebensjahr noch nicht vollendet hat, zum Zeitpunkt der Antragstellung über kein eigenes Einkommen und/oder Vermögen verfügt und Leistungen zur Sicherung des Lebensunterhalts somit nicht aus eigenen Mitteln beschaffen kann.

Ausschlusstatbestände nach § 7 Abs. 1 Satz 2, Abs. 4 und Abs. 5 SGB II liegen bei den genannten Personen nicht vor.

Zwischenergebnis

Die Eheleute A und die gemeinsamen Kinder Andreas und Anna bilden eine Bedarfsgemeinschaft im Sinne des § 7 Abs. 3 SGB II. Vorbehaltlich der weiteren Prüfung und Feststellung der Hilfebedürftigkeit haben **Herr A** und **Andreas** einen Anspruch auf

Bürgergeld für erwerbsfähige Leistungsberechtigte (§§ 7 Abs. 1 Satz 1, 19 Abs. 1 Satz 1 SGB II).

Frau A und **Anna** sind nichterwerbsfähige Leistungsberechtigte in der Bedarfsgemeinschaft, für die grundsätzlich ein Anspruch auf **Bürgergeld für nichterwerbsfähige Leistungsberechtigte** im Rahmen der Grundsicherung für Arbeitsuchende bestehen könnte (§§ 7 Abs. 2 Satz 1, 19 Abs. 1 Satz 2 SGB II).

Frau M ist aufgrund ihres Einkommens offensichtlich nicht hilfebedürftig. Für sie kommen Leistungen zur Sicherung des Lebensunterhalts (nach dem Zweiten oder Zwölften Buch Sozialgesetzbuch) daher nicht in Betracht.

2.3 Nachrang der Leistungen nach dem Zweiten Buch Sozialgesetzbuch

Der Nachrang der Leistungen zur Sicherung des Lebensunterhalts nach dem Zweiten Buch Sozialgesetzbuch ergibt sich aus dem Regelungszusammenhang der §§ 2, 3 Abs. 3, 5, 9 Abs. 1 und 12a SGB II.

Erwerbsfähige Leistungsberechtigte und die mit ihnen in einer Bedarfsgemeinschaft lebenden Personen haben in eigener Verantwortung alle Möglichkeiten zu nutzen, ihren Lebensunterhalt aus eigenen Mitteln und Kräften zu bestreiten; sie müssen unter den einschränkenden Voraussetzungen des § 10 Abs. 1 SGB II ihre Arbeitskraft zur Beschaffung des Lebensunterhalts für sich und die mit ihnen in einer Bedarfsgemeinschaft lebenden Personen einsetzen (vgl. § 2 Abs. 2 Satz 1 und Satz 2 SGB II), soweit ihnen die Aufnahme einer Arbeit oder einer berufsvorbereitenden Maßnahme zuzumuten ist.

Gemäß § 12a Satz 1 SGB II sind Leistungsberechtigte verpflichtet, Sozialleistungen anderer Leistungsträger in Anspruch zu nehmen und die dafür erforderlichen Anträge zu stellen, sofern dies zur Vermeidung, Beseitigung, Verkürzung oder Verminderung der Hilfebedürftigkeit erforderlich ist. Dabei sind die Regelungen des § 12a Satz 2 SGB II bei Ansprüchen auf eine vorzeitige (d. h. mit Abschlägen verbundene) Altersrente, auf den Kinderzuschlag nach dem Bundeskindergeldgesetz und auf Wohngeld nach dem Wohngeldgesetz einschränkend zu berücksichtigen.

Als vorrangige Möglichkeit der Selbsthilfe ist insofern die Aufnahme einer zumutbaren Arbeit (vgl. § 10 SGB II), die Realisierung von Ansprüchen gegen Angehörige, sonstige Dritte oder andere Leistungsträger sowie der Einsatz von Einkommen und Vermögen vorgesehen.

Herr A erhält Arbeitslosengeld (Alg I) und steht damit den Vermittlungsbemühungen der Agentur für Arbeit[6] uneingeschränkt zur Verfügung. Zum gegenwärtigen Zeitpunkt liegen allerdings keine geeigneten Stellenangebote für ihn vor (vgl. Bearbeitungshinweis 6). Gleiches gilt auch für Andreas. Frau A ist voll erwerbsgemindert und somit nicht erwerbsfähig im Sinne von § 8 Abs. 1 SGB II. Die Verpflichtung, die Arbeitskraft zur Beschaffung des Lebensunterhalts einzusetzen, besteht nach § 2 Abs. 2 Satz 2 SGB II nur für **erwerbsfähige** Leistungsberechtigte. Für Anna kommt die Verpflichtung zum Einsatz der Arbeitskraft aufgrund ihres Alters und der bestehenden Schulpflicht ebenfalls nicht in Betracht.

6 Seit dem 1.1.2017 erfolgt die Betreuung im Rahmen der Arbeitsvermittlung für Empfänger von Arbeitslosengeld (Alg I) durch die Bundesagentur für Arbeit.

Andreas hat bei der für ihn zuständigen Agentur für Arbeit Arbeitslosengeld (Alg I) nach dem Dritten Buch Sozialgesetzbuch beantragt. Ob und ggf. in welchem Umfang ein Erstattungsanspruch des Trägers der Grundsicherung für Arbeitsuchende als nachrangig verpflichtetem Leistungsträger gegen die Agentur für Arbeit (SGB III-Träger) besteht, wird unter Aufgabe 2 geprüft.

Darüber hinaus sind neben den im Sachverhalt genannten Ansprüchen weitere ggf. noch zu verfolgende Ansprüche (insbesondere gegenüber anderen Sozialleistungsträgern) nicht ersichtlich. Auf Ansprüche nach dem Wohngeldgesetz ist lt. Bearbeitungshinweis 4 nicht einzugehen. Inwieweit das zu berücksichtigende Einkommen und/oder Vermögen dem Leistungsanspruch nach dem Zweiten Buch Sozialgesetzbuch entgegensteht, wird nachfolgend geprüft.

Vorbehaltlich des Ergebnisses dieser Prüfung steht das Prinzip der Nachrangigkeit der Leistungen zur Sicherung des Lebensunterhalts nach dem SGB II einer Hilfegewährung nicht entgegen.

2.4 Leistungen zur Sicherung des Lebensunterhalts (Bedarfsermittlung)

Nach §§ 7 Abs. 1 Satz 1, 19 Abs. 1 Satz 1 SGB II erhalten erwerbsfähige Leistungsberechtigte Bürgergeld. Nichterwerbsfähige Leistungsberechtigte, die mit erwerbsfähigen Leistungsberechtigten in einer Bedarfsgemeinschaft leben, erhalten nach §§ 7 Abs. 2 Satz 1, 19 Abs. 1 Satz 2 SGB II Bürgergeld für nichterwerbsfähige Leistungsberechtigte. Die Leistungen umfassen den Regelbedarf, Mehrbedarfe und den Bedarf für Unterkunft und Heizung (§ 19 Abs. 1 Satz 3 SGB II). Dabei sind für das Bürgergeld für nichterwerbsfähige Leistungsberechtigte die ergänzenden Maßgaben des § 23 SGB II zu berücksichtigen.

2.4.1 Regelbedarf zur Sicherung des Lebensunterhalts

Der Regelbedarf zur Sicherung des Lebensunterhalts umfasst insbesondere Ernährung, Kleidung, Körperpflege, Hausrat, Haushaltsenergie ohne die auf die Heizung und Erzeugung von Warmwasser entfallenden Anteile sowie persönliche Bedürfnisse des täglichen Lebens, zu denen in vertretbaren Umfang eine Teilhabe am sozialen und kulturellen Leben in der Gemeinschaft gehört (vgl. § 20 Abs. 1 Satz 1 und Satz 2 SGB II).

Gemäß § 20 Abs. 1a Satz 1 SGB II wird der Regelbedarf in Höhe der jeweiligen Regelbedarfsstufe entsprechend § 28 SGB XII in Verbindung mit dem Regelbedarfs-Ermittlungsgesetz und den §§ 28a und 40 SGB XII in Verbindung mit der für das jeweilige Jahr geltenden Regelbedarfsstufen-Fortschreibungsverordnung anerkannt.

Als Regelbedarf ist für zwei Partner der Bedarfsgemeinschaft, die das 18. Lebensjahr vollendet haben, gemäß § 20 Abs. 4 SGB II jeweils ein Betrag in Höhe der Regelbedarfsstufe 2 anzuerkennen. Die Eheleute A erfüllen die genannten Voraussetzungen. Für sie ist ein Regelbedarf i. H. v. jeweils 506,00 € zu berücksichtigen.

Andreas ist ein sonstiger erwerbsfähiger Angehöriger der Bedarfsgemeinschaft im Sinne von § 20 Abs. 2 Satz 2 Nr. 2 SGB II, für den als Regelbedarf ein Betrag in Höhe der Regelbedarfsstufe 3 von monatlich 451,00 € anzuerkennen ist, da er das 18. Lebensjahr vollendet hat. Für Anna ist als Regelbedarf nach § 23 Nr. 1 SGB II SGB II ein Betrag in Höhe der Regelbedarfsstufe 4 von 471,00 € zu berücksichtigen, da sie das 15. Lebensjahr begonnen hat.

2.4.2 Mehrbedarfe

Nach § 23 Nr. 4 SGB II wird bei nichterwerbsfähigen Personen, die voll erwerbsgemindert nach dem Sechsten Buch Sozialgesetzbuch sind, ein Mehrbedarf von 17 % der nach § 20 SGB II maßgebenden Regelbedarfe anerkannt, wenn sie Inhaber eines Ausweises nach § 152 Abs. 5 SGB IX (Schwerbehindertenausweis) mit dem Merkzeichen „G" sind. Diese Voraussetzungen liegen bei Frau A vor, so dass für sie ein Mehrbedarf von 86,02 € (17 % von 506,00 €) zu berücksichtigen ist.

Die Anerkennung weiterer Mehrbedarfe kommt im vorliegenden Fall nicht in Betracht.

2.4.3 Bedarfe für Unterkunft und Heizung

Bedarfe für Unterkunft und Heizung werden nach § 22 Abs. 1 Satz 1 SGB II in Höhe der tatsächlichen Aufwendungen anerkannt, soweit diese angemessen sind. Zu den Bedarfen der Unterkunft gehören die Kosten für die Gebrauchsüberlassung des Wohnraumes, die vertraglich geschuldet werden (Miete zuzüglich der umlagefähigen Nebenkosten), wenn die Mietvertragsparteien dies in Anwendung von § 556 BGB vereinbart haben.

Die Bedarfe für Unterkunft und Heizung vorliegend sind als angemessen anzusehen (vgl. Bearbeitungshinweis 2) und in tatsächlicher Höhe mit dem entsprechenden Kopfanteil (d. h. zu jeweils 1/5) bei allen vier grundsätzlich leistungsberechtigten Personen zu berücksichtigen.

Auf den Sofortzuschlag für Kinder nach § 72 SGB II ist in diesem Fallbeispiel nicht einzugehen (vgl. Bearbeitungshinweis 12).

Bedarfsermittlung (Zusammenfassung)

	Herr A	**Frau A**	**Andreas**	**Anna**
Regelbedarf	506,00 €	506,00 €	451,00 €	471,00 €
Mehrbedarf	–	86,02 €		–
Bedarfe für Unterkunft	96,00 €	96,00 €	96,00 €	96,00 €
Bedarfe für Heizung	20,00 €	20,00 €	20,00 €	20,00 €
rechnerischer Anspruch	**622,00 €**	**708,02 €**	**567,00 €**	**587,00 €**

2.5 Einsatz der Mittel der Einsatzgemeinschaft

Zu prüfen ist, ob die Eheleute A und die Kinder Andreas und Anna ihren Lebensunterhalt aus dem zu berücksichtigenden Einkommen und Vermögen sichern können (vgl. § 9 Abs. 1 SGB II).

2.5.1 *Einsatz des Einkommens*

2.5.1.1 Zu berücksichtigendes Einkommen

Dem zuvor ermittelten Bedarf ist zunächst das zu berücksichtigende Einkommen gegenüberzustellen.

Als Einkommen zu berücksichtigen sind nach § 11 Abs. 1 Satz 1 SGB II alle Einnahmen **in Geld** abzüglich der nach § 11b SGB II abzusetzenden Beträge mit Ausnahme der in § 11a SGB II und § 1 Bürgergeld-V genannten Einnahmen. Gemäß § 11 Abs. 1 Satz 2 SGB II gilt dies auch für Einnahmen **in Geldeswert**, die im Rahmen einer Erwerbstätigkeit, des Bundesfreiwilligendienstes oder eines Jugendfreiwilligendienstes zufließen.

Sowohl das Arbeitslosengeld (Alg I) des Herrn A als auch die Rente wegen voller Erwerbsminderung aus der gesetzlichen Rentenversicherung seiner Ehefrau sind Einnahmen im Sinne der genannten Vorschrift. Die in § 11a SGB II genannten Ausnahmen sind vorliegend nicht einschlägig. Auch § 1 Bürgergeld-V sowie spezielle Regelungen zum Einkommenseinsatz in anderen Gesetzen stehen einer grundsätzlichen Berücksichtigung nicht entgegen.

Gleiches gilt auch für das Kindergeld, das gemäß § 11 Abs. 1 Satz 4 und Satz 5 SGB II dem zur Bedarfsgemeinschaft gehörenden Kind zuzurechnen ist, soweit es zur Sicherung des Lebensunterhalts benötigt wird. Da Anna über kein eigenes Einkommen verfügt, ist ihr das Kindergeld bei der weiteren Prüfung des Leistungsanspruchs in voller Höhe als Einkommen zuzurechnen.

Nach § 11b SGB II i. V. m. mit den entsprechenden Regelungen der Bürgergeld-Verordnung sind vom Einkommen bestimmte Beträge abzusetzen (Einkommensbereinigung).

Vom Einkommen der Eheleute A ist nach § 11b Abs. 1 Satz 1 Nr. 3 SGB II i. V. m. § 6 Abs. 1 Nr. 1 Bürgergeld-V (ohne weiteren Nachweis) **jeweils** eine Pauschale von monatlich 30,00 € für Beiträge zu Versicherungen, die nach Grund und Höhe angemessen sind, abzusetzen.

Darüber hinaus ist als Pauschbetrag vom Einkommen des Herrn A abzusetzen nach § 11b Abs. 1 Satz 1 Nr. 3 SGB II i. V. m. § 6 Abs. 1 Nr. 3 Bürgergeld-V monatlich ein Betrag in Höhe eines Zwölftels der zum Zeitpunkt der Entscheidung über den Leistungsanspruch nachgewiesenen Jahresbeiträge zu den gesetzlich vorgeschriebenen Versicherungen (hier die Kfz-Haftpflichtversicherung).

Die Absetzung von Beiträgen zur Kfz-Haftpflichtversicherung ist nicht deshalb ausgeschlossen, weil es der leistungsberechtigten Person grundsätzlich zuzumuten ist, auf ein Kraftfahrzeug zu verzichten. Dabei ist es in gesetzessystematischer Hinsicht von Bedeutung, dass ein (angemessenes) Kraftfahrzeug gemäß § 12 Abs. 3 Satz 1 Nr. 2 SGB II für jede in der Bedarfsgemeinschaft lebende erwerbsfähige Person zum geschützten Vermögen gehört, und zwar unabhängig davon, ob der Eigentümer erwerbs**tätig** ist oder das Kraftfahrzeug für die Ausübung einer Erwerbstätigkeit benötigt.

Da Andreas über kein eigenes Einkommen verfügt, können für ihn weder die Versicherungspauschale (vgl. § 6 Abs. 1 Nr. 1 Bürgergeld-V) noch die Beiträge zur Kfz-Haftpflichtversicherung im Rahmen der Absetzungsmöglichkeiten nach § 11b SGB II berücksichtigt werden.[7]

Damit ist ein bereinigtes Einkommen für Herrn A in Höhe von 431,00 € und für Frau A in Höhe von 795,00 € zu berücksichtigen.

2.5.1.2 Zurechnung des Einkommens im Rahmen der Einsatzgemeinschaft

Nach § 9 Abs. 2 Satz 1 SGB II ist bei Personen, die in einer Bedarfsgemeinschaft leben, das Einkommen und Vermögen des Partners zu berücksichtigen. Herr und Frau A sind nicht dauernd getrennt lebende Ehegatten und leben als Partner in einer Bedarfsgemeinschaft (vgl. § 7 Abs. 3 Nr. 3 Buchstabe a) SGB II). Sie sind somit verpflichtet, ihr Einkommen gegenseitig zur Bedarfsdeckung einzusetzen.

Eine Einsatzverpflichtung besteht nach § 9 Abs. 2 Satz 2 SGB II auch bei Eltern oder einem Elternteil gegenüber ihren unverheirateten Kindern, die mit ihnen in einer Bedarfsgemeinschaft leben und ihren Lebensunterhalt nicht aus eigenem Einkommen oder Vermögen sichern können. Anna und Andreas sind unverheiratet, gehören zur Bedarfsgemeinschaft (vgl. § 7 Abs. 3 Nr. 4 SGB II) und verfügen (neben dem für Anna zu berücksichtigenden Kindergeld) über keine weiteren Einnahmen. Sie müssen sich somit das Einkommen ihrer Eltern im Rahmen der Einsatzgemeinschaft zurechnen lassen.

Das zu berücksichtigende Einkommen der Eheleute A reicht offensichtlich nicht aus, um den Gesamtbedarf der Bedarfsgemeinschaft zu decken.

In diesem Fall gilt jede Person der Bedarfsgemeinschaft im Verhältnis des eigenen Bedarfs zum Gesamtbedarf als hilfebedürftig (vgl. § 9 Abs. 2 Satz 3 SGB II). In diesem Verhältnis ist das gemeinsame Einkommen der Eheleute A allen vier Personen zuzurechnen (sog. „Bedarfsanteilsmethode“). Dabei ist bei Anna der um das Kindergeld geminderte Bedarf zu berücksichtigen, da das dem Kind zuzurechnende Einkommen nicht zur Bedarfsdeckung der Eltern einzusetzen ist.

Isoliert betrachtet ist Frau A unter Berücksichtigung ihres eigenen Einkommens nicht hilfebedürftig. Da der (Rest-)Bedarf der Bedarfsgemeinschaft aus dem Einkommen der Eheleute A aber insgesamt nicht gedeckt werden kann, wird ihre Hilfebedürftigkeit auf der Grundlage des § 9 Abs. 2 Satz 3 SGB II fingiert.

7 Vgl. *Hauck/Noftz*, Sozialgesetzbuch SGB XII, Sozialhilfe, Kommentar, Rn. 433 zu § 11 SGB II. Auch eine andere Lösung (d. h. Absetzung der Beiträge zur Kfz-Haftpflichtversicherung und der Versicherungspauschale vom Einkommen des Herrn A) wäre mit entsprechender Begründung vertretbar (so auch Arbeitshinweise der BA, Rn. 11.134 zu § 11 SGB II).

Zurechnung des Einkommens nach der Bedarfsanteilsmethode

	Herr A	Frau A	Andreas	Anna	insgesamt
Gesamtbedarf	622,00 €	708,02 €	567,00 €	587,00 €	–
./. Kindergeld	–	–	–	255,00 €	–
Restbedarf	622,00 €	708,02 €	567,00 €	332,00 €	2.229,02 €
in % am Gesamtbedarf	27,90 %	31,76 %	25,44 %	14,90 %	100 %
(bereinigtes) Einkommen der Eheleute A.	431,00 €	795,00 €	–	–	1.226,00 €
Einkommensverteilung (Bedarfsanteilsmethode)	342,05 €	389,38 €	311,90 €	182,67 €	1.226,00 €
rechnerischer Anspruch (Fehlbedarf)	**279,95 €**	**318,64 €**	**255,10 €**	**149,33 €**	**1.003,02 €**

2.5.2 Einsatz von Vermögen

In einem weiteren Schritt ist zu prüfen, ob und inwieweit der notwendige Lebensunterhalt aus dem Vermögen der Eheleute A zu bestreiten ist.

Nach § 12 Abs. 1 Satz 1 SGB II sind als Vermögen alle **verwertbaren** Vermögensgegenstände zu berücksichtigen. Verwertbar ist der Teil des Vermögens, der in einem angemessenen Zeitraum (in der Regel innerhalb des zwölfmonatigen Bewilligungszeitraumes)[8] durch unmittelbaren Verbrauch, Veräußerung, Beleihung, bei Immobilien auch durch Vermietung oder Verpachtung wirtschaftlich nutzbar gemacht werden kann. Dabei ist das Vermögen ohne Rücksicht auf steuerrechtliche Vorschriften mit seinem Verkehrswert zu berücksichtigen (vgl. § 8 Bürgergeld-V).

Das Sparbuch der Eheleute A kann als Forderungsrecht gegenüber dem Kreditinstitut jederzeit geltend gemacht werden. Die Personenkraftwagen von Herrn A und Andreas sowie der Hausrat sind Sach- bzw. Vermögenswerte, die durch Veräußerung kurzfristig wirtschaftlich nutzbar sind.

Als Vermögen **nicht zu berücksichtigen** sind nach § 12 Abs. 1 Satz 2 **Nr. 1** SGB II der (laut Sachverhalt) angemessene Hausrat und nach § 12 Abs. 1 Satz 2 **Nr. 2** SGB II ein angemessenes Kraftfahrzeug für jede in der Bedarfsgemeinschaft lebende erwerbsfähige Person.

Der Hausrat ist laut Sachverhalt angemessen.

Ein PKW ist im Regelfall – ohne weitere Prüfung – pauschal als angemessen anzusehen, wenn sein Verkehrswert (Händlereinkaufspreis) den Betrag von 7.500,00 € nicht überschreitet.[9]

Herr A ist erwerbsfähig. Der aktuelle Verkehrswert seines Personenkraftwagens liegt unter der vom Bundessozialgericht festgesetzten Wertgrenze, so dass weder der Hausrat noch der PKW von Herrn A als Vermögen zu berücksichtigen ist. Der PKW von Andreas ist dagegen unter Berücksichtigung der bisherigen Rechtsprechung des Bundessozialgerichts nicht angemessen im Sinne von § 12 Abs. 1 Satz 2 Nr. 2 SGB II, da

8 Vgl. BSG, Urt. vom 27.1.2009 – B 14 AS 42/07 R –, NDV-RD 2009, 107 = FEVS 61, 66.

9 Vgl. BSG, Urt. vom 6.9.2007 – B 14/7b AS 66/06 R –, BSGE 99, 77 = FEVS 59, 385.

der Verkehrswert den Betrag von 7.500,00 € überschreitet. Für die Frage der Angemessenheit dürfte allerdings auch nach Inkrafttreten des Bürgergeld-Gesetzes eine wertmäßige Obergrenze gelten (entsprechend dem Vermögensfreibetrag nach der Karenzzeit i. H. v. 15.000,00 €).[10] Im Ergebnis ist auch der PKW von Andreas leistungsrechtlich nicht zu berücksichtigen.

Das Sparbuch bzw. das Sparvermögen der Eheleute A ist nicht dem „Schonvermögen" nach § 12 Abs. 1 Satz 2 SGB II zuzurechnen. Der Einsatz dieses Vermögens zur Bedarfsdeckung kann allerdings nur verlangt werden, soweit dessen Wert die in § 12 Abs. 2 SGB II genannten **Frei- bzw. Absetzbeträge** übersteigt. Gemäß § 12 Abs. 2 Satz 1 SGB II ist von dem zu berücksichtigenden Vermögen für jede Person in der Bedarfsgemeinschaft ein Betrag von 15.000,00 € abzusetzen. Übersteigt das Vermögen einer Person in der Bedarfsgemeinschaft den Betrag nach Satz 1, sind nicht ausgeschöpfte Freibeträge der anderen Personen in Bedarfsgemeinschaft auf diese Person zu übertragen (§ 12 Abs. 2 Satz 2 SGB II).

Im vorliegenden Fall ist also ein Freibetrag nach § 12 Abs. 2 SGB II (Vermögensfreibetrag) i. H. v. insgesamt 60.000,00 € (4 Personen × 15.000,00 €) zu berücksichtigen, so dass der Einsatz des Sparvermögens zur Bedarfsdeckung nicht verlangt werden kann. Auf die Regelungen zur Karenzzeit (§ 12 Abs. 3 und Abs. 4 SGB II) muss an dieser Stelle nicht eingegangen werden.

2.5.3 Vermutung der Bedarfsdeckung

Nach § 9 Abs. 5 SGB II wird vermutet, dass Hilfebedürftige, die in Haushaltsgemeinschaft mit Verwandten oder Verschwägerten leben, von ihnen Leistungen erhalten, soweit dies nach deren Einkommen und Vermögen erwartet werden kann (Vermutung der Bedarfsdeckung).

Die Regelung erfasst Personen, die nicht zum Kreis der Einsatzpflichtigen nach § 9 Abs. 2 Satz 1 und Satz 2 SGB II gehören. Sie trägt dem Gedanken der sog. „Notgemeinschaft" Rechnung, wonach Verwandte oder Verschwägerte, die in einer Haushaltsgemeinschaft leben, sich gegenseitig im Rahmen ihrer finanziellen Möglichkeiten unterstützen, auch wenn keine gesetzliche Unterhaltsverpflichtung nach dem Bürgerlichen Gesetzbuch (BGB) besteht.

Frau M ist mit Frau A sowie den Kindern Andreas und Anna verwandt (vgl. § 1589 BGB) und mit Herrn A verschwägert (vgl. § 1590 BGB). Es ist auch davon auszugehen, dass alle im Haushalt lebenden Personen eine Wohn- und Wirtschaftsgemeinschaft bilden (vgl. Bearbeitungshinweis 6). Die gesetzliche Vermutung der Leistungserbringung durch den Verwandten oder Verschwägerten (hier durch Frau M) setzt allerdings dessen Leistungsfähigkeit voraus („soweit dies nach Einkommen und Vermögen erwartet werden kann").

Bei der nach § 9 Abs. 5 SGB II zugrunde liegenden Vermutung sind bezüglich des Einkommens gemäß § 1 Abs. 2 Satz 1 Bürgergeld-V die um die Absetzbeträge nach § 11b SGB II bereinigten Einnahmen in der Regel nicht als Einkommen zu berücksichtigen, soweit sie einen Freibetrag in Höhe des doppelten Betrags des nach § 20 Abs. 2 Satz 1

10 So jedenfalls Fachliche Hinweise der BA, Rn. 12.13 zu § 12 SGB II (Stand: 1.1.2023).

SGB II maßgebenden Regelbedarfs zuzüglich der anteiligen Aufwendungen für Unterkunft und Heizung sowie darüber hinausgehend 50 % der diesen Freibetrag übersteigenden bereinigten Einnahmen nicht überschreiten.

Für Frau M ist ein Freibetrag nach § 1 Abs. 2 Bürgergeld-V in folgender Höhe zu berücksichtigen:

• doppelter Betrag des Regelbedarfs nach § 20 Abs. 2 Satz 1 SGB II[11]	1.126,00 €
• zzgl. anteilige Aufwendungen für Unterkunft	96,00 €
• anteilige Aufwendungen für Heizung	20,00 €
Freibetrag	**1.242,00 €**

Das (um die Absetzbeträge nach § 11b SGB II i. V. m. § 6 Bürgergeld-V zu bereinigende) Einkommen der Frau M in Form der Altersrente übersteigt den Freibetrag **nicht**. Damit kann im Sinne der Vermutensregelung des § 9 Abs. 5 SGB II **nicht** erwartet werden, dass die übrigen vier Personen von ihr Leistungen zur Sicherung des Lebensunterhalts erhalten.

3. Form der Hilfe/Leistungsart

Die Leistungen der Grundsicherung für Arbeitsuchende werden nach § 4 Abs. 1 SGB II in Form von Dienstleistungen, Geldleistungen und Sachleistungen erbracht, wobei die Geldleistung bei den Leistungen zur Sicherung des Lebensunterhalts der Regelfall ist und Sachleistungen nur in den im Gesetz genannten Fällen (z. B. § 24 Abs. 2 SGB II) in Betracht kommen.

Der Sachverhalt enthält keine Anhaltspunkte dafür, von diesem Grundsatz abzuweichen.

Es besteht im vorliegenden Fall auch keine Möglichkeit, die Leistungen in Form eines Darlehens zu erbringen, so dass die Leistungen zur Sicherung des Lebensunterhalts in Form des Bürgergeldes als nicht rückzahlbare Geldleistung (Beihilfe) zu gewähren ist.

4. Beginn der Leistung/Antragserfordernis

Die Leistungen der Grundsicherung für Arbeitsuchende werden auf Antrag erbracht (vgl. § 37 Abs. 1 Satz 1 SGB II). Ein entsprechender Antrag wurde von Herrn A am 16.3.2025 beim Jobcenter der Stadt B gestellt. Gemäß § 37 Abs. 2 Satz 1 SGB II werden Leistungen nicht für Zeiten vor der Antragstellung erbracht. Bei den Leistungen zur Sicherung des Lebensunterhalts wirkt der Antrag auf den Ersten des Monats zurück (vgl.

11 Entsprechend der Regelbedarfsstufen-Fortschreibungs-Verordnung (RBSFV 2024) für die Zeit ab 1.1.2024.

§ 37 Abs. 2 Satz 2 SGB II), so dass der Leistungsanspruch (Bürgergeld) in der festgestellten Höhe für die Familie A ab 1.3.2025 besteht.

Über den Anspruch auf Leistungen zur Sicherung des Lebensunterhalts ist gemäß § 41 Abs. 3 Satz 1 SGB II in der Regel für **ein Jahr** zu entscheiden (Bewilligungszeitraum). Damit werden die Leistungen durch einen Verwaltungsakt mit Dauerwirkung bewilligt und monatlich im Voraus erbracht.

Die Festlegung des Bewilligungszeitraumes erfolgt einheitlich für die Entscheidung über die Leistungsansprüche aller Mitglieder einer Bedarfsgemeinschaft (§ 43 Abs. 3 Satz 3 SGB II).

§ 41 Abs. 3 Satz 2 SGB II regelt insbesondere für die dort genannten Fallgestaltungen einen abweichenden, verkürzten Regelbewilligungszeitraum von **sechs Monaten**. Dabei handelt es sich um Fälle, in denen entweder Leistungen vorläufig erbracht werden (vgl. § 41a SGB II) oder unangemessene Aufwendungen für Unterkunft und Heizung eine Überprüfung des Leistungsanspruches bereits nach sechs Monaten erforderlich machen. Die Regelung enthält ein gebundenes Ermessen, um in atypischen Fallgestaltungen den Regelbewilligungszeitraum zu verkürzen. Anhaltspunkte für die **Verkürzung des Bewilligungszeitraumes** liegen hier **nicht** vor.

Gemäß § 38 Abs. 1 Satz 1 SGB II wird vermutet (soweit Anhaltspunkte dem nicht entgegenstehen), dass die oder der erwerbsfähige Leistungsberechtigte bevollmächtigt ist, Leistungen nach dem SGB II auch für die mit ihm in Bedarfsgemeinschaft lebenden Personen zu beantragen und entgegenzunehmen. Leben mehrere erwerbsfähige Leistungsberechtigte in einer Bedarfsgemeinschaft, gilt diese Vermutung zugunsten der antragstellenden Person (§ 38 Abs. 1 Satz 2 SGB II).

Auf eine Antragstellung durch Frau A und Andreas muss daher vom Jobcenter der Stadt B wegen der Vollmachtsvermutung des § 38 Abs. 1 Satz 1 SGB II nicht hingewirkt werden.

Aufgabe 2

Zu prüfen ist, ob und ggf. in welchem Umfang ein Erstattungsanspruch des Trägers der Grundsicherung für Arbeitsuchende als nachrangig verpflichteter Leistungsträger gegen die zuständige Agentur für Arbeit im Hinblick auf das Arbeitslosengeld (Alg I) für Andreas besteht. Ein Erstattungsanspruch könnte nach § 104 SGB X in Betracht kommen.

Nach § 2 Abs. 1 Satz 1 SGB II haben erwerbsfähige Leistungsberechtigte und die mit ihnen in einer Bedarfsgemeinschaft lebenden Personen in eigener Verantwortung alle Möglichkeiten zur Beendigung oder Verringerung ihrer Hilfebedürftigkeit ausschöpfen (Grundsatz des Forderns). Leistungsberechtigte sind u. a. verpflichtet, Sozialleistungen anderer Träger in Anspruch zu nehmen, sofern dies zur Vermeidung, Beseitigung, Verkürzung oder Verminderung der Hilfebedürftigkeit erforderlich ist (vgl. § 12a Satz 1 SGB II).

Die Ausnahmeregelungen des § 12a Satz 2 SGB II bezüglich der Inanspruchnahme einer vorzeitigen Altersrente, von Wohngeld und Kinderzuschlag sind hier nicht einschlägig.

Der Träger der Grundsicherung für Arbeitsuchende hat als nachrangig verpflichteter Träger Leistungen zur Sicherung des Lebensunterhalts nach dem Zweiten Buch Sozialgesetzbuch in Form des Bürgergeldes wegen bestehender Hilfebedürftigkeit erbracht. In derartigen Fällen kann das Nachrangverhältnis im Wege des Erstattungsverfahrens nach § 104 SGB X gegen einen vorrangig verpflichteten Sozialleistungsträger (hier: die Bundesagentur für Arbeit) im Nachhinein wieder hergestellt werden.

1. Voraussetzungen nach § 104 SGB X

1.1 (Rechtmäßige) Hilfeleistung

Zu Unrecht erbrachte Leistungen sind nach dem geschlossenen System der §§ 44 ff. SGB X (ergänzt um § 34a SGB II bei rechtswidrig erbrachten Leistungen) zurückzufordern.[12] Damit ist eine **rechtmäßige** Hilfeleistung Voraussetzung für die Geltendmachung eines Erstattungsanspruchs nach § 104 SGB X.

Nach den bereits gefundenen Ergebnissen wurden die Leistungen zur Sicherung des Lebensunterhalts im Rahmen der Grundsicherung für Arbeitsuchende (Bürgergeld) im vorliegenden Fall vom Jobcenter der Stadt B für die Familie A rechtmäßig erbracht.

1.2 Anspruch gegen einen Sozialleistungsträger

Es muss ein Anspruch gegen einen Sozialleistungsträger bestehen. Andreas hat einen Anspruch auf Arbeitslosengeld (Alg I) nach den Vorschriften des Dritten Buches Sozialgesetzbuch gegen die Bundesagentur für Arbeit. Die Bundesagentur für Arbeit ist gemäß §§ 12, 19 Abs. 1 Nr. 5 und Abs. 2 SGB I ein Leistungsträger im Sinne des Sozialgesetzbuches.

1.3 Nachrangige Verpflichtung des Trägers der Grundsicherung für Arbeitsuchende

Nachrangig verpflichtet ist nach § 104 Abs. 1 Satz 2 SGB X ein Leistungsträger, soweit er bei rechtzeitiger Erfüllung der Leistungsverpflichtung eines anderen Leistungsträgers selbst nicht zur Leistung verpflichtet gewesen wäre.

Aus der Formulierung „soweit" ergibt sich, dass die Leistung des vorrangig verpflichteten Trägers die Aufwendungen des nachrangigen Trägers nicht vollständig ersetzen muss. Ein Erstattungsanspruch des Trägers der Grundsicherung für Arbeitsuchende besteht daher auch dann, wenn die Höhe der SGB II-Leistungen (Bürgergeld) durch die (rechtzeitige) Zahlung der vorrangigen Leistung (Arbeitslosengeld) lediglich geringer ausgefallen wäre.

12 Vgl. BVerwG, Urt. vom 10.9.1992 – 5 C 71/88 –, BVerwGE 91, 13 = FEVS 43, 224.

Der Nachrang der Leistungen der Grundsicherung für Arbeitsuchende nach dem Zweiten Buch Sozialgesetzbuch ergibt sich aus dem Regelungszusammenhang der §§ 2, 3 Abs. 3, 5, 9 Abs. 1 und 12a SGB II. Damit wäre der Träger der Grundsicherung für Arbeitsuchende bei rechtzeitiger Zahlung des Arbeitslosengeldes (Alg I) für Andreas durch die zuständige Agentur für Arbeit nicht oder jedenfalls nicht in der festgestellten Höhe zur Leistung verpflichtet gewesen und ist als nachrangig verpflichteter Leistungsträger tätig geworden.

1.4 Personenidentität

Anspruchsinhaber im Hinblick auf die vorrangige Leistung – also das Arbeitslosengeld (Alg I) – ist Andreas. Nur bezüglich der für ihn erbrachten Leistungen nach dem SGB II besteht Personenidentität zwischen Leistungsempfänger und Anspruchsinhaber. Die Berücksichtigung von Leistungen an andere Personen (neben dem Anspruchsinhaber) sieht § 104 Abs. 1 SGB X nicht vor.

Nach § 104 Abs. 2 SGB X kann ein Erstattungsanspruch auch geltend gemacht werden, wenn von einem nachrangig verpflichteten Leistungsträger Sozialleistungen für einen Angehörigen erbracht worden sind und ein anderer mit Rücksicht auf diesen Angehörigen einen Anspruch auf Sozialleistungen hat oder hatte. Beim Arbeitslosengeld (Alg I) werden Angehörige des leistungsberechtigten Andreas A nicht berücksichtigt, so dass auch § 104 Abs. 2 SGB X keine Grundlage dafür bietet, die Leistungen nach dem Zweiten Buch Sozialgesetzbuch für die übrigen (leistungsberechtigten) Personen in den Erstattungsanspruch einzubeziehen.

Für den Fall, dass sich das Recht des Trägers der Grundsicherung für Arbeitsuchende, Ersatz seiner Aufwendungen von einem anderen zu verlangen, nach sonstigen gesetzlichen Vorschriften bestimmt, die dem § 33 SGB II vorgehen, gelten nach § 34c SGB II als Aufwendungen auch solche Leistungen zur Sicherung des Lebensunterhalts, die an die mit der leistungsberechtigten Person in einer Bedarfsgemeinschaft lebenden Personen erbracht wurden.

Die Regelung des § 34c SGB II bewirkt somit, dass bei der Berechnung der Höhe von Erstattungsansprüchen gegenüber einem vorrangigen Sozialleistungsträger prinzipiell auch die Leistungen nach dem SGB II einzubeziehen sind, die für sämtliche Mitglieder der Bedarfsgemeinschaft (im vorliegenden Fall also auch die Eltern und die Schwester) erbracht wurden.

1.5 Gleichzeitigkeit

Die Ansprüche gegen den vorrangig verpflichteten Sozialleistungsträger müssen für den Zeitraum bestehen, für den auch ein Anspruch auf Leistungen der Grundsicherung für Arbeitsuchende nach dem Zweiten Buch Sozialgesetzbuch bestanden hat (Zeitraumidentität).

Dies trifft in diesem Fall für die Zeit ab 1.3.2025 bis zur Aufnahme der laufenden Zahlung des Arbeitslosengeldes (Alg I) an den Leistungsberechtigten durch die zuständige Agentur für Arbeit zu.

1.6 Kausalität

Ein Erstattungsanspruch besteht nach § 104 Abs. 1 Satz 3 SGB X nicht, soweit der nachrangig verpflichtete Leistungsträger (also der Träger der Grundsicherung für Arbeitsuchende) seine Leistungen auch bei Leistung des vorrangig verpflichteten Leistungsträgers hätte erbringen müssen (Frage der Kausalität).

Die Kausalitätsprüfung verlangt eine fiktive bzw. hypothetische Betrachtung der Frage, in welchem Umfang sich die rechtzeitige Leistung von Arbeitslosengeld (Alg I) durch die Bundesagentur für Arbeit auf die Leistung des Trägers der Grundsicherung für Arbeitsuchende nach dem SGB II für alle leistungsberechtigten Personen der Bedarfsgemeinschaft ausgewirkt hätte.

Nach § 9 Abs. 1 SGB II hätte Andreas bei rechtzeitiger Leistungsgewährung durch die Agentur für Arbeit das Arbeitslosengeld (Alg I) abzüglich der Versicherungspauschale von 30,00 € als Einkommen zur Deckung seines individuellen Bedarfs einsetzen müssen. Arbeitslosengeld (Alg I) ist Einkommen i. S. des § 11 Abs. 1 Satz 1 SGB II und damit anspruchsmindernd zu berücksichtigen. Ein Anspruch auf das Bürgergeld für erwerbsfähige Leistungsberechtigte hätte damit für ihn wegen fehlender Hilfebedürftigkeit nicht bestanden.

Die Berücksichtigung dieses Einkommens hätte aber auch unmittelbare Auswirkung auf den Leistungsanspruch (Bürgergeld) der übrigen Familienmitglieder gehabt. Da Andreas durch das Arbeitslosengeld (Alg I) seinen individuellen Bedarf hätte decken können, wäre das Einkommen der Eheleute A im Rahmen der Einsatzverpflichtung nach § 9 Abs. 2 Satz 1 und Satz 2 SGB II nur noch ihnen selbst und der Tochter zuzurechnen gewesen.

Fiktive Berechnung des Leistungsanspruches der Familie A unter Berücksichtigung des Arbeitslosengeldes (Alg I) für den Monat März 2025:

	Herr A	**Frau A**	**Anna**	**insgesamt**
Gesamtbedarf	622,00 €	708,02 €	587,00 €	–
./. Kindergeld	–	–	255,00 €	–
Restbedarf	622,00 €	708,02 €	332,00 €	1.662,02 €
in % am Gesamtbedarf	37,42 %	42,60 %	19,98 %	100 %
(bereinigtes) Einkommen der Eheleute A.	431,00 €	795,00 €	–	1.226,00 €
Einkommensverteilung (Bedarfsanteilsmethode)	458,77 €	522,28 €	244,95 €	1.226,00 €
rechnerischer Anspruch (Fehlbedarf)	**163,23 €**	**185,74 €**	**87,05 €**	**435,02 €**

Kausalität besteht damit in Höhe der Differenz zwischen den tatsächlich erbrachten Leistungen (Bürgergeld) und dem unter Berücksichtigung des Arbeitslosengeldes (Alg I) für Andreas rechnerisch ermittelten Anspruch für den Monat März 2025 (1.003,02 € ./. 435,02 € = 568,00 €).

2. Ergebnis

Die tatbestandsmäßigen Voraussetzungen für einen Kostenerstattungsanspruch des Trägers der Grundsicherung für Arbeitsuchende (als nachrangig verpflichteter Leistungsträger) nach § 104 SGB X gegen den vorrangig verpflichteten Leistungsträger (die Bundesagentur für Arbeit) in Höhe von **568,00 €** für den Monat März 2025 liegen vor.

Der Träger der Grundsicherung für Arbeitsuchende muss den Anspruch auf Kostenerstattung nach § 104 SGB X spätestens zwölf Monate nach Ablauf des letzten Tages, für den die Leistung erbracht worden ist, gegenüber dem vorrangigen Träger geltend machen, da der Erstattungsanspruch nach § 104 SGB X gemäß § 111 SGB X ansonsten ausgeschlossen ist.

Im vorliegenden Fall ist davon auszugehen, dass eine entsprechende Anmeldung durch den Träger der Grundsicherung für Arbeitsuchende innerhalb der Ausschlussfrist des § 111 SGB X erfolgt ist (vgl. Bearbeitungshinweis 7).

Aufgabe 3

Durch die Nachzahlung bzw. die laufende Zahlung des Arbeitslosengeldes (Alg I) ab April 2025 ist Andreas in der Lage, seinen notwendigen Lebensunterhalt aus dem für ihn zu berücksichtigenden Einkommen zu sichern.[13] Er ist damit nicht hilfebedürftig i. S. des § 9 Abs. 1 SGB II und nicht (mehr) der Bedarfsgemeinschaft mit den übrigen Personen zuzurechnen (vgl. § 7 Abs. 3 Nr. 4 SGB II). Somit entfällt auch die Einsatzverpflichtung im Hinblick auf das Einkommen der Eheleute A gegenüber Andreas gemäß § 9 Abs. 2 Satz 2 SGB II.

Im Rahmen der Bedarfsanteilsmethode (vgl. § 9 Abs. 2 Satz 3 SGB II) ist das zu berücksichtigende Einkommen der Eheleute A nunmehr lediglich den Eheleuten selbst und ihrer Tochter Anna zuzurechnen.

13 Dass der laufende Anspruch auf Arbeitslosengeld (Alg I) monatlich nachträglich ausgezahlt wird (vgl. § 337 Abs. 2 SGB III), ist an dieser Stelle nicht weiter zu problematisieren. Die Nachzahlung (hier für den Zeitraum vom 22.2.2025 bis 31.3.2025) erfolgt durch die zuständige Agentur für Arbeit im Regelfall innerhalb weniger Tage, so dass Andreas seinen Lebensunterhalt ab April 2025 aus eigenem Einkommen bestreiten kann.

Ab April 2025 ergibt sich folgender Anspruch:

	Herr A	Frau A	Anna	insgesamt
Gesamtbedarf	622,00 €	708,02 €	587,00 €	–
./. Kindergeld	–	–	255,00 €	–
Restbedarf	622,00 €	708,02 €	332,00 €	1.662,02 €
in % am Gesamtbedarf	37,42 %	42,60 %	19,98 %	100 %
(bereinigtes) Einkommen der Eheleute A.	431,00 €	795,00 €	–	1.226,00 €
Einkommensverteilung (Bedarfsanteilsmethode)	458,77 €	522,28 €	244,9574 €	1.226,00 €
rechnerischer Anspruch (Fehlbedarf)	**163,23 €**	**185,74 €**	**87,05 €**	**435,02 €**

Bezüglich der Frage, inwieweit das Vermögen der Eheleute A zur Bedarfsdeckung vorliegend einzusetzen ist, ergibt sich im Ergebnis keine Änderung. Da Andreas nicht mehr der Bedarfsgemeinschaft mit seinen Eltern zugerechnet werden kann, ist zwar ein Gesamtfreibetrag von 45.000,00 € (3 Personen × 15.000,00 €) zu berücksichtigen. Das Sparguthaben übersteigt den Freibetrag jedoch auch in dieser Konstellation nicht, so dass der Einsatz dieses Vermögens zur Bedarfsdeckung nach wie vor nicht verlangt werden kann.

Da Andreas nicht zum Kreis der einsatzpflichtigen Personen nach § 9 Abs. 2 SGB II gehört, aber mit den übrigen leistungsberechtigten Personen verwandt ist und mit ihnen in einer Haushaltsgemeinschaft zusammenlebt, greift auch hier die Vermutung der Bedarfsdeckung nach § 9 Abs. 5 SGB II, soweit dies nach Einkommen und Vermögen erwartet werden kann.

Bei der nach § 9 Abs. 5 SGB II zugrunde liegenden Vermutung sind bezüglich des Einkommens gemäß § 1 Abs. 2 Satz 1 Bürgergeld-V die um die Absetzbeträge nach § 11b SGB II bereinigten Einnahmen in der Regel nicht zu berücksichtigen, soweit sie einen Freibetrag in Höhe des doppelten Betrags des nach § 20 Abs. 2 Satz 1 SGB II maßgebenden Regelbedarfs zuzüglich der anteiligen Aufwendungen für Unterkunft und Heizung sowie darüber hinausgehend 50 % der diesen Freibetrag übersteigenden bereinigten Einnahmen nicht überschreiten.

Für Andreas ist – wie bei Frau M – ein Freibetrag nach § 1 Abs. 2 Satz 1 Bürgergeld-V in Höhe von 1.242,00 € zu berücksichtigen. Das (um die Absetzbeträge nach § 11b SGB II zu bereinigende) Einkommen in Form von Arbeitslosengeld (Alg I) von Andreas übersteigt den errechneten Freibetrag nicht.

Damit kann nicht erwartet werden, dass die übrigen Personen von ihm Leistungen zum Lebensunterhalt erhalten.

Praktischer Fall Nr. 12

Schwerpunkte:

- Leistungen zur Sicherung des Lebensunterhalts nach dem SGB II (Bürgergeld),
- Leistungsausschluss für Auszubildende (§ 7 Abs. 5 Satz 1 SGB II),
- Einsatz von Vermögen (§ 12 SGB II),
- Aufhebung von Verwaltungsakten (§ 45 SGB X),
- Kostenersatz und Kostenerstattung bei rechtswidrig bzw. zu Unrecht erbrachter Hilfe (§ 34a SGB II, § 50 SGB X)

Hilfsmittel:

- Erstes Buch Sozialgesetzbuch (SGB I),
- Zweites Buch Sozialgesetzbuch (SGB II) mit Verordnungen,
- Zehntes Buch Sozialgesetzbuch (SGB X),
- Bundesausbildungsförderungsgesetz (BAföG)

Sachverhalt

Die Eheleute W wohnen zusammen mit ihrem 32jährigen Sohn Sebastian in einem gemeinsamen Haushalt in der kreisfreien Stadt B in Nordrhein-Westfalen. Am 5.4.2025 wendet sich Herr W an das Jobcenter seines Wohnortes und beantragt für sich und seine Familie Leistungen zur Sicherung des Lebensunterhalts nach dem SGB II (Bürgergeld).

Die persönlichen und wirtschaftlichen Verhältnisse der Familie W stellen sich wie folgt dar:

Herr W (57 Jahre alt, erwerbsfähig) ist seit ca. anderthalb Jahren arbeitslos. Der Anspruch auf Arbeitslosengeld (Alg I) ist am 15.3.2025 nach 18-monatiger Bezugsdauer ausgelaufen. Die letzte Zahlung durch die Agentur für Arbeit erfolgte am 19.3.2025 in Höhe von 995,00 €. Herr W stand der Arbeitsvermittlung der Agentur für Arbeit bisher uneingeschränkt zur Verfügung, ohne dass für ihn allerdings eine versicherungspflichtige Beschäftigung angeboten werden konnte.

Frau W (53 Jahre alt) bezieht vom zuständigen Träger der gesetzlichen Rentenversicherung eine zeitlich befristete Rente wegen voller Erwerbsminderung nach § 43 Abs. 2 SGB VI in Höhe von monatlich 320,00 € (netto). Sie ist im Besitz eines Ausweises nach § 152 Abs. 5 SGB IX (sog. „Schwerbehindertenausweis“) mit dem Merkzeichen „G“.

Sebastian studiert im 6. Semester Architektur an der Universität seiner Heimatstadt. Da er bereits ein abgeschlossenes Hochschulstudium absolviert hat, kommen Leistungen nach dem Bundesausbildungsförderungsgesetz (BAföG) für ihn nicht in Betracht. Um sein Studium zu finanzieren, arbeitet er als Aushilfe (Kellner) auf „Minijob-Basis“ und verdient monatlich 450,00 € (brutto = netto).

Seit dem 1.3.2025 arbeitet auch Herr W aushilfsweise in einem in der Nachbarschaft gelegenen Getränkemarkt und erzielt ein Erwerbseinkommen von monatlich

400,00 € (brutto = netto). Frau W besitzt einen PKW mit einem aktuellen Zeitwert von ca. 5.900,00 €. Für die Kfz-Haftpflichtversicherung wird ein Jahresbeitrag von 324,00 € nachgewiesen. Herr W gibt bei Antragstellung auf Nachfrage des zuständigen Sachbearbeiters an, dass die Familie neben dem PKW und dem (angemessenen) Hausrat über kein weiteres Vermögen verfügt.

Für Ihre Mietwohnung (85 qm) zahlen die Eheleute W einen angemessenen Mietzins von monatlich 600,00 € (Grundmiete einschließlich der umlagefähigen Nebenkosten) und für die Heizkosten an den Energieversorger eine monatliche Pauschale von 90,00 €. In den Heizkosten sind auch Anteile für die Warmwasserversorgung enthalten.

Aufgaben

1. Prüfen Sie gutachtlich, ob und ggf. in welchem Umfang auf der Grundlage der bei Antragstellung bekannt gewordenen Tatsachen für die Familie W Leistungen zur Sicherung des Lebensunterhalts in Betracht kommen.
2. Prüfen Sie gutachtlich, was vom zuständigen Leistungsträger zu veranlassen ist, wenn am 22.6.2025 bekannt wird, dass bei Antragstellung verschwiegen wurde, dass Herr W über (weiteres) Vermögen in Form von Wertpapieren mit einem aktuellen Wert von 86.500,00 € verfügt, die er von seinen vor drei Jahren verstorbenen Eltern geerbt hat. Dabei ist auf formelle Voraussetzungen und die im Rahmen der Hilfegewährung geleisteten Beiträge zur Sozialversicherung nicht einzugehen.

Bearbeitungshinweise:

1. Höhe der Regelbedarfe:

Regelbedarfsstufen nach der Anlage zu § 28 in Euro

gültig ab	Regelbedarfsstufe 1	Regelbedarfsstufe 2	Regelbedarfsstufe 3	Regelbedarfsstufe 4	Regelbedarfsstufe 5	Regelbedarfsstufe 6
1.1.2025	563,00	506,00	451,00	471,00	390,00	357,00

Regelbedarfsstufe 1:
Für jede erwachsene Person, die in einer Wohnung nach § 42a Abs. 2 Satz 2 SGB XII lebt und für die nicht die Regelbedarfsstufe 2 gilt.

Regelbedarfsstufe 2:
Für jede erwachsene Person, die in einer Wohnung nach § 42a Abs. 2 Satz 2 SGB XII mit einem Ehegatten oder Lebenspartner oder in eheähnlicher oder lebenspartnerschaftsähnlicher Gemeinschaft mit einem Partner zusammenlebt.

Regelbedarfsstufe 3:
Für jede erwachsene Person, deren notwendiger Lebensunterhalt sich nach § 27b SGB XII bestimmt.

Regelbedarfsstufe 4:
Für eine Jugendliche oder einen Jugendlichen vom Beginn des 15. bis zur Vollendung des 18. Lebensjahres.

> **Regelbedarfsstufe 5:**
> Für ein Kind vom Beginn des siebten bis zur Vollendung des 14. Lebensjahres.
>
> **Regelbedarfsstufe 6:**
> Für ein Kind bis zur Vollendung des sechsten Lebensjahres.

2. Eine Zuständigkeitsprüfung ist nicht vorzunehmen.
3. Auf Ansprüche nach dem Wohngeldgesetz (WoGG) ist nicht einzugehen.
4. Gehen Sie davon aus, dass das Land Nordrhein-Westfalen von der Möglichkeit, die Kreise und kreisfreien Städte gemäß § 22a Abs. 2 SGB II zu ermächtigen, die Bedarfe für Unterkunfts- und Heizkosten in ihrem Gebiet zu pauschalieren, keinen Gebrauch gemacht hat.
5. Gehen Sie davon aus, dass die Arbeitsvermittlung des Jobcenters kurzfristig keine geeigneten Stellenangebote für Herrn W unterbreiten kann.
6. Eine differenzierte Berechnung nach den in § 6 SGB II genannten Trägern der Grundsicherung für Arbeitsuchende ist nicht vorzunehmen.
7. Auf Leistungen für Bildung und Teilhabe nach den §§ 28 und 29 SGB II ist nicht einzugehen.
8. Auf Ansprüche für Auszubildende nach § 27 SGB II ist nicht einzugehen.
9. Gehen Sie davon aus, dass alle drei im Haushalt lebenden Personen eine Wohn- und Wirtschaftsgemeinschaft bilden.
10. Gehen Sie davon aus, dass Herr W bei Antragstellung vom Träger der Grundsicherung für Arbeitsuchende auf die Verpflichtung hingewiesen wurde, gemäß § 60 Abs. 1 Satz 1 SGB I alle Tatsachen anzugeben, die für die Leistungen nach dem SGB II erheblich sind.
11. Auszug aus dem Bundesausbildungsförderungsgesetz – BAföG:

§ 13 Bedarf für Studierende

(1) Als monatlicher Bedarf gelten für Auszubildende in
1. Fachschulklassen, deren Besuch eine abgeschlossene Berufsausbildung voraussetzt, Abendgymnasien und Kollegs 442 Euro,
2. Höheren Fachschulen, Akademien und Hochschulen 475 Euro.

(2) Die Bedarfe nach Absatz 1 erhöhen sich für die Unterkunft, wenn der Auszubildende
1. bei seinen Eltern wohnt, um monatlich 59 Euro,
2. nicht bei seinen Eltern wohnt, um monatlich 380 Euro.

(3) (weggefallen)

(3a) Ein Auszubildender wohnt auch dann bei seinen Eltern, wenn der von ihm bewohnte Raum im Eigentum der Eltern steht.

(4) Bei einer Ausbildung im Ausland nach § 5 Absatz 2 wird, soweit die Lebens- und Ausbildungsverhältnisse im Ausbildungsland dies erfordern, bei dem Bedarf ein Zu- oder Abschlag vorgenommen, dessen Höhe die Bundesregierung durch Rechtsverordnung ohne Zustimmung des Bundesrates bestimmt.

Lösung

Aufgabe 1

Aufgrund der im Sachverhalt beschriebenen Situation der Familie W kommen Sozialleistungen zur Sicherung des Lebensunterhalts in Betracht. Derartige Leistungen sind insbesondere im SGB II (Grundsicherung für Arbeitsuchende) und im SGB XII (Sozialhilfe) vorgesehen.

Die Leistungen zur Sicherung des Lebensunterhalts im Rahmen der Grundsicherung für Arbeitsuchende umfassen nach Kapitel 3 Abschnitt 2 SGB II das Bürgergeld für erwerbsfähige Leistungsberechtigte (§ 19 Abs. 1 Satz 1 SGB II), das Bürgergeld für nichterwerbsfähige Leistungsberechtigte (§ 19 Abs. 1 Satz 2 SGB II), die Leistungen bei medizinischer Rehabilitation der Rentenversicherung und bei Anspruch auf Verletztengeld aus der Unfallversicherung (§ 25 SGB II), den Zuschuss zu Versicherungsbeiträgen (§ 26 SGB II), die Leistungen für Auszubildende (§ 27 SGB II) und die Leistungen für Bildung und Teilhabe (§§ 28 bis 30 SGB II).

Die Sozialhilfe umfasst nach § 8 SGB XII als Leistungen zum Lebensunterhalt die Hilfe zum Lebensunterhalt nach dem 3. Kapitel SGB XII und die Grundsicherung im Alter und bei Erwerbsminderung nach dem 4. Kapitel SGB XII.

Es ist sachgerecht, aus Sicht des angegangenen Leistungsträgers zunächst die Voraussetzungen für die Leistungen zur Sicherung des Lebensunterhalts nach dem SGB II zu prüfen.[1]

1. Anspruchsberechtigter Personenkreis im SGB II

1.1 Anspruch auf Bürgergeld für erwerbsfähige Leistungsberechtigte

Gemäß §§ 7 Abs. 1 Satz 1, 7b SGB II erhalten Leistungen nach dem Zweiten Buch Sozialgesetzbuch Personen, die das 15. Lebensjahr vollendet und die Altersgrenze nach § 7a SGB II noch nicht erreicht haben, erwerbsfähig im Sinne von § 8 Abs. 1 SGB II sind, hilfebedürftig im Sinne von § 9 Abs. 1 SGB II sind, ihren gewöhnlichen Aufenthalt in der Bundesrepublik Deutschland haben und gemäß § 7b SGB II erreichbar sind (erwerbsfähige Leistungsberechtigte).

Als Leistung zur Sicherung des Lebensunterhalts erhalten erwerbsfähige Leistungsberechtigte nach § 19 Abs. 1 Satz 1 SGB II Bürgergeld für erwerbsfähige Leistungsberechtigte.

Herr W ist 57 Jahre alt und erfüllt damit die Altersvoraussetzungen des § 7 Abs. 1 Satz 1 Nr. 1 SGB II. Er ist nach den Angaben des Sachverhalts erwerbsfähig und hat seinen gewöhnlichen Aufenthalt in der Bundesrepublik Deutschland. Den gewöhnlichen

1 Auch eine andere Prüfungsstruktur bzw. Prüfungsreihenfolge im Hinblick auf den Vorrang der Leistungen nach dem 4. Kapitel SGB XII (Grundsicherung im Alter und bei Erwerbsminderung) ist vertretbar und zulässig.

Aufenthalt hat jemand dort, wo er sich unter Umständen aufhält, die erkennen lassen, dass er an diesem Ort oder in diesem Gebiet nicht nur vorübergehend verweilt (vgl. § 30 Abs. 3 Satz 2 SGB I), also seinen Lebensmittelpunkt hat. Herr W wohnt in der kreisfreien Stadt B in Nordrhein-Westfalen. Üblicherweise ist der Wohnort auch der Lebensmittelpunkt. Der Sachverhalt enthält jedenfalls keine Anhaltspunkte dafür, von diesem Grundsatz abzuweichen. Es gibt auch keine Anhaltspunkte dafür, dass er seine Erreichbarkeit nicht sicherstellt (vgl. § 7b SGB II).

Ausschlusstatbestände nach § 7 Abs. 1 Satz 2, Abs. 4 und Abs. 5 SGB II sind ebenfalls nicht ersichtlich.

Herr W gehört damit vorbehaltlich der noch zu prüfenden Hilfebedürftigkeit als erwerbsfähiger Leistungsberechtigter zum anspruchsberechtigten Personenkreis für den Bezug von Bürgergeld nach § 19 Abs. 1 Satz 1 SGB II.

Für **Frau W** könnte ebenfalls ein Anspruch auf Bürgergeld bestehen. Sie erfüllt die Altersvoraussetzungen des § 7 Abs. 1 Satz 1 Nr. 1 SGB II. Fraglich ist jedoch, ob sie erwerbsfähig ist.

Erwerbsfähig ist, wer nicht wegen Krankheit oder Behinderung auf absehbare Zeit außerstande ist, unter den üblichen Bedingungen des allgemeinen Arbeitsmarktes mindestens drei Stunden täglich erwerbstätig zu sein (§ 8 Abs. 1 SGB II). Frau W ist nach Feststellung des zuständigen Trägers der gesetzlichen Rentenversicherung nach § 43 Abs. 2 i. V. m. § 102 SGB VI zeitlich befristet **voll erwerbsgemindert**. Wegen der inhaltsgleichen Regelungen der §§ 8 Abs. 1 SGB II und 43 Abs. 2 Satz 2 SGB VI ist der Beurteilungsmaßstab für die Nichterwerbsfähigkeit (im Bereich der Grundsicherung für Arbeitsuchende) und für die volle Erwerbsminderung (im Bereich der gesetzlichen Rentenversicherung) grundsätzlich identisch.

Aufgrund der vom Rentenversicherungsträger festgestellten vollen Erwerbsminderung ist Frau W nicht erwerbsfähig im Sinne von § 8 Abs. 1 SGB II. Ein Anspruch auf Bürgergeld für erwerbsfähige Leistungsberechtigte besteht für sie daher nicht.

Sebastian erfüllt die Voraussetzungen nach § 7 Abs. 1 Satz 1 SGB II, ist aber Student (Auszubildender) an einer Hochschule. Auszubildende, deren Ausbildung im Rahmen des Bundesausbildungsförderungsgesetzes (BAföG) **dem Grunde nach** förderungsfähig ist, haben über die Leistungen nach § 27 SGB II hinaus keinen Anspruch auf Leistungen zur Sicherung des Lebensunterhalts (vgl. § 7 Abs. 5 Satz 1 SGB II).

Durch die Formulierung „dem Grunde nach" macht der Gesetzgeber deutlich, dass es nicht darauf ankommt, ob eine Förderung der Ausbildung nach den Vorschriften des Bundesausbildungsförderungsgesetzes im Einzelfall tatsächlich erfolgt oder wegen des Fehlens individueller Voraussetzungen (z. B. wegen einer nach dem BAföG nicht förderungsfähigen Zweitausbildung) nicht erfolgt. Entscheidungserheblich kommt es also darauf an, ob die Ausbildung als solche grundsätzlich – im Sinne von „abstrakt" – förderungsfähig ist.[2]

Die Ausschlussregelung des § 7 Abs. 5 Satz 1 SGB II ist allerdings nicht anzuwenden u. a. auf Auszubildende, deren Bedarf sich nach § 13 Abs. 1 i. V. m. Abs. 2 Nr. 1 oder nach § 13 Abs. 1 Nr. 1 i. V. m. Abs. 2 **Nr. 2** BAföG bemisst **und** die Leistungen nach

2 Vgl. BSG, Urt. vom 30.9.2008 – B 4 AS 28/07 R –, SozR 4-4200 § 7 Nr. 9.

dem BAföG erhalten **oder** nur wegen der Vorschriften zur Berücksichtigung von Einkommen und Vermögen nicht erhalten.

Für Studierende an einer Hochschule, die im Haushalt ihrer Eltern leben, bemisst sich der Bedarf nach § 13 Abs. 1 i. V. m. Abs. 2 Nr. 1 BAföG. Sebastian erhält allerdings keine Leistungen nach dem Bundesausbildungsförderungsgesetz (BAföG) – und zwar aus **einem anderen Grund** als wegen der Vorschriften zur Berücksichtigung von Einkommen und Vermögen (Zweitausbildung bzw. Zweitstudium), so dass die Ausnahmeregelung nach § 7 Abs. 6 **Nr. 2** SGB II im vorliegenden Fall nicht anwendbar ist.

Damit ist Sebastian nach § 7 Abs. 5 Satz 1 SGB II vom Bezug von Bürgergeld ausgeschlossen. Auf die (besonderen) Leistungen für Auszubildende nach § 27 SGB II ist lt. Bearbeitungshinweis 8 nicht einzugehen.

1.2 Anspruch auf Bürgergeld für nichterwerbsfähige Leistungsberechtigte

Nach § 7 Abs. 2 Satz 1 SGB II sind leistungsberechtigt auch Personen, die die Voraussetzungen nach § 7 Abs. 1 Satz 1 SGB II selbst nicht erfüllen, aber mit erwerbsfähigen Leistungsberechtigten in einer **Bedarfsgemeinschaft** leben. Nicht erwerbsfähige Leistungsberechtigte, die mit erwerbsfähigen Leistungsberechtigten in einer Bedarfsgemeinschaft leben, erhalten gemäß §§ 7 Abs. 2, 19 Abs. 1 Satz 2 SGB II Bürgergeld für nichterwerbsfähige Leistungsberechtigte, soweit sie keinen Anspruch auf die insofern vorrangigen Leistungen nach dem 4. Kapitel SGB XII (Grundsicherung im Alter und bei Erwerbsminderung) haben.

Zu prüfen ist daher, ob Frau W mit ihrem Ehemann in einer Bedarfsgemeinschaft lebt. Die Zugehörigkeit zur Bedarfsgemeinschaft ergibt sich aus § 7 Abs. 3 SGB II. Sie besteht unabhängig davon, ob auch eine Leistungsberechtigung nach dem SGB II besteht.[3]

Herr W ist erwerbsfähiger Leistungsberechtigter (sogenannter „Hauptleistungsberechtigter") i. S. des § 7 Abs. 3 Nr. 1 SGB II und Ausgangspunkt für die Bildung einer Bedarfsgemeinschaft. Herr und Frau W sind verheiratet und leben nicht getrennt. Zur Bedarfsgemeinschaft gehört nach § 7 Abs. 3 Nr. 3 Buchst. a SGB II als Partner des erwerbsfähigen Leistungsberechtigten der nicht dauernd getrennt lebende Ehegatte. Für Frau W kommen damit grundsätzlich Leistungen zur Sicherung des Lebensunterhalts in Form von Bürgergeld für nichterwerbsfähige Leistungsberechtigte nach §§ 7 Abs. 2 Satz 1, 19 Abs. 1 Satz 2 SGB II in Betracht.

Dies gilt allerdings nur, soweit Frau W keinen (realisierbaren) Anspruch auf Leistungen nach dem **4. Kapitel SGB XII** (Grundsicherung im Alter und bei Erwerbsminderung) hat. Entsprechende Leistungen sind gegenüber dem Bürgergeld für nichterwerbsfähige Leistungsberechtigte vorrangig (vgl. §§ 5 Abs. 2 Satz 2, 19 Abs. 1 Satz 2 SGB II).

Leistungsberechtigt im Rahmen der Grundsicherung nach dem 4. Kapitel SGB XII sind Personen, die die Altersgrenze nach § 41 Abs. 2 SGB XII erreicht haben (je nach Geburtsjahrgang vom vollendeten 65. bis 67. Lebensjahr) oder gemäß § 41 Abs. 3

3 Vgl. BSG, Urt. vom 7.11.2006 – B 7b AS 8/06 R –, BSGE 97, 217 = NDV-RD 2007 = FEVS 58, 259.

SGB XII das 18. Lebensjahr vollendet haben, unabhängig von der jeweiligen Arbeitsmarktlage voll erwerbsgemindert im Sinne des § 43 Abs. 2 SGB VI sind und bei denen unwahrscheinlich ist, dass die volle Erwerbsminderung behoben werden kann (**dauerhafte** volle Erwerbsminderung).

Frau W ist 53 Jahre alt und hat damit die maßgebende Altersgrenze nach § 41 Abs. 2 SGB XII nicht erreicht. Sie hat zwar das 18. Lebensjahr vollendet, ist aber nach Feststellung des zuständigen Trägers der gesetzlichen Rentenversicherung lediglich **zeitlich befristet** voll erwerbsgemindert und damit nicht dem anspruchsberechtigten Personenkreis nach dem 4. Kapitel SGB XII zuzurechnen.

Zwischenergebnis

Vorbehaltlich der zu prüfenden Hilfebedürftigkeit nach § 9 Abs. 1 SGB II ist Herr W anspruchsberechtigt für den Bezug von Bürgergeld für erwerbsfähige Leistungsberechtigte (vgl. § 19 Abs. 1 Satz 1 SGB II) und Frau W für den Bezug von Bürgergeld für nichterwerbsfähige Leistungsberechtigte (vgl. §§ 7 Abs. 2, 19 Abs. 1 Satz 2 SGB II).

Sebastian ist als Auszubildender (Student an einer Hochschule), dessen Ausbildung dem Grunde nach förderungsfähig ist, gemäß § 7 Abs. 5 Satz 1 SGB II von den Leistungen zur Sicherung des Lebensunterhalts (mit Ausnahme der in 27 SGB II genannten Leistungen, die aber lt. Bearbeitungshinweis 8 nicht zu prüfen sind) ausgeschlossen.

1.3 Nachrang der Leistungen nach dem Zweiten Buch Sozialgesetzbuch

Der Nachrang der Leistungen zur Sicherung des Lebensunterhalts nach dem Zweiten Buch Sozialgesetzbuch ergibt sich aus dem Regelungszusammenhang der §§ 2, 3 Abs. 3, 5, 9 Abs. 1 und 12a SGB II.

Erwerbsfähige Leistungsberechtigte und die mit ihnen in einer Bedarfsgemeinschaft lebenden Personen haben in eigener Verantwortung alle Möglichkeiten zu nutzen, ihren Lebensunterhalt aus eigenen Mitteln und Kräften zu bestreiten; sie müssen ihre Arbeitskraft zur Beschaffung des Lebensunterhalts für sich und die mit ihnen in einer Bedarfsgemeinschaft lebenden Personen einsetzen (vgl. § 2 Abs. 2 Satz 1 und Satz 2 SGB II).

Gemäß § 12a Satz 1 SGB II sind Leistungsberechtigte verpflichtet, Sozialleistungen anderer Leistungsträger in Anspruch zu nehmen und die dafür erforderlichen Anträge zu stellen, sofern dies zur Vermeidung, Beseitigung, Verkürzung oder Verminderung der Hilfebedürftigkeit erforderlich ist. Dabei sind die Regelungen des § 12a Satz 2 und Satz 3 SGB II bei Ansprüchen auf eine vorzeitige (d. h. mit Abschlägen verbundene) Altersrente, auf den Kinderzuschlag und auf Wohngeld einschränkend zu berücksichtigen.

Als vorrangige Möglichkeit der Selbsthilfe ist insofern die Aufnahme einer zumutbaren Arbeit (vgl. § 10 Abs. 1 SGB II), die Realisierung von Ansprüchen gegen Angehörige, sonstige Dritte oder andere Leistungsträger sowie der Einsatz von Einkommen und Vermögen vorgesehen.

Herr W stand bislang der Arbeitsvermittlung der zuständigen Agentur für Arbeit uneingeschränkt zur Verfügung, ohne dass ihm eine versicherungspflichtige Beschäftigung angeboten werden konnte. Seit dem 1.3.2025 arbeitet er im Rahmen einer geringfügigen Beschäftigung auf „400-Euro-Basis". Daneben stehen für ihn offenbar keine geeigneten Stellenangebote zur Verfügung. Frau W ist voll erwerbsgemindert im Sinne der gesetzlichen Rentenversicherung und somit nicht erwerbsfähig im Sinne des § 8 Abs. 1 SGB II. Die Verpflichtung, die Arbeitskraft zur Beschaffung ihres Lebensunterhalts einzusetzen, besteht nach § 2 Abs. 2 Satz 2 SGB II nur für **erwerbsfähige** Leistungsberechtigte.

Neben den im Sachverhalt genannten Ansprüchen sind weitere (ggf. noch zu verfolgende) Ansprüche gegen andere Sozialleistungsträger oder sonstige Dritte nicht ersichtlich. Auf Ansprüche nach dem Wohngeldgesetz ist lt. Bearbeitungshinweis 3 nicht einzugehen. Inwieweit das zu berücksichtigende Einkommen und/oder Vermögen dem Leistungsanspruch der Eheleute W nach dem SGB II entgegensteht, wird nachfolgend geprüft.

1.4 Hilfebedürftigkeit

Hilfebedürftig ist gemäß § 9 Abs. 1 SGB II, wer seinen Lebensunterhalt nicht oder nicht ausreichend aus dem zu berücksichtigenden Einkommen oder Vermögen sichern kann und die erforderliche Hilfe nicht von anderen, insbesondere von Angehörigen oder von Trägern anderer Sozialleistungen erhält.

Um festzustellen, ob und in welchem Umfang Hilfebedürftigkeit i. S. d. § 9 Abs. 1 SGB II der Eheleute W vorliegt, ist zunächst eine Bedarfsermittlung vorzunehmen. In einem weiteren Schritt ist zu prüfen, ob der Bedarf bzw. der notwendige Lebensunterhalt aus dem zu berücksichtigenden Einkommen und/oder Vermögen bestritten werden kann.

1.4.1 Leistungen zur Sicherung des Lebensunterhalts (Bedarfsermittlung)

Nach § 19 Abs. 1 Satz 1 SGB II erhalten erwerbsfähige Leistungsberechtigte Bürgergeld für erwerbsfähige Leistungsberechtigte. Nichterwerbsfähige Leistungsberechtigte, die mit erwerbsfähigen Leistungsberechtigten in einer Bedarfsgemeinschaft leben, erhalten nach § 19 Abs. 1 Satz 2 SGB II Bürgergeld für nichterwerbsfähige Leistungsberechtigte. Die Leistungen umfassen den Regelbedarf, Mehrbedarfe und den Bedarf für Unterkunft und Heizung (§ 19 Abs. 1 Satz 3 SGB II). Dabei sind für das Sozialgeld die ergänzenden Maßgaben des § 23 SGB II zu berücksichtigen.

1.4.1.1 Regelbedarf zur Sicherung des Lebensunterhalts

Der Regelbedarf zur Sicherung des Lebensunterhalts umfasst insbesondere Ernährung, Kleidung, Körperpflege, Hausrat, Haushaltsenergie ohne die auf die Heizung und Erzeugung von Warmwasser entfallenden Anteile sowie persönliche Bedürfnisse des täglichen Lebens, zu denen in vertretbaren Umfang eine Teilhabe am sozialen und kulturellen Leben in der Gemeinschaft gehört (vgl. § 20 Abs. 1 Satz 1 und Satz 2 SGB II).

Gemäß § 20 Abs. 1a Satz 1 SGB II werden die Regelbedarfe in Höhe der jeweiligen Regelbedarfsstufe entsprechend § 28 SGB XII in Verbindung mit dem Regelbedarfs-Ermittlungsgesetz und den §§ 28a und 40 SGB XII in Verbindung mit der für das jeweilige Jahr geltenden Regelbedarfsstufen-Fortschreibungsverordnung anerkannt und gelten unmittelbar auch im Bereich des SGB II.

Wenn zwei Partner der Bedarfsgemeinschaft das 18. Lebensjahr vollendet haben, ist als Regelbedarf gemäß § 20 Abs. 4 SGB II für jede dieser Personen ein Betrag in Höhe der Regelbedarfsstufe 2 anzuerkennen. Die Eheleute W erfüllen die genannten Voraussetzungen.

Damit ist für sie ein Regelbedarf von jeweils 506,00 € zu berücksichtigen.

1.4.1.2 *Mehrbedarfe*

Nach § 23 Nr. 4 SGB II wird bei nichterwerbsfähigen Personen, die voll erwerbsgemindert nach dem Sechsten Buch Sozialgesetzbuch sind, ein Mehrbedarf von 17 % der nach § 20 SGB II maßgebenden Regelbedarfe u. a. anerkannt, wenn sie Inhaber eines Ausweises nach § 152 Abs. 5 SGB IX (Schwerbehindertenausweis) mit dem Merkzeichen „G“ sind. Diese Voraussetzungen liegen bei Frau W vor, so dass für sie ein Mehrbedarf von 86,02 € (17 % von 506,00 €) zu berücksichtigen ist.

Die Anerkennung weiterer Mehrbedarfe kommt im vorliegenden Fall nicht in Betracht. Insbesondere ist kein Mehrbedarf nach § 21 Abs. 7 SGB II (dezentrale Warmwassererzeugung) zu berücksichtigen, da entsprechende Anteile bereits in den Heizkosten enthalten sind.

1.4.1.3 *Bedarfe für Unterkunft und Heizung*

Bedarfe für Unterkunft und Heizung werden nach § 22 Abs. 1 Satz 1 SGB II in Höhe der tatsächlichen Aufwendungen anerkannt, soweit diese angemessen sind. Zu den Bedarfen der Unterkunft gehören in diesem Fall die Kosten für die Gebrauchsüberlassung des Wohnraumes, die vertraglich geschuldet werden (Grundmiete zuzüglich der umlagefähigen Nebenkosten).

Die Bedarfe für Unterkunft und Heizung sind lt. Sachverhalt als angemessen anzusehen und damit in tatsächlicher Höhe mit dem entsprechenden Kopfanteil (d. h. zu jeweils einem Drittel) bei den Eheleuten W zu berücksichtigen. Auf die Regelungen zur Karenzzeit muss an dieser Stelle daher nicht eingegangen werden.

In diesem Zusammenhang ist es unerheblich, dass Sebastian seinen Kopfanteil an den Unterkunfts- und Heizkosten wegen seines Einkommens rechnerisch nicht bzw. nur teilweise decken kann. Die Berücksichtigung des gesamten Bedarfs für Unterkunft und Heizung bei den Eheleuten W würde im Ergebnis dazu führen, dass im Rahmen der Grundsicherung für Arbeitsuchende Leistungen zur Sicherung des Lebensunterhalts einer nach den Vorschriften des Bundesausbildungsförderungsgesetzes (BAföG) dem Grunde nach förderungsfähigen Person übernommen und damit der grundsätzliche

Leistungsausschluss für Auszubildende nach § 7 Abs. 5 Satz 1 SGB II umgangen würde.[4]

Bedarfsermittlung (Zusammenfassung)

	Herr W	**Frau W**
Regelbedarf	506,00 €	506,00 €
Mehrbedarf	–	86,02 €
Bedarfe für Unterkunft	200,00 €	200,00 €
Bedarfe für Heizung	30,00 €	30,00 €
Gesamtbedarf	**736,00 €**	**822,02 €**

1.5 Einsatz der Mittel der Einsatzgemeinschaft

Zu prüfen ist, ob die Eheleute W ihren Lebensunterhalt aus dem zu berücksichtigenden Einkommen und/oder Vermögen sichern können (vgl. § 9 Abs. 1 SGB II).

1.5.1 Einsatz des Einkommens

1.5.1.1 Zu berücksichtigendes Einkommen

Dem zuvor ermittelten Bedarf ist zunächst das zu berücksichtigende Einkommen gegenüberzustellen. Als Einkommen zu berücksichtigen sind nach § 11 Abs. 1 Satz 1 SGB II alle Einnahmen **in Geld** abzüglich der nach § 11b SGB II abzusetzenden Beträge mit Ausnahme der in § 11a SGB II genannten Einnahmen. Gemäß § 11 Abs. 1 Satz 2 SGB II gilt dies auch für Einnahmen **in Geldeswert**, die im Rahmen einer Erwerbstätigkeit, des Bundesfreiwilligendienstes oder eines Jugendfreiwilligendienstes zufließen.

Sowohl das Erwerbseinkommen des Herrn W aus einer geringfügigen Beschäftigung als auch die Rente wegen voller Erwerbsminderung aus der gesetzlichen Rentenversicherung seiner Ehefrau sind Einnahmen im Sinne der genannten Vorschrift. Die in § 11a SGB II genannten Ausnahmen sind vorliegend nicht einschlägig. Auch § 1 Bürgergeld-Verordnung (Bürgergeld-V) sowie spezielle Regelungen zum Einkommenseinsatz in anderen Gesetzen stehen einer grundsätzlichen Berücksichtigung nicht entgegen.

Dagegen ist das letztmalig am 19.3.2024 von der Bundesagentur für Arbeit für Herrn W gezahlte Arbeitslosengeld (Alg I) vorliegend nicht als Einkommen zu berücksichtigen, da es vor der Bedarfszeit zugeflossen ist.

Nach § 11 Abs. 2 Satz 1 SGB II sind Einnahmen für den Monat zu berücksichtigen, in dem sie zufließen. Mit der in § 37 Abs. 2 Satz 2 SGB II geregelten Rückwirkung des Antrages auf den Ersten des Monats sind zwar auch Einnahmen, die im Rückwirkungszeitraum zugeflossen sind, als Einkommen zu berücksichtigen. Sofern der Leistungsanspruch allerdings erst nach dem tatsächlichen Zufluss beginnt (vorliegend am

4 Vgl. BSG, Urt. vom 27.2.2008 – B 14/11b AS 55/06 R –, ZFSH/SGB 2008, 665 zur Frage der Berücksichtigung von Unterkunftskosten nach Kopfanteilen bei vom Leistungsbezug nach § 7 Abs. 5 SGB II ausgeschlossenen Personen.

1. April), ist das vor der Anspruchsentstehung zugeflossene Arbeitslosengeld (Alg I) im Bedarfszeitraum April 2025 nicht (mehr) als Einkommen anspruchsmindernd zu berücksichtigen bzw. anzurechnen.

Nach § 11b SGB II i. V. m. mit den relevanten Regelungen der Bürgergeld-Verordnung (Bürgergeld-V) sind vom Einkommen bestimmte Beträge abzusetzen (Einkommensbereinigung).

Bei erwerbsfähigen Leistungsberechtigten, die **erwerbstätig** sind, ist nach § 11b Abs. 2 Satz 1 SGB II anstelle der Beträge nach § 11b Abs. 1 Satz 1 Nr. 3 bis Nr. 5 SGB II (u. a. für Versicherungen, die gesetzlich vorgeschrieben oder nach Grund und Höhe angemessen sind, sowie notwendige Ausgaben, die mit der Erzielung des Einkommens verbunden sind) ein Betrag von insgesamt 100,00 € (Grundfreibetrag) abzusetzen. Da das Einkommen des Herr W aus einer geringfügigen Beschäftigung nicht mehr als 400,00 € monatlich beträgt, ist die speziellere Regelung des § 11b Abs. 2 Satz 2 SGB II vorliegend nicht einschlägig. Eine Vergleichsberechnung im Hinblick auf die Berücksichtigung höherer Absetzungen ist nicht erforderlich.

Für Herrn W ist darüber hinaus ein Freibetrag für Erwerbstätige nach § 11b Abs. 1 Satz 1 Nr. 6 i. V. m. Abs. 3 SGB II abzusetzen. Der Freibetrag beträgt nach § 11b Abs. 3 Satz 2 Nr. 1 SGB II in der 1. Stufe für den Teil des Einkommens aus Erwerbstätigkeit, der 100,00 € übersteigt und nicht mehr als 520,00 € beträgt, 20 % (hier also für den Teil des Einkommens von 100,00 € bis 400,00 € = 300,00 € × 20 % = 60,00 €).

Somit verfügt Herr W über ein bereinigtes bzw. anrechenbares Einkommen von monatlich 240,00 €.

Von der Nettorente wegen voller Erwerbsminderung der Frau W ist nach § 11b Abs. 1 Satz 1 Nr. 3 SGB II i. V. m. § 6 Abs. 1 Nr. 1 Bürgergeld-V (ohne weiteren Nachweis) eine Pauschale von monatlich 30,00 € für Beiträge zu privaten Versicherungen, die nach Grund und Höhe angemessen sind, abzusetzen.

Die Beiträge zur Kfz-Haftpflichtversicherung der Frau W sind im Rahmen der Einkommensbereinigung (obwohl gesetzlich vorgeschrieben) nicht zu berücksichtigen, da entsprechende Beiträge lediglich vom Einkommen **erwerbsfähiger** leistungsberechtigter Personen absetzbar sind (bzw. in den Fällen, in denen das Kraftfahrzeug nach § 12 Abs. 3 Satz 1 Nr. 2 SGB II nicht als Vermögen zu berücksichtigen ist) – für nicht erwerbsfähige Angehörige in der Bedarfsgemeinschaft dagegen nur dann, wenn im Einzelfall für die Haltung eines Kraftfahrzeuges ein anzuerkennender Grund (z. B. eine Behinderung) vorliegt und das Kraftfahrzeug für die nicht erwerbsfähige Person zu billigen wäre.[5] Ein derartiger Grund lässt sich dem Sachverhalt nicht entnehmen.

Somit verfügt Frau W über ein bereinigtes bzw. anrechenbares Einkommen von monatlich 290,00 €.

1.5.1.2 Zurechnung des Einkommens im Rahmen der Einsatzgemeinschaft

Nach § 9 Abs. 2 Satz 1 SGB II sind bei Personen, die in einer Bedarfsgemeinschaft leben, das Einkommen und Vermögen des Partners zu berücksichtigen. Herr und Frau W sind nicht dauernd getrennt lebende Ehegatten und leben als Partner in einer Bedarfs-

5 Ähnlich auch *Hengelhaupt* in Hauck/Noftz, Rn. 8 zu § 11b SGB II.

gemeinschaft (vgl. § 7 Abs. 3 Nr. 3 Buchstabe a) SGB II) zusammen. Sie sind somit verpflichtet, ihr Einkommen gegenseitig zur Bedarfsdeckung einzusetzen (sog. „Einsatzgemeinschaft").

Das zu berücksichtigende Einkommen der Eheleute W reicht offensichtlich nicht aus, um den Gesamtbedarf der Bedarfsgemeinschaft zu decken. In diesem Fall gilt jede Person der Bedarfsgemeinschaft im Verhältnis des eigenen Bedarfs zum Gesamtbedarf als hilfebedürftig (vgl. § 9 Abs. 2 Satz 3 SGB II). Das (bereinigte) Einkommen der Eheleute W ist betraglich zusammenzufassen und auf der Grundlage der gesetzlichen Fiktion des § 9 Abs. 2 Satz 3 SGB II im Verhältnis der individuellen Bedarfsanteile aufzuteilen bzw. beiden Personen zuzurechnen (sog. „Bedarfsanteilsmethode").

Zurechnung des Einkommens nach der Bedarfsanteilsmethode

	Herr W	**Frau W**	**insgesamt**
Gesamtbedarf	736,00 €	822,02 €	1.558,02 €
in % am Gesamtbedarf	47,24 %	52,76 %	100 %
(bereinigtes) Einkommen der Eheleute W	240,00 €	290,00 €	530,00 €
Einkommensverteilung (Bedarfsanteilsmethode)	250,37 €	279,63 €	530,00 €
rechnerischer Anspruch (Fehlbedarf)	**485,63 €**	**542,39 €**	**1.028,02 €**

1.5.2 Einsatz von Vermögen

In einem weiteren Schritt ist zu prüfen, ob und inwieweit der notwendige Lebensunterhalt aus dem Vermögen der Eheleute W zu bestreiten ist.

Nach § 12 Abs. 1 Satz 1 SGB II sind als Vermögen alle **verwertbaren** Vermögensgegenstände zu berücksichtigen. Verwertbar ist der Teil des Vermögens, der in einem angemessenen Zeitraum (in der Regel innerhalb des zwölfmonatigen Bewilligungszeitraumes)[6] durch unmittelbaren Verbrauch, Veräußerung, Beleihung, Vermietung oder Verpachtung wirtschaftlich nutzbar gemacht werden kann. Dabei ist das Vermögen ohne Rücksicht auf steuerrechtliche Vorschriften mit seinem jeweiligen Verkehrswert zu berücksichtigen (vgl. § 8 Bürgergeld-V).

Der Hausrat und der PKW von Frau W sind Sachwerte, die durch Veräußerung kurzfristig wirtschaftlich nutzbar und damit grundsätzlich verwertbar i. S. des § 12 Abs. 1 Satz 1 SGB II sind.

Nach § 12 Abs. 1 Satz 2 Nr. 1 SGB II ist ein angemessener Hausrat als Vermögen geschützt bzw. nicht zu berücksichtigen. Laut Sachverhalt ist die Wohnung der Eheleute W mit einem angemessenen Hausrat ausgestattet, so dass dieser Vermögenswert nicht zu berücksichtigen ist.

Nach § 12 Abs. 1 Satz 2 Nr. 2 SGB II ist als Vermögen ebenfalls nicht zu berücksichtigen bzw. geschützt ein **angemessenes** Kraftfahrzeug für jede in der Bedarfsgemeinschaft lebende **erwerbsfähige** Person. Der PKW von Frau W wird (unabhängig

6 Vgl. BSG, Urt. vom 27.1.2009 – B 14 AS 42/07 R –, NDV-RD 2009, 107 = FEVS 61, 66.

vom aktuellen Zeitwert) von der Regelung allerdings nicht erfasst, da sie nicht erwerbsfähig ist. Damit ist der PKW in diesem Fall nicht dem „Schonvermögen" nach § 12 Abs. 1 Satz 2 SGB II zuzurechnen.

Nach § 12 Abs. 3 Satz 1 SGB II gilt für die Berücksichtigung von Vermögen eine **Karenzzeit von einem Jahr** ab Beginn des Monats, für den erstmals Leistungen der Grundsicherung für Arbeitsuchende bezogen werden. Innerhalb dieser Karenzzeit wird Vermögen nur berücksichtigt, wenn es **erheblich** ist (vgl. § 12 Abs. 3 Satz 2 SGB II). Vermögen ist in diesem Sinne erheblich, wenn es in der Summe 40.000,00 € für die leistungsberechtigte Person sowie 15.000,00 € für jede weitere mit dieser in Bedarfsgemeinschaft lebende Person übersteigt (vgl. § 12 Abs. 4 Satz 1 SGB II). Nach Ablauf der Karenzzeit ist von dem zu berücksichtigenden Vermögen gemäß § 12 Abs. 2 Satz 1 SGB II für jede Person in der Bedarfsgemeinschaft ein Betrag von 15.000,00 € abzusetzen.

Damit kann der Einsatz dieses Vermögens (PKW) weder innerhalb noch nach Ablauf der einjährigen Karenzzeit zur Bedarfsdeckung verlangt werden.

1.5.3 Vermutung der Bedarfsdeckung

Nach § 9 Abs. 5 SGB II wird vermutet, dass Hilfebedürftige, die in Haushaltsgemeinschaft mit Verwandten oder Verschwägerten leben, von ihnen Leistungen erhalten, soweit dies nach deren Einkommen und Vermögen erwartet werden kann.

Die Regelung erfasst Personen, die nicht zum Kreis der Einsatzpflichtigen nach § 9 Abs. 2 Satz 1 und Satz 2 SGB II gehören. Sie trägt dem Gedanken der sog. „Notgemeinschaft" Rechnung, wonach Verwandte oder Verschwägerte, die in einer Haushaltsgemeinschaft leben, sich gegenseitig im Rahmen ihrer finanziellen Möglichkeiten unterstützen, auch wenn keine gesetzliche Unterhaltsverpflichtung nach dem Bürgerlichen Gesetzbuch (BGB) besteht.

Sebastian ist mit seinen Eltern verwandt (vgl. § 1589 BGB). Alle drei im Haushalt lebenden Personen bilden eine Wohn- und Wirtschaftsgemeinschaft (vgl. Bearbeitungshinweis 9). Die gesetzliche Vermutung der Leistungserbringung durch die verwandte oder verschwägerte Person (hier durch Sebastian) setzt allerdings deren Leistungsfähigkeit („soweit dies nach deren Einkommen und Vermögen erwartet werden kann") voraus.

Inwieweit die Vermutung der Bedarfsdeckung nach § 9 Abs. 5 SGB II im Hinblick auf die Leistungsfähigkeit ausgestaltet ist, regelt § 1 Abs. 2 Satz 1 Bürgergeld-V.

Danach sind die um die Absetzbeträge nach § 11b SGB II bereinigten Einnahmen in der Regel nicht als Einkommen zu berücksichtigen, soweit sie einen Freibetrag in Höhe des doppelten Betrags des nach § 20 Abs. 2 Satz 1 SGB II maßgebenden Regelbedarfs zuzüglich der anteiligen Aufwendungen für Unterkunft und Heizung sowie darüber hinausgehend 50 % der diesen Freibetrag übersteigenden bereinigten Einnahmen nicht überschreiten.

Da die als Einkommen zu berücksichtigenden Einnahmen aus einer geringfügigen Beschäftigung („Minijob") bereits unter dem doppelten Betrag des nach § 20 Abs. 2 Satz 1 SGB II maßgebenden Regelbedarfs (Regelbedarf der Regelbedarfsstufe 1) liegt, kann nicht erwartet werden, dass die Eheleute W Leistungen zum Lebensunterhalt von Sebastian erhalten.

1.6 Form der Hilfe/Leistungsart

Die Leistungen der Grundsicherung für Arbeitsuchende werden nach § 4 Abs. 1 SGB II in Form von Dienstleistungen, Geldleistungen und Sachleistungen erbracht, wobei die Geldleistung bei den Leistungen zur Sicherung des Lebensunterhalts der Regelfall ist und Sachleistungen nur in den im Gesetz genannten Fällen (z. B. § 24 Abs. 2 SGB II) in Betracht kommen. Der Sachverhalt enthält keine Anhaltspunkte dafür, von diesem Grundsatz abzuweichen.

Es besteht im vorliegenden Fall auch keine Möglichkeit, die Leistungen in Form eines Darlehens zu erbringen, so dass die Hilfe als nicht rückzahlbare Geldleistung (Beihilfe) zu gewähren ist.

1.7 Beginn der Leistung/Antragserfordernis

Die Leistungen der Grundsicherung für Arbeitsuchende werden auf Antrag erbracht (vgl. § 37 Abs. 1 Satz 1 SGB II). Ein entsprechender Antrag wurde von Herrn W am 5.4.2025 gestellt. Gemäß § 37 Abs. 2 Satz 1 SGB II werden Leistungen nicht für Zeiten vor der Antragstellung erbracht. Bei den Leistungen zur Sicherung des Lebensunterhalts wirkt der Antrag auf den Ersten des Monats zurück (vgl. § 37 Abs. 2 Satz 2 SGB II), so dass der Leistungsanspruch (Bürgergeld) in der festgestellten Höhe ab dem 1.4.2025 besteht.

Über den Anspruch auf Leistungen zur Sicherung des Lebensunterhalts ist gemäß § 41 Abs. 3 Satz 1 SGB II in der Regel für **ein Jahr** zu entscheiden (Bewilligungszeitraum). Damit werden die Leistungen durch einen Verwaltungsakt mit Dauerwirkung bewilligt und monatlich im Voraus erbracht. Die Festlegung des Bewilligungszeitraumes erfolgt einheitlich für die Entscheidung über die Leistungsansprüche aller Mitglieder einer Bedarfsgemeinschaft (§ 43 Abs. 3 Satz 3 SGB II).

§ 41 Abs. 3 Satz 2 SGB II regelt insbesondere für die dort genannten Fallgestaltungen einen abweichenden, verkürzten Regelbewilligungszeitraum von **sechs Monaten**. Dabei handelt es sich um Fälle, in denen entweder Leistungen vorläufig erbracht werden (vgl. § 41a SGB II) oder unangemessene Aufwendungen für Unterkunft und Heizung eine Überprüfung des Leistungsanspruches bereits nach sechs Monaten erforderlich machen. Die Regelung enthält ein gebundenes Ermessen, um in atypischen Fallgestaltungen den Regelbewilligungszeitraum zu verkürzen.

Anhaltspunkte für die Verkürzung des Bewilligungszeitraumes liegen in diesem Fall nicht vor.

Gemäß § 38 Abs. 1 Satz 1 SGB II wird vermutet, dass der erwerbsfähige Leistungsberechtigte bevollmächtigt ist, Leistungen nach dem SGB II auch für die mit ihm in einer Bedarfsgemeinschaft lebenden Personen zu beantragen und entgegenzunehmen. Auf eine Antragstellung durch Frau W muss daher nicht hingewirkt werden.

Aufgabe 2

Der Träger der Grundsicherung für Arbeitsuchende könnte einen Anspruch auf Ersatz bzw. Erstattung seiner Leistungen nach § 34a SGB II gegen den **Verursacher** der rechtswidrig an Dritte erbrachten Leistung und nach § 50 SGB X gegen die individuell **begünstigte(n) Person(en)** haben.

Dabei ist zu berücksichtigen, dass der Ersatzanspruch nach § 34a SGB II das Aufhebungs- und Erstattungsverfahren nach §§ 45 ff., 50 SGB X nicht verdrängt, sondern ergänzt. Da die Regelungen des § 40 Abs. 2 Nr. 3 SGB II i. V. m. § 330 Abs. 2, Abs. 3 Satz 1 und Abs. 4 SGB III durch § 34a SGB II unberührt bleiben,[7] hat der Träger der Grundsicherung für Arbeitsuchende in jedem Fall zu prüfen, ob Verwaltungsakte unter den Voraussetzungen der §§ 45, 48 Abs. 1 SGB X aufzuheben bzw. zurückzunehmen sind.

Der Ersatzanspruch nach § 34a SGB II gegen den Verursacher kann daher gleichzeitig mit dem Erstattungsanspruch nach § 50 SGB X gegen die rechtswidrig begünstigte Person geltend gemacht werden.

Damit entsteht ein „geschlossenes Haftungssystem", in dem beide Erstattungsverpflichtungen nebeneinander bestehen und durch das ggf. **gesamtschuldnerisch** die Erstattung bzw. der Ersatz derselben rechtswidrig erbrachten Leistung vom Träger der Grundsicherung für Arbeitsuchende verlangt werden kann (vgl. § 34a Abs. 4 SGB II).

2.1 Ersatzanspruch nach § 34a SGB II

Nach § 34a Abs. 1 SGB II ist zum Ersatz rechtswidrig erbrachter Leistungen verpflichtet, wer diese durch vorsätzliches oder grob fahrlässiges Verhalten an Dritte herbeigeführt hat. Von der Vorschrift werden somit Tatbestände erfasst, bei denen das (schuldhafte) Verhalten einer Person zu einer rechtswidrigen Leistungsgewährung an andere Personen führt.

Anders als bei der Vorschrift des § 50 SGB X, die eine **zu Unrecht** erbrachte Leistung für den Kostenerstattungsanspruch voraussetzt, entsteht der Ersatzanspruch nach § 34a SGB II bereits bei einer **rechtswidrigen** Leistungserbringung, ohne dass es der Aufhebung bzw. Rücknahme der zugrunde liegenden Verwaltungsakte (Bewilligungsbescheide) bedarf.

In diesem Zusammenhang ist allerdings zu beachten, dass wegen des Verweises in § 40 Abs. 2 Nr. 3 SGB II auf § 330 Abs. 2, Abs. 3 Satz 1 und Abs. 4 SGB III bei Vorliegen der Voraussetzungen der §§ 45, 48 SGB X die Entscheidung – auch für die **Vergangenheit** – zwingend zurückzunehmen **ist**, sofern die gesetzlichen Voraussetzungen dafür vorliegen.

2.1.1 Rechtswidrigkeit der erbrachten Leistung

Die Leistungserbringung bzw. der zugrunde liegende Verwaltungsakt ist u. a. rechtswidrig, wenn geltendes Recht unrichtig angewandt bzw. von einem unzutreffenden bzw.

7 Vgl. BT-Drs. 17/3404 S. 113.

unrichtigen Sachverhalt bei der behördlichen Entscheidung ausgegangen wurde und die Begünstigung somit gegen geltendes Recht verstößt (vgl. § 44 Abs. 1 Satz 1 SGB X). Die Rechtswidrigkeit könnte sich im vorliegenden Fall aus dem Umstand ergeben, dass bei Antragstellung von Herrn W vorhandenes Vermögen (Wertpapiere) verschwiegen wurde.

Die Wertpapiere des Herrn W stellen **verwertbares** Vermögen i. S. des § 12 Abs. 1 Satz 1 SGB II dar, da es als Forderungsrecht gegenüber dem Kreditinstitut jederzeit geltend gemacht werden kann. Es ist nach den Vorschriften des § 12 Abs. 1 Satz 2 SGB II über das „Schonvermögen" auch nicht unberücksichtigt zu lassen.

Der Einsatz dieses Vermögens zur Bedarfsdeckung hätte allerdings nur verlangt werden können, soweit es i. S. des § 12 Abs. 4 Satz 1 SGB II **erheblich** ist bzw. dessen Wert nach Ablauf der einjährigen Karenzzeit die in § 12 Abs. 2 Satz 1 SGB II genannten Freibeträge übersteigt. Zur Höhe der jeweils zu berücksichtigenden Freibeträge wird auf 1.5.2 verwiesen.

Im Ergebnis ist damit festzustellen, dass von den Eheleuten (auch unter Berücksichtigung der Möglichkeit der Übertragung nicht ausgeschöpfter Freibeträge; vgl. §§ 12 Abs. 2 Satz 2, 12 Abs. 4 Satz 1, Halbs. 2 SGB II) ein wesentlicher Teil des Vermögens zur Bedarfsdeckung hätte eingesetzt werden müssen und Hilfebedürftigkeit i. S. des § 9 Abs. 1 SGB II bei Antragstellung damit nicht vorgelegen hat, so dass die Leistungen zur Sicherung des Lebensunterhalts in Form von Bürgergeld für die Monate April bis Juni 2025 für die Eheleute W **rechtswidrig** erbracht worden sind.

2.1.2 Herbeiführung durch schuldhaftes Verhalten

Die Pflicht zum Kostenersatz nach § 34a SGB II entsteht nur dann, wenn die rechtswidrige Erbringung von Leistungen durch vorsätzliches oder grob fahrlässiges (also schuldhaftes) Verhalten an Dritte herbeigeführt wurde. „Verhalten" im Sinne dieser Vorschrift erfasst sowohl ein (aktives) Tun als auch ein Unterlassen. Vorsatz und grobe Fahrlässigkeit müssen sich auf die Unrichtigkeit bzw. Unvollständigkeit der Angaben zu den persönlichen oder wirtschaftlichen Verhältnissen beziehen.

Vorsatz liegt vor, wenn die betroffene Person die Unrichtigkeit oder Unvollständigkeit ihrer Angaben kennt. Grobe Fahrlässigkeit ist nach der Legaldefinition des § 45 Abs. 2 Satz 3 Nr. 3 SGB X gegeben, wenn die begünstigte Person die erforderliche Sorgfalt in besonders schwerem Maße verletzt hat. Erforderlich ist dabei in subjektiver Hinsicht ein gegenüber der einfachen Fahrlässigkeit gesteigertes Verschulden.

Ob dies zu bejahen ist, muss unter Berücksichtigung aller einzelfallbezogenen Umstände, insbesondere unter Einbeziehung der individuellen Einsichts- und Urteilsfähigkeit des Betroffenen, entschieden werden (subjektiver Fahrlässigkeitsbegriff).

Herr W hat bei Antragstellung verschwiegen, dass er über Vermögen in Form von Wertpapieren in Höhe von 86.500,00 € verfügt, obwohl er vom zuständigen Leistungsträger auf die Verpflichtung hingewiesen wurde, gemäß § 60 Abs. 1 Satz 1 Nr. 1 SGB I alle Tatsachen anzugeben, die für die Leistung erheblich sind (vgl. Bearbeitungshinweis 10). Herrn W hätte demnach auch bei einfachsten Überlegungen klar sein müssen, dass die Leistungen zur Sicherung des Lebensunterhalts nach dem Zweiten Buch Sozialgesetzbuch nicht unabhängig von der jeweiligen Einkommens- und Vermögenssituation der hilfesuchenden Personen erbracht werden und das vorhandene Wertpapiervermögen leistungsrechtlich relevant ist.

Damit hat Herr W vorsätzlich – zumindest aber grob fahrlässig – gehandelt und dadurch die rechtswidrige Erbringung von Leistungen herbeigeführt.

2.1.3 Leistungen an Dritte

Die Vorschrift des § 34a Abs. 1 Satz 1 SGB II regelt den Anspruch auf Kostenersatz gegen den Verursacher für die **an Dritte** rechtswidrig herbeigeführten Leistungen nach dem SGB II.

Soweit Leistungen rechtswidrig an den Verursacher selbst erbracht worden sind, kommt eine Ersatzpflicht nach § 34a SGB II nicht in Betracht. Für diesen Fall ist das Aufhebungs- und Erstattungsverfahren nach §§ 45 ff., 50 SGB X maßgebend (vgl. dazu 2.2). Damit besteht im Rahmen des § 34a SGB II eine Pflicht zum Kostenersatz des Herrn W als Verursacher im Hinblick auf die **an Frau W** für die Monate April bis Juni 2025 rechtswidrig erbrachte Hilfe (Bürgergeld) in Höhe von insgesamt **1.627,17 €** (3 Monate × 542,39 €).

Auf die geleisteten Beiträge zur Sozialversicherung (vgl. § 34a Abs. 1 Satz 4 SGB II) ist nach Aufgabenstellung nicht einzugehen.

2.1.4 Geltendmachung/Fristen

Unter den genannten Voraussetzungen entsteht der Ersatzanspruch nach § 34a SGB II gegen den Verursacher **kraft Gesetzes**, ist jedoch vom Leistungsträger mit Leistungsbescheid gegen Herrn W durchzusetzen, wobei die Verjährungsfristen nach § 34a Abs. 2 SGB II zu beachten sind. Danach verjährt der Erstattungsanspruch in vier Jahren nach Ablauf des Kalenderjahres, in dem der Verwaltungsakt, mit dem die Erstattung nach § 50 SGB X festgesetzt worden ist, unanfechtbar geworden ist.

2.2 Erstattungsanspruch nach § 50 SGB X

Ein Rückforderungsanspruch des Trägers der Grundsicherung für Arbeitsuchende gegen die Eheleute W als rechtswidrig begünstigte Personen könnte sich aus § 50 SGB X ergeben. Gemäß § 50 Abs. 1 Satz 1 SGB X sind zu Unrecht erbrachte Leistungen zu erstatten, soweit Verwaltungsakte aufgehoben worden sind.

2.2.1 Aufhebung der Verwaltungsakte

Für die Aufhebung von Verwaltungsakten kommen die §§ 44 ff. SGB X in Betracht. Davon behandeln die §§ 45 und 48 SGB X die Aufhebung bzw. Rücknahme von rechtswidrigen oder im laufenden Bewilligungszeitraum rechtswidrig gewordenen **begünstigenden** Verwaltungsakten.

Die Aufhebung der Verwaltungsakte könnte hier durch eine Rücknahme (Aufhebungstatbestand, vgl. § 39 Abs. 2 SGB X) nach § 45 SGB X erfolgen, da es sich im vorliegenden Fall hinsichtlich der Leistungen zur Sicherung des Lebensunterhalts nach dem SGB II um begünstigende Verwaltungsakte handelt, die (wie unter 2.1.1 festgestellt) wegen der Nichtberücksichtigung des Wertpapiervermögens rechtswidrig waren. Die materielle Rechtswidrigkeit muss (sofern die Rücknahme auf § 45 SGB X gestützt wird) objektiv und anfänglich sein, also bereits **bei Erlass** des ggf. zu korrigierenden Verwaltungsaktes bestanden haben.

Da die Leistungen zur Sicherung des Lebensunterhalts im Rahmen der Grundsicherung für Arbeitsuchende durch Verwaltungsakte mit Dauerwirkung bewilligt werden (vgl. § 41 Abs. 1 Satz 3 SGB XII), kommt die Rücknahme für die Vergangenheit und für die Zukunft in Betracht. Soweit ein Verwaltungsakt, der ein Recht oder einen rechtlich erheblichen Vorteil begründet hat (begünstigender Verwaltungsakt), rechtswidrig ist, darf er nur unter den Einschränkungen und Voraussetzungen des § 45 Abs. 2 bis Abs. 4 SGB X mit Wirkung für die Vergangenheit zurückgenommen werden (vgl. § 45 Abs. 1 SGB X).

Vertrauensschutz

Gemäß § 45 Abs. 4 Satz 1 SGB X wird der Verwaltungsakt nur in den Fällen von Absatz 2 Satz 3 und Absatz 3 Satz 2 mit Wirkung für die Vergangenheit zurückgenommen. Ein rechtswidriger begünstigender Verwaltungsakt darf gemäß § 45 Abs. 2 Satz 1 SGB X nicht zurückgenommen werden, soweit der Begünstigte auf den Bestand des Verwaltungsaktes vertraut hat und das Vertrauen unter Abwägung mit dem öffentlichen Interesse schutzwürdig ist. Sofern die Vorschrift des § 45 Abs. 2 Satz 3 SGB X Anwendung findet, sind andere Aspekte des Vertrauensschutzes, auch bei einer Rücknahme mit Wirkung für die Zukunft, nicht (mehr) zu prüfen.

Nach § 45 Abs. 2 Satz 3 **Nr. 2** SGB X kann sich der Begünstigte nicht auf Vertrauen berufen, soweit der Verwaltungsakt auf Angaben beruht, die der Begünstigte vorsätzlich oder grob fahrlässig in wesentlicher Beziehung unrichtig oder unvollständig gemacht hat. Wie bereits festgestellt, hat Herr W durch das pflichtwidrige Verschweigen von Vermögen zumindest grob fahrlässig gehandelt und kann sich somit nicht auf Vertrauensschutz berufen. Damit dürfen die erlassenen Verwaltungsakte (Bewilligungsbescheide) gegenüber Herrn W zurückgenommen werden.

Fraglich ist, ob eine Rücknahme der Verwaltungsakte auch gegenüber Frau W als rechtswidrig begünstigte Person in Betracht kommen kann. Dies wäre nur dann der Fall, wenn Frau W die rechtswidrige Leistungserbringung selbst verursacht hätte oder wenn sie sich das Verhalten ihres Ehemannes (als Vertreter) zurechnen lassen müsste oder wenn sie die Rechtswidrigkeit der Verwaltungsakte kannte oder infolge grober Fahrlässigkeit nicht kannte (vgl. § 45 Abs. 2 Satz 3 Nr. 3 SGB X).

Antragsteller beim Jobcenter der Stadt B ist nach den Angaben des Sachverhaltes Herr W. Damit muss auch nur er das Fehlverhalten (d. h. das pflichtwidrige Verschweigen von Vermögen) gegen sich gelten lassen. Herr W war durch seine Ehefrau bei der Antragstellung offenbar auch nicht ausdrücklich bevollmächtigt (Vertretungsvollmacht im Sinne einer gewillkürten Vertretung gemäß § 13 Abs. 1 SGB X), was eine Zurechnung des Vertreterhandelns über die Zurechnungsvorschriften des § 166 Abs. 1

BGB (Wissenszurechnung) und des § 278 BGB (Zurechnung von Fehlverhalten) begründet hätte.

Eine Zurechnung des Fehlverhaltens kann auch nicht über § 38 Abs. 1 SGB II in Betracht kommen. Die gesetzliche Vermutung der Bevollmächtigung eines erwerbsfähigen Leistungsberechtigten für die übrigen Mitglieder der Bedarfsgemeinschaft (vermutete Vertretung) umfasst lediglich die Befugnis, Leistungen für alle in einer Bedarfsgemeinschaft lebenden Personen zu beantragen und entgegenzunehmen und bezieht sich damit nur auf das Antrags- und Bewilligungsverfahren, nicht aber auf das Aufhebungs- und Erstattungsverfahren bzw. die Zurechnung des Vertreterhandelns bzw. Vertreterverschuldens.

Es ist auch nicht davon auszugehen, dass Frau W die Rechtswidrigkeit der Verwaltungsakte (Bewilligungsbescheide) kannte oder infolge grober Fahrlässigkeit nicht kannte. Auch wenn Frau W vom Wertpapiervermögen ihres Ehemannes wusste, wird der Grundsicherungsträger im Regelfall nicht nachweisen können, dass sie Kenntnis von den (im Hinblick auf die Vermögenssituation) unvollständigen Angaben ihres Ehemannes bei Antragstellung hatte.

Es kann auch nicht davon ausgegangen werden, dass Frau W Einzelheiten über die Nichtberücksichtigung von Vermögen und die Höhe der entsprechenden Freibeträge bekannt waren, so dass sie die Fehlerhaftigkeit bzw. Rechtswidrigkeit der Bewilligungsbescheide im Hinblick auf die (nicht vorliegende) Hilfebedürftigkeit nicht kennen konnte bzw. kennen musste.[8]

Die Entscheidung über die Bewilligung von Leistungen zur Sicherung des Lebensunterhalts nach dem SGB II ist somit nur gegenüber Herrn W für die Vergangenheit und für die Zukunft zurückzunehmen. Der zuständige Leistungsträger muss dies **innerhalb eines Jahres** seit Kenntnis der Tatsachen tun, welche die Rücknahme eines rechtswidrigen Verwaltungsaktes für die Vergangenheit rechtfertigen (vgl. § 45 Abs. 4 Satz 2 SGB X).

Ermessen

Grundsätzlich hat der zuständige Leistungsträger gemäß § 45 Abs. 1 SGB X (Entschließungs-)Ermessen dahingehend auszuüben, **ob** der Verwaltungsakt für die Vergangenheit und/oder die Zukunft zurückgenommen wird („darf“).

Allerdings sind für den Bereich der Grundsicherung für Arbeitsuchende die Vorschriften des § 330 Abs. 2 SGB III über die Aufhebung von Verwaltungsakten entsprechend anwendbar (vgl. § 40 Abs. 2 Nr. 3 SGB II). Nach § 330 Abs. 2 SGB III **ist** der Verwaltungsakt auch mit Wirkung für die **Vergangenheit** zurückzunehmen, sofern die Voraussetzungen für die Rücknahme eines rechtswidrigen begünstigenden Verwaltungsaktes gemäß § 45 Abs. 2 Satz 3 SGB X vorliegen.

Die Vorschrift des § 330 Abs. 2 SGB III bezieht sich nach ihrem Wortlaut zwar lediglich auf die Rücknahme für die Vergangenheit, allerdings ist ein Verwaltungsakt unter den genannten Voraussetzungen (wenn er schon für die Vergangenheit aufzuheben

8 Auch eine andere Auffassung bzw. ein anderes Ergebnis ist mit entsprechender Begründung vertretbar.

bzw. zurückzunehmen ist) erst recht für die **Zukunft** aufzuheben („Erst-Recht-Schluss“). Somit entfällt eine Ermessensausübung.

2.2.2 Adressat und Umfang des Erstattungsanspruchs

Der Erstattungsanspruch nach § 50 Abs. 1 Satz 1 SGB X entsteht unmittelbar (nur) gegenüber der Person, für die die Leistungen erbracht wurden (also dem begünstigten Leistungsempfänger), wobei eine lediglich mittelbare Begünstigung nicht ausreicht. Dabei stellt der öffentlich-rechtliche Erstattungsanspruch nur die Umkehrung bzw. das „Spiegelbild“ des Leistungsverhältnisses dar.

Jede leistungsberechtigte Person hat einen eigenständigen, individuellen Anspruch auf Leistungen zur Sicherung des Lebensunterhalts (Bürgergeld) und im Rahmen der Kostenerstattungspflicht nach § 50 Abs. 1 Satz 1 SGB X auch nur für die Rückzahlung der ihr persönlich erbrachten Leistungen einzustehen. Auch durch die Zugehörigkeit zur Bedarfsgemeinschaft i. S. des § 7 Abs. 3 SGB II verlieren deren Mitglieder nicht ihren jeweiligen Einzelanspruch.[9]

Damit ist Herr W erstattungspflichtig im Hinblick auf die für ihn zu Unrecht erbrachten Leistungen zur Sicherung des Lebensunterhalts (Bürgergeld) für die Monate April bis Juni 2025 in Höhe von insgesamt **1.456,89 €** (485,63 € × 3 Monate).

2.2.3 Geltendmachung/Fristen

Die Festsetzung des Erstattungsanspruchs erfolgt durch (schriftlichen) Verwaltungsakt. Dieser soll mit der Aufhebung des begünstigenden Verwaltungsaktes verbunden werden (vgl. § 50 Abs. 3 SGB X). Regelmäßig wird der Festsetzungsbescheid nach § 50 Abs. 1 SGB X gleichzeitig mit einem Leistungs- bzw. Durchsetzungsbescheid (Gesamtbescheid) erlassen.

Der Erstattungsanspruch verjährt in vier Jahren nach Ablauf des Kalenderjahres, in dem der Verwaltungsakt nach § 50 Abs. 3 SGB X, mit dem die zu erstattende Leistung festgesetzt wurde, unanfechtbar geworden ist (vgl. § 50 Abs. 4 Satz 1 SGB X). Durch die Verweisung auf § 52 SGB X (vgl. § 50 Abs. 4 Satz 3 SGB X) wird erreicht, dass ein in diesem Sinne festgesetzter Erstattungsanspruch erst nach Ablauf von 30 Jahren verjährt.

9 Vgl. BSG, Urt. vom 7.11.2006 – B 7b AS 8/06 R –, BSGE 97, 217 = FEVS 58, 259.

Praktischer Fall Nr. 13

Schwerpunkte:
- Leistungen zur Sicherung des Lebensunterhalts nach dem SGB II,
- Zurechnung des Einkommens (Einsatzgemeinschaft/Verteilmethode) in sog. „gemischten Bedarfsgemeinschaften“,
- unabweisbarer Bedarf/ergänzende Darlehen (§ 24 Abs. 1 SGB II)

Hilfsmittel:
- Zweites Buch Sozialgesetzbuch (SGB II) mit Verordnungen,
- Zwölftes Buch Sozialgesetzbuch (SGB XII)

Sachverhalt

In einem gemeinsamen Haushalt in der Stadt B (Nordrhein-Westfalen) leben die Eheleute Z. Am 13.6.2025 spricht Frau Z beim Jobcenter der Stadt B vor und beantragt für sich und ihren Ehemann „Hartz IV“-Leistungen.

Die persönlichen und wirtschaftlichen Verhältnisse der Eheleute Z stellen sich im Antragsverfahren wie folgt dar:

Herr Z (63 Jahre alt) bezieht eine vorgezogene (d. h. mit Abschlägen verbundene) Altersrente aus der gesetzlichen Rentenversicherung in Höhe von monatlich 980,00 € (netto). Seine Ehefrau (49 Jahre alt, erwerbsfähig) ist seit ca. drei Jahren arbeitslos. Ihr Anspruch auf Arbeitslosengeld (Alg I) ist vor zwei Jahren ausgelaufen. Durch eine geringfügige Beschäftigung (sog. „Minijob“) erzielt sie ein Erwerbseinkommen in Höhe von monatlich 450,00 € (brutto = netto). Frau Z geht zu Fuß zur Arbeit.

Nach ärztlichem Zeugnis (datiert vom 25.5.2025) ist sie aus medizinischen Gründen auf eine kostenaufwändige Ernährung angewiesen, die mit (angemessenen) Mehrkosten von 60,00 € im Monat verbunden ist.

Neben dem angemessenen Hausrat verfügen die Eheleute Z über Vermögen in Form eines Sparbuches mit einem aktuellen Guthaben von 27.800,00 €.

Die angemessenen Kosten der Unterkunft für die Mietwohnung (ca. 60 qm) betragen einschließlich der umlagefähigen Nebenkosten 420,00 € und die angemessenen Heizkosten (inkl. der anteiligen Kosten für die zentrale Warmwasserzubereitung) 90,00 € im Monat. Für eine kombinierte Hausrat-/Haftpflichtversicherung wird ein Jahresbeitrag von 213,00 € nachgewiesen.

Aufgaben

1. Prüfen Sie gutachtlich, ob und ggf. in welcher Höhe Leistungen zur Sicherung des Lebensunterhalts nach dem Zweiten Buch Sozialgesetzbuch für die Eheleute Z in Betracht kommen.
2. Im August des gleichen Jahres wendet sich Frau Z an den für sie zuständigen Sachbearbeiter des Jobcenters der Stadt B und beantragt eine einmalige „Beihilfe“ für

ihr defektes Fernsehgerät. Eine Reparatur ist nachweislich nicht lohnenswert. Prüfen Sie gutachtlich, ob eine entsprechende Leistung für die Anschaffung eines Fernsehgerätes in Betracht kommen kann. Dabei ist auf die Höhe des ggf. bestehenden Bedarfs nicht einzugehen.

Bearbeitungshinweise:

1. Höhe der Regelbedarfe:

Regelbedarfsstufen nach der Anlage zu § 28 in Euro

gültig ab	Regelbedarfsstufe 1	Regelbedarfsstufe 2	Regelbedarfsstufe 3	Regelbedarfsstufe 4	Regelbedarfsstufe 5	Regelbedarfsstufe 6
1.1.2025	563,00	506,00	451,00	471,00	390,00	357,00

Regelbedarfsstufe 1:
Für jede erwachsene Person, die in einer Wohnung nach § 42a Abs. 2 Satz 2 SGB XII lebt und für die nicht die Regelbedarfsstufe 2 gilt.

Regelbedarfsstufe 2:
Für jede erwachsene Person, die in einer Wohnung nach § 42a Abs. 2 Satz 2 SGB XII mit einem Ehegatten oder Lebenspartner oder in eheähnlicher oder lebenspartnerschaftsähnlicher Gemeinschaft mit einem Partner zusammenlebt.

Regelbedarfsstufe 3:
Für jede erwachsene Person, deren notwendiger Lebensunterhalt sich nach § 27b SGB XII bestimmt.

Regelbedarfsstufe 4:
Für eine Jugendliche oder einen Jugendlichen vom Beginn des 15. bis zur Vollendung des 18. Lebensjahres.

Regelbedarfsstufe 5:
Für ein Kind vom Beginn des siebten bis zur Vollendung des 14. Lebensjahres.

Regelbedarfsstufe 6:
Für ein Kind bis zur Vollendung des sechsten Lebensjahres.

2. Eine Zuständigkeitsprüfung ist nicht vorzunehmen. Das Jobcenter der Stadt B ist der zuständige Träger der Grundsicherung für Arbeitsuchende.
3. Auf Ansprüche nach dem Wohngeldgesetz (WoGG) ist nicht einzugehen.
4. Gehen Sie davon aus, dass das Land Nordrhein-Westfalen von der Möglichkeit, die Kreise und kreisfreien Städte gemäß § 22a Abs. 2 SGB II zu ermächtigen, die Bedarfe für Unterkunfts- und Heizkosten in ihrem Gebiet zu pauschalieren, keinen Gebrauch gemacht hat.
5. Auf Selbsthilfemöglichkeiten durch den (zumutbaren) Einsatz der Arbeitskraft ist nicht einzugehen.
6. Eine differenzierte Berechnung nach den in § 6 SGB II genannten Trägern der Grundsicherung für Arbeitsuchende ist nicht vorzunehmen.

Lösung

Aufgabe 1

Hinweis
Zur Vermeidung von Wiederholungen werden die Anspruchsvoraussetzungen sowie die Bedarfsermittlung im Rahmen von Leistungsansprüchen im Bereich der Grundsicherung für Arbeitsuchende nach dem SGB II hier nur verkürzt dargestellt. Insofern wird auf die Fallbeispiele Nr. 3, 4 und 12 verwiesen.

Der zentrale Aspekt der gutachtlichen Prüfung beschränkt sich in diesem Fall schwerpunktmäßig auf die Zurechnung bzw. Verteilung von Einkommen in sog. „Mischfallkonstellationen" bzw. gemischten Bedarfsgemeinschaften und auf die Aufgabe 2.

1. Anspruchsberechtigter Personenkreis im SGB II

1.1 Anspruch auf Bürgergeld für erwerbsfähige Leistungsberechtigte

Frau Z erfüllt die Voraussetzungen nach den §§ 7 Abs. 1 Satz 1, 7b SGB II (erwerbsfähige Leistungsberechtigte). Vorbehaltlich der festzustellenden Hilfebedürftigkeit i. S. des § 9 Abs. 1 SGB II hat sie einen Anspruch auf Bürgergeld für erwerbsfähige Leistungsberechtigte (vgl. § 19 Abs. 1 Satz 1 SGB II).

Herr Z ist als Bezieher einer Altersrente aus der gesetzlichen Rentenversicherung gemäß § 7 Abs. 4 Satz 1 SGB II („ultimativ") von allen Leistungen der Grundsicherung für Arbeitsuchende ausgeschlossen.[1] Damit wäre Herr Z grundsätzlich auf Leistungen nach dem 3. Kapitel SGB XII (Hilfe zum Lebensunterhalt) zu verweisen, ist aber wegen der Höhe der Altersrente offensichtlich nicht hilfebedürftig (vgl. § 19 Abs. 1 SGB XII), sodass Leistungen zum Lebensunterhalt für ihn weder im Rahmen der Grundsicherung für Arbeitsuchende nach dem SGB II noch im Rahmen der Sozialhilfe nach dem SGB XII Betracht kommen können.

Gleichwohl ist Herr Z der Bedarfsgemeinschaft mit seiner Ehefrau als Partner zuzurechnen (vgl. § 7 Abs. 3 Nr. 1 und Nr. 3 Buchst. a SGB II). Dass Herr Z als Bezieher einer Altersrente aus der gesetzlichen Rentenversicherung wegen des Leistungsausschlusses nach § 7 Abs. 4 Satz 1 SGB II selbst keine Leistungen nach dem SGB II erhalten kann, steht seiner Einbeziehung in die Bedarfsgemeinschaft mit seiner Ehefrau nicht entgegen.[2]

1 Dass die Altersrente aus der gesetzlichen Rentenversicherung vorzeitig (d. h. also mit Abschlägen) in Anspruch genommen wird, ist in diesem Zusammenhang nicht relevant.

2 Vgl. BSG, Urt. vom 15.4.2008 – B 14/7b AS 58/06 R –, NDV-RD 2008, 15 = FEVS 60, 259.

Zwischenergebnis:

Ein Anspruch auf Leistungen zur Sicherung des Lebensunterhalts (in Form von Bürgergeld für erwerbsfähige Leistungsberechtigte) kommt vorliegend nur für Frau Z in Betracht. Herr Z kann weder Leistungen zur Sicherung des Lebensunterhalts nach dem SGB II (Leistungsausschluss) noch nach dem SGB XII (fehlende Hilfebedürftigkeit) erhalten.

1.2 Bedarfsermittlung/Hilfebedürftigkeit

Zur Feststellung der Hilfebedürftigkeit i. S. des § 9 Abs. 1 SGB II (Frau Z) ist in einem ersten Schritt der Bedarf beider Personen nach den Vorschriften des SGB II zu ermitteln. In einem weiteren Schritt ist zu prüfen, ob der notwendige Lebensunterhalt aus dem zu berücksichtigenden Einkommen und/oder Vermögen gesichert werden kann.

Die Leistungen umfassen gemäß § 19 Abs. 1 Satz 3 SGB II den Regelbedarf, Mehrbedarfe und den Bedarf für Unterkunft und Heizung.

Bedarfsermittlung (Zusammenfassung):

	Herr Z	**Frau Z**	**insgesamt**
Regelbedarf (§ 20 Abs. 4 SGB II i. V. m. der Anlage zu § 28 SGB XII)	506,00 €	506,00 €	–
Mehrbedarf (§ 21 Abs. 5 SGB II)	–	60,00 €	–
Bedarfe für Unterkunft (§ 22 Abs. 1 Satz 1 SGB II)	210,00 €	210,00 €	–
Bedarfe für Heizung (§ 22 Abs. 1 Satz 1 SGB II)	45,00 €	45,00 €	–
Gesamtbedarf	**761,00 €**	**821,00 €**	**1.582,00 €**

1.3 Einsatz eigener Mittel sowie der Mittel der Einsatzgemeinschaft

Zu prüfen ist, ob Frau Z ihren Bedarf zum Lebensunterhalt aus dem zu berücksichtigenden Einkommen und/oder Vermögen sichern kann (vgl. § 9 Abs. 1 SGB II).

1.3.1 Einsatz des Einkommens

1.3.1.1 Einsatzgemeinschaft

Die Hilfeleistung für Frau Z ist grundsätzlich abhängig vom Einkommen beider Eheleute (sog. „Einsatzgemeinschaft" gemäß § 9 Abs. 2 Satz 1 SGB II). Nach § 9 Abs. 2 Satz 3 SGB II gilt jede Person der Bedarfsgemeinschaft im Verhältnis des eigenen Bedarfs zum Gesamtbedarf als hilfebedürftig, wenn nicht der gesamte Bedarf aus eigenen Kräften und Mitteln gedeckt ist. Dies gilt auch in den Fällen, in denen das Einkommen einzelner Personen innerhalb der Bedarfsgemeinschaft zur Deckung des eigenen Bedarfs, nicht jedoch zur Deckung des Gesamtbedarfs aller Personen der Bedarfsgemeinschaft ausreicht.

Die im Rahmen der gesetzlichen Fiktion des § 9 Abs. 2 Satz 3 SGB II vorgesehene Einkommensverteilung führt dazu, dass eine Person, die grundsätzlich über ausreichendes Einkommen zur Deckung des eigenen Bedarfs verfügt, hilfebedürftig gerechnet und zu einer leistungsberechtigten Person nach dem SGB II wird. Die Hilfebedürftigkeit wird in entsprechenden Fallkonstellationen also fingiert.

Bei vom Leistungsbezug ausgeschlossenen Personen (hier: Herr Z) entsteht dabei das Problem, dass diesen zwar **rechnerisch** Leistungen zustehen, der rechnerisch ermittelte Leistungsanspruch im Rahmen der Grundsicherung für Arbeitsuchende (Bürgergeld) **wegen des Leistungsausschlusses** nach § 7 Abs. 4 Satz 1 SGB II (Bezug einer Altersrente) jedoch nicht realisiert werden kann. Damit findet im Ergebnis eine Leistungsgewährung nur an die vom Leistungsbezug nicht ausgeschlossene Person (also Frau Z) statt.

Auch Leistungen nach dem 3. Kapitel SGB XII (Hilfe zum Lebensunterhalt) kann Herr Z nicht beanspruchen, da sein Einkommen im Rahmen der Sozialhilfe zuerst auf seinen eigenen (individuellen) Bedarf anzurechnen wäre und somit keine Hilfebedürftigkeit i. S. des § 19 Abs. 1 SGB XII für ihn besteht.

Innerhalb der Bedarfs- bzw. Einsatzgemeinschaft entsteht damit faktisch eine „Bedarfsunterdeckung“ und damit ein Verstoß gegen die grundrechtlich verbürgte Existenzsicherungsgarantie (Menschenwürde).[3] Darüber hinaus würde ein Verstoß gegen Art. 3 GG vorliegen, weil anderen vergleichbaren Einsatzgemeinschaften im Bereich des Zweiten und des Zwölften Buches Sozialgesetzbuch ein höherer Existenzsicherungsbedarf zugestanden wird.

Das bedeutet, dass in den Fällen, in denen ein Mitglied der Bedarfsgemeinschaft vom Leistungsbezug nach dem SGB II ausgeschlossen ist, die gesetzliche Fiktion bzw. die Verteilmethode entsprechend der individuellen Bedarfsanteile nach § 9 Abs. 2 Satz 3 SGB II (sog. Bedarfsanteilsmethode) **nicht** anzuwenden ist.

Bevor Rechtsnormen (hier: § 9 Abs. 2 Satz 3 SGB II) wegen Verstoßes gegen höherrangiges Recht verworfen werden, besteht die Möglichkeit und zugleich auch die Verpflichtung, diese verfassungskonform auszulegen. Eine besondere Form der verfassungskonformen und systematischen Auslegung stellt die teleologische Reduktion dar. Danach wird der Anwendungsbereich der Norm auf den Regelfall beschränkt (reduziert). Auf eine – wie in diesem Fall – vorliegende besondere Ausnahmesituation soll sich der Wortlaut dann nicht erstrecken, wenn ein Verstoß gegen verfassungsrechtliche Bestimmungen vorliegt. So verhält es sich in diesem Fall.[4]

---

3 In diesem Sinne auch BSG, Urt. vom 15.4.2008 – B 14/7b AS 58/06 R –, juris, Rn. 48.

4 Vgl. BSG, Urt. vom 15.4.2008 – B 14/7b AS 58/06 R –, juris, Rn. 48, 49.

Zur Lösung des Problems ist – wie im Bereich der Sozialhilfe nach dem SGB XII – eine vertikale Einkommensanrechnung vorzunehmen und ein sich ggf. ergebender Einkommensüberschuss zu verteilen bzw. auf die Ehefrau zuzurechnen. Das heißt, dem Gesamtbedarf ist das (bereinigte) Einkommen der Bedarfsgemeinschaft (also der Eheleute Z) gegenüberzustellen, das sich nach Abzug des eigenen Bedarfs des nicht hilfebedürftigen Ehemannes ergibt.

Im Ergebnis muss sich Frau Z zur Feststellung ihres individuellen Leistungsanspruchs (Bürgergeld für erwerbsfähige Leistungsberechtigte) also ihr eigenes und das rechnerisch „überschüssige" Einkommen ihres Ehemannes im Rahmen der sog. „Einsatzgemeinschaft" nach § 9 Abs. 2 Satz 1 SGB II zurechnen lassen.

1.3.1.2 Einkommensbereinigung

Für die Einkommensanrechnung bzw. Einkommensbereinigung (auch im Hinblick auf das Einkommen von Herrn Z) sind die relevanten Vorschriften des SGB II und die Bürgergeld-V (nicht das SGB XII) anzuwenden.

Die Altersrente aus der gesetzlichen Rentenversicherung des Herrn Z ist (ohne weiteren Nachweis bzw. unabhängig von den tatsächlich bestehenden Versicherungen, die nach Grund und Höhe angemessen sind) um die Versicherungspauschale von 30,00 € (vgl. § 11b Abs. 1 Satz 1 Nr. 3 SGB II i. V. m. § 6 Abs. 1 Nr. 1 Bürgergeld-V) zu bereinigen, so dass ein anrechenbares Einkommen von 950,00 € zu berücksichtigen ist.

Bei erwerbsfähigen Leistungsberechtigten, die **erwerbstätig** sind (Frau Z), ist nach § 11b Abs. 2 Satz 1 SGB II an Stelle der Beträge nach § 11b Abs. 1 Satz 1 **Nr. 3** bis **Nr. 5** SGB II ein Betrag von insgesamt **100,00 €** (Grundfreibetrag) abzusetzen. Da von Frau Z keine höheren Aufwendungen für die Absetzungsmöglichkeiten nach § 11b Abs. 1 Satz 1 Nr. 3 bis Nr. 5 SGB II nachgewiesen werden, ist die Regelung des § 11b Abs. 2 Satz 2 SGB II (Vergleichsberechnung zum Nachweis höherer Aufwendungen) im vorliegenden Fall nicht einschlägig.

Für Frau Z ist darüber hinaus ein **Freibetrag bei Erwerbstätigkeit** nach § 11b Abs. 2 Satz 1 Nr. 6 SGB II i. V. m. § 11b Abs. 3 SGB II zu berücksichtigen. Der Freibetrag beläuft sich nach § 11b Abs. 3 Satz 2 **Nr. 1** SGB II in der 1. Stufe für den Teil des monatlichen Einkommens aus Erwerbstätigkeit, der 100,00 € übersteigt und nicht mehr als 520,00 € beträgt, auf 20 % (hier also von 100,00 € bis 450,00 € = 350,00 € × 20 % = **70,00 €**).

Das bereinigte bzw. anzurechnende Einkommen von Frau Z beträgt somit 280,00 €.

Die lt. Sachverhalt nachgewiesenen Beiträge für eine kombinierte Hausrat-/Haftpflichtversicherung (213,00 € im Jahr) sind durch die Versicherungspauschale nach § 11b Abs. 1 Satz 1 Nr. 3 SGB II i. V. m. § 6 Abs. 1 Nr. 1 Bürgergeld-V bzw. den Grundfreibetrag nach § 11b Abs. 2 Satz 1 SGB II abgegolten und darüber hinaus nicht zu berücksichtigen.

Anrechnung des Einkommens (Übersicht):

	Herr Z	Frau Z	insgesamt
Gesamtbedarf	761,00 €	821,00 €	1.582,00 €
(bereinigtes) Einkommen	950,00 €	280,00 €	1.230,00 €
Restbedarf	0,00 €	541,00 €	–
„überschüssiges" Einkommen	189,00 €	–	–
anzurechnen aus Überschuss	–	189,00 €	–
Anspruch Bürgergeld	–	**352,00 €**	**352,00 €**

1.3.2 Einsatz von Vermögen

In einem weiteren Schritt ist zu prüfen, ob und inwieweit der notwendige Lebensunterhalt aus dem Vermögen der Eheleute W zu bestreiten ist.

Nach § 12 Abs. 1 Satz 1 SGB II sind als Vermögen alle **verwertbaren** Vermögensgegenstände zu berücksichtigen. Verwertbar ist der Teil des Vermögens, der in einem angemessenen Zeitraum (in der Regel innerhalb des zwölfmonatigen Bewilligungszeitraumes)[5] durch unmittelbaren Verbrauch, Veräußerung, Beleihung, Vermietung oder Verpachtung wirtschaftlich nutzbar gemacht werden kann. Dabei ist das Vermögen ohne Rücksicht auf steuerrechtliche Vorschriften mit seinem jeweiligen Verkehrswert zu berücksichtigen (vgl. § 8 Bürgergeld-V).

Der Hausrat und das gemeinsame Sparguthaben der Eheleute Z stellen verwertbares Vermögen i. S. des § 12 Abs. 1 Satz 1 SGB II dar. Der (angemessene) Hausrat ist geschützt bzw. nicht zu berücksichtigen (vgl. § 12 Abs. 1 Satz 2 Nr. 1 SGB II). Dagegen ist das Sparguthaben kein „Schonvermögen" i. S. des § 12 Abs. 1 Satz 2 SGB II. Insbesondere bedeutet die Verwertung dieses Vermögens für die Eheleute Z keine besondere Härte i. S. des § 12 Abs. 1 Satz 2 Nr. 7 SGB II.

Nach § 12 Abs. 3 Satz 1 SGB II gilt für die Berücksichtigung von Vermögen eine **Karenzzeit von einem Jahr** ab Beginn des Monats, für den erstmals Leistungen der Grundsicherung für Arbeitsuchende bezogen werden. Innerhalb dieser Karenzzeit wird Vermögen nur berücksichtigt, wenn es **erheblich** ist (vgl. § 12 Abs. 3 Satz 2 SGB II). Vermögen ist im Sinne von § 12 Abs. 3 Satz 2 SGB II „erheblich", wenn es in der Summe 40.000,00 € für die leistungsberechtigte Person sowie 15.000,00 € für jede weitere mit dieser in Bedarfsgemeinschaft lebende Person übersteigt (vgl. § 12 Abs. 4 Satz 1 SGB II).

Damit ist das Sparguthaben der Eheleute nicht erheblich und bis zum Ablauf der einjährigen Karenzzeit (also bis 31.5.2026) nicht zu berücksichtigen.

Nach Ablauf der einjährigen Karenzzeit kann der Einsatz von Vermögen zur Bedarfsdeckung nur verlangt werden, soweit dessen Wert die in § 12 Abs. 2 SGB II genannten Freibeträge übersteigt. Von dem zu berücksichtigenden Vermögen (hier: Sparguthaben von 27.800,00 €) ist nach § 12 Abs. 2 Satz 1 SGB II ist für **jede Person** in der Bedarfsgemeinschaft ein Betrag von **15.000,00 €** (hier also insgesamt 30.0000,00 €)

5 Vgl. BSG, Urt. vom 27.1.2009 – B 14 AS 42/07 R –, NDV-RD 2009, 107 = FEVS 61, 66.

abzusetzen. Soweit der Freibetrag in der genannten Höhe für eine Person in der Bedarfsgemeinschaft nicht vollständig ausgeschöpft wird, kann der „Restbetrag“ auf eine oder mehrere Personen in der Bedarfsgemeinschaft übertragen werden (vgl. § 12 Abs. 2 Satz 2 SGB II). Im Ergebnis ist es also unerheblich, wem das Sparguthaben gehört bzw. als Vermögenswert zuzurechnen ist.

Damit kann der Einsatz des Vermögens der Eheleute Z zur Bedarfsdeckung auch nach Ablauf der einjährigen Karenzzeit nicht verlangt werden.

1.3.3 Form der Hilfe/Leistungsart

Die Leistungen der Grundsicherung für Arbeitsuchende werden nach § 4 Abs. 1 SGB II in Form von Dienstleistungen, Geldleistungen und Sachleistungen erbracht, wobei die Geldleistung bei den Leistungen zur Sicherung des Lebensunterhalts der Regelfall ist und Sachleistungen nur in den im Gesetz genannten Fällen (z. B. § 24 Abs. 2 SGB II) in Betracht kommen. Der Sachverhalt enthält keine Anhaltspunkte dafür, von diesem Grundsatz abzuweichen.

Es besteht im vorliegenden Fall auch keine Möglichkeit, die Leistungen in Form eines Darlehens zu erbringen, so dass das Bürgergeld für Frau Z als nicht rückzahlbare Geldleistung (Beihilfe) zu gewähren ist.

1.3.4 Beginn der Leistung/Antragserfordernis

Die Leistungen der Grundsicherung für Arbeitsuchende werden auf Antrag erbracht (vgl. § 37 Abs. 1 Satz 1 SGB II). Ein entsprechender Antrag wurde von Frau Z am 13.6.2025 gestellt. Gemäß § 37 Abs. 2 Satz 1 SGB II werden Leistungen nicht für Zeiten vor der Antragstellung erbracht. Bei den Leistungen zur Sicherung des Lebensunterhalts wirkt der Antrag auf den Ersten des Monats zurück (vgl. § 37 Abs. 2 Satz 2 SGB II), so dass der Leistungsanspruch (Bürgergeld) in der festgestellten Höhe für Frau Z ab 1.6.2025 besteht.

Über den Anspruch auf Leistungen zur Sicherung des Lebensunterhalts ist gemäß § 41 Abs. 3 Satz 1 SGB II in der Regel für **ein Jahr** zu entscheiden (Bewilligungszeitraum). Damit werden die Leistungen durch einen Verwaltungsakt mit Dauerwirkung bewilligt und monatlich im Voraus erbracht. Die Festlegung des Bewilligungszeitraumes erfolgt einheitlich für die Entscheidung über die Leistungsansprüche aller Mitglieder einer Bedarfsgemeinschaft (§ 43 Abs. 3 Satz 3 SGB II).

§ 41 Abs. 3 Satz 2 SGB II regelt insbesondere für die dort genannten Fallgestaltungen einen abweichenden, verkürzten Regelbewilligungszeitraum von **sechs Monaten**. Dabei handelt es sich um Fälle, in denen entweder Leistungen vorläufig erbracht werden (vgl. § 41a SGB II) oder unangemessene Aufwendungen für Unterkunft und Heizung eine Überprüfung des Leistungsanspruches bereits nach sechs Monaten erforderlich machen. Die Regelung enthält ein gebundenes Ermessen, um in atypischen Fallgestaltungen den Regelbewilligungszeitraum zu verkürzen.

Anhaltspunkte für die Verkürzung des Bewilligungszeitraumes liegen hier nicht vor.

Aufgabe 2

Als Rechtsgrundlage für die Übernahme der Kosten für die Beschaffung eines neuen Fernsehgerätes kommt § 24 Abs. 3 Satz 1 **Nr. 1** SGB II in Betracht. Danach sind Leistungen für Erstausstattungen für die Wohnung einschließlich Haushaltsgeräten nicht vom Regelbedarf umfasst; sie werden gesondert erbracht.

Entsprechende Leistungen sind für die Ausstattung mit wohnraumbezogenen Gegenständen zu erbringen, die eine geordnete Haushaltsführung und ein an den herrschenden Lebensgewohnheiten orientiertes Wohnen ermöglichen.[6]

Der Begriff „Erstausstattung" trifft keine zwingende Aussage über den Umfang der Ausstattung, sondern beschränkt etwaige Ansprüche auf Konstellationen, in denen **erstmalig** eine Beschaffung ggf. auch mit einzelnen Einrichtungsgeräten oder Einrichtungsgegenständen, die eine geordnete Haushaltsführung und ein an den herrschenden Lebensgewohnheiten orientiertes Wohnen ermöglichen, erforderlich ist. Damit ist auch die erstmalige Anschaffung einzelner Gegenstände bzw. eines notwendigen Haushaltsgerätes in einer ansonsten eingerichteten Wohnung eine Erstausstattung im Sinne des § 24 Abs. 3 Satz 1 Nr. 1 SGB II.[7]

Bei der Neubeschaffung bzw. dem Ersatz des defekten Fernsehgerätes handelt sich um eine **Ersatz**beschaffung (und damit nicht um eine Erstausstattung für die Wohnung einschließlich Haushaltsgeräten), der grundsätzlich aus dem maßgebenden Regelbedarf zu bestreiten ist, so dass § 24 Abs. 3 Satz 1 **Nr. 1** SGB II vorliegend nicht anwendbar ist.[8]

Der entsprechende Bedarf zur Neubeschaffung eines Fernsehgerätes könnte jedoch unter den Voraussetzungen des § 24 Abs. 1 SGB II ggf. als (ergänzendes) Darlehen gedeckt werden.

Ein ergänzendes Darlehen nach § 24 Abs. 1 SGB II kommt nur in Betracht für einmalige Bedarfslagen, die vom Regelbedarf zur Sicherung des Lebensunterhalts grundsätzlich umfasst bzw. abgegolten werden. Darunter fallen auch die Kosten für die Reparatur oder die Ersatzbeschaffung von defekten elektrischen oder elektronischen Geräten.

Der konkrete Bedarf muss nach den Umständen **unabweisbar** sein. „Unabweisbar" in diesem Zusammenhang bedeutet, dass der Bedarf akut gedeckt werden muss und im Sinne einer gesteigerten Dringlichkeit zeitlich nicht aufschiebbar oder nicht teilbar ist und die leistungsberechtigte Person insoweit nicht auf noch vorzunehmende Ansparungen verwiesen werden kann.

---

6 Vgl. BSG, Urt. vom 20.8.2009 – B 14 AS 45/08 R –, SozR 4-4200 § 23 Nr. 5.

7 Vgl. BSG, Urt. vom 16.12.2008 – B 4 AS 49/07 R –, BSGE 102, 194 = FEVS 60, 259.

8 Vertretbar ist auch die Auffassung, dass es sich bei einem Fernsehgerät weder um einen Einrichtungsgegenstand noch um ein Haushaltsgerät (sondern um einen wohnraumbezogenen Ausstattungsgegenstand) handelt und Leistungen nach § 24 Abs. 3 Satz 1 Nr. 1 SGB II aus diesem Grund nicht in Betracht kommen können; vgl. auch BSG, Urt. vom 24.2.2011 – B 14 AS 75/10 R –, juris.

Hinweis
Zur Frage der Unabweisbarkeit des in Rede stehenden Bedarfs sind im vorliegenden Fall unterschiedliche Auffassungen mit entsprechender Begründung vertretbar. So könnte die Anerkennung eines unabweisbaren Bedarfs beispielsweise damit begründet werden, dass es sich bei einem Fernsehgerät um einen wohnraumbezogenen Ausstattungsgegenstand handelt, der – auch unter dem Aspekt der Üblichkeit in Haushalten unterer Einkommensgruppen – Beziehungen zur Umwelt, Informationsdeckung und Teilhabe am kulturellen Leben ermöglicht.[9]

Von der Feststellung der Unabweisbarkeit eines Bedarfs ist die Frage zu trennen, ob die (weiteren) Voraussetzungen für die Gewährung eines Darlehens nach § 42a Abs. 1 SGB II vorliegen.

Gemäß § 42a Abs. 1 Satz 1 SGB II werden Darlehen im Rahmen der Grundsicherung für Arbeitsuchende nur erbracht, wenn ein Bedarf weder durch Vermögen nach § 12 Abs. 2 und Abs. 4 Satz 1 SGB II noch auf andere Weise gedeckt werden kann. Die Vorschrift ist grundsätzlich für alle Darlehen im Rahmen der Grundsicherung für Arbeitsuchende anzuwenden. Auch Vermögen, das die relevanten Freibeträge nach § 12 Abs. 2 und Abs. 4 SGB II nicht übersteigt, ist dabei vorrangig zur Deckung des konkreten Bedarfs einzusetzen.

Frau Z kann den Bedarf für die Beschaffung eines neuen Fernsehgerätes aus dem vorhandenen Sparguthaben decken, so dass ein (ergänzendes) Darlehen nach § 24 Abs. 1 SGB II nicht in Betracht kommen kann. Insofern muss auch der Frage, ob es sich im vorliegenden Fall um einen unabweisbaren Bedarf handelt, nicht nähergetreten werden.

9 Vgl. BSG, Urt. vom 24.11.2011 – B 14 AS 75/10 R –, juris.

Praktischer Fall Nr. 14

Schwerpunkte:
- Leistungen zur Sicherung des Lebensunterhalts nach dem SGB II (Bürgergeld für erwerbsfähige und nichterwerbsfähige Leistungsberechtigte),
- Unangemessenheit der Unterkunftskosten, Karenzzeit,
- Einsatz von Einkommen und Vermögen,
- Gewährung der Leistungen als Darlehen

Hilfsmittel:
- Zweites Buch Sozialgesetzbuch (SGB II) mit Verordnungen,
- Sechstes Buch Sozialgesetzbuch (SGB VI)

Sachverhalt

In einem gemeinsamen Haushalt der Stadt D in Nordrhein-Westfalen leben Herr L (37 Jahre alt) und seine Ehefrau (35 Jahre alt).

Am 10.1.2025 beantragt Herr L beim Jobcenter der Stadt D für sich und seine Ehefrau Leistungen zur Sicherung des Lebensunterhalts. Im Zuge der Antragstellung werden folgende Angaben aktenkundig:

Die Eheleute bewohnen eine Mietwohnung mit einer Wohnfläche von 85 qm. Als Grundmiete zahlen die Eheleute 580,00 €, für die (umlagefähigen) Betriebskosten 180,00 €, für Haushaltsstrom 90,00 € und für die zentrale Gasheizung, über die auch die Warmwasseraufbereitung erfolgt, 140,00 € im Monat.

Herr L erzielt durch seine Erwerbstätigkeit (Vollzeit) ein monatliches Bruttoerwerbseinkommen in Höhe von 2.050,00 €. Nach der vorgelegten Gehaltsabrechnung des Arbeitgebers sind davon monatlich 100,00 € an Steuern und 400,00 € an Sozialversicherungsbeiträgen zu entrichten. Frau L erhält vom zuständigen Rentenversicherungsträger seit rund einem halben Jahr eine auf drei Jahre befristet Rente wegen voller Erwerbsminderung nach § 43 Abs. 2 SGB VI von monatlich 100,00 € (netto).

Frau L hat von ihrer Großmutter im Jahr 2018 eine kleine Eigentumswohnung (50 qm) in der Nähe von Hamburg geerbt. Die Wohnung hat einen aktuellen Verkehrswert von ca. 165.000,00 € und ist vermietet. Als Miete erhält sie monatlich 330,00 €. Bei diesem Betrag handelt es sich um den Überschuss der Einnahmen (Brutto-Kaltmiete) über die notwendigen Ausgaben (Grundsteuern, sonstige öffentliche Abgaben, Verwaltungskosten etc.). Im Februar 2024 war die Heizungsanlage in der Wohnung defekt und musste repariert werden. Zur Bezahlung der Reparaturkosten hatte Frau L einen Bankkredit in Höhe von 2.500,00 € aufgenommen, den sie noch ca. zwei Jahre mit monatlichen Raten von 100,00 € (Tilgung und Zinsen) abbezahlen muss.

Herr L ist zudem Eigentümer eines PKW mit einem aktuellen Verkehrswert von 7.000,00 €, den er für die Fahrt zur Arbeit benutzt. Die einfache Entfernung der kürzesten Straßenverbindung beträgt 15 Kilometer. Er ist auf die Nutzung des PKW angewiesen, da es keine Möglichkeit gibt, den Arbeitsplatz mit öffentlichen Verkehrsmitteln zu erreichen. Herr L zahlt auch den Beitrag für die Kfz-Haftpflichtversicherung in Höhe von 33,00 € pro Monat.

Frau L ist in zweiter Ehe mit Herrn L verheiratet. Aus ihrer ersten Ehe hat sie einen fünfjährigen Sohn, der bei ihrem ersten Ehemann und Vater des Kindes in der Stadt K wohnt. Unterhalt zahlt sie wegen ihres geringen Einkommens nicht. In regelmäßigen Abständen von zwei Wochen fährt sie mit dem PKW ihres Ehemannes (jeweils sonntags) zu ihrem Sohn, um das ihr zustehende Umgangsrecht auszuüben. In diesem Zusammenhang entstehen Fahrtkosten von monatlich 56,00 €. Fahrten mit öffentlichen Verkehrsmitteln wären nicht kostengünstiger.

Herr L teilt außerdem noch mit, dass die Eheleute in der derzeitigen Situation nicht vollständig ihren notwendigen Lebensunterhalt decken können. Auf Nachfrage der zuständigen Sachbearbeiterin des Jobcenters, ob sie nicht durch einen Verkauf der geerbten Eigentumswohnung ihren Lebensunterhalt vollständig finanzieren könnten, macht Herr L durch Vorlage entsprechender Unterlagen glaubhaft, dass sie bereits einen Immobilienmakler beauftragt haben. Vor dem Hintergrund der derzeitigen Wohnungsmarktlage wird allerdings die Abwicklung des Verkaufs, mit dem auch ein angemessener Preis erzielt werden kann, mindestens sechs Monate in Anspruch nehmen.

Aufgabe

Prüfen Sie gutachtlich, ob und ggf. in welcher Höhe und Form und ab welchem Zeitpunkt für die Eheleute L Leistungen zur Sicherung des Lebensunterhalts im Rahmen der Grundsicherung für Arbeitsuchende nach dem SGB II in Betracht kommen, und für welchen Zeitraum die Leistungen ggf. zu bewilligen sind.

Bearbeitungshinweise:

1. Regelbedarfsstufen nach der Anlage zu § 28 SGB XII in Euro

gültig ab	Regelbedarfsstufe 1	Regelbedarfsstufe 2	Regelbedarfsstufe 3	Regelbedarfsstufe 4	Regelbedarfsstufe 5	Regelbedarfsstufe 6
1.1.2025	563,00	506,00	451,00	471,00	390,00	357,00

2. Gehen Sie bei der Erwerbstätigkeit des Herrn L von 19 Arbeitstagen pro Monat bei einer 5-Tage-Arbeitswoche aus.
3. Auf Leistungen zur Eingliederung in Arbeit ist nicht einzugehen.
4. Auf die formellen Voraussetzungen für die Leistungsgewährung ist nicht einzugehen.
5. Auf Ansprüche nach dem Wohngeldgesetz (WoGG) ist nicht einzugehen.
6. Eine Aufteilung bzw. differenzierte Berechnung nach den in § 6 SGB II genannten Kostenträgern ist nicht erforderlich.
7. Von der Angemessenheit des Hausrates ist auszugehen. Neben dem PKW und der vermieteten Eigentumswohnung ist weiteres Vermögen nicht vorhanden.

8. Von der Angemessenheit der Heizkosten im Sinne des § 22 Abs. 1 SGB II ist auszugehen.
9. Der für den Fall zuständige SGB II-Leistungsträger weist in einem schlüssigen Konzept, welches den Vorgaben der Rechtsprechung des Bundessozialgerichtes genügt, u. a. folgende für seinen Zuständigkeitsbereich geltenden Grenzen zur Bestimmung der Angemessenheit der Unterkunftskosten im Sinne des § 22 Abs. 1 SGB II nach (Auszug):

Anzahl Bewohner	abstrakt angemessene Wohnungsgröße	abstrakt angemessene Nettokaltmiete	Richtwert Nettokaltmiete	abstrakt angemessene Betriebskosten	Richtwert Betriebskosten mtl.	Richtwert Bruttokaltmiete
1	50 qm	6,30 €	315,00 €	2,50 €/qm	125,00 €	440,00 €
2	65 qm	6,12 €	397,80 €	2,50 €/qm	162,50 €	560,30 €
3	80 qm	6,06 €	–	–	–	–
4	95 qm	5,98 €	–	–	–	–

Lösung

1. Vorprüfung/Abgrenzung zum SGB XII

Im vorliegenden Fall kommen Sozialleistungen zur Sicherung des Lebensunterhalts in Betracht. Leistungen zur Sicherung des Lebensunterhalts können nach dem SGB II u. a. als Bürgergeld und im Rahmen der Sozialhilfe als Hilfe zum Lebensunterhalt nach dem 3. Kapitel SGB XII oder als Grundsicherung im Alter oder bei Erwerbsminderung nach dem 4. Kapitel SGB XII erbracht werden.

Der Anspruch auf Leistungen zur Sicherung des Lebensunterhalts nach dem SGB II schließt Leistungen nach dem 3. Kapitel SGB XII aus (vgl. § 5 Abs. 2 Satz 1 SGB II und § 21 Satz 1 SGB XII). Leistungen nach dem 4. Kapitel SGB XII sind nach §§ 5 Abs. 2 Satz 2, 19 Abs. 1 Satz 2 SGB II gegenüber dem Bürgergeld für **nichterwerbsfähige** Leistungsberechtigte vorrangig. Entsprechende Leistungen kommen nach dem Zweiten Buch Sozialgesetzbuch für Personen in Betracht, die die Voraussetzungen für das Bürgergeld für erwerbsfähige Leistungsberechtigte nach den §§ 7 Abs. 1 Satz 1, 7b SGB II selbst nicht erfüllen, aber mit einer erwerbsfähigen leistungsberechtigten Person in einer Bedarfsgemeinschaft i. S. von § 7 Abs. 3 SGB II zusammenleben (vgl. §§ 7 Abs. 2 Satz 1, 19 Abs. 1 Satz 3 SGB II).

Zunächst ist deshalb zu prüfen, ob die Eheleute L die Voraussetzungen für das Bürgergeld für **erwerbsfähige** Leistungsberechtigte erfüllen. Ist das der Fall, kommen andere Leistungen zur Sicherung des Lebensunterhalts nicht in Betracht.

2. Anspruchsberechtigter Personenkreis im SGB II

2.1 Anspruch auf Bürgergeld für erwerbsfähige Leistungsberechtigte

Leistungen in Form von Bürgergeld für erwerbsfähige Leistungsberechtigte erhalten nach §§ 7 Abs. 1 Satz 1, 19 Abs. 1 Satz 1 SGB II Personen,

- die das 15. Lebensjahr vollendet und die Altersgrenze nach § 7a SGB II noch nicht erreicht haben,
- erwerbsfähig i. S. des § 8 Abs. 1 SGB II sind,
- hilfebedürftig i. S. des § 9 Abs. 1 SGB II sind,
- ihren gewöhnlichen Aufenthalt in der Bundesrepublik Deutschland haben (erwerbsfähige Leistungsberechtigte) und
- die gemäß § 7b SGB II erreichbar sind[1] (erwerbsfähige Leistungsberechtigte).

2.1.1 Erwerbsfähige Leistungsberechtigte

2.1.1.1 Altersvoraussetzungen

Herr L ist 37 Jahre und seine Ehefrau 35 Jahre alt und sind somit nach 1964 geboren. Nach § 7a Satz 2 SGB II erreichen nach 1964 geborene Personen die Altersgrenze mit Ablauf des Monats, in dem ein Lebensalter von 67 Jahren vollendet wird. Damit erfüllen beide Eheleute die Altersvoraussetzungen des § 7 Abs. 1 Satz 1 Nr. 1 SGB II.

2.1.1.2 Erwerbsfähigkeit

Erwerbsfähig ist nach § 8 Abs. 1 SGB II, wer nicht wegen Krankheit oder Behinderung auf absehbare Zeit außerstande ist, unter den üblichen Bedingungen des allgemeinen Arbeitsmarktes mindestens drei Stunden täglich erwerbstätig zu sein.

Herr L ist erwerbsfähig. Frau L bezieht eine (zeitlich befristete) Rente wegen voller Erwerbsminderung nach § 43 Abs. 2 SGB VI. Wegen der inhaltsgleichen Regelungen der §§ 8 Abs. 1 SGB II und 43 Abs. 2 Satz 2 SGB VI ist der Beurteilungsmaßstab für die Nichterwerbsfähigkeit und die volle Erwerbsminderung grundsätzlich identisch. **Frau L** ist daher **nicht erwerbsfähig** i. S. des § 8 Abs. 1 SG II und hat damit keinen Anspruch auf das Bürgergeld für erwerbsfähige Leistungsberechtigte.

2.1.1.3 Hilfebedürftigkeit

Hilfebedürftig ist nach § 9 Abs. 1 SGB II, wer seinen Lebensunterhalt nicht oder nicht ausreichend aus dem zu berücksichtigenden Einkommen und Vermögen sichern kann und die erforderliche Hilfe nicht von anderen, insbesondere von Angehörigen oder von Trägern anderer Sozialleistungen, erhält.

1 Mit Einführung des Bürgergeld-Gesetzes zum 1.1.2023 wird das Tatbestandsmerkmal der Erreichbarkeit in § 7b Abs. 1 Satz 1 SGB II zu einer (weiteren) Leistungsvoraussetzung für den Bezug von Bürgergeld für erwerbsfähige Leistungsberechtigte und ergänzt damit die in § 7 Abs. 1 Satz 1 SGB II geregelten Leistungsvoraussetzungen.

Die Hilfebedürftigkeit ist im weiteren Verlauf der Fallbearbeitung durch eine Bedarfsermittlung und die Gegenüberstellung des zu berücksichtigenden Einkommens und Vermögens festzustellen.

2.1.1.4 *Gewöhnlicher Aufenthalt in der Bundesrepublik Deutschland*

Die Eheleute L haben offensichtlich ihren gewöhnlichen Aufenthalt in der Bundesrepublik Deutschland. Den gewöhnlichen Aufenthalt hat jemand nach § 30 Abs. 3 Satz 2 SGB I dort, wo er sich unter Umständen aufhält, die erkennen lassen, dass er an diesem Ort oder in diesem Gebiet nicht nur vorübergehend verweilt, also seinen Lebensmittelpunkt hat. Die Eheleute wohnen in der Stadt D in Nordrhein-Westfalen. In aller Regel stimmen Wohnort und gewöhnlicher Aufenthalt überein.

Der Sachverhalt enthält keine Anhaltspunkte dafür, von diesem Grundsatz abzuweichen.

2.1.1.5 *Erreichbarkeit*

Erreichbar sind erwerbsfähige Leistungsberechtigte, wenn sie sich im **näheren Bereich** des zuständigen Jobcenters aufhalten und werktäglich dessen Mitteilungen und Aufforderungen zur Kenntnis nehmen können (§ 7b Abs. 1 Satz 2 SGB II). Ein Aufenthalt im näheren Bereich liegt vor, wenn es den erwerbsfähigen Leistungsberechtigten möglich ist, eine Dienststelle des zuständigen Jobcenters, einen möglichen Arbeitgeber oder den Durchführungsort einer Integrationsmaßnahme im örtlichen Zuständigkeitsbereich des Jobcenters in einer für den Vermittlungsprozess angemessenen Zeitspanne und ohne unzumutbaren oder die Eigenleistungsfähigkeit übersteigenden Aufwand aufsuchen (§ 7b Abs. 1 Satz 3 SGB II).

Es gibt keine Hinweise darauf, dass Herr L seine Erreichbarkeit nicht sicherstellt.

2.1.1.6 *Ausschlusstatbestände*

Leistungen nach dem SGB II werden nicht erbracht, wenn einer der in § 7 SGB II normierten Ausschlusstatbestände vorliegt. Im vorliegenden Fall greift keiner der in § 7 Abs. 1 Satz 2, Abs. 4 und Abs. 5 SGB II genannten Ausschlusstatbestände für den Bezug von Leistungen zur Sicherung des Lebensunterhaltes, so dass **Herr L** als erwerbsfähiger Leistungsberechtigter dem Grunde nach zum anspruchsberechtigten Personenkreis für den Bezug von Bürgergeld für erwerbsfähige Leistungsberechtigte gehört (vgl. § 19 Abs. 1 Satz 1 SGB II).

2.1.2 Bedarfsgemeinschaft

Der Zugang zum Leistungssystem des Zweiten Buches Sozialgesetzbuch (SGB II) für nicht erwerbsfähige Personen (ggfs. in Form von Bürgergeld für nichterwerbsfähige Leistungsberechtigte) wird über die Zugehörigkeit zur Bedarfsgemeinschaft i. S. des § 7 Abs. 3 SGB II mit mindestens einer erwerbsfähigen leistungsberechtigten Person definiert (vgl. §§ 7 Abs. 2 Satz 1, 19 Abs. 1 Satz 2 SGB II).

Die Prüfung der Bedarfsgemeinschaft ist auch deswegen vorzunehmen, da die Höhe der jeweiligen Regelbedarfe sowie die Zurechnung des zu berücksichtigenden Einkommens und Vermögens grundsätzlich von der Zugehörigkeit zur bzw. von der Stellung innerhalb der Bedarfsgemeinschaft abhängig ist.

Nach § 7 Abs. 3 SGB II gehören zur Bedarfsgemeinschaft die erwerbsfähigen Leistungsberechtigten (§ 7 Abs. 3 Nr. 1 SGB II), der nicht dauernd getrennt lebende Ehegatte als Partner der erwerbsfähigen Leistungsberechtigten (§ 7 Abs. 3 Nr. 3 Buchstabe a) SGB II) und die dem Haushalt angehörenden unverheirateten Kinder der in § 7 Abs. 3 Nr. 1 bis 3 SGB II genannten Personen, wenn sie das 25. Lebensjahr noch nicht vollendet haben, soweit sie die Leistungen zur Sicherung ihres Lebensunterhalts nicht aus eigenem Einkommen und Vermögen beschaffen können (§ 7 Abs. 3 Nr. 4 SGB II). Ausgangspunkt und Voraussetzung für die Bildung einer Bedarfsgemeinschaft ist mindestens eine erwerbsfähige leistungsberechtigte Person i. S. von § 7 Abs. 1 Satz 1 SGB II (sog. „Hauptleistungsberechtigter") – in diesem Fall also Herr L. Frau L ist der Bedarfsgemeinschaft nach § 7 Abs. 3 Nr. 3 Buchstabe a) SGB II als Partnerin zuzurechnen, da sie die nicht dauernd getrennt lebende Ehegattin des Herrn L ist.

2.2 Bürgergeld für nichterwerbsfähige Leistungsberechtigte

Leistungen zur Sicherung des Lebensunterhalts in Form von Bürgergeld für nichterwerbsfähige Leistungsberechtigte erhalten Personen, die selbst die Voraussetzungen nach § 7 Abs. 1 Satz 1 SGB II nicht erfüllen, aber mit einer erwerbsfähigen leistungsberechtigten Person in einer Bedarfsgemeinschaft leben, soweit sie keinen Anspruch auf Leistungen nach dem 4. Kapitel SGB XII haben (vgl. §§ 7 Abs. 2 Satz 1, 19 Abs. 1 Satz 2 SGB II).

Wie bereits festgestellt, lebt Frau L in einer Bedarfsgemeinschaft mit ihrem (erwerbsfähigen) Ehemann. Da Frau L weder die Altersgrenze nach § 41 Abs. 2 SGB XII erreicht hat noch **dauerhaft** (sondern nur zeitlich befristet) voll erwerbsgemindert ist, kommen für sie die insoweit vorrangigen Leistungen der Grundsicherung im Alter und bei Erwerbsminderung nach dem 4. Kapitel SGB XII nicht in Betracht.

Da einer der in § 7 SGB II normierten Ausschlusstatbestände nicht erkennbar ist, hat Frau L dem Grunde nach einen Anspruch auf das Bürgergeld für nichterwerbsfähige Leistungsberechtigte nach den §§ 7 Abs. 2 Satz 1, 19 Abs. 1 Satz 2 SGB II).

3. Nachrang der Leistungen nach dem SGB II

Der Nachrang der Leistungen zur Sicherung des Lebensunterhalts nach dem SGB II ergibt sich aus dem Regelungszusammenhang der §§ 2, 3 Abs. 3, 5, 9 Abs. 1 und 12a SGB II.

Erwerbsfähige Leistungsberechtigte und die mit ihnen in einer Bedarfsgemeinschaft lebenden Personen müssen nach § 2 Abs. 1 Satz 1 SGB II alle Möglichkeiten zur Beendigung oder Verringerung ihrer Hilfebedürftigkeit ausschöpfen. Sie haben in eigener Verantwortung alle Möglichkeiten zu nutzen, ihren Lebensunterhalt aus eigenen Mitteln und Kräften zu bestreiten, insbesondere dazu ihre Arbeitskraft für sich selbst und die mit ihnen in einer Bedarfsgemeinschaft lebenden Personen einzusetzen (vgl. § 2 Abs. 2 Satz 1 und Satz 2 SGB II).

Nach § 10 Abs. 1 SGB II ist einer erwerbsfähigen leistungsberechtigten Person grundsätzlich jede Arbeit bzw. Maßnahme zur Wiedereingliederung in das Erwerbsleben zumutbar, es sei denn, dass einer der Ausnahmetatbestände der Norm gegeben ist. Herr L setzt seine Arbeitskraft im Rahmen einer Vollzeitbeschäftigung bereits ein. Frau L ist voll erwerbsgemindert bzw. nicht erwerbsfähig und damit nicht in der Lage, mehr als drei Stunden im Tagesdurchschnitt erwerbstätig zu sein. Es ist davon auszugehen, dass es im Bereich des zuständigen Jobcenters keine entsprechenden Arbeitsangebote mit einer Arbeitszeit von weniger als drei Stunden pro Tag gibt.

Nach § 12a Satz 1 SGB II sind die leistungsberechtigten Personen verpflichtet, mit Ausnahme der in § 12a Satz 2 SGB II genannten Fälle, Sozialleistungen anderer Leistungsträger in Anspruch zu nehmen und die dafür erforderlichen Anträge zu stellen, sofern dies zur Vermeidung, Beseitigung, Verkürzung oder Verminderung der Hilfebedürftigkeit erforderlich ist.

Auf Ansprüche nach dem Wohngeldgesetz ist laut Bearbeitungshinweis 5 nicht einzugehen. Sonstige noch zu verfolgende Ansprüche gegen Dritte (insbesondere gegenüber vorrangigen Sozialleistungsträgern) sind im vorliegenden Fall nicht ersichtlich. Inwieweit die Verpflichtung zum Einsatz der eigenen Mittel (Einkommen und Vermögen) einer Hilfeleistung im Rahmen der Grundsicherung für Arbeitsuchende entgegensteht, wird nachfolgend geprüft. Vorbehaltlich dieser Prüfung stehen § 2 SGB II und § 12a SGB II einer Hilfegewährung nicht entgegen.

4. Leistungen zur Sicherung des Lebensunterhalts (Bedarfsermittlung)

Nach § 19 Abs. 1 Satz 1 SGB II erhalten erwerbsfähige Leistungsberechtigte Bürgergeld. Nichterwerbsfähige Leistungsberechtigte, die mit erwerbsfähigen Leistungsberechtigten in einer Bedarfsgemeinschaft leben, erhalten ebenfalls Bürgergeld, soweit sie keinen Anspruch auf Leistungen nach dem 4. Kapitel SGB XII haben. Die Leistungen umfassen nach § 19 Abs. 1 Satz 3 SGB II den Regelbedarf, Mehrbedarfe und den Bedarf für Unterkunft und Heizung.

4.1 Regelbedarf zur Sicherung des Lebensunterhalts

Der Regelbedarf zur Sicherung des Lebensunterhalts umfasst nach § 20 Abs. 1 Satz 1 SGB II insbesondere Ernährung, Kleidung, Körperpflege, Hausrat, Haushaltsenergie ohne die auf die Heizung und Erzeugung von Warmwasser entfallenden Anteile sowie persönliche Bedürfnisse des täglichen Lebens. Gemäß § 20 Abs. 1a Satz 1 SGB II wird der Regelbedarf in Höhe der jeweiligen Regelbedarfsstufe entsprechend § 28 SGB XII in Verbindung mit dem Regelbedarfs-Ermittlungsgesetz und den §§ 28a und 40 SGB XII in Verbindung mit der für das jeweilige Jahr geltenden Regelbedarfsstufen-Fortschreibungsverordnung anerkannt.[2]

Als Regelbedarf ist für zwei Partner der Bedarfsgemeinschaft, die das 18. Lebensjahr vollendet haben, gemäß § 20 Abs. 4 SGB II jeweils ein Betrag in Höhe der Regelbedarfsstufe 2 anzuerkennen. Die Eheleute L erfüllen die genannten Voraussetzungen.

Damit ist für sie jeweils ein Regelbedarf von 506,00 € zu berücksichtigen.

4.2 Mehrbedarfe

Durch die Anerkennung eines Mehrbedarfs sollen bei bestimmten typisierten Bedarfslagen, die nicht durch die Regelleistung abgegolten sind, zusätzliche Leistungen erbracht werden.

Nach § 21 Abs. 6 SGB II wird bei Leistungsberechtigten ein Mehrbedarf anerkannt, soweit im Einzelfall ein unabweisbarer, laufender, nicht nur einmaliger besonderer Bedarf besteht. Der Mehrbedarf ist unabweisbar, wenn er insbesondere nicht durch die Zuwendungen Dritter sowie unter Berücksichtigung von Einsparmöglichkeiten der Leistungsberechtigten gedeckt ist und seiner Höhe nach erheblich von einem durchschnittlichen Bedarf abweicht (§ 21 Abs. 6 Satz 2 SGB II).

Unter den genannten Voraussetzungen sind die Fahrtkosten zur Wahrnehmung des Umgangsrechts in Höhe der tatsächlich anfallenden Kosten in Höhe von monatlich 56,00 € für Frau L als Mehrbedarf anzuerkennen.[3]

Andere Mehrbedarfe kommen unter Berücksichtigung der Sachverhaltsangaben nicht in Betracht.

4.3 Bedarfe für Unterkunft und Heizung

Bedarfe für Unterkunft und Heizung werden nach § 22 Abs. 1 Satz 1 SGB II in Höhe der tatsächlichen Aufwendungen anerkannt, soweit diese angemessen sind. Zu den Bedarfen für die Unterkunft gehören neben der Grundmiete auch die umlagefähigen Nebenkosten, wenn die Mietvertragsparteien dies in Anwendung von § 556 BGB vereinbart haben.

Bezüglich der Angemessenheit der Aufwendungen für die Unterkunft ist grundsätzlich auf die Bruttokaltmiete abzustellen. Die für den Zuständigkeitsbereich des Trägers der Grundsicherung maßgebenden Höchst- bzw. Mietobergrenzen werden im vorliegenden Fall deutlich überschritten.[4]

---

2 Durch Art. 6 des Gesetzes zur Ermittlung von Regelbedarfen sowie zur Änderung des Zweiten und Zwölften Buches Sozialgesetzbuch vom 22.12.2016 (BGBl. I S. 3159) gelten seit dem 1.1.2017 ohne eigenständige Bekanntmachung die jeweils auf der Grundlage des § 28 SGB XII i. V. m. dem Regelbedarfs-Ermittlungsgesetz neu ermittelten und fortgeschriebenen Regelbedarfe unmittelbar auch im Bereich des SGB II. Die bisher in § 20 SGB II genannten Euro-Beträge werden durch einen Verweis auf die jeweilige Regelbedarfsstufe ersetzt.

3 Zur Übernahme der Fahrtkosten für die Ausübung des Umgangsrechts nach § 21 Abs. 6 SGB II s. z. B. *Knickrehm/Hahn* in Eicher/Luik, SGB II, Rn. 74–78, 4. Aufl. 2017, mit weiteren Hinweisen zur Rechtsprechung des BSG.

4 Auch die Anwendung der von der Rechtsprechung entwickelten Volumen- oder Produkttheorie bzw. erweiterten Produkttheorie (vgl. BSG, Urt. vom 10.9.2013 – B 4 AS 77/12 R –) führt hier zu keinem anderen Ergebnis.

Allerdings gilt für die Anerkennung der Bedarfe für Unterkunft gemäß § 22 Abs. 1 Satz 2 SGB II eine **Karenzzeit** von einem Jahr ab Beginn des Monats, für den erstmals Leistungen im Rahmen der Grundsicherung für Arbeitsuchende bezogen werden. Innerhalb dieser Karenzzeit werden die Bedarfe für Unterkunft in Höhe der tatsächlichen Aufwendungen anerkannt (vgl. § 22 Abs. 1 Satz 3 SGB II).

Soweit die Aufwendungen den der Besonderheit des Einzelfalls angemessenen Umfang übersteigen, sind sie nach Ablauf der einjährigen Karenzzeit als Bedarf so lange anzuerkennen, wie es den Leistungsberechtigten bzw. der Bedarfsgemeinschaft nicht möglich oder nicht zuzumuten ist, durch einen Wohnungswechsel, durch Vermieten oder auf andere Weise die Aufwendungen zu senken, in der Regel jedoch längstens für sechs Monate (vgl. § 22 Abs. 1 Satz 7 SGB II).

Soweit keine Anhaltspunkte für eine Unmöglichkeit oder Unzumutbarkeit einer Kostensenkung vorliegen, wäre vom Leistungsträger ein Kostensenkungsverfahren einzuleiten. Die tatsächlichen (unangemessenen) Aufwendungen für die Unterkunft sind zunächst mit dem jeweiligen Kopfteil (380,00 €) bedarfsrelevant – mindestens für die Dauer der einjährigen Karenzzeit – zu berücksichtigen.

Die Heizkosten sind angemessen und mit einem Kopfteil von 70,00 € zu berücksichtigen. Nicht zu berücksichtigen sind die Stromkosten, die bereits durch den Regelbedarf abgegolten sind.

Berechnung des notwendigen Lebensunterhalts (Zusammenfassung):

	Herr L	**Frau L**	**insgesamt**
Regelleistung	506,00 €	506,00 €	–
Mehrbedarf	–	56,00 €	–
Kosten der Unterkunft	380,00 €	380,00 €	–
Heizkosten	70,00 €	70,00 €	–
Gesamtbedarf	**956,00 €**	**1.012,00 €**	**1.968,00 €**

5. Einsatz des Einkommens und Vermögens

Zu prüfen ist, ob die Eheleute L den notwendigen Lebensunterhalt aus dem für sie zu berücksichtigenden Einkommen und/oder Vermögen sichern können (vgl. § 9 Abs. 1 SGB II).

5.1 Einsatz des Einkommens

5.1.1 Zu berücksichtigendes Einkommen

Dem zuvor ermittelten Bedarf ist zunächst das zu berücksichtigende Einkommen gegenüberzustellen. Nach § 11 Abs. 1 Satz 1 SGB II sind Einnahmen **in Geld** abzüglich der in § 11b SGB II abzusetzenden Beträge mit Ausnahme der in § 11a SGB II genannten Einnahmen als Einkommen zu berücksichtigen. Dies gilt gemäß § 11 Abs. 1 Satz 2

SGB II auch für Einnahmen **in Geldeswert**, die im Rahmen einer Erwerbstätigkeit, des Bundesfreiwilligendienstes oder eines Jugendfreiwilligendienstes zufließen. Das Einkommen aus Erwerbstätigkeit (Herr L) sowie die Erwerbsminderungsrente und die Einnahmen aus Vermietung (Frau L) gehören zu den Einnahmen im Sinne des § 11 Abs. 1 Satz 1 SGB II.

Die in § 11a SGB II genannten Ausnahmen sind im vorliegenden Fall nicht einschlägig. Auch § 1 Bürgergeld-Verordnung (Bürgergeld-V) sowie spezielle Regelungen zum Einkommenseinsatz in anderen Gesetzen stehen einer grundsätzlichen Berücksichtigung nicht entgegen.

Nach § 11b SGB II und § 6 Bürgergeld-V sind vom Einkommen bestimmte Beträge abzusetzen (Einkommensbereinigung).

Nach § 11b Abs. 1 Satz 1 Nr. 1 und Nr. 2 SGB I sind vom Erwerbseinkommen des **Herrn L** die auf das Einkommen zu entrichtenden Steuern und Pflichtbeiträge zur Sozialversicherung vom Einkommen abzusetzen (100,00 € bzw. 400,00 €).

Bei erwerbsfähigen Leistungsberechtigten, die erwerbstätig sind, ist nach § 11b Abs. 2 Satz 1 SGB II an Stelle der Beträge nach § 11b Abs. 1 Satz 1 Nr. 3 bis 5 SGB II – u. a. für Versicherungen, die gesetzlich vorgeschrieben oder nach Grund und Höhe angemessen sind, oder auch die mit der Erzielung des Einkommens verbundenen notwendigen Ausgaben (insbesondere Fahrtkosten) – ein Betrag von insgesamt 100,00 € (Grundfreibetrag) abzusetzen.

Beträgt das monatliche Einkommen aus Erwerbstätigkeit mehr als 400,00 €, gilt die Regelung des § 11b Abs. 2 Satz 1 SGB II nicht, wenn der erwerbsfähige Leistungsberechtigte nachweist, dass die Summe der Beträge nach § 11b Abs. 1 Satz 1 Nr. 3 bis 5 SGB II den Betrag von 100,00 € übersteigt (vgl. § 11b Abs. 2 Satz 2 SGB II; lex specialis). Das Einkommen des Herrn L übersteigt 400,00 €. Ob die Beträge nach § 11b Abs. 1 Satz 1 Nr. 3 bis 5 SGB II den Betrag von 100,00 € übersteigen, ist nachfolgend durch eine Vergleichsberechnung festzustellen.

Laut Sachverhalt zahlt Herr L für die Kfz-Haftpflichtversicherung monatlich 33,00 €. Nach § 11b Abs. 1 Satz 1 Nr. 3 SGB II sind Beiträge zu öffentlichen oder privaten Versicherungen vom Einkommen abzusetzen, soweit sie gesetzlich vorgeschrieben oder nach Grund und Höhe angemessen sind. Die Kfz-Haftpflichtversicherung ist bei der Haltung eines Kraftfahrzeuges gesetzlich vorgeschrieben. Gemäß § 11b Abs. 1 Satz 1 Nr. 3 SGB II i. V. m. § 6 Abs. 1 Nr. 3 Bürgergeld-V ist in diesem Zusammenhang ein Betrag in Höhe eines Zwölftels der zum Zeitpunkt der Entscheidung über den Leistungsanspruch nachgewiesenen Jahresbeiträge zu den gesetzlich vorgeschriebenen Versicherungen vom Einkommen des Herrn L abzusetzen, auch wenn es sich um das Auto seiner Ehefrau handelt. Herr L ist für das Erreiche seines Arbeitsplatzes auf das Kraftfahrzeug angewiesen und zahlt auch die Versicherungsbeiträge.

Für eine Absetzung von Beträgen nach § 11b Abs. 1 Satz 1 Nr. 3 und 5 SGB II sieht § 6 Bürgergeld-V teilweise die Berücksichtigung von Pauschbeträgen vor. Nach § 6 Abs. 1 Nr. 1 Bürgergeld-V ist von dem Einkommen volljähriger leistungsberechtigter Personen für die Beiträge zu privaten Versicherungen nach § 11b Abs. 1 Satz 1 Nr. 3 SGB II, die nach Grund und Höhe angemessen sind, ohne weiteren Nachweis ein Betrag von monatlich 30,00 € als Versicherungspauschale abzusetzen.

Herr L benutzt das Auto seiner Ehefrau für die Fahrt zwischen Wohnung und Arbeitsstätte. Die kürzeste Straßenverbindung beträgt laut Sachverhalt 15 Kilometer. Damit kommen für eine Absetzung gemäß § 11b Abs. 1 Satz 1 Nr. 5 SGB II i. V. m. § 6 Abs. 1 Nr. 5 Bürgergeld-V monatlich 57,00 € (15 km[5] × 0,20 € × 19 Arbeitstage[6]) für die Kosten für die Fahrt zwischen Wohnung und Arbeitsstätte in Betracht.

Nach § 6 Abs. 2 Bürgergeld-V sind lediglich die Kosten eines zumutbaren öffentlichen Verkehrsmittels abzusetzen, sofern die Berücksichtigung des Pauschbetrages nach § 6 Abs. 1 Nr. 3 Buchstabe b) Bürgergeld-V im Vergleich dazu unangemessen hoch ist. Im vorliegenden Fall ist laut Sachverhalt für Herrn L die Benutzung eines öffentlichen Verkehrsmittels nicht möglich bzw. nicht zumutbar, so dass die Regelung des § 6 Abs. 2 Bürgergeld-V der Anerkennung der Wegstreckenentschädigung in der ermittelten Höhe nicht entgegensteht.

Weitere notwendige Ausgaben i. S. des § 11b Abs. 1 Satz 1 Nr. 5 SGB II, die mit der Erzielung des Einkommens verbunden sind (z. B. Arbeitsmittel oder sonstige Werbungskosten), sind nur bei Nachweis entsprechender Ausgaben zu berücksichtigen. Derartige Nachweise wurden von Herrn L nicht vorgelegt.

Für die Absetzung nach § 11b Abs. 1 Satz 1 Nr. 3 und 5 SGB II ergeben sich dabei die folgenden Beträge:

• Kfz-Haftpflichtversicherung	33,00 €
• Pauschbetrag für nach Grund und Höhe angemessene Versicherungen	30,00 €
• Wegstreckenentschädigung/Fahrtkosten	57,00 €
insgesamt	**120,00 €**

Damit übersteigen die Beträge nach § 11b Abs. 1 Satz 1 Nr. 3 bis 5 SGB II den Betrag von 100,00 € (Grundfreibetrag gemäß § 11b Abs. 2 Satz 1 SGB II). Vom Einkommen sind deshalb (anstelle des Grundfreibetrages) **120,00 €** nach § 11b Abs. 2 Satz 2 SGB II abzusetzen.

Für Herrn L ist darüber hinaus ein Freibetrag bei Erwerbstätigkeit nach § 11b Abs. 2 Satz 1 Nr. 6 i. V. m. § 11b Abs. 3 SGB II (Erwerbstätigenfreibetrag) abzusetzen. Bei der Berechnung des Freibetrages ist vom jeweiligen Bruttoeinkommen auszugehen.

Der Freibetrag beläuft sich nach § 11b Abs. 3 Satz 2 **Nr. 1** SGB II für den Teil des monatlichen Einkommens aus Erwerbstätigkeit, der 100,00 € übersteigt und nicht mehr als 520,00 € beträgt, auf 20 % (= 104,00 €), nach § 11b Abs. 3 Satz 2 **Nr. 2** SGB II für den Teil des monatlichen Einkommens, der 520,00 € übersteigt und nicht mehr als 1.000,00 € beträgt, auf 30 % (= 144,00 €) und nach § 11b Abs. 3 Satz 2 **Nr. 3** SGB II für den Teil des monatlichen Erwerbseinkommens der 1.000,00 € übersteigt und nicht mehr als 1.200,00 € beträgt, auf 10 % (= 20,00 €). Die Regelung des § 11b Abs. 3 Satz 3 SGB II findet vorliegend keine Anwendung.

5 Zu berücksichtigen sind nach dem Wortlaut des § 6 Abs. 1 Nr. 5 Bürgergeld-V die Entfernungskilometer (d. h. einfache Wegstrecke zwischen Wohnung und Arbeitsstätte).

6 Bei einer 5-Tage-Arbeitswoche.

Damit ist ein Freibetrag für Erwerbstätigkeit i. H. v. insgesamt **268,00 €** vom Erwerbseinkommen abzusetzen.

Das Einkommen von Herrn L ist deshalb in folgender Höhe zu berücksichtigen:

Bruttoeinkommen	2.050,00 €
./. Pflichtbeiträge zur Sozialversicherung/Steuern	500,00 €
./. Beträge nach § 11 Abs. 2 Satz 1 Nr. 3 und 5 SGB II	120,00 €
./. Freibetrag bei Erwerbstätigkeit	268,00 €
zu berücksichtigendes (bereinigtes) Einkommen	**1.162,00 €**

Frau L verfügt über Einkommen in Form einer Erwerbsminderungsrente aus der gesetzlichen Rentenversicherung (mtl. 100,00 €) und über Einnahmen aus Vermietung (mtl. 330,00 €). Abzusetzen ist hiervon der Freibetrag für Versicherungen, die nach Grund und Höhe angemessen sind, gemäß § 11b Abs. 1 Satz 1 Nr. 3 SGB II i. V. m. § 6 Abs. 1 Nr. 1 Bürgergeld-V (mtl. 30,00 €). Absetzbar sind weiterhin die Kreditraten (Bankdarlehen für die Reparatur der Fußbodenheizung) von monatlich 100,00 € als notwendige Ausgaben, die mit der Erzielung des Einkommens verbunden sind (vgl. § 11b Abs. 1 Satz 1 Nr. 5 SGB II).

Das zu berücksichtigende (bereinigte) Einkommen von **Frau L** beträgt damit **300,00 €**.

5.1.2 *Zurechnung des Einkommens im Rahmen der Einsatzgemeinschaft*

Nach § 9 Abs. 2 Satz 1 SGB II sind bei Personen, die in einer Bedarfsgemeinschaft leben, das Einkommen und Vermögen des Partners zu berücksichtigen. Herr und Frau L sind nicht dauernd getrennt lebende Ehegatten und leben als Partner in einer Bedarfsgemeinschaft (vgl. § 7 Abs. 3 Nr. 3 Buchstabe a) SGB II). Sie sind somit verpflichtet, ihr jeweiliges Einkommen gegenseitig zur Bedarfsdeckung einzusetzen.

Das zu berücksichtigende Einkommen der Eheleute L reicht offensichtlich nicht aus, um ihren Gesamtbedarf zu decken.

Ist in einer Bedarfsgemeinschaft nicht der gesamte Bedarf aus eigenen Kräften und Mitteln gedeckt, gilt nach § 9 Abs. 2 Satz 3 SGB II jede Person der Bedarfsgemeinschaft im Verhältnis des eigenen Bedarfes zum Gesamtbedarf als hilfebedürftig, wobei die Bedarfe nach § 28 SGB XII außer Betracht bleiben. Herr L ist zwar individuell betrachtet nicht hilfebedürftig, da sein Einkommen ausreicht, um den eigenen Bedarf zu decken. Seine Hilfebedürftigkeit wird allerdings durch § 9 Abs. 2 Satz 3 SGB II fingiert. Das Einkommen der Eheleute wird im Ergebnis betraglich zusammengefasst und im **Verhältnis der Individualbedarfe** aufgeteilt („Bedarfsanteilsmethode").

Zurechnung des Einkommens nach der Bedarfsanteilsmethode:

	Herr L	Frau L	insgesamt
Gesamtbedarf	956,00 €	1.012,00 €	1.968,00 €
in % am Gesamtbedarf	48,58 %	51,42 %	100,00 %
bereinigtes Einkommen	1.162,00 €	300,00 €	1.462,00 €
Einkommensverteilung nach der Bedarfsanteilsmethode	710,24 €	751,76 €	1.462,00 €
Fehlbedarf	**245,76 €**	**260,24 €**	**506,00 €**

5.2 Einsatz von Vermögen

In einem weiteren Schritt ist zu prüfen, ob und inwieweit die Möglichkeit besteht, den notwendigen Lebensunterhalt aus dem vorhandenen Vermögen zu bestreiten. Dabei sind nach § 12 Abs. 1 SGB II alle verwertbaren Vermögensgegenstände zu berücksichtigen. Verwertbar ist der Teil des Vermögens, der in einem angemessenen Zeitraum durch unmittelbaren Verbrauch, Veräußerung, Beleihung, Vermietung oder Verpachtung wirtschaftlich nutzbar gemacht werden kann. Dabei ist das Vermögen ohne Rücksicht auf steuerrechtliche Vorschriften mit seinem Verkehrswert zu berücksichtigen (vgl. § 8 Bürgergeld-V).

Das Kraftfahrzeug, die (vermietete) Eigentumswohnung und der Hausrat sind Sachwerte, die durch Veräußerung wirtschaftlich nutzbar sind.

Gemäß § 12 Abs. 3 SGB II sind bestimmte Vermögenswerte nicht zu berücksichtigen (sog. „Schonvermögen"). Nach § 12 Abs. 3 Satz 1 **Nr. 1** SGB II ist ein angemessener Hausrat als Vermögen nicht zu berücksichtigen. Die Wohnung der Eheleute L ist mit einem angemessenen Hausrat ausgestattet, so dass dieser Vermögenswert nicht zur Bedarfsdeckung eingesetzt werden muss.

Die **Eigentumswohnung** der Frau L ist **nicht** nach § 12 Abs. 3 Satz 1 **Nr. 4** SGB II geschützt, da sie nicht selbst genutzt bzw. von den Eheleuten L selbst bewohnt wird. Es ergeben sich auch keine Anhaltspunkte für einen Vermögensschutz im Rahmen des § 12 Abs. 3 Satz 1 Nr. 6 SGB II (Verwertung offensichtlich unwirtschaftlich oder besondere Härte).

Nach § 12 Abs. 3 Satz 1 **Nr. 2** SGB II ist ein **angemessenes Kraftfahrzeug** für jede in der Bedarfsgemeinschaft lebende **erwerbsfähige** Person nicht zu berücksichtigen. Ein Kraftfahrzeug ist im Regelfall ohne weitere Prüfung als angemessen anzusehen, wenn sein Verkehrswert den Betrag von 7.500,00 € nicht überschreitet.[7] Für die Frage der Angemessenheit dürfte auch nach Inkrafttreten des Bürgergeld-Gesetzes eine wertmäßige Obergrenze gelten. Es ist davon auszugehen, dass die Angemessenheitsgrenze auf 15.000,00 € (entsprechend dem Freibetrag für Vermögen nach der Karenzzeit) angehoben wird.

Der aktuelle Verkehrswert der Eigentumswohnung übersteigt offensichtlich die anzuerkennenden Vermögensfreibeträge nach § 12 Abs. 2 Satz 1 Nr. 1 und Nr. 4 SGB II. Allerdings gilt für die Berücksichtigung von Vermögen gemäß § 12 Abs. 3 Satz 1

7 Vgl. BSG, Urt. vom 6.9.2007 – B 14/7b AS 66/06 R –, BSGE 99, 77 = FEVS 59, 385.

SGB II eine **Karenzzeit** von einem Jahr ab Beginn des Monats, für den erstmals Leistungen nach dem SGB II bezogen werden. Innerhalb dieser Karenzzeit wird Vermögen nur berücksichtigt, wenn es **erheblich** ist (§ 12 Abs. 3 Satz 2 SGB II).

Nach § 12 Abs. 4 Satz 1 SGB II ist Vermögen in diesem Sinne erheblich, wenn es die Summe von 40.000,00 € für die leistungsberechtigte Person sowie 15.000,00 € für jede weitere mit dieser in Bedarfsgemeinschaft lebende Person übersteigt (in diesem Fall also insgesamt **55.000,00 €**). Auch dieser Betrag wird durch den aktuellen Verkehrswert der Eigentumswohnung überschritten.

Die Eigentumswohnung stellt somit ein **erhebliches Vermögen** dar. Die gesetzliche Regelung des § 12 Abs. 4 Satz 2 SGB II ist hier nicht anwendbar, da das Wohneigentum von den Eheleuten nicht selbst genutzt wird. Der Verkauf der Wohnung wird im vorliegenden Fall noch ca. sechs Monate in Anspruch nehmen. Gemäß § 9 Abs. 4 SGB II ist auch derjenige hilfebedürftig, dem der sofortige Verbrauch oder die sofortige Verwertung von zu berücksichtigendem Vermögen **nicht möglich ist** oder für den dies eine besondere Härte bedeuten würde.

5.3 Höhe der Leistung

Für die Eheleute L besteht Hilfebedürftigkeit im Sinne des § 9 Abs. 4 SGB II im Umfang der nach der Berücksichtigung des anrechenbaren Einkommens ausgewiesenen Ansprüche (**Bürgergeld für erwerbsfähige Leistungsberechtigte** für **Herrn L** i. H. v. mtl. **245,76 €** und **Bürgergeld für nichterwerbsfähige Leistungsberechtigte** für **Frau L** i. H. v. mtl. **260,24 €**).

6. Form der Hilfe/Darlehen

Die Leistungen der Grundsicherung für Arbeitsuchende werden nach § 4 Abs. 1 SGB II in Form von Dienstleistungen, Geldleistungen und Sachleistungen erbracht, wobei die Geldleistung bei den Leistungen zur Sicherung des Lebensunterhalts in Form von Bürgergeld der Regelfall ist und Sachleistungen (z. B. in Form von Berechtigungsscheinen) nur in den im Gesetz genannten Fällen (z. B. im Rahmen des § 24 Abs. 2 SGB II) in Betracht kommen. Der Sachverhalt enthält keine Anhaltspunkte dafür, von diesem Grundsatz abzuweichen.

Gemäß § 24 Abs. 5 Satz 1 SGB II **sind** Leistungen **als Darlehen** zu erbringen, soweit Leistungsberechtigten der sofortige Verbrauch oder die sofortige Verwertung von zu berücksichtigendem Vermögen nicht möglich ist oder für sie eine besondere Härte bedeuten würde. Dies ist hier der Fall, da der Verkauf noch mindestens sechs Monate in Anspruch nehmen wird. Die Leistungen **können** davon abhängig gemacht werden, dass der Anspruch auf Rückzahlung des Darlehens dinglich oder in anderer Weise gesichert wird (vgl. § 24 Abs. 5 Satz 2 SGB II).

Im Hinblick auf die verhältnismäßig geringe Darlehenssumme und den ggf. entstehenden Verwaltungsaufwand kann im vorliegenden Fall von einer Sicherung des Darlehens bzw. der Rückzahlung abgesehen werden.[8]

7. Beginn der Leistung/Antragserfordernis/ Bewilligungszeitraum

Die Leistungen der Grundsicherung für Arbeitsuchende werden nach § 37 Abs. 1 Satz 1 SGB II **auf Antrag** erbracht (Antragserfordernis). Herr L hat den erforderlichen Antrag am 10.1.2025 gestellt. Gemäß § 37 Abs. 2 Satz 1 SGB II werden Leistungen nicht für Zeiten vor der Antragstellung erbracht. Gemäß § 37 Abs. 2 Satz 2 SGB II wirkt der Antrag auf den Ersten des Monats zurück, so dass der Leistungsanspruch ab 1.1.2025 besteht.

Über den Anspruch auf Leistungen zur Sicherung des Lebensunterhalts ist gemäß § 41 Abs. 3 Satz 1 SGB II in der Regel für **ein Jahr** zu entscheiden (Bewilligungszeitraum). Damit werden die Leistungen durch einen Verwaltungsakt mit Dauerwirkung bewilligt und monatlich im Voraus erbracht. Die Festlegung des Bewilligungszeitraumes erfolgt einheitlich für die Entscheidung über die Leistungsansprüche aller Mitglieder einer Bedarfsgemeinschaft (§ 43 Abs. 3 Satz 3 SGB II).

Die Vorschrift des § 41 Abs. 3 Satz 2 SGB II regelt insbesondere für die dort genannten Fallgestaltungen einen abweichenden, verkürzten Regelbewilligungszeitraum von **sechs Monaten**. Dabei handelt es sich um Fälle, in denen entweder Leistungen vorläufig erbracht werden (vgl. § 41a SGB II) oder unangemessene Aufwendungen für Unterkunft und Heizung eine Überprüfung des Leistungsanspruches bereits nach sechs Monaten erforderlich machen. Die Regelung enthält ein gebundenes Ermessen („soll"), um in atypischen Fallgestaltungen den Regelbewilligungszeitraum zu verkürzen.

Im vorliegenden Fall sind die Aufwendungen für die Unterkunft unangemessen, so dass eine Verkürzung des Bewilligungszeitraumes nach § 41 Abs. 3 Satz 2 Nr. 2 SGB II auf **sechs Monate** (allerdings erst nach Ablauf der einjährigen Karenzzeit gemäß § 22 Abs. 1 Satz 2 SGB II) vertretbar ist.

Gemäß § 38 Abs. 1 Satz 1 SGB II wird vermutet (soweit konkrete Anhaltspunkte dem nicht entgegenstehen), dass die oder der erwerbsfähige Leistungsberechtigte bevollmächtigt ist, Leistungen im Rahmen der Grundsicherung für Arbeitsuchende nach dem SGB II auch für die mit ihr/ihm in Bedarfsgemeinschaft lebenden Personen zu beantragen und entgegenzunehmen. Leben mehrere erwerbsfähige Leistungsberechtigte in einer Bedarfsgemeinschaft, gilt diese Vermutung zugunsten der antragstellenden Person (§ 38 Abs. 1 Satz 2 SGB II).

Auf eine gesonderte Antragstellung durch Frau L muss daher nicht hingewirkt werden.

8 Vertretbar ist ebenso, dass trotz der geringen Summe der in Betracht kommenden Leistungen bzw. des Darlehens aus Sicht des Leistungsträgers kein Anlass besteht, von einer dinglichen Sicherung des Darlehens nach § 24 Abs. 5 SGB II abzusehen.

Praktischer Fall Nr. 15

Schwerpunkte:
- Leistungen zur Sicherung des Lebensunterhalts nach dem SGB II (Bürgergeld),
- Aufhebung bzw. Rücknahme von Verwaltungsakten,
- Kostenersatz (§ 34a SGB II),
- Kostenerstattung (§ 50 SGB X)

Hilfsmittel:
- Erstes Buch Sozialgesetzbuch (SGB I),
- Zweites Buch Sozialgesetzbuch (SGB II) mit Verordnungen,
- Drittes Buch Sozialgesetzbuch (SGB III),
- Zehntes Buch Sozialgesetzbuch (SGB X)

Sachverhalt

Herr Norbert N (32 Jahre alt, erwerbsfähig) ist alleinstehend und bewohnt einen eigenen Haushalt im Kreis U in Nordrhein-Westfalen. Er arbeitet als Lagerarbeiter auf Minijob-Basis und erzielt ein geringfügiges Erwerbseinkommen von monatlich 400,00 € (brutto = netto). Wegen einer ausgeprägten Schreib- und Leseschwäche ist für ihn vom zuständigen Betreuungsgericht ein Berufsbetreuer zur Betreuung in behördlichen Angelegenheiten bestellt worden.

Im Juli 2024 stellt der Betreuer für Herrn N einen Antrag auf Leistungen zur Sicherung des Lebensunterhalts (Bürgergeld) beim zuständigen Jobcenter – vergisst aber bei Antragstellung, das Erwerbseinkommen aus dem Minijob anzugeben. Das Jobcenter bewilligt daraufhin mit Bescheid vom 8.7.2024 für den Zeitraum vom 1.7.2024 bis 31.12.2024 (ohne Berücksichtigung des Erwerbseinkommens) für Herrn N Bürgergeld für erwerbsfähige Leistungsberechtigte.

Bei Stellung des Weiterbewilligungsantrages am 14.12.2024 für die Zeit ab Januar 2025 bemerkt der Betreuer sein Versehen und legt einen entsprechenden Nachweis über das Erwerbseinkommen vor. Er teilt dem Jobcenter auch gleichzeitig mit, dass Herr N die geringfügige Beschäftigung bereits seit dem 1.4.2024 ausübt und bei der erstmaligen Antragstellung im Juli 2024 entsprechende Angaben von ihm versehentlich nicht gemacht wurden.

Die für Herrn N zuständige Sachbearbeiterin des Jobcenters macht einen entsprechenden Aktenvermerk, vergisst aber, das Erwerbseinkommen in die elektronische Datenverarbeitung einzugeben. In der Folge wird Herrn N mit Bescheid vom 22.12.2024 für die Zeit vom 1.1. bis 31.12.2025 Bürgergeld[1] (weiterhin ohne Berücksichtigung des Erwerbseinkommens) gewährt.

---

1 Mit Inkrafttreten des Bürgergeld-Gesetzes zum 1.1.2023 wurde das Arbeitslosengeld II und das Sozialgeld im Rahmen der Grundsicherung für Arbeitsuchende durch das Bürgergeld ersetzt. Der Begriff „Arbeitslosengeld II" konnte allerdings noch bis zum 30.6.2023 verwendet werden.

In den folgenden Wochen weist der Betreuer die Sachbearbeiterin noch mehrfach telefonisch und schriftlich auf die Berücksichtigung des Einkommens hin – eine Reaktion des Jobcenters erfolgt jedoch nicht.

Nach einem personellen Wechsel in der Sachbearbeitung des Jobcenters fällt dem neuen Sachbearbeiter bei Überprüfung des Aktenvorganges am 5.2.2026 auf, dass die Leistungen für Herrn N ohne die Anrechnung des Erwerbseinkommens gewährt wurden.

Aufgabe

1. Prüfen Sie gutachtlich, ob und ggf. in welchem Umfang eine Kostenerstattung nach den Vorschriften des SGB X für die an Herrn N gewährten Leistungen der Grundsicherung für Arbeitsuchende in Betracht kommt.
2. Prüfen Sie gutachtlich, ob und ggf. in welchem Umfang für die an Herrn N gewährten Leistungen ein Kostenersatz nach den Vorschriften des SGB II in Betracht kommt.

Bearbeitungshinweise

1. Auf die Zuständigkeit (als formelle Voraussetzung) für die Aufhebung von Verwaltungsakten und für die Durchsetzung von Kostenersatz- und Kostenerstattungsansprüchen ist nicht einzugehen.
2. Gehen Sie davon aus, dass Ansprüche gegenüber anderen Sozialleistungsträgern für Herrn N nicht bestehen.
3. Auf Ersatz- bzw. Erstattungsansprüche für geleistete Sozialversicherungsbeiträge (Kranken- und Pflegeversicherung) ist nicht einzugehen.
4. Berufsbetreuer verfügen über spezielle Rechtskenntnisse, da sie die Rechtsangelegenheiten für die von ihnen betreuten Personen von Berufs wegen regeln.
5. Auszug aus § 1902 BGB:
   „In seinem Aufgabenkreis vertritt der Betreuer den Betreuten gerichtlich und außergerichtlich."

Lösung

Aufgabe 1

Für das Verfahren nach dem SGB II gilt das SGB X (vgl. § 1 Abs. 1 Satz 1 SGB X, § 28 SGB I, § 40 SGB II), soweit sich aus den übrigen Büchern des Sozialgesetzbuches nicht Abweichendes ergibt (vgl. § 37 Satz 1 SGB I). Besonderheiten bzw. Modifikationen zur Aufhebung von Verwaltungsakten nach dem SGB II sind in § 40 SGB II i. V. m. § 330 SGB III geregelt.

1. Anspruch auf Kostenerstattung nach § 50 SGB X

In Betracht kommt ein Anspruch auf Kostenerstattung des zuständigen SGB II-Trägers gegenüber der leistungsbegünstigten Person nach § 50 SGB X. Gemäß § 50 Abs. 1 SGB X sind zu Unrecht erbrachte Leistungen zu erstatten, soweit Verwaltungsakte aufgehoben worden sind. Der Erstattungsanspruch nach § 50 Abs. 1 SGB X entsteht als „Spiegelbild" der Leistungsgewährung unmittelbar gegenüber der Person, für die die Leistungen erbracht wurden (hier also gegenüber dem leistungsbegünstigten Herrn N).

1.1 Aufhebung der Verwaltungsakte

Die Aufhebung der Verwaltungsakte (Bewilligungsbescheide) könnte durch eine Rücknahme (Aufhebungstatbestand, vgl. § 39 Abs. 2 SGB X) gemäß § 45 Abs. 1 SGB X erfolgen, da es sich im vorliegenden Fall hinsichtlich der Leistungen zur Sicherung des Lebensunterhalts nach den §§ 7 Abs. 1 Satz 1, § 19 Abs. 1 Satz 1 SGB II in Form von Bürgergeld für erwerbsfähige Leistungsberechtigte um **begünstigende** Verwaltungsakte handelt, weil mit der Bewilligung der Leistungen eine zusätzliche Rechtsposition eingeräumt wird.

Soweit ein (begünstigender) Verwaltungsakt rechtswidrig ist, darf er gemäß § 45 Abs. 1 SGB X, auch nachdem er unanfechtbar geworden ist, nur unter den Einschränkungen der Absätze 2 bis 4 ganz oder teilweise mit Wirkung für die Zukunft oder für die Vergangenheit zurückgenommen werden.

1.1.1 Rechtswidrigkeit der Verwaltungsakte/der Leistungen

Die Leistungserbringung bzw. die zugrunde liegenden Verwaltungsakte sind rechtswidrig, wenn geltendes Recht unrichtig angewandt bzw. bei der behördlichen Entscheidung von einem Sachverhalt ausgegangen worden ist, der sich als unrichtig erweist, und die Begünstigung damit gegen geltendes Recht verstößt (vgl. § 44 Abs. 1 Satz 1 SGB X).

Die **Rechtswidrigkeit** könnte sich im vorliegenden Fall aus dem Umstand ergeben, dass das Erwerbseinkommen des Herrn N aus der geringfügigen Beschäftigung bei der Bemessung der Leistungshöhe mangels Kenntnis vom Jobcenter nicht anspruchsmindernd berücksichtigt wurde.

Nach § 11 Abs. 1 Satz 1 SGB II sind Einnahmen in Geld abzüglich der in § 11b SGB II abzusetzenden Beträge als Einkommen zu berücksichtigen. Bei erwerbsfähigen Leistungsberechtigten, die erwerbstätig sind, ist gemäß § 11b Abs. 2 Satz 1 SGB II an Stelle der Beträge nach § 11b Abs. 1 Satz 1 Nr. 3 bis Nr. 5 SGB II ein Betrag von insgesamt 100,00 € (Grundfreibetrag) abzusetzen. Da das monatliche Einkommen aus Erwerbstätigkeit in diesem Fall nicht mehr als 400,00 € beträgt, ist § 11b Abs. 2 Satz 2 SGB II (Vergleichsberechnung bei Nachweis höherer Aufwendungen) nicht einschlägig.

Weiterhin ist ein Freibetrag nach § 11b Abs. 2 Satz 1 Nr. 6 i. V. m. § 11b Abs. 3 SGB II (Erwerbstätigenfreibetrag) abzusetzen. Der Freibetrag beläuft sich nach § 11b Abs. 3 Satz 2 **Nr. 1** SGB II in der 1. Stufe für den Teil des Einkommens aus Erwerbstätigkeit, der 100,00 € übersteigt und nicht mehr als 520,00 € beträgt, auf 20 % (hier also 20 % von 300,00 € = 60,00 €).

Damit wäre das (bereinigte) Erwerbseinkommen in Höhe von 240,00 € anspruchsmindernd zu berücksichtigen gewesen, so dass das Bürgergeld für Herrn N monatlich in dieser Höhe rechtswidrig überzahlt wurde. Damit waren die Bewilligungsbescheide des SGB II-Trägers vom 8.7.2024 und vom 22.12.2024 insoweit (teilweise) fehlerhaft bzw. rechtwidrig.

Die Rücknahme der Verwaltungsakte nach § 45 Abs. 1 SGB X setzt weiterhin voraus, dass diese bei objektiver Betrachtungsweise bereits **zum Zeitpunkt des Erlasses** (also anfänglich) rechtswidrig waren.[2] Im vorliegenden Fall wird das Erwerbseinkommen bereits seit April 2024 erzielt, so dass die zugrunde liegenden Verwaltungsakte (Bewilligungsbescheide) bereits bei Erlass rechtswidrig waren.

1.1.2 Prüfung Vertrauensschutz

Gemäß § 45 Abs. 4 Satz 1 SGB X wird der Verwaltungsakt nur in den Fällen von Absatz 2 Satz 3 und Absatz 3 Satz 2 mit Wirkung **für die Vergangenheit** zurückgenommen. Ein rechtswidriger begünstigender Verwaltungsakt darf gemäß § 45 Abs. 2 Satz 1 SGB X nicht zurückgenommen werden, soweit der Begünstigte auf den Bestand des Verwaltungsaktes vertraut hat und das Vertrauen unter Abwägung mit dem öffentlichen Interesse schutzwürdig ist. Sofern die Vorschrift des § 45 Abs. 2 Satz 3 SGB X Anwendung findet, sind andere Aspekte des Vertrauensschutzes nicht mehr zu prüfen.

Nach § 45 Abs. 2 Satz 3 **Nr. 2** SGB X kann sich der Begünstigte bzw. Adressat des Verwaltungsaktes **nicht** auf Vertrauen berufen, soweit der Verwaltungsakt auf Angaben beruht, die der Begünstigte vorsätzlich oder grob fahrlässig in wesentlicher Beziehung unrichtig oder unvollständig gemacht hat. Grobe Fahrlässigkeit liegt vor, wenn die begünstigte Person die erforderliche Sorgfalt in besonders schwerem Maße verletzt hat (§ 45 Abs. 2 Satz 3 Nr. 3 SGB X). Erforderlich ist daher in subjektiver Hinsicht ein gegenüber der einfachen Fahrlässigkeit gesteigertes Verschulden. Hier kommt es auf das **Handeln** bzw. **Unterlassen** des Betreuers an.

Auch das Unterlassen von entscheidungsrelevanten Angaben (z. B. zur wirtschaftlichen Situation der hilfesuchenden Person) ist einem positiven Tun („gemacht") gleichzusetzen.

Im vorliegenden Fall hat Herrn N im Zuge der Antragstellung selbst keine falschen bzw. unvollständigen Angaben zu seinen wirtschaftlichen Verhältnissen gemacht. Er wird jedoch von einem Berufsbetreuer u. a. auch in behördlichen Angelegenheiten vertreten,

---

2 Aus dem Wortlaut des § 45 Abs. 1 SGB X ergibt sich nicht unmittelbar, dass es für die Rechtswidrigkeit auf den Zeitpunkt des Erlasses des Verwaltungsaktes ankommt – dies ist jedoch aus der systematischen Stellung der Norm zwischen § 44 SGB X und § 48 SGB X zu schließen. Die Vorschrift des § 44 SGB X behandelt ausdrücklich die Rücknahme bei Erlass rechtswidriger Verwaltungsakte, während § 48 SGB X die Aufhebung von Verwaltungsakten bei Änderung der Verhältnisse regelt. Da § 48 SGB X sowohl die Aufhebung von begünstigenden als auch von nicht begünstigenden bzw. belastenden Verwaltungsakten thematisiert, muss sich der Anwendungsbereich von § 45 SGB X notwendigerweise auf anfänglich rechtswidrige begünstigende Verwaltungsakte erstrecken.

so dass es hier (bzgl. der erstmaligen Antragstellung im Juli 2024) auf das Handeln bzw. Unterlassen **des Betreuers** ankommt. Der Betreuer musste als rechtskundige Person wissen, dass er korrekte und vollständige Angaben zur Einkommenssituation des Herrn N machen muss, da die Leistungen zur Sicherung des Lebensunterhalts im Rahmen der Grundsicherung für Arbeitsuchende u. a. auch abhängig von der wirtschaftlichen Situation (also vom Einkommen und Vermögen) der leistungsberechtigten Person sind.

Das Unterlassen der Angaben zum Erwerbseinkommen beim Erstantrag ist mindestens grob fahrlässig. Es erfolgt eine Zurechnung des Vertreterverschuldens nach §§ 1901, 1902 i. V. m. § 278 BGB (analog).

Bei der wiederholten Antragstellung am 14.12.2024 weist der Betreuer den Leistungsträger auf das Einkommen hin. Bezüglich der Vertrauensschutzaspekte kommt es hier demnach auf die **Kenntnis** des Betreuers bezüglich der Rechtswidrigkeit des Verwaltungsaktes an.

Nach § 45 Abs. 2 Satz 3 **Nr. 3** SGB X kann sich der Begünstigte **nicht** auf Vertrauen berufen, wenn er die Rechtswidrigkeit des Verwaltungsaktes kannte oder infolge grober Fahrlässigkeit nicht kannte. Es ist davon auszugehen, dass der Betreuer die Rechtswidrigkeit des Bewilligungsbescheides vom 22.12.2024 kannte oder als rechtskundige Person hätte kennen müssen. Auch hier erfolgt die Zurechnung des Vertreterverschuldens nach § 278 BGB (analog), so dass sich der Begünstigte (Herr N) hinsichtlich beider Verwaltungsakte bzw. Bewilligungsbescheide nicht auf Vertrauen berufen kann.

1.1.3 Ermessen

Grundsätzlich ist vom Leistungsträger im Hinblick auf die Frage, **ob** der Verwaltungsakt mit Wirkung für die Vergangenheit und/oder für die Zukunft zurückgenommen wird, Ermessen auszuüben („darf").

Allerdings sind gemäß § 40 Abs. 2 Nr. 3 SGB II die Vorschriften des Dritten Buches Sozialgesetzbuch über die Aufhebung von Verwaltungsakten (§ 330 Abs. 2, Abs. 3 Satz 1 und Abs. 4 SGB III) entsprechend anwendbar. Gemäß § 330 Abs. 2 SGB III **ist** ein Verwaltungsakt auch mit Wirkung für die **Vergangenheit** zurückzunehmen, wenn die in § 45 Abs. 2 Satz 3 SGB X genannten Voraussetzungen für die Rücknahme eines rechtswidrigen begünstigenden Verwaltungsaktes (kein Vertrauensschutz) vorliegen.

Die Bewilligungsbescheide vom 8.7.2024 und vom 22.12.2024 sind damit in Höhe der überzahlten Leistung (mtl. 240,00 €) insoweit für die Vergangenheit (teilweise) zurückzunehmen bzw. zu korrigieren. Eine Ermessensausübung ist nicht vorzunehmen.

Nach dem Wortlaut umfasst die Modifikation nach § 40 Abs. 2 Nr. 3 SGB II i. V. m. § 330 Abs. 2 SGB III lediglich die Aufhebung bzw. Rücknahme für die Vergangenheit. Wenn allerdings ein rechtswidriger Verwaltungsakt schon zwingend mit Wirkung für die Vergangenheit aufzuheben ist, dann erst recht auch mit Wirkung für die **Zukunft** („Erst-Recht-Schluss").[3]

---

3 In der Literatur ist umstritten, ob die Modifikation auch für die Rücknahme mit Wirkung für die Zukunft gilt. Zu vertreten ist daher auch, dass bei Bösgläubigkeit eine Ermessensausübung für die Zukunft vorzunehmen ist. Im vorliegenden Fall sind keine Gründe erkennbar, die von einer Rücknahme des Verwaltungsaktes für die Zukunft absehen lassen.

Sofern Bürgergeld auch für 2026 bewilligt würde, wäre der Bewilligungsbescheid daher – wegen des Monatsprinzips – ab März 2026 im Umfang der Rechtswidrigkeit (teilweise) zurückzunehmen bzw. zu korrigieren.

1.1.4 *Handlungs- bzw. Entscheidungsfrist*

Gemäß § 45 Abs. 4 Satz 2 SGB X muss die Behörde den Verwaltungsakt für die Vergangenheit **innerhalb eines Jahres** seit Kenntnis der Tatsachen zurücknehmen, welche die Rücknahme eines rechtswidrigen begünstigenden Verwaltungsaktes für die Vergangenheit rechtfertigen (Handlungsfrist).

Die Kenntnis der relevanten Tatsachen durch die Behörde erfolgte durch die Angaben bzw. den Hinweis des Betreuers zum Einkommen bei wiederholter Antragsstellung im Dezember 2024.

Die Jahresfrist ist damit zum Entscheidungszeitpunkt (Februar 2026) bereits abgelaufen, so dass eine Rücknahme der Verwaltungsakte **für die Vergangenheit** nicht mehr möglich ist.[4]

1.1.5 *Ergebnis*

Ein Anspruch auf Kostenerstattung nach § 50 SGB X gegenüber dem begünstigten Leistungsempfänger (Herrn N) kann **nicht** in Betracht kommen, da eine Aufhebung bzw. Rücknahme der zugrunde liegenden Verwaltungsakte (Bewilligungsbescheide) nicht erfolgen kann.

Aufgabe 2

Nach § 34a Abs. 1 SGB II ist zum Ersatz rechtswidrig erbrachter Leistungen verpflichtet, wer diese durch vorsätzliches oder grob fahrlässiges Verhalten **an Dritte** herbeigeführt hat. Von der Vorschrift werden somit Tatbestände erfasst, bei denen das (schuldhafte) Verhalten einer Person zu einer rechtswidrigen Leistungsgewährung an andere Personen führt.

Anders als bei der Vorschrift des § 50 SGB X, die eine **zu Unrecht** erbrachte Leistung für den Kostenerstattungsanspruch voraussetzt, entsteht der Kostenersatzanspruch nach § 34a SGB II bereits bei einer **rechtswidrigen** Leistungserbringung, ohne dass es der Aufhebung der zu Grunde liegenden Verwaltungsakte (Bewilligungsbescheide)

4 Teilweise wird in der Literatur die Auffassung vertreten, dass es im Hinblick auf die Entscheidungsfrist nicht auf die Faktenkenntnis beim Leistungsträger ankommt, sondern auf die subjektive Einschätzung und Bewertung, ob eine Aufhebung möglich ist. Selbst wenn man die Erkenntnis der Rechtswidrigkeit auf Behördenseite fordern würde, müsste man nach der hier vertretenen Auffassung bei lebensnaher Auslegung des Sachverhalts dazu kommen, dass hier die Tatsachenkenntnis zum Vorhandensein des Einkommens aus dem Minijob die Erkenntnis der Behörde zur Rechtswidrigkeit im Hinblick auf die Nichtanrechnung impliziert. Das „Vergessen" weist darauf hin, dass die Sachbearbeiterin des Jobcenters die Entscheidungsrelevanz des Einkommens für den Erlass eines rechtmäßigen Bescheides erkannt hat und lediglich ein Eingabefehler vorliegt.

bedarf. In diesem Zusammenhang ist allerdings zu beachten, dass wegen des Verweises in § 40 Abs. 2 Nr. 3 SGB II auf § 330 Abs. 2, Abs. 3 Satz 1 und Abs. 4 SGB III bei Vorliegen der Voraussetzungen der §§ 45, 48 SGB X die Entscheidung (jedenfalls für die Vergangenheit) zwingend zurückzunehmen **ist**.

Da die Aufhebung bzw. Rücknahme der fehlerhaften Bewilligungsbescheide in diesem Fall nicht (mehr) möglich ist (vgl. Lösung zu Aufgabe 1), ist die **Rechtswidrigkeit** der Leistungsgewährung im Bereich der Grundsicherung für Arbeitsuchende für einen Kostenersatzanspruch nach § 34a SGB II **ausreichend**.

2. Voraussetzungen für den Kostenersatzanspruch nach § 34a SGB II

2.1 Rechtwidrigkeit der erbrachten Leistung

Die Leistungsgewährung ist rechtswidrig, wenn geltendes Recht unrichtig angewandt bzw. von einem unzutreffenden Sachverhalt bei der behördlichen Entscheidung ausgegangen wurde und die Begünstigung somit gegen geltendes Recht verstößt (vgl. § 44 Abs. 1 Satz 1 SGB X). Der zuständige Leistungsträger ist bei der Bewilligung von Bürgergeld für erwerbsfähige Leistungsberechtigte unzutreffend davon ausgegangen, dass Herr N über kein Einkommen verfügt.

Das Bürgergeld wurde für beide Bewilligungszeiträume im Umfang der Nichtberücksichtigung des Einkommens aus Erwerbstätigkeit (also in Höhe von monatlich 240,00 €) rechtswidrig gewährt.

2.2 Herbeiführung durch schuldhaftes Verhalten/Kausalität

Die Kostenersatzpflicht nach § 34a SGB II entsteht nur dann, wenn die rechtswidrige Erbringung von Leistungen durch vorsätzliches oder grob fahrlässiges (also schuldhaftes) Verhalten herbeigeführt wurde. „Verhalten“ im Sinne dieser Vorschrift erfasst sowohl ein (aktives) Tun als auch ein Unterlassen. Vorsatz bzw. grobe Fahrlässigkeit müssen sich in diesem Zusammenhang auf die Unrichtigkeit bzw. Unvollständigkeit der Angaben zu den persönlichen oder wirtschaftlichen Verhältnissen beziehen.

Dem Betreuer hätte bei einfachsten Überlegungen klar sein müssen, dass die Leistungen zur Sicherung des Lebensunterhalts im Rahmen der Grundsicherung für Arbeitsuchende nach dem SGB II nicht unabhängig von der jeweiligen Einkommens- und Vermögenssituation der hilfesuchenden Person erbracht werden und das Erwerbseinkommen aus dem Minijob leistungsrechtlich relevant ist bzw. anspruchsmindernd zu berücksichtigen war – zumal Berufsbetreuer über spezielle Rechtskenntnisse verfügen, da sie die Rechtsangelegenheiten für die von ihnen betreuten Personen von Berufs wegen regeln. Damit hat der Betreuer bei der erstmaligen Antragstellung im Juli 2024 mindestens grob fahrlässig gehandelt.

Durch das schuldhafte bzw. grob fahrlässige Verhalten muss die rechtswidrige Leistungsgewährung herbeigeführt worden sein. Die Formulierung bzw. die Kombination der Wörter „durch" und „herbeiführen" in § 34a Abs. 1 Satz 1 SGB II macht deutlich, dass das Verhalten des Verursachers die rechtswidrige Leistung ausgelöst hat und zwischen rechtswidriger Leistungsgewährung und schuldhaftem Verhalten ein **kausaler Zusammenhang** bestehen muss. Im vorliegenden Fall wurde durch das schuldhafte Verschweigen des Einkommens aus dem Minijob die insoweit rechtswidrige Gewährung von Arbeitslosengeld II bzw. Bürgergeld ausgelöst.

Bezüglich der wiederholten Antragstellung (Weiterbewilligungsantrag) am 14.12.2024 liegt ein schuldhaftes Verhalten des Betreuers **nicht** vor, da er die zuständige Sachbearbeiterin (mehrfach) auf das Einkommen aus Erwerbstätigkeit des Herrn N hinweist.

2.3 Leistungen an Dritte

Die Vorschrift des § 34a Abs. 1 Satz 1 SGB II regelt den Anspruch auf Kostenersatz gegen **den Verursacher** für die **an Dritte** rechtswidrig herbeigeführte Leistungen nach dem SGB II. Hier wurden die Leistungen zur Sicherung des Lebensunterhalts (Bürgergeld) im Umfang der Nichtberücksichtigung des Einkommens an einen Dritten (Herrn N) herbeigeführt.

2.4 Rechtsfolge und Geltendmachung

Der Betreuer ist als Verursacher zum **Kostenersatz** der an Herrn N rechtswidrig überzahlten Leistungen nach dem SGB II für die Zeit vom 1.7. bis 31.12.2024 in Höhe von insgesamt **1.440,00 €** (240,00 € × 6 Monate) verpflichtet. Die Heranziehung zum Kostenersatz erfolgt mit Bescheid gegenüber dem Ersatzpflichtigen.

Der Anspruch auf Kostenersatz muss gemäß § 34a Abs. 2 SGB II innerhalb von vier Jahren geltend gemacht werden, da der Anspruch ansonsten verjährt. Die Vierjahresfrist beginnt entweder nach Ablauf des Kalenderjahres, in dem der Verwaltungsakt, mit dem die Kostenerstattung nach § 50 SGB X festgesetzt worden ist, unanfechtbar geworden ist oder ab dem Zeitpunkt, ab dem die Behörde von der rechtswidrig begünstigenden Leistung Kenntnis hat.

Praktischer Fall Nr. 16

Schwerpunkte:
- Leistungen zur Sicherung des Lebensunterhalts nach dem SGB II (Bürgergeld),
- Leistungsausschluss für Auszubildende (§ 7 Abs. 5 und Abs. 6 SGB II),
- Leistungen für Auszubildende (§ 27 SGB II)

Hilfsmittel:
- Zweites Buch Sozialgesetzbuch (SGB II) mit Verordnungen,
- Fünftes Buch Sozialgesetzbuch (SGB V),
- Bundesausbildungsförderungsgesetz (BAföG)

Sachverhalt

Frau V (28 Jahre alt, alleinstehend) bewohnt eine eigene Wohnung in der Stadt D in Nordrhein-Westfalen. Sie ist Studentin (Chemietechnik) im sechsten Semester an der Universität ihres Wohnortes. Vom Studierendenwerk der Hochschule erhält sie Leistungen der Ausbildungsförderung nach § 13 Abs. 1 Nr. 2 i. V. m. Abs. 2 Nr. 2 BAföG in Höhe von monatlich 992,00 €. Darin enthalten ist auch der Zuschlag für die gesetzliche Kranken- und Pflegeversicherung in Höhe von 137,00 € gemäß § 13a BAföG.[1] Im Rahmen einer geringfügigen Beschäftigung (sog. „Minijob") erzielt sie ein Erwerbseinkommen von monatlich 520,00 € (brutto = netto).

Am 28.3.2026 wendet sich Frau V an das Jobcenter der Stadt D und erkundigt sich, ob und ggf. in welchem Umfang für sie Leistungen zur Sicherung des Lebensunterhalts im Rahmen der Grundsicherung für Arbeitsuchende in Betracht kommen.

Für ihre Mietwohnung zahlt Frau V die vertragsmäßig vereinbarte Miete von 390,00 € im Monat (inkl. der umlagefähigen Nebenkosten) und für die Heizkosten (inkl. der Anteile für die Warmwasserversorgung) monatlich 80,00 €. Frau V hat sich als Studentin bei einer gesetzlichen Krankenkasse versichert. Der monatliche Beitrag für die Kranken- und Pflegeversicherung beträgt 103,00 €. Für das Monatsticket (ÖPNV), das sie sowohl für die Fahrt zur Hochschule als auch für die Fahrt zur Arbeitsstätte benötigt, weist sie Kosten von 55,00 € pro Monat und für ihre kombinierte Hausrat- und Haftpflichtversicherung einen Jahresbeitrag von 137,80 € nach.

Nach ärztlichem Zeugnis ist sie wegen einer chronischen Erkrankung auf eine besondere Ernährungsform angewiesen, die mit monatlichen (angemessenen) Mehrkosten von 64,00 € verbunden ist.

Neben einem angemessenen Hausrat verfügt Frau V über kein weiteres verwertbares Vermögen.

1 Frau V ist als Studentin versicherungspflichtig in der gesetzlichen Kranken- und Pflegeversicherung, da sie aus Altersgründen nicht mehr über ihre Eltern familienversichert werden kann.

Aufgabe

Stellen Sie im Rahmen einer rechtsgutachtlichen Prüfung fest, ob und ggf. in welcher Höhe Leistungen zur Sicherung des Lebensunterhalts für Frau V im Rahmen der Grundsicherung für Arbeitsuchende nach dem SGB II in Betracht kommen. Eine Prüfung der Zuständigkeit ist nicht vorzunehmen.

Bearbeitungshinweise

1. Die Kosten der Unterkunft und die Heizkosten sind angemessen.
2. Gehen Sie davon aus, dass Frau V als eingeschriebene Studentin an einer Hochschule versicherungspflichtig in der gesetzlichen Kranken- und Pflegeversicherung ist (vgl. § 5 Abs. 1 Nr. 9 SGB V).
3. Der Regelbedarf der Regelbedarfsstufe 1 gemäß der Anlage zu § 28 SGB XII beträgt ab dem 1.1.2026 monatlich 563,00 €.
4. Gehen Sie davon aus, dass Frau V keine Ansprüche auf Leistungen nach dem Wohngeldgesetz hat.
5. Gehen Sie davon aus, dass das Erwerbseinkommen wegen der im Bundesausbildungsförderungsgesetz (BAföG) geregelten Freibeträge keinen Einfluss auf die Höhe der Ausbildungsförderung hat.
6. Auszüge aus dem BAföG:

§ 2 Ausbildungsstätten

(1) Ausbildungsförderung wird geleistet für den Besuch von

1. *Weiterführenden allgemeinbildenden Schulen und Berufsfachschulen, einschließlich der Klassen aller Formen der beruflichen Grundbildung, ab Klasse 10 sowie von Fach- und Fachoberschulklassen, deren Besuch eine abgeschlossenen Berufsausbildung nicht voraussetzt, wenn der Auszubildende die Voraussetzungen des Absatzes 1a erfüllt,*
2. *Berufsfachschulklassen und Fachschulklassen, deren Besuch eine abgeschlossene Berufsausbildung nicht voraussetzt, sofern sie in einem zumindest zweijährigen Bildungsgang einen berufsqualifizierenden Abschluss vermitteln,*
3. *Fach- und Fachoberschulklassen, deren Besuch eine abgeschlossene Berufsausbildung voraussetzt,*
4. *Abendhauptschulen, Berufsaufbauschulen, Abendrealschulen, Abendgymnasien und Kollegs,*
5. *Höhere Fachschulen und Akademien, die nicht nach Landesrecht Hochschulabschlüssen gleichgestellt sind,*
6. *Hochschulen sowie Akademien, die Abschlüsse verleihen, die nach Landesrecht Hochschulabschlüssen gleichgestellt sind.*

Maßgebend für die Zuordnung sind Art und Inhalt der Ausbildung. Ausbildungsförderung wird geleistet, wenn die Ausbildung an einer öffentlichen Einrichtung

– mit Ausnahme nichtstaatlicher Hochschulen – oder einer genehmigten Ersatzschule durchgeführt wird.
(1a) ... (2) ... (3) ... (4) ... (5) ... (6) ...

§ 12 Bedarf für Schüler

(1) Als monatlicher Bedarf gelten für Schüler
  1. von Berufsfachschulen und Fachschulklassen, deren Besuch eine abgeschlossene Berufsausbildung nicht voraussetzt, 276,00 Euro,
  2. von Abendhauptschulen, Berufsaufbauschulen, Abendrealschulen und von Fachoberschulklassen, deren Besuch eine abgeschlossene Berufsausbildung voraussetzt, 498,00 Euro.

(2) Als monatlicher Bedarf gelten, wenn der Auszubildende nicht bei seinen Eltern wohnt, für Schüler
  1. von weiterführenden allgemeinbildenden Schulen und Berufsfachschulen sowie von Fach- und Fachoberschulklassen, deren Besuch eine abgeschlossenen Berufsausbildung nicht voraussetzt, 666,00 Euro,
  2. von Abendhauptschulen, Berufsaufbauschulen, Abendrealschulen und von Fachoberschulklassen, deren Besuch eine abgeschlossene Berufsausbildung voraussetzt, 775,00 Euro.

(3) ... (3a) ... (4) ...

§ 13 Bedarf für Studierende

(1) Als monatlicher Bedarf gelten für Auszubildende in
  1. Fachschulklassen, deren Besuch eine abgeschlossene Berufsausbildung voraussetzt, Abendgymnasien und Kollegs 442,00 Euro,
  2. Höhere Fachschulen, Akademien und Hochschulen 475,00 Euro.

(2) Die Bedarfe nach Absatz 1 erhöhen sich für die Unterkunft, wenn der Auszubildende
  1. bei seinen Eltern wohnt, um monatlich 59,00 Euro,
  2. nicht bei seinen Eltern wohnt, um monatlich 380,00 Euro.

(3) ... (3a) ... (4) ...

§ 14b Zusatzleistungen für Auszubildende mit Kind (Kinderbetreuungszuschlag)

(1) Für Auszubildende, die mit mindestens einem eigenen Kind, das das 14. Lebensjahr noch nicht vollendet hat, in einem Haushalt leben, erhöht sich der Bedarf um monatlich 160,00 Euro für jedes dieser Kinder. (...)

(2) Der Zuschlag nach Absatz 1 bleibt als Einkommen bei Sozialleistungen unberücksichtigt. (...)

Lösung

1. Anspruch auf Bürgergeld für erwerbsfähige Leistungsberechtigte

Leistungen zur Sicherung des Lebensunterhalts im Rahmen der Grundsicherung für Arbeitsuchende in Form von Bürgergeld für erwerbsfähige Leistungsberechtigte erhalten nach §§ 7 Abs. 1 Satz 1, 7b und 19 Abs. 1 Satz 1 SGB II Personen,
- die das 15. Lebensjahr vollendet und die Altersgrenze nach § 7a SGB II noch nicht erreicht haben,
- erwerbsfähig i. S. des § 8 Abs. 1 SGB II sind,
- hilfebedürftig i. S. des § 9 Abs. 1 SGB II sind,
- erreichbar sind (§ 7b SGB II),
- ihren gewöhnlichen Aufenthalt in der Bundesrepublik Deutschland haben und
- keinem Ausschlusstatbestand nach § 7 Abs. 1 Satz 2, Abs. 4 und Abs. 5 SGB II unterliegen

(erwerbsfähige Leistungsberechtigte).

Frau V erfüllt die genannten Voraussetzungen (vorbehaltlich der zu prüfenden Hilfebedürftigkeit) und hätte somit grundsätzlich einen Anspruch auf Bürgergeld für erwerbsfähige Leistungsberechtigte. Allerdings haben Auszubildende, deren Ausbildung im Rahmen des Bundesausbildungsförderungsgesetzes dem Grunde nach förderungsfähig ist, über die Leistungen nach § 27 SGB II hinaus keinen Anspruch auf Leistungen zur Sicherung des Lebensunterhalts (Leistungsausschluss gemäß § 7 Abs. 5 Satz 1 SGB II).

Für die Anwendung des Leistungsausschlusses vom Bürgergeld für Auszubildende nach § 7 Abs. 5 Satz 1 SGB II kommt es demnach lediglich darauf an, ob die Ausbildung ihrer Art nach grundsätzlich gefördert werden kann. Ob eine Ausbildung grundsätzlich (also dem Grunde nach) förderungsfähig ist, ist auf der Grundlage der abstrakten, sachlichen Förderungskriterien und losgelöst von der Person des Auszubildenden zu entscheiden.[2]

Die Ausschlussregelung für Auszubildende nach § 7 Abs. 5 Satz 1 SGB II ist jedoch in den in § 7 Abs. 6 SGB II genannten Ausnahmefällen nicht anzuwenden. Einschlägig könnte hier § 7 Abs. 6 **Nr. 2** SGB II sein.[3] Danach findet § 7 Abs. 5 Satz 1 SGB II **keine** Anwendung auf Auszubildende, deren Bedarf sich nach den §§ 12, 13 Abs. 1 in Verbindung mit Abs. 2 Nr. 1 oder nach § 13 Abs. 1 Nr. 1 in Verbindung mit Abs. 2 Nr. 2 BAföG bemisst **und** die Leistungen nach dem Bundesausbildungsförderungsge-

---

2 Vgl. BSG, Urt. vom 6.8.2014 – B 4 AS 55/13 R –, juris, Rn. 14.

3 Die Ausnahmen nach Nr. 1 und Nr. 3 in Absatz 6 des § 7 SGB II betreffen Schülerinnen und Schüler an allgemeinbildenden weiterführenden Schulen ab Klasse 10, die nach § 2 Abs. 1a BAföG keinen Anspruch auf Ausbildungsförderung haben (insbesondere in den Fällen, in denen sie im Haushalt ihrer Eltern leben), bzw. Besucher einer Abendschule, die aus Altersgründen keinen Anspruch auf Ausbildungsförderung haben (vgl. § 10 Abs. 3 BAföG).

setz erhalten oder nur wegen der Vorschriften über Einkommen und Vermögen nicht erhalten oder Leistungen beantragt haben und über deren Antrag das zuständige Amt für Ausbildungsförderung noch nicht entschieden hat.

Für den Besuch einer (staatlich anerkannten) Hochschule wird Ausbildungsförderung für Studierende, die nicht bei ihren Eltern wohnen, geleistet nach § 13 Abs. 1 Nr. 2 i. V. m. Abs. 2 Nr. 2 BAföG. Auf diesen Regelungszusammenhang wird in den in § 7 Abs. 6 **Nr. 2** SGB II genannten Ausnahmefällen jedoch nicht verwiesen. Damit bleibt Frau V von den Leistungen zur Sicherung des Lebensunterhalts (in Form von Bürgergeld) – mit Ausnahme der Leistungen für Auszubildende nach § 27 SGB II – ausgeschlossen.

Der grundsätzliche Ausschluss von Ansprüchen auf Leistungen zur Sicherung des Lebensunterhalts im Rahmen der Grundsicherung für Arbeitsuchende während einer förderungsfähigen Ausbildung beruht darauf, dass die Ausbildungsförderung durch Sozialleistungen, die die Kosten des notwendigen Lebensunterhalts umfassen, außerhalb des SGB II sondergesetzlich (im Bundesausbildungsförderungsgesetz für die schulische bzw. hochschulmäßige Ausbildung und im SGB III für die betriebliche Ausbildung und die Teilnahme an einer berufsvorbereitenden Maßnahme) abschließend geregelt ist.

Deshalb soll die Grundsicherung für Arbeitsuchende nicht dazu dienen, dem bzw. der Auszubildenden durch die Sicherstellung des allgemeinen Lebensunterhalts das Betreiben einer dem Grunde nach förderungsfähigen Ausbildung zu ermöglichen. Die Leistungen der Grundsicherung für Arbeitsuchende nach dem SGB II sollen genau wie die Sozialhilfe nach dem SGB XII keine (versteckte) Ausbildungsförderung auf „zweiter Ebene“ sein.[4]

2. Anspruch auf Leistungen für Auszubildende nach § 27 SGB II

Nach § 27 SGB II kommen spezielle Leistungen (für nicht ausbildungsgeprägte bzw. nicht ausbildungsbedingte Bedarfe) zur Sicherung des Lebensunterhalts für Auszubildende in Betracht, die nach § 7 Abs. 5 Satz 1 SGB II vom Bürgergeld für erwerbsfähige oder nichterwerbsfähige Leistungsberechtigte ausgeschlossen sind. Leistungen für Auszubildende nach § 27 SGB II gelten nicht als Bürgergeld (vgl. § 27 Abs. 1 Satz 2 SGB II). Mit der Gewährung entsprechender Leistungen werden somit keine versicherungsrechtlichen Folgen ausgelöst, die an den Bezug von Bürgergeld geknüpft sind (z. B. die Versicherungspflicht in der gesetzlichen Kranken- und Pflegeversicherung).

In Betracht kommen für Frau V Leistungen (insbesondere für Regelbedarfe, Unterkunfts- und Heizkosten) bei Anerkennung einer **besonderen Härte** nach § 27 Abs. 3 Satz 1 SGB II sowie Mehrbedarfe nach § 27 Abs. 2 SGB II. Leistungen im Rahmen der Härteregelung nach § 27 Abs. 3 Satz 1 SGB II, die grundsätzlich als Darlehen zu erbringen sind, sind gegenüber den Leistungen nach § 27 Abs. 2 SGB II nachrangig (vgl. § 27 Abs. 3 Satz 5 SGB II).

---

4 Vgl. BSG, Urt. vom 27.9.2011 – B 4 AS 160/10 R –, juris, Rn. 19.

Es ist daher zunächst der Anspruch auf Leistungen nach § 27 Abs. 2 SGB II zu prüfen.

2.1 Mehrbedarfe nach § 27 Abs. 2 SGB II

Gemäß § 27 Abs. 2 SGB II werden Leistungen in Höhe der Mehrbedarfe nach § 21 Abs. 2, Abs. 3, Abs. 5 und Abs. 6 SGB II erbracht, soweit die Mehrbedarfe nicht durch zu berücksichtigendes Einkommen oder Vermögen gedeckt sind. Durch die Formulierung „soweit" wird klargestellt, dass entsprechende Leistungen unter Berücksichtigung der jeweiligen wirtschaftlichen Verhältnisse ggf. auch anteilig in Betracht kommen können.

In Betracht kommt für Frau V ein Mehrbedarf nach § 27 Abs. 2 i. V. m. § 21 Abs. 5 SGB II. Danach wird bei Leistungsberechtigten, die aus medizinischen Gründen einer kostenaufwändigen Ernährung bedürfen, ein Mehrbedarf **in angemessener Höhe** anerkannt. Frau V ist wegen einer chronischen Erkrankung auf eine besondere Ernährungsform angewiesen, die nach ärztlicher Stellungnahme mit Mehrkosten von 64,00 € pro Monat verbunden ist, so dass ein Mehrbedarf in dieser Höhe anzuerkennen ist.

Weitere Bedarfe bzw. Leistungen für Auszubildende nach § 27 Abs. 2 SGB II kommen für Frau V nicht in Betracht.

2.2 Leistungen in besonderen Härtefällen (§ 27 Abs. 3 Satz 1 SGB II)

Gemäß § 27 Abs. 3 **Satz 1** SGB II **können** Leistungen für Regelbedarfe, den Mehrbedarf nach § 21 Abs. 7 SGB II, Bedarfe für Unterkunft und Heizung, Bedarfe für Bildung und Teilhabe und notwendige Beiträge zur Kranken- und Pflegeversicherung **als Darlehen** erbracht werden, sofern der Leistungsausschluss nach § 7 Abs. 5 SGB II eine **besondere Härte** bedeutet.

Die Formulierung „besondere Härte" stellt einen unbestimmten Rechtsbegriff dar, dessen Auslegung der sozialgerichtlichen Überprüfung unterliegt. Außerdem stehen die Leistungen nach § 27 Abs. 3 **Satz 1** SGB II bei Anerkennung einer besonderen Härte im Ermessen des zuständigen Leistungsträgers („können").[5]

Ein **besonderer Härtefall** im Sinne dieser Vorschrift und damit die grundsätzliche Möglichkeit der Leistungsgewährung (quasi als Analogleistung zum Bürgergeld) ist nur anzuerkennen, soweit besondere schwerwiegende Umstände die Nichtgewährung von Bürgergeld bzw. den damit einhergehenden Abbruch der Ausbildung als außergewöhnlich hart und deshalb als unzumutbar erscheinen lassen und den Einzelfall damit als **atypisch** kennzeichnen.

Ein besonderer Härtefall in diesem Sinne liegt deshalb erst dann vor, wenn im Einzelfall besondere (außergewöhnliche und vom Auszubildenden möglichst nicht selbst

5 Obwohl die Leistungen nach § 27 Abs. 3 Satz 1 SGB II im Ermessen des Grundsicherungsträgers stehen, indiziert die Anerkennung einer besonderen Härte, dass die Hilfe auch tatsächlich erforderlich ist (d. h. Ermessensreduzierung auf null); so auch BSG, Urt. vom 6.9.2007 – B 14/7b AS 36/06 R –, SozR 4-4300 § 7 Nr. 6.

verschuldete) Umstände vorliegen, die einen zügigen Ausbildungsverlauf verhindert oder die sonstige Notlage hervorgerufen haben.[6]

Ein solcher Härtefall, der einen darlehensweisen Leistungsanspruch im Umfang der genannten Bedarfe begründen könnte, ist im vorliegenden Fall nicht zu erkennen bzw. von Frau V nicht dargelegt worden. Die allein durch den Ausschluss von Leistungen zur Sicherung des Lebensunterhalts entstehende Härte ist in diesem Zusammenhang nicht ausreichend. Eine besondere Härte i. S. des § 27 Abs. 3 **Satz 1** SGB II liegt insbesondere nicht bereits deshalb vor, weil die konkrete Ausbildung wegen fehlender finanzieller Mittel nicht absolviert werden kann bzw. nötigenfalls abgebrochen werden muss.[7]

Gemäß § 27 Abs. 3 **Satz 2** SGB II ist eine besondere Härte auch anzuerkennen, wenn Auszubildenden, deren Bedarf sich nach §§ 12 oder 13 Abs. 1 Nr. 1 BAföG bemisst, aufgrund von § 10 Abs. 3 BAföG (d. h. wegen Überschreitung der allgemeinen Altersgrenze) keine Leistungen zustehen, die Ausbildung im Einzelfall für die Eingliederung in das Erwerbsleben zwingend erforderlich (also alternativlos) ist und ohne die Erbringung von Leistungen der Abbruch der Ausbildung droht.

Die Vorschrift ist in diesem Fall nicht anwendbar, da sich der (förderungsrechtliche) Bedarf für Frau V als Studierende an einer staatlich anerkannten Hochschule nach § 13 Abs. 1 **Nr. 2** BAföG und nicht nach den in § 27 Abs. 3 Satz 2 SGB II genannten Vorschriften bemisst. Im Übrigen setzt die Härtefallregelung nach § 27 Abs. 3 **Satz 2** SGB II voraus, dass aus Altersgründen (§ 10 Abs. 3 BAföG) kein Anspruch auf Ausbildungsförderung besteht.

2.3 Feststellung der Hilfebedürftigkeit/Einsatz eigener Mittel (Einkommen)

Auch die Leistungen für Auszubildende nach § 27 SGB II unterliegen dem Nachranggrundsatz und werden nicht unabhängig von der individuellen wirtschaftlichen Situation (also vom Einkommen und Vermögen) der in der Ausbildung befindlichen Person erbracht. Auszubildende sollen im Hinblick auf die in Betracht kommenden Leistungen (hier in Form des Mehrbedarfs nach § 21 Abs. 5 SGB II) nicht besser oder schlechter gestellt werden als Personen, die grundsätzlich einen Anspruch auf Bürgergeld haben.[8]

Daher ist – wie beim Bürgergeld für erwerbsfähige und nichterwerbsfähige Leistungsberechtigte – eine Bedürftigkeitsprüfung i. S. des § 9 Abs. 1 SGB II durchzuführen. Gemäß § 9 Abs. 1 SGB II ist hilfebedürftig, wer seinen Lebensunterhalt nicht oder nicht ausreichend aus dem zu berücksichtigenden Einkommen oder Vermögen sichern kann und die erforderliche Hilfe nicht von anderen, insbesondere von Angehörigen oder von Trägern anderer Sozialleistungen, erhält. Dabei erfolgt die Berücksichtigung bzw. Anrechnung von Einkommen nach den allgemeinen Bestimmungen der §§ 11, 11a, 11b

6 Ähnlich auch BSG, Urt. vom 6.9.2007 – B 14/7b AS 28/06 R –, SozR 4-4200 § 7 Nr. 9 in Fortführung der Rechtsprechung des BVerwG zur Anerkennung einer besonderen Härte im Rahmen der Vorgängerregelung des § 26 Bundessozialhilfegesetz (BSHG).

7 Es ist gerade typisch, dass eine Ausbildung abgebrochen werden muss, wenn sie nicht (mehr) finanzierbar ist.

8 Vgl. BT-Drs. 17/3404 S. 103.

SGB II sowie den ergänzenden Regelungen in der Bürgergeld-Verordnung (Bürgergeld-V).

2.3.1 *Bedarf zur Sicherung des Lebensunterhalts*

Auf der Bedarfsseite zu berücksichtigen sind für Frau V als Regelbedarf gemäß § 20 Abs. 2 Satz 1 SGB II ein Betrag in Höhe der Regelbedarfsstufe 1, der Mehrbedarf wegen kostenaufwändiger Ernährung nach § 27 Abs. 2 i. V. m. § 21 Abs. 5 SGB II und die (in der genannten Höhe angemessenen) Bedarfe für Unterkunft und Heizung in Höhe der tatsächlichen Aufwendungen nach § 22 Abs. 1 Satz 1 SGB II.

Auf die Regelungen zur Karenzzeit (vgl. § 22 Abs. 1 Satz 2 bis Satz 8 SGB II) muss vorliegend nicht eingegangen werden.

Insgesamt ist als Bedarf zur Sicherung des Lebensunterhalts zu berücksichtigen:

Regelbedarf (§ 20 Abs. 2 Satz 1 SGB II)	563,00 €
Mehrbedarf (§ 27 Abs. 2 i. V. m. § 21 Abs. 5 SGB II)	64,00 €
Bedarfe für die Unterkunft (§ 22 Abs. 1 Satz 1 SGB II)	390,00 €
Bedarfe für die Heizung (§ 22 Abs. 1 Satz 1 SGB II)	80,00 €
Gesamtbedarf	**1.097,00 €**

2.3.2 *Ermittlung des einzusetzenden Einkommens*

Als Einkommen zu berücksichtigen sind gemäß § 11 Abs. 1 Satz 1 SGB II Einnahmen in Geld abzüglich der nach § 11b SGB II abzusetzenden Beträge mit Ausnahme der in § 11a SGB II und in § 1 Bürgergeld-V genannten Einnahmen. Leistungen, die aufgrund öffentlich-rechtlicher Vorschriften zu einem ausdrücklich genannten Zweck erbracht werden, sind nach § 11a Abs. 3 Satz 1 SGB II nur soweit als Einkommen zu berücksichtigen, als die Leistungen nach dem SGB II im Einzelfall demselben Zweck dienen.

Die Leistungen der Ausbildungsförderung nach dem Bundesausbildungsförderungsgesetz (BAföG) dienen sowohl der Sicherung des Lebensunterhalts als auch der Deckung der Kosten der Ausbildung selbst (vgl. §§ 1, 11 Abs. 1 BAföG).[9] Gemäß § 11a Abs. 3 Satz 2 Nr. 3 SGB II sind abweichend von Satz 1 die Leistungen der Ausbildungsförderung nach dem Bundesausbildungsförderungsgesetz als Einkommen zu berücksichtigen.

Damit sind **sämtliche Leistungen** der Ausbildungsförderung nach dem Bundesausbildungsförderungsgesetz ungeachtet ihrer Zweckbestimmung einzelner Teile (also auch der im Rahmen der Ausbildungsförderung gewährte Zuschuss zur Kranken- und Pflegeversicherung) mit Ausnahme des Kinderbetreuungszuschlags nach § 14b Abs. 2 Satz 1 BAföG als Einkommen zu berücksichtigen.

9 Nach der Rechtsprechung des Bundessozialgerichts waren Leistungen der Ausbildungsförderung in Höhe von 20 % des Betrages, der insgesamt nach dem BAföG als bedarfsdeckend angesehen wird, zweckbestimmte Einnahmen zur Finanzierung der Ausbildungskosten und damit anrechnungsfrei; vgl. BSG, Urt. vom 17.3.2009 – B 14 AS 63/07 R –, SozR 4-4200 § 11 Nr. 21. Die Entscheidung ist mit Inkrafttreten des 9. Änderungsgesetzes zum SGB II (Rechtsvereinfachungsgesetz, BGBl. I S. 1824) und der Änderung des § 11a SGB II zum 1.8.2016 obsolet geworden.

Sowohl das Einkommen im Rahmen der Ausbildungsförderung (BAföG) als auch das Erwerbseinkommen aus einer geringfügigen Beschäftigung („Minijob“) sind daher im Ergebnis als Einnahmen i. S. des § 11 Abs. 1 Satz 1 SGB II anspruchsmindernd zu berücksichtigen. Die in § 11a SGB II genannten Ausnahmen sind vorliegend nicht einschlägig. Auch § 1 Bürgergeld-V sowie spezielle Regelungen zum Einkommenseinsatz in anderen Gesetzen stehen einer grundsätzlichen Berücksichtigung nicht entgegen.

Nach § 11b SGB II i. V. m. den relevanten und konkretisierenden Vorschriften der Bürgergeld-V sind vom Einkommen bestimmte Beträge abzusetzen (Einkommensbereinigung).

Gemäß § 11b Abs. 1 Satz 1 Nr. 1 SGB II sind vom Einkommen abzusetzen die Pflichtbeiträge zur Sozialversicherung einschließlich der Beiträge zur Arbeitsförderung. Dies betrifft den von Frau V nachgewiesenen Beitrag für die gesetzliche Kranken- und Pflegeversicherung in Höhe der tatsächlichen Aufwendungen von monatlich 103,00 €. Frau V ist als immatrikulierte Studentin an einer Hochschule gemäß § 5 Abs. 1 Nr. 9 SGB V versicherungspflichtig in der gesetzlichen Kranken- und Pflegeversicherung (vgl. Bearbeitungshinweis 2).

Nach § 11b Abs. 2 Satz 1 SGB II ist bei erwerbsfähigen Leistungsberechtigten, die erwerbstätig sind, anstelle der Beträge nach § 11b Abs. 1 Satz 1 Nr. 3 bis Nr. 5 SGB II ein Betrag von insgesamt 100,00 € monatlich als Grundfreibetrag von dem Einkommen aus Erwerbstätigkeit abzusetzen. Es werden auch keine höheren Aufwendungen (als 100,00 €) nachgewiesen, so dass § 11b Abs. 2 Satz 2 SGB II vorliegend nicht einschlägig ist.

Nach § 11b Abs. 2b Satz 4 SGB II sind von den in § 11a Abs. 3 Satz 2 Nr. 3 bis Nr. 5 SGB II genannten Leistungen für die Absetzbeträge nach § 11b Abs. 1 Satz 1 Nr. 3 bis Nr. 5 SGB II mindestens 100,00 € abzusetzen, wenn die Absetzung nicht bereits nach Satz 1 bis Satz 3 erfolgt. Für Frau V wurde wegen der Erzielung von Erwerbseinkommen bereits ein Grundfreibetrag nach § 11b Abs. 2 Satz 1 SGB II einkommensmindernd berücksichtigt, so dass weitere Absetzungen nach § 11b Abs. 2 Satz 5 SGB II nicht vorzunehmen sind.

Weiterhin abzusetzen ist ein Freibetrag von 20 % für Erwerbstätigkeit gemäß § 11b Abs. 1 Satz 1 Nr. 6 i. V. m. § 11b Abs. 3 Satz 2 Nr. 1 SGB II (ausgehend vom jeweiligen Brutto-Erwerbseinkommen) für den Teil des monatlichen Erwerbseinkommens, der 100,00 € übersteigt und nicht mehr als 520,00 € beträgt (hier also **20 %** von 420,00 € = 84,00 €).

Insgesamt sind als (anrechenbares) Einkommen zu berücksichtigen:

Ausbildungsförderung (BAföG)	992,00 €
Erwerbseinkommen („Minijob“)	520,00 €
insgesamt	**1.512,00 €**
./. Beitrag zur Kranken- und Pflegeversicherung	103,00 €
./. Freibetrag für Erwerbstätigkeit	84,00 €
./. Grundfreibetrag (§ 11b Abs. 2 Satz 1 SGB II)	100,00 €
anzurechnendes Einkommen	**1.225,00 €**

3. Ergebnis

Frau V ist auch unter Berücksichtigung des Mehrbedarfs wegen kostenaufwändiger Ernährung (§ 27 Abs. 2 i. V. m. § 21 Abs. 5 SGB II) **nicht hilfebedürftig** i. S. des § 9 Abs. 1 SGB II, so dass entsprechende Leistungen für Auszubildende im Rahmen des § 27 Abs. 2 SGB II für sie nicht in Betracht kommen können.

Prüfungsschemata

Für die Lösung verwaltungsrechtlicher Fälle sind Prüfungsschemata auch im Sozialrecht weit verbreitet und sollen auch hier für die gängigen Fallgestaltungen im Bereich des SGB II und SGB XII – insbesondere auch zur Prüfungsvorbereitung – als Hilfestellung angeboten werden.

Arbeitet man mit solchen Lösungshilfen, muss man sich allerdings darüber klar werden, dass die Prüfungsschemata versuchen, alle eventuell in Betracht kommenden Prüfungsteile zu erfassen und deshalb in erster Linie einer Vollständigkeitsprüfung dienen bzw. eine Strukturierungshilfe für die rechtsgutachtliche Lösung eines Falles darstellen. Den Studierenden wird nicht abgenommen, die relevanten Probleme des zu prüfenden Sachverhaltes zu erkennen und wichtige Bearbeitungsteile von unwichtigen zu trennen. Keinesfalls sollten umfangreiche Ausführungen zu unproblematischen Teilen bzw. Aspekten des jeweiligen Prüfungsfalles gemacht werden, nur weil der entsprechende Punkt in einem Prüfungsschema genannt ist (keine „Schema-Manie"). Es ist also nicht ratsam, ein Lösungsschema „abzuarbeiten". Das würde die Bearbeiter/-innen in Prüfungssituationen unnötigerweise in Zeitnot bringen.

Auch sei darauf hingewiesen, dass die angebotenen Schemata nur häufig vorkommende Fälle und Aufgabenstellungen erfassen können. Hier ist es dann Aufgabe der Bearbeiter/-innen, im Einzelfall festzustellen, ob die Fallgestaltung in das angebotene Schema passt, und bei Abweichungen auch vom Schema abweichende Lösungen zu entwickeln. Letztlich ist die Anwendung bzw. Nutzung eines Prüfungsschemas auch immer abhängig von der konkreten Aufgabenstellung.

Auch die in diesem Lehrbuch enthaltenen praktischen Fälle bedienen sich der Prüfungsschemata nur im Sinne der genannten Vollständigkeitsprüfung und der Strukturierung der rechtsgutachtlichen Lösung und weichen in der Nummerierung häufig von den nachfolgenden Schemata ab.

Prüfungsschema bei Leistungen zur Sicherung des Lebensunterhalts nach dem SGB II

1. Materiell-rechtliche Prüfung

1.1 Anspruchsvoraussetzungen
(§§ 7 Abs. 1 Satz 1 und 2, 19 Abs. 1 Satz 1 und Satz 2 SGB II)

1.1.1 Anspruch auf Bürgergeld,
erwerbsfähige leistungsberechtigte Personen (§ 7 Abs. 1 Satz 1 SGB II)

1.1.1.1 Altersvoraussetzungen (§§ 7 Abs. 1 Satz 1 Nr. 1 SGB II, 7a SGB II)

1.1.1.2 Erwerbsfähigkeit (§§ 7 Abs. 1 Satz 1 Nr. 2 SGB II, 8 Abs. 1 SGB II)

1.1.1.3 Hilfebedürftigkeit (§§ 7 Abs. 1 Satz 1 Nr. 3 SGB II, 9 Abs. 1 SGB II)

1.1.1.4 Gewöhnlicher Aufenthalt in der Bundesrepublik Deutschland
(§§ 7 Abs. 1 Satz 1 Nr. 4 SGB II, 30 Abs. 3 Satz 2 SGB I)

1.1.1.5 Erreichbarkeit (§ 7b SGB II)

1.1.1.6 Ausschlusstatbestände für den Bezug von Bürgergeld für erwerbsfähige Leistungsberechtigte (§ 7 Abs. 1 Satz 2, Abs. 4 und Abs. 5 SGB II)
1.1.2 Anspruch auf Bürgergeld für nichterwerbsfähige Leistungsberechtigte, Personen in Bedarfsgemeinschaft (§§ 7 Abs. 2, Abs. 3, Abs. 3a, 19 Abs. 1 Satz 2 SGB II)
1.1.2.1 Vorrang der Grundsicherung nach dem 4. Kapitel SGB XII gegenüber dem Bürgergeld für nichterwerbsfähige Leistungsberechtigte (§§ 5 Abs. 2 Satz 2 SGB II, 19 Abs. 1 Satz 2 SGB II)
1.1.2.2 Ausschlusstatbestände für den Bezug von Bürgergeld für nicht erwerbsfähige Leistungsberechtigte (§ 7 Abs. 1 Satz 2, Abs. 4 und Abs. 5 SGB II)
1.1.3 Nachrang (§§ 2 Abs. 2, 3 Abs. 3, 5, 9 Abs. 1, 12a SGB II)
1.1.3.1 Vorrangige Sozialleistungsansprüche (§ 12a SGB II)
1.1.3.2 Einsatz der eigenen Kräfte, Zumutbarkeit (§ 10 SGB II)
1.1.3.3 Einsatz von Einkommen und Vermögen (§§ 11, 11a, 11b, 12 SGB II und Bürgergeld-V)
1.1.4 Bedarfsermittlung für das Bürgergeld (§ 19 Abs. 1 Satz 3 SGB II)
1.1.4.1 Regelbedarf (§§ 20, 23 Nr. 1 SGB II, Anlage zu § 28 SGB XII)
1.1.4.2 Mehrbedarf (§§ 21, § 23 Nr. 2 bis Nr. 4 SGB II)
1.1.4.3 Bedarf für Unterkunft und Heizung (§ 22 SGB II)
1.1.5 Einsatz der Mittel der Einsatzgemeinschaft
1.1.5.1 Einsatz des Einkommens, privilegiertes Einkommen, Absetzbeträge (§§ 11, 11a, 11b SGB II, Bürgergeld-V)
1.1.5.2 Einsatzverpflichtung/Einsatzgemeinschaft (§ 9 Abs. 2 Satz 1 und Satz 2 SGB II)
1.1.5.3 Zurechnung des Einkommens nach der Bedarfsanteilsmethode (§ 9 Abs. 2 Satz 3 SGB II)
1.1.5.4 Einsatz des Vermögens, Karenzzeit, nicht zu berücksichtigendes Vermögen, Freibeträge (§§ 12, 65 Abs. 5 SGB II, §§ 7 und 8 Bürgergeld-V)
1.1.6 Vermutung der Bedarfsdeckung (§ 9 Abs. 5 SGB II, § 1 Abs. 2 Bürgergeld-V)
1.1.7 Sonstige laufende Leistungen (§§ 26, 27 SGB II)
1.1.8 Abweichende Erbringung von Leistungen (§ 24 SGB II)
1.1.9 Bedarfe für Bildung und Teilhabe (§§ 28, 29 SGB II)
1.1.10 Sofortzuschlag (§ 72 SGB II)
1.2 Leistungsform (§ 4 Abs. 1 SGB II), Darlehen (z. B. § 24 Abs. 4 und Abs. 5 SGB II)
1.3 Beginn der Leistung, Bewilligungszeitraum, Antragserfordernis (§§ 37 Abs. 1 und Abs. 2, 41 Abs. 3 SGB II)
1.4 Vertretung der Bedarfsgemeinschaft (§ 38 SGB II)

2. Zuständigkeitsprüfung
2.1 Träger der Grundsicherung für Arbeitsuchende (§§ 6 Abs. 1, 6a, 6b, 6d SGB II)

2.2 Örtliche Zuständigkeit (§ 36 SGB II)
2.3 Aufgabenübertragung (§ 6 Abs. 2 SGB II und Landesrecht)

Prüfungsschema bei der Hilfe zum Lebensunterhalt (3. Kapitel SGB XII)

1. Hilfeart
1.1 Abgrenzung zum SGB II
1.2 Leistungen der Sozialhilfe (§ 8 SGB XII)
1.3 Gesamtfall- und Untersuchungsgrundsatz (§ 18 SGB XII, §§ 20, 21 SGB X)

2. Materiell-rechtliche Prüfung
2.1 Nachrang der Sozialhilfe (§ 2 SGB XII)
2.2 Anspruchsvoraussetzungen (§§ 19 Abs. 1, 27 Abs. 1 Satz 1 XII)
2.2.1 Bedarfsermittlung
2.2.1.1 Regelbedarf (§ 28 SGB XII und Anlage zu § 28 SGB XII)
2.2.1.2 Mehrbedarf (§ 30 SGB XII)
2.2.1.3 Bedarfe für Unterkunft (§§ 35 Abs. 1, 36 SGB XII)
2.2.1.4 Bedarfe für Heizung (§ 35 Abs. 4 SGB XII)
2.2.1.5 Sonstige Leistungen (§§ 32 bis 34a, 37, 38 SGB XII)
2.2.2 Einsatz der eigenen Mittel
2.2.2.1 Einsatz des Einkommens (§§ 82 ff. SGB XII, VO zu § 82 SGB XII)
2.2.2.2 Einsatz des Vermögens (§§ 90, 91 SGB XII, VO zu § 90 Abs. 2 Nr. 9 SGB XII)
2.2.3 Einsatz von Mitteln anderer Personen
2.2.3.1 Einsatzgemeinschaft (§ 27 Abs. 2 Satz 2 SGB XII)
2.2.3.2 Eheähnliche bzw. lebenspartnerschaftsähnliche Gemeinschaft (§ 20 Satz 1 SGB XII)
2.2.3.3 Vermutung der Bedarfsdeckung (§§ 39, 20 Satz 2 SGB XII)
2.2.4 Einsatz der eigenen Kräfte/Arbeitskraft (§ 2 Abs. 1 SGB XII)
2.2.5 Gegenüberstellung von Bedarf und anzurechnendem Einkommen und Vermögen, Ermittlung der zu erbringenden Hilfe
2.2.6 Form der Hilfe (§ 10 Abs. 1 SGB XII)/Beihilfe oder Darlehen
2.2.7 Einsetzen der Hilfe (§ 18 Abs. 1 und Abs. 2 SGB XII)

3. Zuständigkeitsprüfung
3.1 Sachliche Zuständigkeit (§ 97 SGB XII und Landesrecht)
3.2 Träger der Sozialhilfe (§ 3 SGB XII und Landesrecht)
3.3 Örtliche Zuständigkeit (§ 98 SGB XII)
3.4 Aufgabenübertragung (§ 99 SGB XII und Landesrecht)

Prüfungsschema bei der Grundsicherung im Alter und bei Erwerbsminderung (4. Kapitel SGB XII)

1. Hilfeart
1.1 Abgrenzung zum SGB II
1.2 Leistungen der Sozialhilfe (§ 8 SGB XII)
1.3 Gesamtfall- und Untersuchungsgrundsatz (§ 18 SGB XII, §§ 20, 21 SGB X)

2. Materiell-rechtliche Prüfung
2.1 Nachrang der Sozialhilfe (§ 2 SGB XII)
2.2 Anspruchsvoraussetzungen, Leistungsberechtigte (§ 19 Abs. 2 Satz 1, § 41 SGB XII)
2.2.1 Leistungsausschluss (§§ 41 Abs. 4, 43 Abs. 5 Satz 3 SGB XII)
2.2.2 Bedarfsermittlung (§ 42 SGB XII i. V. m. §§ 28 ff SGB XII)
2.2.2.1 Regelbedarf (§ 28 SGB XII und Anlage zu § 28 SGB XII)
2.2.2.2 Mehrbedarf (§ 30 SGB XII)
2.2.2.3 Bedarfe für Unterkunft (§§ 35 Abs. 1, 36 SGB XII)
2.2.2.4 Bedarfe für Heizung (§ 35 Abs. 4 SGB XII)
2.2.2.5 Sonstige Leistungen (§§ 31 bis 34a, 37, 38 SGB XII)
2.2.3 Einsatz der eigenen Mittel
2.2.3.1 Einsatz des Einkommens (§§ 43 Abs. 1, 82 ff. SGB XII, VO zu § 82 SGB XII)
2.2.3.2 Einsatz des Vermögens (§§ 90, 91 SGB XII, VO zu § 90 Abs. 2 Nr. 9 SGB XII)
2.2.4 Einsatz von Mitteln anderer Personen
2.2.4.1 Einsatzgemeinschaft (§ 43 Abs. 1 Satz 2 SGB XII)
2.2.4.2 Eheähnliche bzw. lebenspartnerschaftsähnliche Gemeinschaft (§ 20 Satz 1 SGB XII)
2.2.5 Einsatz der eigenen Kräfte/Arbeitskraft (§ 11 Abs. 3 Satz 2 und 4 SGB XII)
2.2.5.1 Gegenüberstellung von Bedarf und anzurechnendem Einkommen und Vermögen, Ermittlung der zu erbringenden Hilfe
2.2.6 Form der Hilfe (§ 10 Abs. 1 SGB XII)/Beihilfe oder Darlehen
2.2.7 Einsetzen der Hilfe, Antragserfordernis, Bewilligungszeitraum (§§ 41 Abs. 2 Satz 1, 44 Abs. 1 Satz 1, 44 Abs. 3 Satz 1 SGB XII)

3. Zuständigkeitsprüfung
3.1 Sachliche Zuständigkeit (§ 97 SGB XII und Landesrecht)
3.2 Träger der Sozialhilfe (§ 3 SGB XII und Landesrecht)
3.3 Örtliche Zuständigkeit (§§ 46b, 98 SGB XII und Landesrecht)
3.4 Aufgabenübertragung (§ 99 SGB XII und Landesrecht)

Prüfungsschema bei Hilfen nach dem 5. bis 9. Kapitel SGB XII hier: Hilfe zur Pflege nach dem 7. Kapitel SGB XII

1. Hilfeart
(Gesamtfallgrundsatz §§ 8, 18 SGB XII, Untersuchungsgrundsatz § 20 SGB X, Beweismittel § 21 SGB X)

2. Materiell-rechtliche Prüfung

2.1 Nachrang der Sozialhilfe (§ 2 SGB XII) – insbesondere im Hinblick auf vorrangig bestehende Ansprüche gegenüber anderen Sozialleistungsträgern (insbesondere aus der Pflegeversicherung) oder sonstigen Dritten

2.2 Anspruchsgrundlage (§ 19 Abs. 3 SGB XII)

2.2.1 Voraussetzungen nach dem 7. Kapitel SGB XII (**sachliche** bzw. **persönliche** Voraussetzungen)

2.2.1.1 anspruchsberechtigter Personenkreis (§§ 61, 61a, 61b bzw. 53 Abs. 1 SGB XII), Entscheidung der Pflegekasse, Bindungswirkung (§ 62a SGB XII)

2.2.1.2 Maßnahme(n) – ambulante, stationäre oder teilstationäre Hilfen, Hilfsmittel oder sonstige Maßnahmen

2.2.1.3 Leistungen/sozialhilferechtlicher Bedarf

2.2.1.4 Leistungskonkurrenz gemäß § 63b SGB XII (Kürzungs- und Anrechnungstatbestände)

2.2.2 Voraussetzungen des 11. Kapitels SGB XII (**wirtschaftliche** Voraussetzungen) unter dem Aspekt der Zumutbarkeit

2.2.2.1 Reihenfolge der Berechnung bei mehrfachem Bedarf (§ 89 SGBXII)

2.2.2.2 Berechnung der Einkommensgrenze (§§ 85, 86 SGB XII)

2.2.2.3 Einsatzgemeinschaft (§§ 19 Abs. 3 und 85 Abs. 1 oder Abs. 2 SGB XII)

2.2.2.4 Ermittlung des zu berücksichtigenden Einkommens/anrechnungsfreies Einkommen/Einkommensbereinigung (§ 82 ff. SGB XII und VO zu § 82 SGB XII)

2.2.2.5 Festsetzung der zumutbaren Eigenleistung
- Einsatz des Einkommens über der Einkommensgrenze (§ 87 SGB XII)
- Einsatz des Einkommens unter der Einkommensgrenze (§ 88 SGB XII)
- Einsatz des Einkommens bei mehrfachem Bedarf (§ 89 SGB XII)
- Einschränkung der Anrechnung bei behinderten Menschen (§ 92 SGB XII)

2.2.2.6 Vermögenseinsatz (§§ 90 und 91 SGB XII und VO zu § 90 Abs. 2 Nr. 9 SGB XII)

2.2.2.7 Gegenüberstellung des sozialhilferechtlichen Bedarfs und der zumutbaren Eigenleistung (Kostenbeitrag)

2.3 Form der Hilfe (§ 10 SGB XII)

2.4 Hilfeleistung als Beihilfe oder Darlehen

2.5 Erweiterte Hilfe (§ 19 Abs. 5 SGB XII)
2.6 Einsetzen der Sozialhilfe (§ 18 SGB XII)

3. Zuständigkeitsprüfung
3.1 Sachliche Zuständigkeit (§ 97 SGB XII und Landesrecht)
3.2 Träger der Sozialhilfe (§ 3 SGB XII und Landesrecht)
3.3 Örtliche Zuständigkeit (§ 98 SGB XII)
3.4 Aufgabenübertragung (§ 99 SGB XII und Landesrecht)

Prüfungsschema zur Überleitung von Ansprüchen nach § 93 SGB XII

1. Anwendbarkeit des § 93 SGB XII
1.1 Ausschluss anderer gesetzlicher Regelungen
1.1.1 Erstattungsansprüche gegen Sozialleistungsträger nach den §§ 102 ff SGB X
1.1.2 Übergang von Unterhaltsansprüchen nach § 94 SGB XII
1.2 Rechtsvorschriften, die dem § 93 SGB XII vorgehen
1.2.1 Erstattungs- und Ersatzansprüche gegen Arbeitgeber auf Arbeitsentgelt oder gegen Schadensersatzpflichtige nach den §§ 115, 116 SGB X

2. Formelle Voraussetzungen
2.1 Zuständigkeit (§§ 93, 3, 97 ff. SGB XII und Landesrecht)
2.2 Form, Bestimmtheit, Begründung
2.2.1 Form (§ 33 SGB X, § 93 Abs. 1 Satz 1 SGB XII)
2.2.2 Bestimmtheit (§ 33 SGB X)
2.2.3 Begründung (§ 35 SGB X)
2.3 Verfahren/Anhörung Beteiligter (§ 24 SGB X)

3. Materielle Voraussetzungen
3.1 Anspruch (§ 93 Abs. 1 Satz 1 SGB XII)
3.2 Leistungserbringung (§ 93 Abs. 1 Satz 1 SGB XII)
3.3 Anspruchsberechtigung (§ 93 Abs. 1 Satz 1 SGB XII)
3.4 Gleichzeitigkeit (§ 93 Abs. 1 Satz 1 SGB XII)
3.5 Kausalität (§ 93 Abs. 1 Satz 3 SGB XII)

4. Ermessensentscheidung

Prüfungsschema zur Aufhebung und Kostenerstattung nach §§ 45, 50 SGB X

Aufhebung und Erstattung sind gemeinsam zu prüfen
(Arg. a. § 50 Abs. 3 Satz 2 SGB X).

Kostenerstattung nach § 50 SGB X für zu Unrecht erbrachte Leistungen setzt voraus
- rechtswidrige Leistungserbringung bzw. rechtswidrige Verwaltungsakte
- Aufhebung der Verwaltungsakte nach §§ 45 oder 48 SGB X.

1. Formelle Voraussetzungen
1.1 Zuständigkeit für die Rücknahme (§ 45 Abs. 5 i. V. m. § 44 Abs. 3 SGB X)
1.2. Anhörung (§ 24 SGB X)
1.3. Form/Verbindung von Aufhebung und Erstattung/dadurch Schriftform (§ 50 Abs. 3 Satz 1 und Satz 2 SGB X)

2. Materielle Voraussetzungen
2.1 Rücknahme der Verwaltungsakte nach § 45 SGB X
2.1.1 Verwaltungsakt i. S. des § 31 Satz 1 SGB X
2.1.2 Verwaltungsakt ist begünstigend (§ 45 Abs. 1 Satz 1 SGB X)
2.1.3 Verwaltungsakt ist zum Zeitpunkt des Erlasses rechtswidrig (§ 44 Abs. 1 Satz 1 SGB X)

Dabei ist in der Regel eine rückwirkende Betrachtung der wirtschaftlichen Situation/Voraussetzungen nach dem 11. Kapitel SGB XII vorzunehmen.

2.1.4 Kein Rücknahmeverbot (Einschränkungen nach § 45 Abs. 2 bis Abs. 4 SGB X)
2.1.4.1 Rücknahme für die Vergangenheit (§ 45 Abs. 4 Satz 1 SGB X)
2.1.4.2 Keine Schutzwürdigkeit des Vertrauens (§§ 45 Abs. 2 Satz 3 und Abs. 3 Satz 2 SGB X) und Zurechnung des Vertreterverschuldens (§§ 278, 1629, 1902 BGB)
2.1.4.3 Entscheidungsfrist (§ 45 Abs. 4 Satz 2 SGB X)
2.1.5 Adressat (begünstigte Person)
2.1.6 Ermessen (§ 45 Abs. 1 SGB X)/Besonderheit in SGB II-Fällen (vgl. § 40 Abs. 2 SGB II i. V. m. § 330 Abs. 3 SGB II)
2.2 Rückforderung/Kostenerstattung nach § 50 SGB X (gegen die leistungsbegünstigte Person)
2.2. Tatbestandliche Voraussetzungen (§ 50 Abs. 1 Satz 1 SGB X)
2.2.1.1 Leistungen erbracht
2.2.1.2 Aufhebung der (rechtswidrigen) Verwaltungsakte
2.2.2 Rechtsfolge: Leistungen sind (insoweit) zu erstatten (§ 50 Abs. 1 Satz 1 SGB X)

Prüfungsschema bei Erstattungsansprüchen gegen (vorrangige) Sozialleistungsträger nach § 104 SGB X

1. Voraussetzungen für den Erstattungsanspruch

1.1 Rechtmäßige Hilfeleistung (§ 104 Abs. 1 Satz 1 SGB X)

1.2 Anspruch gegen einen vorrangigen Sozialleistungsträger (§ 104 Abs. 1 Satz 1 SGB X)

1.3 Nachrangige Verpflichtung des leistenden Trägers (§ 104 Abs. 1 Satz 1 SGB X)

1.4 Personenidentität (Leistungsempfänger/Anspruchsinhaber) oder Hilfegewährung für einen Angehörigen und Anspruch oder Teilanspruch mit Rücksicht auf diesen Angehörigen (§ 104 Abs. 1 und Abs. 2 SGB X, § 114 SGB XII, § 34 SGB II)

1.5 Keine Leistung des vorrangig verpflichteten Sozialleistungsträgers vor Kenntnis von der Hilfegewährung (§ 104 Abs. 1 SGB X)

1.6 Gleichzeitigkeit (§ 104 Abs. 1 Satz 1 SGB X)

1.7 Gleichartigkeit der Leistungen

2. Umfang des Erstattungsanspruchs

2.1 Höhe des Anspruchs gegen den vorrangigen Sozialleistungsträger (§ 104 Abs. 1 Satz 1 und Abs. 3 SGB X)

2.2 Höhe der Aufwendungen des nachrangigen Sozialleistungsträgers (§ 104 Abs. 1 Satz 1 SGB X)

2.3 Kausalität (§ 104 Abs. 1 Satz 3 SGB X)

3. Form und Verfahren

3.1 Geltendmachung des Erstattungsanspruchs durch den nachrangig verpflichteten Sozialleistungsträger (§ 111 Satz 1 SGB X)

3.2 Ausschlussfrist (§ 111 Satz 1 und Satz 2 SGB X)

Hinweise und Tipps zur gutachtlichen Prüfung und Bearbeitung von Klausurfällen im Fach Sozialrecht

Vorbemerkung:

Vielfach lässt die Bearbeitung einer Klausur und die gutachtliche Prüfung bzw. Stellungnahme im Bereich des Sozialrechts erkennen, dass die problemrelevanten Schwerpunkte des jeweiligen Sachverhalts zwar im Wesentlichen erkannt wurden, der oder die Studierende aber offenbar nicht in der Lage war, komplexe und fallbezogene juristische Zusammenhänge nachvollziehbar darzustellen und die schriftliche Lösung in einem angemessenen Gutachtenstil und in einem vorgegebenen Zeitrahmen zu entwickeln und zu Papier zu bringen.

Die nachfolgenden Hinweise sollen den Studierenden insbesondere dabei helfen, in einer Prüfungssituation auch unter Zeitdruck eine stringente und nachvollziehbar begründete Klausurlösung unter Anwendung fachlicher und methodischer Kenntnisse sowie entsprechender Rechtsanwendung zu erarbeiten und darzustellen bzw. auszuformulieren.

Zur individuellen Vorbereitung auf die konkrete Prüfungssituation bzw. die anstehende Klausur ist es sinnvoll, rechtzeitig vor dem jeweiligen Prüfungstermin die wesentlichen Inhalte und wichtigsten Informationen einzelner Themenblöcke des abgelaufenen Studienabschnittes zu sammeln und schriftlich auf jeweils einer Seite oder Karteikarte (stichpunktartig) zusammenzufassen.

Das zwingt den/die Studierende(n) dazu, prüfungsrelevante Inhalte zu komprimieren und einen Blick für das Wesentliche zu entwickeln.

Je nach Lernstoff, Lernmenge und Lerntyp gibt es unterschiedliche Lernmethoden und -techniken, die bei der Prüfungsvorbereitung eingesetzt werden können. Grundsätzlich sollte individuell entschieden werden, ob man sich lieber alleine oder in einer Lerngruppe vorbereiten will. Im Übrigen hilft eine gute Prüfungsvorbereitung, Stress und Ängste zu reduzieren.

Wenn es ein Problem gibt, das die Studierenden vor einer anstehenden Prüfung bzw. Klausur überhaupt nicht gebrauchen können, dann ist dies zusätzlicher Stress, der insbesondere durch unvorhersehbare Ereignisse oder durch zeitliche Engpässe am Prüfungstag entsteht. Daher ist es grundsätzlich empfehlenswert, frühzeitig (d. h. deutlich vor Beginn der Prüfung) „vor Ort" zu sein, um sich in aller Ruhe „einzurichten".

Hinweise zur Klausurbearbeitung:

1. Achten Sie darauf, nicht nur den zu bearbeitenden **Sachverhalt**, sondern auch die **Bearbeitungshinweise** und die konkreten **Aufgaben-/Fragestellungen** (ggf. auch mehrfach) sorgfältig zu lesen. Dafür sollten Sie sich unbedingt ausreichend Zeit nehmen. Insbesondere sind folgende Fragen/Aspekte zu beachten:

Sind Sie auf alle relevanten Aspekte und Informationen, die im Sachverhalt genannt sind, in Ihrem Gutachten eingegangen? Jede Information im Sachverhalt ist grundsätzlich relevant für die Lösung.
Stellen Sie die im Sachverhalt gemachten Angaben und Fakten nicht in Frage. Gehen Sie grundsätzlich von der objektiven Richtigkeit aller Informationen aus.

2. Aus Zeitgründen sollte vorab auf die Anfertigung umfassender Lösungsskizzen bzw. Gliederungsentwürfe o. ä. verzichtet werden (Zeitmanagement). Notieren Sie stattdessen, welche die zentralen Probleme des zu bearbeitenden Sachverhaltes sind bzw. worauf Sie in Ihrem Rechtsgutachten schwerpunktmäßig eingehen müssen.
Bewertet wird in der Regel nur das ausformulierte Gutachten und nicht die Lösungsskizze bzw. sonstige stichwortartige Notizen.
3. Arbeiten Sie strukturiert und orientieren Sie sich bei der Bearbeitung ggf. an einem Lösungsschema – verfallen Sie aber dabei nicht in eine „Schema-Manie" (ein **Lösungsschema** ist in erster Linie eine Strukturierungshilfe für die rechtsgutachtliche Prüfung), daher …
ein Lösungsschema nicht einfach Punkt für Punkt „abarbeiten", sondern schwerpunktmäßig auf die relevanten Problemlagen des zu bearbeitenden Falles eingehen. Aspekte, die offensichtlich unstrittig oder nach den Sachverhaltsangaben gar nicht relevant sind, sollten nicht unnötig problematisiert bzw. thematisiert werden.
4. Speziell bei Klausuren im Fach „Sozialrecht" ist es sachgerecht, nicht in einem **übertriebenen** Gutachtenstil zu formulieren bzw. nicht in einen solchen zu verfallen („zu prüfen ist, ob …" oder „fraglich ist, ob …"). Die ständige Wiederholung derartiger gleichlautender Formulierungen ist für den Leser bzw. Korrektor ermüdend – besser ist es, in den Punkten, die erkennbar unproblematisch sind, im „Ergebnisstil" formulieren.
5. Prüfen Sie grundsätzlich nur, was laut Aufgabestellung gefragt ist bzw. von Ihnen gefordert wird. Arbeiten Sie dabei sachverhaltsnah und vermeiden Sie lehrbuchhafte Ausführungen.
6. Für einen guten Einstieg in die gutachtliche Lösung sollten Sie grundsätzlich unmittelbar an die Frage-/Aufgabenstellung mit der in Betracht kommenden Rechtsgrundlage anknüpfen.[1]
7. Im Unterricht bzw. in den Vorlesungen sowie in der Praxis wird häufig mit Abkürzungen gearbeitet. Verwenden Sie aber keine unüblichen Abkürzungen in der gutachtlichen Lösung (z. B. GruSi, ELB, BG, SH, HE, HzL, KdU, RB, MB, eMUK, PflegeV, MdK usw.).
Üblich bzw. zulässig sind dagegen:
SGB II, SGB XII, BGB, z. B., i. V. m., u. a., i. S. v., Bürgergeld-V, Abs. (statt „Absatz"), S. (statt „Satz").
8. Achten Sie auf einen angemessenen schriftsprachlichen Ausdruck (bemühen Sie sich um eine klare und präzise Ausdrucksweise) – aber keine „formulierungs-technischen" Experimente, denn …

1 Vertiefend dazu *Weber* in „Methodik der Fallbearbeitung im Ordnungs- und Sozialrecht", Baden-Baden 2018.

... mangelnde Sorgfalt im schriftsprachlichen Ausdruck oder umständliche, unverständliche oder missverständliche Formulierungen (Schachtelsätze, Häufung von Fremdwörtern oder gedrechseltes Beamtendeutsch) führen im Ergebnis häufig zu inhaltlichen Fehlern und Mängeln oder offenbaren nicht selten Unsicherheiten des Verfassers.

Weiterhin zu beachten:

- auch unter Zeitdruck nicht in einen „Telegrammstil" (also stichpunktartige Ausführungen) verfallen,
- keine „Ich-Formulierungen" verwenden, da eine Subjektivierung (ich/wir) im juristischen Gutachten unüblich ist,
- keine Fragestellungen formulieren,
- Füllwörter („Füllsel") oder „Verstärkewörter" bzw. „Evidenzappelle" (vermutlich, sicherlich, in keinster Weise, zwingend, selbstverständlich, zweifelsohne, offensichtlich, leider etc.) vermeiden,
- übertriebene bzw. unnötige Verwendung von Fremdwörtern vermeiden,
- „dramaturgische" Effekte (Spannungsbogen) vermeiden – ein Rechtsgutachten ist kein Erlebnis- oder Besinnungsaufsatz.

9. Vermeiden Sie die „Bluff-Taktik" zur Unterstützung bzw. Bekräftigung der dargelegten Begründung bzw. der eigenen Rechtsauffassung, d. h. auf Formulierungen wie beispielsweise
   - *nach herrschender Meinung ist ... ,*
   - *nach ständiger Rechtsprechung des Bundessozialgerichtes ist ... ,*
   - *in der (Kommentar-)Literatur wird überwiegend die Auffassung vertreten, dass ... ,*
   - *in der Praxis üblich ist ...*

   sollte generell verzichtet werden. In juristischen Klausuren ist es nicht üblich, einschlägige Literatur oder Rechtsprechung zu zitieren. Bei der Bearbeitung von Klausurfällen wird von den Studierenden daher in der Regel nicht erwartet, dass Sie wissen, was in der Literatur überwiegend vertreten wird, was in der Praxis der Sozialleistungsträger üblich ist oder was sich aus der Rechtsprechung entwickelt hat.
10. (Zwischen-)Ergebnisse der gutachtlichen Prüfung – ggf. auch in **tabellarischer** Form – zusammenfassen:

    z. B. zusammenfassende Darstellung der Bedarfssituation der Bedarfsgemeinschaft bzw. der leistungsberechtigten Personen oder der Berechnung der Einkommensgrenze (als Tabelle).

    Zusammenfassende tabellarische Darstellungen ersetzen allerdings nicht die gutachtliche Formulierung bzw. Bearbeitung, sondern dienen lediglich als Ergänzung der Übersichtlichkeit und besseren Lesbarkeit der Arbeit.
11. Achten Sie auf die **äußere Form** bzw. das **Schriftbild** Ihrer Arbeit (d. h. Lesbarkeit und Übersichtlichkeit).

    Gliederungspunkte, optische Absätze und Überschriften zu einzelnen Themenblöcken dienen ebenfalls der Übersichtlichkeit (z. B. als Überschrift „Einsatz eigener Mittel – Einkommen").

Nicht zulässig bzw. unüblich im juristischen Gutachten ist die Verwendung unterschiedlicher (Schrift-)Farben oder sonstige optische Hervorhebungen (Textmarker o. ä.) sowie Unterstriche.

12. Grundsätzlich sollten Sie keine (persönlichen, emotionalen oder sozialpolitischen) Wertungen vornehmen und formulieren bzw. keine eigenen Meinungen, Standpunkte oder Erfahrungen bzw. in der Praxis erworbenen Kenntnisse einbringen – wie z. B.
„Das Ergebnis empfinde ich persönlich als ungerecht" oder „ ... ist gesellschaftspolitisch kaum vertretbar".
13. **Zitierweise** bei der Angabe der relevanten Rechtsgrundlagen **nicht ändern**, sondern konsequent durchhalten – also (als Beispiel) ...
entweder § 12 Abs. 3 Satz 2 SGB II oder § 12 III 2 SGB II. Beide Alternativen haben sich (auch ohne dass es dafür eine rechtsverbindliche Vorgabe gibt) als gängige Zitierformen in einem juristischen Gutachten etabliert und sind grundsätzlich zulässig.
14. Achten Sie darauf, bei der Klausurbearbeitung die jeweils aktuellen Gesetzestexte zu verwenden.

Stichwortverzeichnis

Rohde | Lustig | Wöhler

Allgemeines Verwaltungsrecht

Lehrbuch, 18. Auflage 2024, Softcover, 470 Seiten, 35 €, ISBN 978-3-8293-1920-1

Odenthal | Beckermann

Einführung in die öffentliche Betriebswirtschaftslehre

Lehrbuch, 12. Auflage 2023, Softcover, 304 Seiten, 27 €, ISBN 978-3-8293-1902-7

Fritze | Stockel-Veltmann

Kommunales Finanzmanagement

Lehrbuch, 9. Auflage 2025, Softcover, 532 Seiten, 38 €, ISBN 978-3-8293-2059-7

Palm | Rohde

Klausurfälle, Schemata und Prüfungstipps für das Verwaltungsrecht

Lehrbuch, 10. Auflage 2024, Softcover, 238 Seiten, 25 €, ISBN 978-3-8293-1942-3

Fritze

Gesetzessammlung Kommunales Finanzmanagement in NRW

4. Auflage 2025, Softcover, 560 Seiten, 55 €, ISBN 978-3-8293-2045-0

Grosse | Weber | Wesemann

SGB II und SGB XII für Studium und Praxis Band 2: Sozialhilfe

16. Auflage 2025, Softcover, 494 Seiten, 35 €, ISBN 978-3-8293-2072-6

www.ksv-medien.de